"十三五"江苏省高等学校重点教材

新能源汽车与车联网

张兰春　主编

科学出版社
北　京

内 容 简 介

本书为“十三五”江苏省高等学校重点教材（编号：2020-2-220）。

电动化、网联化、智能化、共享化正成为汽车产业的发展潮流和趋势，本书旨在论述新能源汽车和智能网联的基础知识和关键技术。本书内容涉及新能源汽车的定义与分类、新能源汽车电动机及其控制技术、新能源汽车电池及其热管理技术、新能源汽车能量管理技术、纯电动汽车、增程式电动汽车、混合动力汽车、新能源汽车智能网联技术等诸多方面。本书系统地对新能源汽车从局部到整体、从关键部件选型到整车性能提升中涉及的核心技术进行具体介绍，力求做到文字准确、精练，实例具体、实用，插图清晰、正确，内容系统、先进，以便读者能够通过本书学习新能源汽车及智能网联相关的关键技术。

本书对部分重点内容设有微课讲解视频，通过书中二维码关联这些微课视频，便于读者理解和拓展相关知识。

本书可作为普通高等学校汽车类专业本科生教材，也可作为相关专业研究生和工程技术人员的参考书。

图书在版编目（CIP）数据

新能源汽车与车联网 / 张兰春主编. —北京：科学出版社，2022.7

“十三五”江苏省高等学校重点教材

ISBN 978-7-03-072660-5

Ⅰ. ①新… Ⅱ. ①张… Ⅲ. ①新能源－汽车－物联网－高等学校－教材 Ⅳ. ①U469-39

中国版本图书馆 CIP 数据核字（2022）第 114835 号

责任编辑：邓 静 / 责任校对：王 瑞

责任印制：赵 博 / 封面设计：迷底书装

科 学 出 版 社 出版

北京东黄城根北街 16 号

邮政编码：100717

http://www.sciencep.com

北京建宏印刷有限公司印刷

科学出版社发行 各地新华书店经销

*

2022 年 7 月第 一 版 开本：787×1092 1/16

2025 年12月第三次印刷 印张：16

字数：400 000

定价：69.00 元

（如有印装质量问题，我社负责调换）

前　言

《新能源汽车产业发展规划（2021—2035年）》明确指出，电动化、网联化、智能化成为汽车产业的发展潮流和趋势。新能源汽车融汇新能源、新材料和互联网、大数据、人工智能等多种变革性技术，推动汽车从单纯的交通工具向移动智能终端、储能单元和数字空间转变，带动能源交通、信息通信基础设施改造跃升，有效促进能源消费结构优化、智能交通体系和智慧城市建设，具有广阔的市场前景和巨大的增长潜力。随着各大汽车企业逐步加快新能源汽车的研发、生产和销售，其对专业技能人才的需求也将不断增加，培养适应新能源汽车产业发展的专业技能人才成为高等院校义不容辞的责任。

本书全面而系统地论述了新能源汽车和智能网联的基础知识与关键技术，共分为8章内容，分别介绍了新能源汽车的定义与分类、新能源汽车电动机及其控制技术、新能源汽车电池及其热管理技术、新能源汽车能量管理技术、纯电动汽车、增程式电动汽车、混合动力汽车、新能源汽车智能网联技术。本书按照人们对新能源汽车的归类或叙述习惯，系统地将新能源汽车从局部到整体、从关键部件选型到整车性能提升中涉及的核心技术进行讲解，力求做到文字准确、精练，实例具体、实用，插图清晰、正确，内容系统、先进。

本书由张兰春担任主编，成立了由易爱斌、郑焱、王天波、李波、倪彰、杨军、杨艺、韩雅君、孙艳云、王晓春、张丹等组成的编写团队。第1章由张兰春、易爱斌编写，第2章由杨军编写，第3章由易爱斌、孙艳云、王晓春、李波编写，第4章由韩雅君、张丹编写，第5章由王天波编写，第6章由郑焱编写，第7章由易爱斌、倪彰编写，第8章由杨艺编写。全书由张兰春统稿。作者在本书的编写过程中查阅了大量的书籍、文献和网上资料，引用了一些网上资料和参考文献中的部分内容，在此特向其作者表示深切的谢意。

由于新能源汽车及相关智能化技术不断发展，加上作者水平有限，书中难免会有疏漏之处，希望读者予以谅解并指正，在此一并表示感谢。

作　者

2021年12月

目　录

第1章　绪　　论

新能源汽车是指采用非常规的车用燃料作为动力来源(或使用常规的车用燃料、采用新型车载动力装置)，综合车辆的动力控制和驱动方面的先进技术，形成的技术原理先进、具有新技术和新结构的汽车。

本章分析了新能源汽车的分类与各自特点，从能源、环境和汽车新能源的角度阐述了发展新能源汽车的必要性，总结了国内外新能源汽车的发展现状、我国关于新能源汽车的相关政策，描述了新能源汽车未来的发展趋势。

1.1　新能源汽车的分类与特点

1.1.1　纯电动汽车

纯电动汽车(Electric Vehicle，EV)是指全部以储能动力源作为动力来源，使用电机驱动车轮行驶的汽车。根据使用的不同类型的电池，纯电动汽车可以分为铅酸电池电动汽车、镍氢电池电动汽车、锂离子电池电动汽车、燃料电池电动汽车、太阳能电池电动汽车等。纯电动汽车所使用的电动机主要有直流电动机、交流(异步)电动机、开关磁阻电动机(SRM)、永磁无刷电动机等。

与传统燃油汽车相比，纯电动汽车的优点如下。

(1)无污染，噪声低。

由于传统燃油汽车使用内燃机作为动力来源，在发动机的混合气形成和燃烧过程中会产生许多有害排放物。对于汽油车，其主要有害排放物是CO、HC和NO_x，而对于柴油车，除了CO、HC和NO_x以外，还有微粒和烟度。纯电动汽车使用电动机，使用过程中不会产生有害排放物，即使将其所耗电量换算为发电厂的排放，除了硫和微粒外，其他污染物也显著减少。同时发电厂大多远离人口密集区域，运用相关环保技术将废气处理后再固定、集中地排放，造成的污染也更小。纯电动汽车的电动机在运行时噪声低。

(2)能量利用率高。

纯电动汽车的能量利用率高于传统燃油汽车。例如，在城市循环工况中，传统燃油汽车的怠速油耗、汽车附件(空调等)消耗及制动能量损耗相当大。而对于纯电动汽车，停车时驱动系统的能量损耗为零；在汽车减速行驶时，一部分制动能量(在传统燃油汽车中是损耗掉的)可通过电动机工作于发电状态予以回收，并存储于动力电池中而使得能量得以重复利用。

(3)能源来源多元化。

纯电动汽车使用的电力来源可以由煤炭、天然气、水力、核能、太阳能、风力、潮汐能等多种能源转化而来。纯电动汽车可以避开用电高峰期，充分利用晚间用电低谷期的廉价电力进行充电，有利于减少电网压力，降低充电费用。

(4)结构简单。

纯电动汽车与传统燃油汽车相比结构简单，运转、传动部件少，维修保养工作量小，操作起来也更加容易。

纯电动汽车也存在一些缺点，例如，动力电池寿命短、使用成本高；电池单位质量存储的能量少；续驶里程短；能源补充速度慢等等。但随着科学技术的进步，上述缺点将逐步得到解决。图 1-1 为纯电动汽车特斯拉 Model X。

图 1-1　特斯拉 Model X

1.1.2　混合动力汽车

1. 混合动力汽车定义

混合动力(混动)汽车是指车辆驱动系统由两个或多个能同时运转的单个驱动系统联合组成的车辆，车辆的行驶功率依据实际车辆行驶状态由单个驱动系统提供或多个驱动系统共同提供。国际能源组织将具有如下特点的车辆界定为混合动力汽车。

(1)传送到车轮以推进车轮运动的能量，至少来自两种不同的能量转换装置(如内燃机、电动机等)。

(2)这些能量转换装置至少要从两种不同的能量储存装置(简称储能装置，如燃油箱、蓄电池)吸取能量。

(3)从储能装置流向车轮的这些通道，至少有一条是可逆的。

2. 混合动力汽车分类

按照动力系统的结构不同，混合动力汽车可以分为串联式混合动力汽车(SHEV)、并联式混合动力汽车(PHEV)、混联式混合动力汽车(PSHEV)；按照燃料种类的不同，又可以分为汽油混合动力汽车和柴油混合动力汽车两种；按混合度(电动机功率与内燃机功率之比)的不同，又可以分为微混合汽车、轻度混合汽车和全混合汽车三种。目前国内市场上，混合动力汽车的主流是汽油混合动力汽车，国际市场上柴油混合动力汽车的发展也很快。

1)串联式混合动力汽车

串联式混动汽车的结构在三种布置形式中是最简单的，直接带动车轮的是电动机，发动机不直接参与带动车轮，只负责输出机械能。发电机接收机械能产生电能，再传递给电动机，从而驱动汽车，多余的能量则可以给蓄电池充电。串联式混合动力汽车在设计上有两种形式。一种是小功率发电机+大容量蓄电池，这种设计由蓄电池提供汽车的动力来源，而发电机的作用是增加续航能力，当达到蓄电池预设电量上限时充电停止，发动机关闭。而另一种设计形式是大功率发电机+小容量蓄电池。这种设计形式与上一种相反，以发动机作为主要动力来源，以蓄电池作为辅助动力来源，弥补发动机功率的不足。串联式的优点非常明显，其发动机功率不需要和道路负荷一致，这样就可以让发动机一直在最佳性能区间运作，且配备的小型发动机排放性能优良。但是缺点也显而易见，能量转换次数多，效率就自然下降，而且成本比较大。图1-2为串联式混合动力汽车。

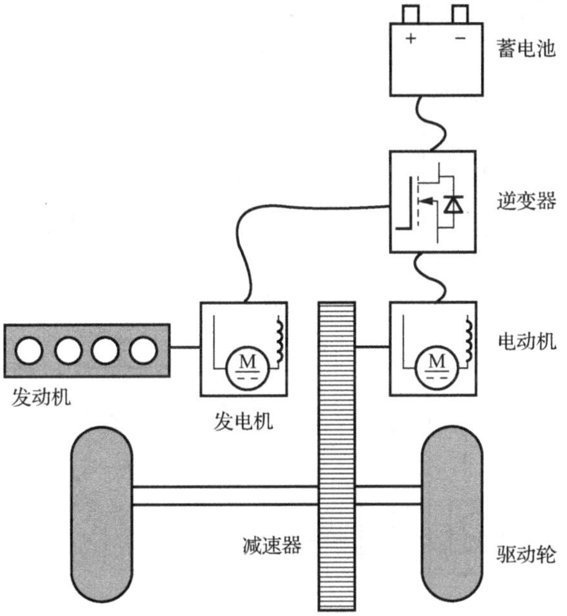

图1-2 串联式混合动力汽车

2)并联式混合动力汽车

并联式布置形式在结构上直接参与了驱动，即发动机产生的机械能不只传递给发电机，而且传递给了和车轮直接相连的变速器。并联式混合动力汽车在设计上和上一种相似，可以是小功率发电机+大容量蓄电池，也可以是大功率发电机+小容量蓄电池。并联式经济性好，适用路况范围广，能量转换效率要比串联式混合动力汽车的能量转换效率高。和串联式相比，这种形式要求发动机与道路负荷耦合，而且与蓄电池的配合需要相当高的技术，所以复杂程度比较高。图1-3为并联式混合动力汽车。

3)混联式混合动力汽车

混联式混动车是上述两种布置形式的综合体，也是在并联式基础上的改进型。因为这种形式可以工作在上述任何一种形式下，要求配备两台电动机(发电机)。根据实际需要，进行不同的搭配有相当大的难度，测试不同情况下的搭配效果，得到最佳体验。一般的控制方法是：在汽车低速行驶时，汽车以串联方式运行；当汽车高速运行时，以并联方式运行。发动机单独驱动时和传统燃油汽车相同，发动机是处于经济转速区域，即巡航车速。路况变化依照串联或并联式的方法更改，使效率最大化，充电形式也是按照各自模式下的充电形式进行充电。混联式的优点包含另外两种形式的优点，而且得益于混联式结构的核心分配设备，能量传递更加合理便捷。

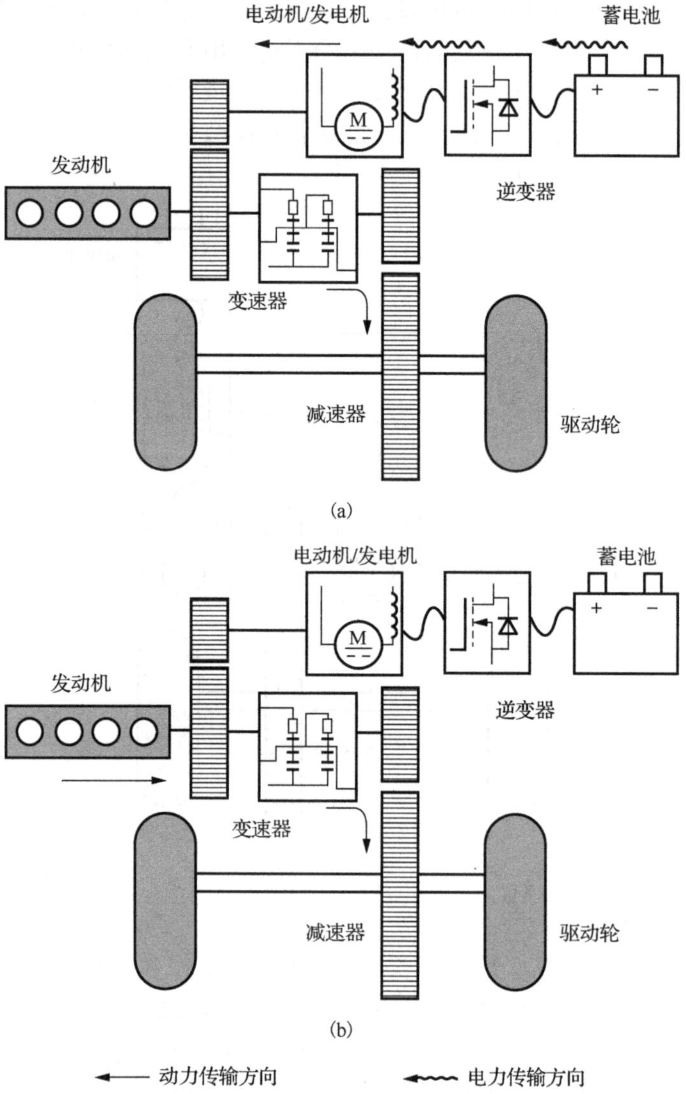

图 1-3　并联式混合动力汽车

混合动力汽车的优势在于：采用混合动力后可按平均需用的功率来确定内燃机的最大功率，使内燃机在油耗低、污染少的最优工况下工作。在需要大功率时，由蓄电池来补充内燃机功率的不足；汽车工作在低负荷时，内燃机富余的功率可发电给蓄电池充电。由于内燃机可持续工作，蓄电池又可以不断充电，其续驶里程和普通汽车一样。另外，汽车制动、下坡、怠速时的能量可以通过蓄电池方便地回收。在繁华市区，可以关停内燃机，由蓄电池单独驱动，实现零排放。内燃机可以全方位地为耗能大的制冷、取暖、除霜等功能提供足够的动力，且可以利用现有的加油站加油，并让蓄电池保持在良好的工作状态，不会发生蓄电池的过充、过放问题，延长了蓄电池的使用寿命，降低了使用成本。

图 1-4 为混联式混合动力汽车。

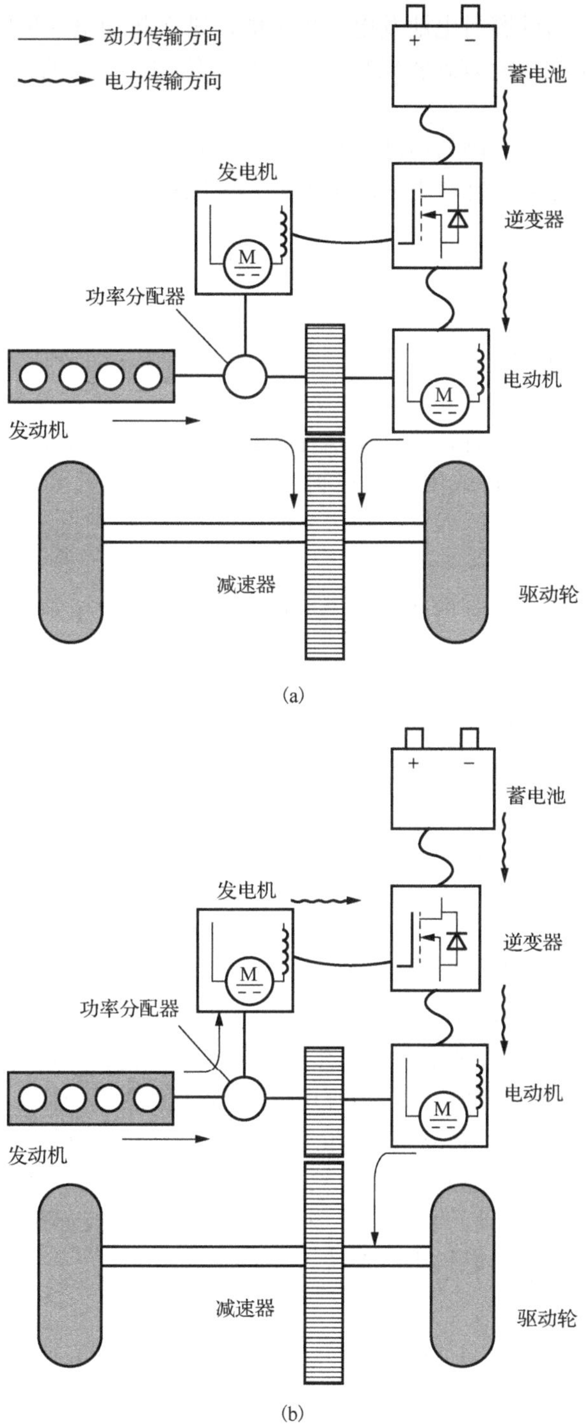

图 1-4　混联式混合动力汽车

1.1.3　燃料电池电动汽车

燃料电池电动汽车(Fuel Cell Electric Vehicle，FCEV)是利用燃料电池电动系统作为动力的汽车，其工作原理是通过燃料电池发电产生电能，进而起动电动机驱动车辆行驶。

燃料电池是以电化学反应方式将燃料(氢气)和氧化剂(空气)的化学能转化为电能的能量转换装置。

按燃料的来源方式分类，燃料电池汽车可以分为直接燃料式和重整式。

按是否配备辅助源分类，燃料电池汽车可分为纯燃料电池电动汽车和燃料电池/辅助源混合驱动电动汽车。

按燃料电池提供的功率占整个行驶功率的比例不同，混合驱动燃料电池汽车可分为能量混合型和功率混合型。

1. 燃料电池汽车的优势

(1)绿色环保。

燃料电池没有化学燃烧过程，当使用氢作为燃料时，排放物只有水，属于零排放；当使用甲醇、汽油等作为直接燃料或用于重整制氢时，排放物除了水之外只有少量的二氧化碳(CO_2)，排放量很低。

(2)能量效率高。

燃料电池的工作过程是化学能转化为电能的过程，不受卡诺循环的限制，能量转换效率较高，可达50%以上。

(3)车辆的续驶里程长。

采用燃料电池作为能量源，克服了纯电动汽车续驶里程短的缺点，燃料电池汽车的长途行驶能力接近于传统燃油汽车。

(4)噪声低。

燃料电池属于静态能量转换装置，除了空气压缩机和冷却系统外无其他运动部件，因此与传统燃油汽车相比，运行过程中噪声和振动都比较低。

(5)部件布置灵活。

在空间和重量上都可以对燃料电池组、电动机、辅助设备等部件进行灵活的布置。

2. 燃料电池汽车的一些缺陷

(1)燃料电池汽车的基本性能需要进一步提高，满足方便、实用的需求。例如，提高燃料电池组的功率密度，加快其起动速度，增强电解质的温度适应范围等。

(2)目前的燃料电池辅助设备复杂，质量和体积较大，并且燃料电池系统及整车成本较高，成为推广燃料电池汽车的一个障碍。

(3)燃料供给体系尚需建设。为了实现燃料电池汽车的普及，必须改变现有燃料供给体系，建立新的适合燃料电池汽车的燃料供给系统。

1.1.4 氢动力汽车

氢动力汽车是以氢为主要能量驱动的汽车。一般的内燃机通常注入柴油或汽油，氢动力汽车则改为使用氢气。

氢内燃机在汽车上的应用方式有3种：纯氢内燃机、氢/汽油双燃料内燃机、氢/汽油混合燃料内燃机。氢动力汽车与通常的电动汽车相比较，其动力方面的不同在于用的电力来自高纯度氢气或含氢燃料经重整所得到的高含氢重整气，其原理是作为燃料的氢在汽车搭载的燃料电池中，与大气中的氧气发生氧化还原化学反应，产生出电能来带动电动机工作，由电动机带动汽车中的机械传动结构，进而带动汽车的前桥（或后桥）等行走机械结构工作，从而驱动电动汽车前进。

氢动力汽车是一种低排放量的交通工具，且氢燃料储量丰富。但与传统动力汽车相比，氢动力汽车成本至少高出 20%。按照目前的技术条件来说，氢燃料的存储和运输非常困难，因为氢分子非常小，极易透过储藏装置的外壳逃逸。另外，氢气的提取需要通过电解水或者利用天然气，如此一来同样需要消耗大量能源。除非使用核电来提取，否则无法从根本上降低二氧化碳的排放量。

针对氢气的储运技术仍存在安全性差、价格昂贵、存储容量有限等问题，一种可能的解决方案是将氢气存储于液体甲醇中，通过水和甲醇的反应放出氢气供电池使用，在释放出甲醇中存储的氢气的同时活化等摩尔的水从而释放出额外的氢气。在清华大学团队的技术架构中，通过液态氢储氢技术将传统内燃机换成 300kW 的燃料电池发电系统，整车控制系统实现电动化和智能化结合，采用全轮毂电机驱动实现电传动，使得加一次氢气，车辆续驶里程超过 1000 km，实现真正的零排放。

1.1.5　燃气汽车

燃气汽车是指用压缩天然气（CNG）、液化石油气（LPG）和液化天然气（LNG）作为燃料的汽车。燃气汽车由于其排放性能好，可调整汽车燃料结构，运行成本低，技术成熟，安全可靠，所以被世界各国公认为当前最理想的替代燃料汽车。

燃气汽车一般可以分为三类，即专用气体燃料汽车、两用燃料汽车和双燃料汽车。

专用气体燃料汽车是以液化石油气、天然气或煤气等气体作为内燃机燃料的汽车，这种汽车需要使用气体燃料专用内燃机。其中，以液化石油气作为燃料的液化石油气汽车，具有尾气污染物排放量低、发动机运行性能好、运行和维修成本低、安全性高等特点，当下广泛使用。天然气汽车的特点是：燃烧稳定，不会产生爆震，并且冷热起动方便；压缩天然气储运、减压、燃烧都在严格的密封状态下进行，不易发生泄漏，储气瓶经过各种特殊的破坏性实验，安全可靠；压缩天然气燃耗安全，积碳少，减少气阻和爆震，有利于延长发动机各部件的使用寿命，减少维修保养次数，大幅降低维修保养成本；发动机的机油消耗量低；大幅降低一氧化碳、二氧化硫、二氧化碳等的排放量，并且没有苯、铅等致癌和有毒物质危害人体健康。

两用燃料汽车是指具有两套相对独立的燃料供给系统的车辆：一套供给天然气或液化石油气；另一套供给常规燃料，如汽油。两套系统各自独立工作，驾驶员可以在两套系统之间切换，即气体燃料使用完后，可以切换回汽油燃料。

双燃料汽车是指具有两套燃料供给系统共同工作的车辆：一套供给天然气或液化石油气；另一套供给常规燃料，如汽油、柴油。两套燃料供给系统按照预定的配比向内部气缸供给燃料，在气缸内混合燃烧，如汽油-天然气双燃料汽车、柴油-天然气双燃料汽车。

1.1.6　其他新能源汽车

除了以上介绍的新能源汽车以外，还有燃用生物燃料或掺有生物燃料的燃油汽车，如乙醇、二甲醚、生物柴油等。与传统燃油汽车相比，采用此类燃料的汽车在结构上不需要做太大的改动，排放性能较好。在石油资源日益紧张的今天，车用内燃机使用燃料的多元化是发展趋势。

1) 甲醇汽车

甲醇汽车是指以甲醇作为发动机燃料的汽车。根据掺混比的不同，甲醇汽车可以分为低中比例甲醇汽车和全甲醇汽车。低中比例甲醇汽车一般指使用 M3/M5/M10/M15/M30/M40/M50 类型甲醇燃料的汽车，其掺混比小于等于 50%，使用这种掺混比需要改变发动机的结构，但是甲醇特性与汽油机不适应，需要改变甲醇的特性使之变成燃料甲醇，可与汽油搭配使用。使用 M85～M100 类型甲醇燃料的汽车称为全甲醇汽车，全甲醇汽车需要对发动机进行重新设计制造。

由于甲醇与汽油的理化性质和燃烧特性的一些不同，甲醇汽车相比传统汽油汽车带来的一些有利变化和改进，主要是降低排放量和提高发动机热效率。

(1) 降低排放量。甲醇是含氧燃料且其含碳量比汽油低，在燃烧过程中有自供氧效应，在内燃机中燃烧较均匀，减少了局部富氧或缺氧的概率，CO、HC 和碳粒的产生量减少，排放量降低。

(2) 提高发动机热效率。①甲醇的辛烷值比汽油高，因此可以提高发动机的压缩比，使发动机的热效率明显提高。②甲醇的汽化热比汽油高两倍多，当其进入气缸后，能吸收沿途管壁面和周围高温零件壁面的热量而使自己蒸发，利用废余热而使自身的能位提高，又降低了气缸、燃烧室和气缸盖的温度，从而减少了外传热量，提高了热效率。③甲醇的着火燃烧浓度范围比汽油的相应范围宽得多，所以比汽油更容易实现稀薄燃烧(稀燃)，稀燃是一种节能燃烧和完善燃烧的形式，它有利于热效率的提高，而且压缩比越高，负荷越大，越容易稀燃。④使用甲醇可将点火提前角和喷油提前角调整到最佳值，从而获得更高的热效率和更大的功率。

但是甲醇燃料本身的特性也给甲醇汽车带来了一些问题，常见的情况有腐蚀性、溶胀性、冷起动等。

2) 乙醇混合燃料汽车

将燃料乙醇掺入汽油可以作为车用燃料，常规使用的是 E85 燃料，其按汽油 15%和生物乙醇燃料 85%的比例混合而成。既可以使用此种混合乙醇燃料，又可以使用常规汽油的汽车通常称为灵活燃料汽车(FFV)。燃料乙醇是一种绿色可再生资源，随着科学技术的发展，粮食和各种植物纤维都可以加工生产出燃料乙醇，燃料乙醇的原料来源相当丰富，而且可以循环再生。

汽油机改用乙醇燃料后，发动机结构方面需要做一些变动和改进，这取决于乙醇燃料的理化性质、燃烧特点等。乙醇与甲醇同属于醇类燃料，在性质特点方面类似，所以发动机结构方面的变动和改进也与甲醇汽车类似。

3) 二甲醚燃料汽车

二甲醚作为环保、清洁、安全的新型替代能源，已经得到国家与社会的公认。二甲醚是汽车发动机燃料，特别是柴油发动机燃料的理想替代品。由于二甲醚具有低沸点、高饱和蒸气压、低黏性、压缩性、高十六烷值、含氧 34.8%、较低热值等特点，二甲醚燃料发动机技术已引起西方发达国家政府和专家的高度重视。近年来，欧美、日韩、俄罗斯等国家和地区十分看好二甲醚燃料汽车的市场前景与环保效益，纷纷开展二甲醚燃料发动机与汽车的研发。

在欧洲，VOLVO汽车公司研制出了燃用二甲醚燃料的大客车样车用于示范；在日本，JFE、产业技术综合研究所、COOP 低公害车开发会社、交通公害研究所、五十铃汽车公司和伊藤忠商事株式会社等分别研制了多辆燃用二甲醚燃料的货车样车和城市客车样车，计划在3～5年内小规模推广。

我国与国际的二甲醚燃料发动机研究几乎同步，2005年4月，在国家科技攻关项目支持下，上海交通大学与上海汽车集团股份有限公司、上海柴油机股份有限公司、上海华谊(集团)公司合作，成功开发了具有完全自主知识产权的D6114二甲醚燃料发动机和我国第一台二甲醚城市客车。该车发动机采用上柴六缸、液冷、四冲程、顶置两气门、直喷、涡轮增压SC8R250Q3B型，排量8.27L，压缩比17.3，最大功率184kW/(2200r/min)，最大转矩985N·m/(1200～1400r/min)。

4)太阳能汽车

太阳能汽车利用太阳能作为动力，相比传统热机驱动的汽车，太阳能汽车是真正的零排放，而且太阳能也是“取之不尽，用之不竭”的清洁能源，因此太阳能汽车的研究开发长期以来一直受到普遍关注，太阳能汽车产业的发展也日益蓬勃。

太阳能汽车是由太阳能电池方阵接收来自太阳的光照，并将其转化为电能的车辆。电能通过控制器一方面可以传输到蓄电池组进行能量存储，另一方面也可以直接驱动电动机及其驱动器来使车辆行驶。

太阳能汽车相比传统燃油汽车有较多优势，具体如下。

(1)节约有限的石油资源。

(2)无污染，无噪声。

(3)耗能少。

(4)易于驾驶和维护。

(5)太阳能汽车由于没有内燃机、离合器、变速器、传动轴、散热器、排气管等零部件，结构简单，制造难度降低。目前研发的太阳能汽车主要用于实验或竞赛，实用型的太阳能汽车的光电技术、车身轻量化技术、控制技术都还不够成熟，而且开发成本比较高。

1.2 发展新能源汽车的必要性

1.2.1 能源问题

能源是人类生存与经济发展的物质基础，然而，随着世界经济持续、高速地发展，能源短缺、环境污染、生态恶化等问题逐渐加深，能源供需矛盾日益突出。当前世界能源消费以化石资源为主，其中，中国等少数国家以煤炭为主，大部分国家则以石油与天然气为主。根据专家预测，按目前的消耗量，石油、天然气只能维持不到50年，煤炭也只能维持一二百年。所以不管哪一种常规能源结构，人类面临的能源危机都日趋严重。

根据美国《油气杂志》2016年的年终统计，2016年全球石油(包括原油、凝析油和油砂)产量接近39.2亿t，与2015年持平。欧佩克石油产量增幅达到3.0%，以16.6亿t占全球的42.3%，其中伊朗、伊拉克增势强劲，沙特阿拉伯也有2.3%的增长。

从全球来看，石油和天然气剩余的探明储量均略减 0.6%，石油储量为 2254.6 亿 t，还可以开采 57 年；天然气储量为 188.3 万亿 m^3，还可以开采 55 年。欧佩克石油储量增长 0.04%，为 1660.5 亿 t，占全球的 73.6%；天然气储量下降 0.5%，为 94 万亿 m^3，约占全球的一半。

中国石油进口量在不断增加，并且中国的石油进口量已超过美国，成为全球第一的石油进口国。石油进口量从 2000 年的 13603.81 万 tce(吨标准煤)增长至 2017 年的 68907.60 万 tce，增长近 5 倍。而进口石油在总进口能源中的份额总体呈现下降趋势。2000 年，进口石油占比为 98.73%。2000—2006 年，进口石油占比虽然有所下降，但是始终在 90%以上。2007—2014 年间，石油占比持续下降，2014 年石油占比为 66.51%，比 2007 年下降约 22.98 个百分点。煤炭进口量在不断增加，从 2000 年的 155.63 万 tce 增长至 2017 年的 16920.00 万 tce，增长约 109 倍。进口煤炭占总进口能源份额呈现上升趋势。2000—2008 年，进口煤炭占比仅为个位数；2009—2014 年，进口煤炭占比始终保持在 20%以上；2015 年之后有所下降。从 2006 年开始，中国开始进口天然气能源，在 2017 年，进口天然气量约 12387.99 万 tce，与进口煤炭量相近。进口天然气占总进口能源的份额也在不断增加。2017 年，进口天然气占比为 12.60%。而进口电力量较少，占比呈下降趋势。根据国家能源局的数据，我国从 2007 年开始，原油对外依存度超过了 50%，此后，该数据一直上升。2019 年 1～12 月，中国原油对外依存度达到 72.58%。

国家能源局 2020 年 6 月 22 日印发的《2020 年能源工作指导意见》提出，2020 年全国能源消费总量不超过 50 亿 tce，煤炭消费比重下降到 57.5%。此外，非化石能源发电装机达到 9 亿 kW 左右，新增电能替代电量 1500 亿 kW·h 左右，电能占终端能源消费比重达到 27%左右。电能替代是在终端能源消费环节，使用电能替代烧煤、燃油的能源消费方式，如电采暖、电动汽车等，可见发展新能源汽车十分必要。

1.2.2　环境问题

对于传统燃油汽车来说，它对环境造成的破坏主要有四个方面：气候影响、空气污染、噪声污染和电磁(波)污染，其中对空气污染的影响最为显著。

机动车排放的污染物主要包含四项：氮氧化物(NO_x)、颗粒物(PM)、碳氢化合物(HC)和一氧化碳(CO)。

2019 年生态环境部发布了《中国移动源环境管理年报(2019)》，公布了 2018 年我国机动车环境管理情况。2018 年，全国机动车保有量达到 3.27 亿辆(含新能源汽车 261.0 万辆)。纳入年报统计的 3.07 亿辆机动车中，汽车占机动车主导地位，约 23121.8 万辆。

2013—2018 年全国汽车保有量由 12572.4 万辆增加到 23121.8 万辆，年均增长 13.0%。全国汽车保有量变化趋势见图 1-5。

汽车保有量构成按燃料类型分类，汽油车占 88.7%，柴油车占 9.1%，燃气车占 0.2%，新能源汽车占 1.1%，其他燃料车占 0.9%，如图 1-6 所示。

2018 年全国机动车四项污染物排放总量初步核算为 4065.3 万 t。其中，一氧化碳(CO) 3089.4 万 t，碳氢化合物(HC) 368.8 万 t，氮氧化物(NO_x) 562.9 万 t，颗粒物(PM) 44.2 万 t。汽车是机动车大气污染排放的主要贡献者，其 CO、NO_x 和 PM 排放量超过 90%，HC 排放量超过 80%。

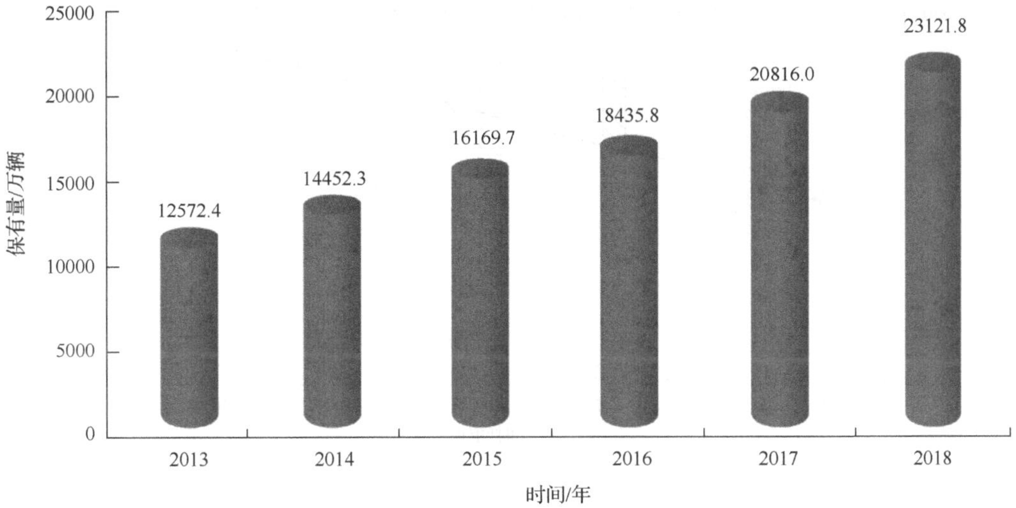

图 1-5　全国汽车保有量变化趋势

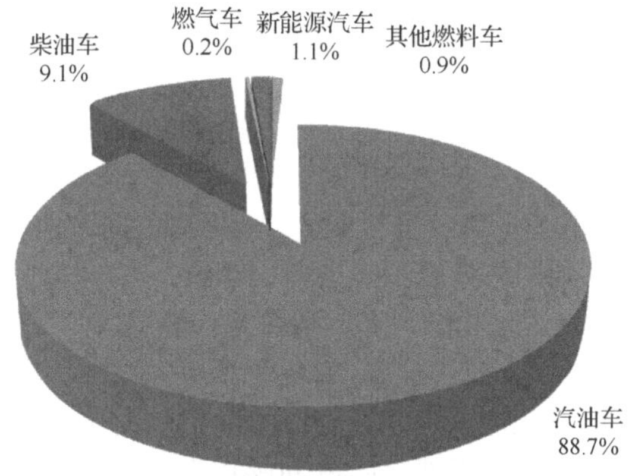

图 1-6　按燃料类型划分的汽车保有量构成

按照车型分类，货车 NO_x 和 PM 排放量明显高于客车，其中重型货车是主要贡献者；而客车 CO 和 HC 排放量则明显高于货车。

按照燃料分类，柴油车 NO_x 排放量接近汽车排放总量的 70%，PM 超过 90%；而汽油车 CO 和 HC 排放量占比最高，CO 超过汽车排放总量的 80%，HC 超过 70%。

按照排放标准阶段分类，国Ⅳ阶段汽车 CO 和 HC 排放量占比最高，分别为 38.9%、37.7%；国Ⅲ阶段汽车 NO_x 和 PM 排放量占比最高，分别为 52.4%、68.7%。

2013—2018 年全国汽车四项污染物排放总量总体呈下降态势，由 3906.5 万 t 降低到 3750.1 万 t，年均削减 0.8%。其中，一氧化碳(CO)排放量由 2912.1 万 t 降低到 2859.3 万 t，年均削减 0.4%；碳氢化合物(HC)排放量由 349.0 万 t 降低到 326.7 万 t，年均削减 1.3%；氮氧化合物(NO_x)排放量由 588.7 万 t 降低到 521.9 万 t，年均削减 2.4%；颗粒物(PM)排放量由 56.7 万 t 降低到 42.2 万 t，年均削减 5.7%。全国汽车污染物排放量变化趋势如图 1-7。

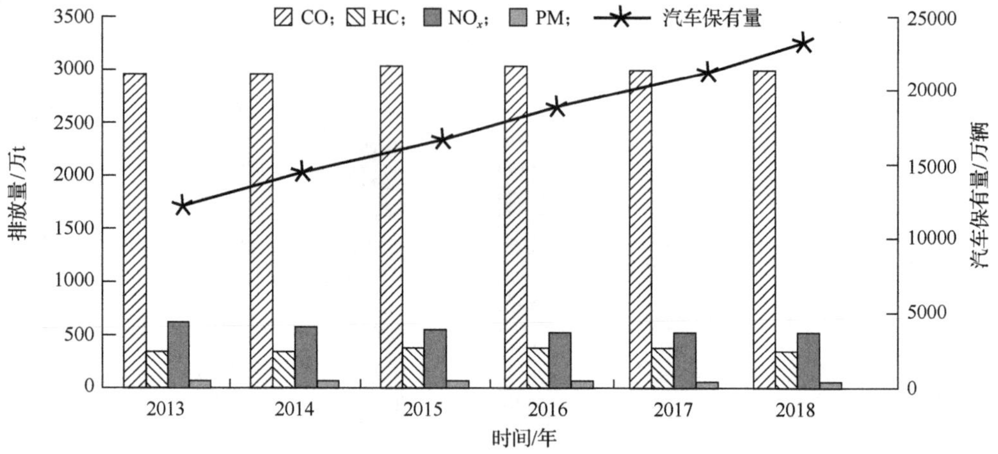

图 1-7　全国汽车污染物排放量变化趋势

汽车排放的这些污染物通过大气化学反应生成光化学烟雾、酸沉降等二次污染物，对人们(尤其是人口密集区人们)的身体健康、城市大气环境和生态系统造成了一系列危害。

我国汽车保有量每年都在增加(图 1-7)，使用清洁能源、进一步降低尾气排放量是需要共同解决的问题。

1.2.3　汽车新能源

英国石油公司(BP)预测，到 2030 年之前，全球石油需求的年增长率仅为 0.8%，比其他任何类型的能源都低，仅占同期总体能源需求增长率的一半。与此同时，BP 称，全球能源需求增长中的 1/3 将来自天然气、生物燃料和其他可替代燃料。

1)天然气

天然气是一种气态化的石化燃料，主要存在于油田和天然气田中。天然气和石油伴生气的主要成分是甲烷。甲烷在大多数天然气中占 90%以上，有的甚至占 95%～98%。甲烷在石油伴生气中一般占 80%～85%，比在天然气中占的量低一些。

天然气的体积低热值和质量低热值略高于汽油与柴油，但理论混合气热值比汽油和柴油低，应用于汽车时，在排放量方面具有明显的优势。与汽油车相比，天然气汽车颗粒排放量几乎为零，NO、CO 和 HC 的排放量也显著降低，所以天然气汽车在改善空气质量方面有着重要意义。因此，天然气汽车技术也得到了快速发展，从过去的常压天然气汽车发展到压缩天然气汽车(CNG)和液化天然气(LNG)汽车。

2)液化石油气

液化石油气(LPG)是原油炼制汽油、柴油过程中的副产品，其来源广泛，可以从石油伴生气或天然气中通过炼油厂催化裂化装置获得。液化石油气的主要成分是丙烷(C_3H_8)，此外还含有少量的丁烷(C_4H_{10})、丙烯(C_3H_6)和丁烯(C_4H_8)。

液化石油气的特点与天然气相似，天然气的体积低热值和质量低热值略高于汽油，但理论混合热值比汽油低，液化石油气介于天然气和汽油之间。在应用于汽车时，其具有燃烧完全、积炭少、排放污染物少、怠速和过渡工况运行稳定性好的优点。

液化石油气同样只能点燃而不能压燃，应用于汽车发动机时，主要采用两种点燃方式：一是火花点火式；二是利用柴油引燃 LPG-柴油混合燃料。液化石油气汽车按燃料供给方式可以分为：单燃料 LPG 汽车，发动机为顶混点燃式；LPG-汽油两用燃料汽车，可以视情况交替使用 LPG 或汽油，具有 LPG 和汽油两套燃料系统，可以对现行汽油车直接加装 LPG 系统，成为 LPG-汽油两用汽车；LPG-柴油双燃料汽车，利用柴油引燃 LPG-柴油混合燃料。

3) 醇类燃料

目前最广泛的醇类燃料主要是甲醇和乙醇。甲醇(木醇或木酒精)主要由天然气、重油、石油脑、液化石油气、煤炭、油页岩、木材和垃圾等物质提炼而成；乙醇俗称酒精，主要通过含糖类作物(甘蔗、甜菜、甜高粱和糖蜜等)、淀粉质作物(玉米、高粱、小麦、红薯、马铃薯等)和纤维素原料(木材、木屑和谷物秸秆等)发酵而成。

醇类燃料属于含氧燃料，辛烷值高，有利于提高燃烧效率。这一特点使其很适合作为汽油机的部分替代燃料。醇类燃料与柴油相比，其十六烷值、黏度、热值和密度均比较低，与柴油之间不易溶解，但是醇类燃料通过增加添加剂实现与柴油的互溶，在柴油机中掺烧时. 热效率远高于在汽油机的热效率。

醇类燃料在汽车上的应用主要有三种方式：掺烧、纯烧和改质。①掺烧是醇类燃料的主要应用方式，可以分为混合燃料法、双燃料系统法、熏蒸法等。其中混合燃料法应用较为广泛，目前在山西、陕西、河南、黑龙江、四川、重庆、湖南等地均采用汽油掺混甲醇或乙醇，醇类的掺混比在 5%～20%；双燃料系统法仅用于柴油机。②纯烧是指单纯燃烧甲醇或乙醇，对发动机需要做相关改造。③改质主要指醇类燃料的改质，改质后再输送至发动机使用。

4) 二甲醚

二甲醚(DME)属于一种很简单的脂肪醇，是甲醇重要的衍生物，易液化，性能与液化石油气很相似。车用 DME 主要以煤、天然气、木材为原料制取，生产过程并不复杂。目前，多用甲醇气相脱水工艺(一步法)或甲醇液相脱水工艺(二步法)两种工艺获取二甲醚，且已在内蒙古鄂尔多斯、山东莱州都建立了生产基地。

二甲醚的分子式与乙醇相同，但分子结构不同，因此其性质也与乙醇有较大的区别。乙醇属于高辛烷值类燃料，而二甲醚属于高十六烷值(55～60)燃料，从而决定了其作为柴油替代品的优势。二甲醚同样是含氧燃料，分子组成中含有 34.8%的氧，且二甲醚具有高挥发性，应用于汽车发动机可降低柴油机噪声、振动，实现无烟排放。

二甲醚在汽车上的应用主要采用两种方式：纯液态二甲醚缸内直喷压燃和二甲醚作为点火促进物质在柴油机中应用。纯液态二甲醚缸内直喷压燃是将柴油机加装一套储气装置和加压设备，利用柴油机的供油系统进行二甲醚的缸内喷射燃烧，可实现低 NO_x、无烟、无颗粒排放。二甲醚作为点火促进物质在柴油机中的应用是将二甲醚作为部分燃料使其进入发动机，改善柴油机的性能与排放性。对二甲醚加入抑制自燃的物质后，也可以应用于火花点火式发动机。

5) 氢气

与传统汽车能源相比，氢是石油时代之后最有希望的发动机能源。氢气的主要来源是水，也可以来源于各种工业副产品。虽然氢气本身的天然储量不大，但作为氢气的主要来源——水资源却十分丰富，而且氢气燃烧后产生的还是水，能够形成资源的快速循环。

氢气与天然气、汽油、LPG 相比，单位质量低、热值高，约是汽油低热值的 27 倍。氢气可燃极限宽，易于实现稀薄燃烧，提高燃料使用经济性，同时可以降低最高燃烧温度，大幅度降低 NO_x 的排放量。氢气的自燃温度高，有利于提高发动机压缩比，从而提高发动机热效率。氢气的点火能量很低，在应用于发动机时，几乎不出现失火现象，具有良好的起动性能。氢气的有害排放物少，不产生 CO 及 HC，NO_x 的排放量也较汽油机低。

以氢气为能源的汽车主要通过两种技术途径进行应用：一是发动机直接改用氢气燃料；二是氢气燃料电池汽车。

6) 太阳能

太阳能的热电利用是指将太阳辐射直接转换为热与电供人们使用。按太阳总辐射量空间分布，可将世界分为最丰富区、很丰富区、丰富区和一般地带 4 个地区。而我国属于最丰富区、很丰富区、丰富区的地区占国土面积的 96%以上，太阳能资源总量可达 1.7 万亿 tce，发电可利用量可达 22 亿 kW。资料显示，我国 1MW 的太阳能热发电站每千瓦时的发电成本约为 2 元，略高于光伏发电成本；10MW 的发电站发电成本约为 1.5 元；50MW 的发电站发电成本可降至 1.2 元左右，高于煤电成本。欧美国家估计，15～20 年后，太阳能发电成本可达到煤电成本水平。我国太阳能利用发展较快，目前在太阳能供热方面成为世界第一。

在汽车上主要是利用光伏发电供给电动汽车电能。2019 年是中国光伏产业技术更新非常快的一年，PERC（Passivated Emitter and Rear Cell）太阳能电池，即钝化发射极与背面太阳能电池，占据了 70%的市场份额，而多晶硅 BSF 太阳能电池的市场份额仅占 30%，已面临市场淘汰。当 PERC 太阳能电池技术刚成为主流技术时，越来越多的企业已经开始涉足新的更高效的太阳能电池技术了，目前主要包括 TOPCon 太阳能电池技术和 HJT 太阳能电池技术。

7) 可燃冰

可燃冰作为新型燃料，它的燃烧值高，$1m^3$ 的可燃冰分解后可释放出约 $0.8m^3$ 的水和 $164m^3$ 的天然气，燃烧产生的能量明显高于煤炭、石油，而燃烧污染却比煤炭、石油要小，更加清洁环保；它的资源储量丰富，广泛分布于全球大洋海域，以及陆地冻土层和极地下面。估算其资源量相当于全球已探明传统化石燃料碳总量的两倍。

全球可燃冰储量巨大，世界资源量约为 2100 万亿 m^3，可供人类使用 1000 年。南海海域是我国可燃冰最主要的分布区，我国可燃冰资源储存量约相当于 1000 亿吨油当量，其中有近 800 亿吨油当量在南海。保守估计，我国可燃冰的总资源储存量约是常规天然气、页岩气等资源量总和的两倍，按当前的消耗水平，可满足我国近 200 年的能源需求。

我国的可燃冰研究起步是 1998 年，在南海成功试采可燃冰，这一巨大进步势必推动能源的又一次革命。2018 年 8 月 25 日召开的能源大转型高层论坛上，自然资源部中国地质调查局副局长李金发表示，未来将科学组织实施可燃冰试采。2020 年，实现“日产 3 万方，持续一个月”的扩量生产试采目标；2023 年前，实现“日产 4 万方，持续一个月”的生产性试采目标；2030 年前，初步建成可燃冰年生产能力 10 亿 m^3 以上的资源勘查开发示范基地。这标志着我国可燃冰的商业化应用已稳稳地站在了起跑线上，但其仍存在着一系列的问题与技术瓶颈。

1.3 世界范围的新能源汽车研发计划

1.3.1 国外新能源汽车发展现状

2016年，美国政府发布关于“加快普及电动汽车”计划的声明，希望通过加强政府和企业合作，进一步推广电动汽车和加强充电基础设施建设。2017年9月美国新能源汽车销量再创新高，达到21282辆，同比增长29.19%，累计销量达到142471辆，同比增长31.18%。截止到2018年10月，美国新能源汽车销量为31.3万辆，同比增长56.6%。

日本政府则采取绿色税制、购车补贴和分层次建设充电设施等多种措施发展新能源汽车。2013年和2014年，日本政府分别提出“日本重振战略”和“汽车战略2014”，加大对电动汽车的补贴。2014年6月，日本政府发布《氢燃料电池战略规划》，明确下一步政策重点从混合动力汽车向燃料电池汽车转移，提出全力打造“氢社会”的目标。2016年3月，日本政府新制定了《电动汽车发展路线图》，提出到2020年国内电动汽车保有量突破100万辆。在日本《氢能燃料电池发展战略路线图》中，提出到2025年，日本燃料电池汽车保有量将达到200万辆。

目前，日本正全面发展三类电动汽车，其混合动力全球销量第一；在纯电驱动方面，规划和产业化推进步伐也是最快的；另外，日本燃料电池产品的研发和产业化推进也优于其他国家。

2016年，德国在柏林气候论坛上表示，德国计划在2030年之前规定禁止燃油汽车登记，全力推广新能源汽车。2016年5月，德国出台政策激励电动汽车发展，支持政策主要包括研发支持、示范支持、使用支持和财税支持等。到2016年初，市场上已经有35款不同类型的电动汽车来自德国汽车制造商。充电基础设施方面，2016年6月，德国总计有6517个公共充电基础设施，与2015年年末相比提高了10%。预计到2050年，法国汽车市场的结构会是纯电动汽车占到66%、混合动力汽车占到17%、使用氢燃料的新能源汽车占到17%。

1.3.2 我国新能源汽车发展现状

1. 我国新能源汽车发展的政策状况

在能源安全、环境保护以及汽车产业升级等因素影响下，为促进新能源汽车的发展，中国针对新能源汽车发布了一系列支持和管理政策，目前已形成较为完整的新能源汽车政策体系。

2019年9月，工业和信息化部发布《关于修改〈乘用车企业平均燃料消耗量与新能源汽车积分并行管理办法〉的决定(征求意见稿)》，将新能源汽车积分比例从2020年的12%提高到2021—2023年的14%、16%、18%。2020年10月20日，国务院办公厅发布《新能源汽车产业发展规划(2021—2035年)》，提出了深化三纵三横的研发布局，将2025年新能源汽车的销量占比提高到25%。该文件将对中国新能源汽车未来5～10年的发展产生重要影响。这些文件将促使汽车企业(简称车企)必须加大对新能源汽车的研发、生产和销售力度，使新能源汽车走上加速发展的新阶段。

2. 我国新能源汽车发展的市场状况

我国新能源汽车市场的主要车型有纯电动汽车(EV)和插电式混合动力汽车(PHEV)。从乘用车市场信息联席会发布的数据看，新能源汽车的销量逐年增加，且连续 2 年销量突破 100 万辆，其中以 EV 销量为主，如表 1-1 所示。

表 1-1　2014—2019 年我国新能源汽车销量　(单位：辆)

车型类别	2014 年	2015 年	2016 年	2017 年	2018 年	2019 年
EV	23759	92507	219984	433254	747158	853971
PHEV	17532	63436	76958	105093	253155	205969
总计	41291	155943	296942	538347	1000313	1059940

具体到 2019 年，国内新能源汽车销量超过 1 万辆的企业共有 19 家，其中有 10 家突破 3 万辆，如图 1-8 所示。

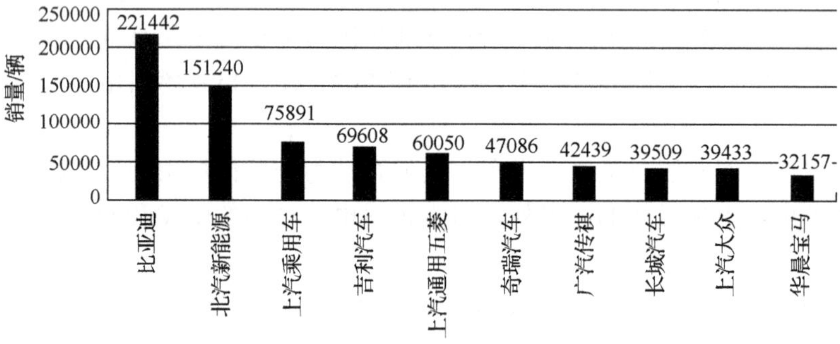

图 1-8　国内主要车企 2019 年新能源汽车销量

在国家新能源“扶优扶强”补贴政策的刺激、消费者的里程需求升级以及各车企的共同努力下，纯电动新车型续驶里程得以全面提升，续驶里程不足的问题得到了有效解决。从 2019 年工业和信息化部发布的 11 批公告数据看，纯电动汽车的 NEDC(New European Driving Cycle，是中国现行的续驶里程测试标准)续驶里程(R/km)以 400km 以上的车型为主，其中在 400～500km 的续航区间，车型数量最多，如表 1-2 所示。

表 1-2　2019 年工业和信息化部发布的 11 批新能源汽车公告数据

纯电动续驶里程/km	2019 年各批次公告下的纯电动车型数量/辆											小计/辆
	1	2	3	4	5	6	7	8	9	10	11	
R<400	8	6	9	5	139	4	4	6	3	5	8	197
400≤R<500	18	9	16	21	165	7	22	9	7	3	10	287
R≥500	1	1	1	2	14	5	1	4	0	2	3	34
合计	27	16	26	28	318	16	27	19	10	10	21	518

基础设施环境得到改善。据中国电动充电基础设施促进联盟统计，到 2019 年年底，公共充电基础设施累计达到 51.6 万台。截止到 2019 年 12 月，全国充电设施累计数量为 121.9 万台

（含 70.27 万台私人充电桩），新能源汽车累计销量达到 420 万辆，车桩比为 3.4∶1。2020 年 3 月 4 日的中国共产党中央委员会政治局常务委员会强调，要加快推进国家规划已明确的重大工程和基础设施建设，其中要加快包括新能源充电桩等在内的新型基础设施建设。新型基础设施建设将促进充电桩设备生产商、充电运营商以及新能源政策企业的良性发展。

2020 年 7 月，新能源汽车产销分别完成 10 万辆和 9.8 万辆，同比分别增长 15.6%和 19.3%。分车型看，纯电动汽车产销分别完成 7.9 万辆和 7.8 万辆，同比分别增长 17.9%和 24.2%；插电式混合动力汽车产销分别完成 2.1 万辆和 1.9 万辆，同比分别增长 7.8%和 2.7%。2020 年 1～7 月，新能源汽车产销分别完成 49.6 万辆和 48.6 万辆，同比分别下降 31.7%和 32.8%。分车型看，纯电动汽车产销分别完成 38 万辆和 37.8 万辆，同比分别下降 35%和 34.3%；插电式混合动力汽车产销分别完成 11.6 万辆和 10.8 万辆，同比分别下降 17.4%和 26.4%；燃料电池汽车产销分别完成 397 辆和 407 辆，同比分别下降 66.1%和 63.2%。

图 1-9 所示为 2020 年月度新能源汽车销量及同比变化情况。

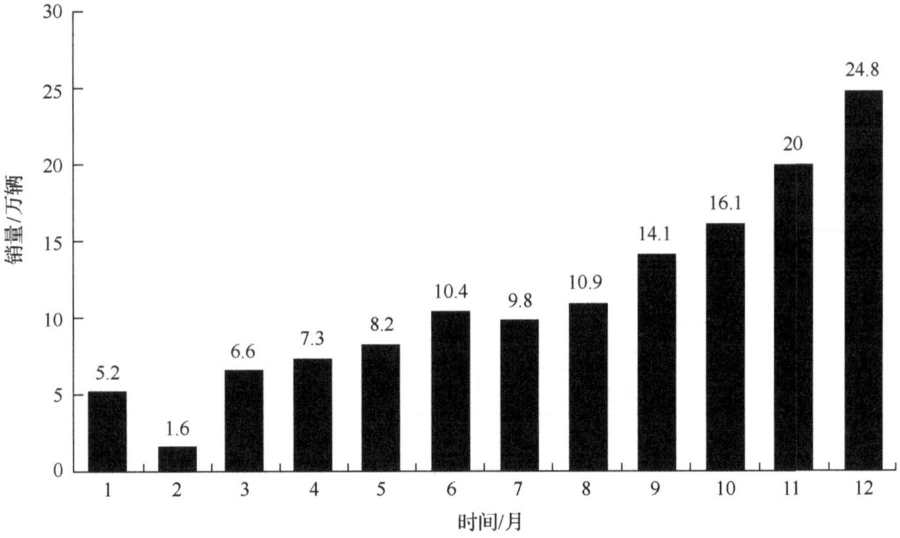

图 1-9　2020 年月度新能源汽车销量及同比变化情况

3. 新能源汽车发展的企业状况

广州汽车集团股份有限公司在 2019 年的广州车展上发布了 e-TIME 行动，计划于 2025 年实现全系车型电气化；吉利提出了“蓝色吉利行动”；比亚迪提出了“7+4 战略”。以上这些车企，在整车层面均加强了纯电动汽车、插电式混合动力汽车、燃料电池汽车的技术集成创新，并在整车产业链方面进行了布局，如研发模块化高性能整车平台，纯电动汽车底盘一体化设计，多能源动力系统集成技术，突破整车智能能量管理控制、轻量化、低摩阻等共性节能技术，提升整车综合性能的相关技术；在新能源关键零部件技术方面，对动力电池与管理系统、驱动电机与电力电子、网联化和智能化等进行了攻关。

4. 中国新能源汽车存在的问题

(1) 新能源汽车的市场份额还比较小。2015—2019 年我国新能源汽车销量分别为 15.59 万辆、29.69 万辆、53.83 万辆、100.03 万辆和 105.59 万辆，同比增速分别为 278%、90%、81%、

86%、6%，增速逐年减缓；而同期中国乘用车市场总销量分别是 2011 万辆、2356 万辆、2419 万辆、2320 万辆和 2107 万辆，新能源汽车市场占比分别为 0.78%、1.26%、2.23%、4.31%、5.03%。以上数据说明，虽然中国的新能源汽车获得了快速的发展，但还属于小众市场，要成为市场的主流还有很长的路程要走。

(2) 私人消费者在新能源汽车上的购车比例较低，新能源汽车的普及工作还有待加强。从市场区域来看，2019 年新能源乘用车主销地以广东、北京、浙江、上海、山东等经济大省和直辖市为主，上述五省市的销量占全国市场的 51%。从应用领域来看，约有 54%的车辆属于出租、租赁、网约车、企业事业单位，而私人应用领域占比为 46%。以上情况表明，现阶段的新能源汽车尤其是纯电动汽车具有较为明显的区域性特征和公共应用特征。新能源汽车要向全国普及还有较多的工作需要开展。

(3) 新能源核心零部件成本过高，技术进步跟不上补贴的下降幅度(简称降幅)，导致普通消费者需要的新能源车型没有价格优势。2015—2019 年国家新能源汽车购置补贴情况如表 1-3 所示，国家购置补贴降幅为 45%，而地方补贴从原来的 1∶1 到 2019 年全部取消，新能源车型的购置补贴实际降幅达到 77%。而同期的新能源核心零部件成本下降幅度远远低于补贴的降幅，导致新能源汽车的成本居高不下，也让新能源汽车与同级别的燃油汽车相比缺乏价格优势，消费者实际购买新能源车型的成本下降有限。

表 1-3　2015—2019 年国家新能源汽车购置补贴情况

汽车类型	纯电动续驶里程/km	补贴金额/万元				
		2015 年	2016 年	2017 年	2018 年	2019 年
EV	100≤R<150	3.15	2.5	2.0	0.0	0.0
	150≤R<200	4.50	4.5	3.6	1.5	0.0
	200≤R<250	5.40	4.5	3.6	2.4	0.0
	250≤R<300	5.40	5.5	4.4	3.4	1.8
	300≤R<400	5.40	5.5	4.4	4.5	1.8
	R≥400	5.40	5.5	4.4	5.0	2.5
PHEV	R≥50	3.15	3.0	2.4	2.2	1.0

(4) 新能源财政补贴政策变化快，补贴标准的门槛逐年提高。虽然“扶优扶强”的补贴方向正确，也有利于推动新能源车型续驶里程的全面提升，但补贴政策出台后，涉及的如纯电动续驶里程、电池能量密度、100km 电耗等技术指标，不是短期内就能完成的。需要给企业预留一定的开发周期、实验周期、认证周期、生产周期等，以确保新能源产品的质量真正得到提高。

5. 我国新能源汽车发展建议

(1) 技术是产品的核心竞争力，继续给予新能源企业研发支持。

(2) 要提前出台国家的新能源财政补贴等相关政策，给企业预留足够的时间进行产品研发、实验和验证，让企业有足够的时间把产品质量做好，促进新能源汽车的良性发展。

(3) 加强公共服务领域的示范车辆运营。

(4) 加大在新能源汽车使用阶段和保有阶段的支持力度，促进个人消费者购买。

1.3.3　新能源汽车技术的发展趋势

2019 年 7 月 1～3 日，2019 世界新能源汽车大会在海南博鳌举办。全球汽车产业主要相关方达成一些重要共识：汽车产业的可持续发展，对保障全球能源安全、应对气候变化、改善生态环境有着重要作用，也将是促进未来全球经济持续增长的重要引擎。“电动化、智能化、共享化”已经成为全球汽车产业转型升级的主要方向。

下面介绍现阶段新能源汽车的部分重要技术的发展趋势。

1. 纯电动汽车

纯电动汽车在使用过程中能够真正实现零排放，是未来交通的唯一长远解决方案，而作为纯电动汽车技术核心的动力电池技术有着至关重要的作用。展望未来，动力电池的发展主要有以下几个方向：首先，要开发高性能、低成本和环境友好型的电池材料；其次，需要建立一个更加简化、精度高、动态性好、通用性高的电池模型；最后，电池管理系统集成化和通用化以及无线充电技术的快速发展将成为未来的发展趋势。总之，研发出能量密度更高、功率密度更高、循环寿命更长和安全性更高的高效电池是未来的发展趋势与目标。

2. 制动能量回收

纯电动汽车技术正在以环保、低碳的理念改变着全球汽车产业的格局，制动能量回收技术作为一种较少能耗、提高电动汽车续驶里程的重要技术，对电动汽车技术的进步与发展起着巨大的推动作用。展望未来，制动能量回收技术需要在产品化方面进行更多的研究与开发投入，制动能量回收系统的可靠性问题也将会成为研发的重点，制动能量回收系统与 ASB/ESP 等汽车电子安全系统进行深入融合也将成为一种发展趋势，采用制动能量回收系统改善制动感觉也是未来重要的发展方向。

3. 插电式混合动力汽车

由于插电式混合动力汽车具有电池组容量大、纯电动行驶里程长和可通过外部电网进行充电等特点，电能使用强度和行驶距离等因素对 PHEV 燃油经济性等性能存在影响，需要研究电池容量、电池服役特性和冷却系统运行状态与整车性能之间的影响关系，还需要研究对行驶道路信息进行实时利用的方法，从而形成考虑路况等信息的 PHEV 能量管理策略和电池组参数的优化方法，使得 PHEV 能够利用智能交通系统获得未来的路况信息，对整个行驶里程中的系统工作模式和电池冷却系统工作状态进行提前规划，降低整个行驶里程的油耗并保证电池组工作在安全范围内。

4. 燃料电池汽车

目前，各国都在大力发展新能源汽车，在各大汽车厂商和科研机构的共同努力下，新一代燃料电池技术的发展正如火如荼地进行着，主要目标是降低制造成本和提高可靠性与耐久性。燃料电池汽车技术发展的趋势表现在以下几点。

(1) 燃料电池系统集成化。目前，燃料电池系统的发展呈现出了模块化和集成化的趋势。限定每个燃料电池模块的功率等级，再将不同数量的模块进行组合与集成，既满足不同的实际工况对于燃料电池的需求，又能有效地降低成本和提高寿命。

(2) 燃料电池汽车混动化。燃料电池汽车在初始的发展阶段，其动力形式以纯燃料电池驱动为主。而中国科研人员最早采用了燃料电池和动力蓄电池混合驱动的技术方案。该方案既能有效地提升燃料电池汽车的动力性能，又能实现寿命的提高和成本的控制，逐步得到了国际同行的认可与采纳。

(3) 车载能源载体氢气化及来源多样化。随着对制氢、储氢技术研究的不断深入，通过对多种车载能源载体的综合考量，目前车载直接储氢的技术方案逐步成为主流，而车载其他化石燃料并通过重整制氢的方案则逐步淡出了视线。目前的车载直接储氢的来源主要是在加氢站制取并提供补给的高压气态氢，在制取过程中则采用了多重来源和多种途径。

(4) 燃料电池汽车产业联盟化。在汽车制造行业，燃料电池技术通常自主研发，但目前燃料电池汽车的产业发展正在突破这种常规发展模式。目前，汽车整车生产企业与燃料电池生产厂家加强了技术整合。汽车整车生产企业与燃料电池生产厂家的合作共赢成为燃料电池汽车发展的一种重要模式。

思 考 题

1-1 新能源汽车的定义是什么？

1-2 新能源汽车是如何分类的？

1-3 混合动力汽车按照动力系统的结构不同可以分为哪几类？

1-4 燃料电池汽车与传统汽车相比有哪些优势？

1-5 燃气汽车有哪些类型？各自的特点是什么？

1-6 新能源汽车的燃料有哪些？

1-7 为什么要发展新能源汽车？

1-8 新能源汽车技术的发展趋势是什么？

第 2 章　电动机及驱动系统

电动机是电动汽车驱动系统的核心部件，其性能直接影响电动汽车驱动系统的性能，特别是影响电动汽车的最高车速、加速性能及爬坡性能等，因此，在开发电动汽车之前，初步确定电动机类型及其参数进而对电动机进行选择是至关重要的。

2.1　电动机概述

2.1.1　电动机的分类

1. 电动机的分类方法

电动机的分类方法很多，主要有下面几种。

1) 按电动机工作电源分类

根据电动机工作电源不同，电动机可分为直流电动机和交流电动机。其中，直流电动机又分为绕组励磁式直流电动机和永磁式直流电动机；交流电动机分为单相电动机和三相电动机。

2) 按结构及工作原理分类

电动机按结构及工作原理可分为直流电动机、异步电动机和同步电动机。直流电动机又分为无刷直流电动机和有刷直流电动机；异步电动机分为感应电动机和交流换向器电动机；同步电动机分为永磁同步电动机、磁阻同步电动机和磁滞同步电动机。

3) 按用途分类

电动机按用途可分为驱动用电动机和控制用电动机。

4) 按转子的结构分类

电动机按转子的结构可分为笼型转子感应电动机和绕线转子感应电动机。

5) 按运转速度分类

电动机按运转速度可分为高速电动机、低速电动机、恒速电动机、调速电动机。电动汽车最早采用的是直流电动机。随着电子技术和自动控制技术的发展以及电动汽车技术要求的提高，无刷直流电动机、异步电动机、永磁同步电动机和开关磁阻电动机等显示出比直流电动机更为优越的性能，在电动汽车中的应用越来越广泛。

2. 各类电动机介绍

1) 直流电动机

优点：起动加速时驱动力大、调速控制简单、技术成熟等。

缺点：电枢电流由电刷和换向器引入，换向时产生电火花，换向器容易烧蚀，电刷容易磨损，需经常更换，维护工作量大；接触部分存在摩擦损失，不仅使电动机效率降低，还限制了电动机的工作转速。新研制的电动汽车基本不采用直流电动机。

2）无刷直流电动机

无刷直流电动机是一种高性能的电动机。它既有交流电动机的结构简单、运行可靠、维护方便等诸多优点，又具备运行效率高、无励磁损耗、运行成本低和调速性能好等特点。因此，它在电动汽车上的应用与日俱增。

3）异步电动机

异步电动机在电动汽车上广泛应用，这是因为异步电动机采用变频调速时，可以取消机械变速器，实现无级变速，使传动效率大为提高。异步电动机很容易实现正反转，再生制动能量的回收也更加简单。当采用笼型转子时，异步电动机还具有结构简单、坚固耐用、价格便宜、工作可靠、效率高和免维护等优点。

4）永磁同步电动机

永磁同步电动机在结构上与无刷直流电动机相似，不同之处在于它采用正弦波驱动，所以在具备无刷直流电动机优点的同时，还具有噪声低、体积小、功率密度大、转动惯量小、脉动转矩小、控制精度高等特点，特别适用于混合动力电动汽车电动机驱动系统，以达到减小系统体积、改善汽车加速性能和行驶平稳等目的。因此，永磁同步电动机受到了全世界各大汽车生产厂家的重视。

5）开关磁阻电动机

开关磁阻电动机是一种新型电动机，因其结构简单、坚固、工作可靠、效率高，其调速系统运行性能和经济指标比普通的交流调速系统好，具有很大的潜力，被公认是一种极有发展前途的电动汽车驱动电动机。

高密度、高效率、轻量化、低成本、宽调速牵引电动机驱动系统已成为各国研究和开发的主要热点，如永磁式开关磁阻电动机、转子磁极分割型混合励磁结构同步电动机、永磁无刷交流电动机等。各种电动机的性能比较见表 2-1。

表 2-1 各种电动机的性能比较

项目	直流电动机	交流电动机	永磁电动机	开关磁阻电动机
转速范围/(r/min)	4000～6000	12000～20000	4000～10000	>15000
功率密度	低	中	高	较高
功率因数		82～85	90～93	60～65
峰值效率/%	85～89	94～95	95～97	85～90
负荷效率/%	80～87	90～92	85～97	78～86
过载能力/%	200	300～500	300	300～500
恒功率区比例		1∶5	1∶2.25	1∶3
电动机质量	重	中	轻	轻
电动机外形尺寸	大	中	小	小
可靠性	一般	好	优良	好
结构坚固性	差	好	一般	优良
控制操作性能	最好	好	好	好
控制器成本	低	高	高	一般

2.1.2　电动机的额定指标

电动机的额定值是根据国家标准以及电动机的设计、实验数据而确定的额定运行数据，是电动机运行的基本参数。电动机的额定指标主要包括以下各项。

(1) 额定功率——额定运行情况下轴端输出的机械功率(W 或 kW)。

(2) 额定电压——外加于线端的电源线电压(V)。

(3) 额定电流——电动机额定运行(额定电压、额定输出功率)情况下电枢绕组(或定子绕组)的线电流(A)。

(4) 额定频率——电动机额定运行情况下电枢(或定子侧)的频率(Hz)。

(5) 额定转速——电动机额定运行(额定电压、额定频率、额定输出功率)情况下电动机转的转速(r/min)。

当电动机在额定运行情况下输出额定功率时，称为满载运行，这时电动机的运行性能、经济性及可靠性等均处于优良状态。输出功率超过额定功率时称为过载运行，这时电动机的负载电流大于额定电流，将会引起电动机过热，从而减少了电动机使用寿命，严重时甚至烧毁电动机。当电动机的输出功率小于额定功率时，称为轻载运行，轻载运行时电动机的效率和功率因数等运行性能均较差，因此电动机应尽量避免轻载运行。

2.1.3　电动汽车对电动机的基本要求

电动汽车在行驶过程中，经常频繁地起动/停车、加速/减速等，这就要求电动汽车中的电动机比一般工业应用的电动机性能更高，基本要求如下。

(1) 电动机的运行特性要满足电动汽车的要求，在恒转矩区，要求低速运行时具有大转矩，以满足电动汽车起动和爬坡的要求；在恒功率区，要求低转矩时具有高的速度，以满足电动汽车在平坦的路面能够高速行驶的要求。

(2) 电动机应具有瞬时功率大、带负载起动性能好、过载能力强、加速性能好、使用寿命长的特点。

(3) 电动机应在整个运行范围内，具有很高的效率，以提高一次充电的续驶里程。

(4) 电动机应能够在汽车减速时实现再生制动，将能量回收并反馈给蓄电池，使得电动汽车具有最佳能量的利用率。

(5) 电动机应可靠性好，能够在较恶劣的环境下长期工作。

(6) 电动机应体积小，重量轻，一般为工业用电动机的 1/2～1/3。

(7) 电动机的结构要简单坚固，适合批量生产，便于使用和维护。

(8) 电动机价格低，从而能够降低整体电动汽车的价格，提高性价比。

(9) 电动机运行时噪声低，污染少。

2.2　直流电动机

直流电动机就是将直流电能转换成机械能的电动机，是电动机的主要类型之一，具有结构简单、技术成熟、控制容易等特点，在早期的电动汽车或希望获得更简单结构的电动汽车中应用，特别是场地用电动汽车和专用电动汽车。

2.2.1　直流电动机的分类

在电动汽车所采用的直流电动机中，小功率电动机采用的是永磁式直流电动机，大功率电动机采用的是绕组励磁式直流电动机。绕组励磁式直流电动机根据励磁方式的不同，可分为他励、并励、串励和复励 4 种类型。

1）他励直流电动机

他励直流电动机的励磁绕组与电枢绕组无连接关系，而由其他直流电源对励磁绕组供电。因此励磁电流不受电枢端电压或电枢电流的影响。永磁式直流电动机也可看作他励直流电动机。

他励直流电动机在运行过程中的励磁磁场稳定而且容易控制，容易实现电动汽车的再生制动要求。但当采用永磁激励时，虽然电动机效率高，重量和体积较小，但由于励磁磁场固定，电动机的机械特性不理想，驱动电动机产生不了足够大的输出转矩来满足电动汽车起动和加速时的大转矩要求。

2）并励直流电动机

并励直流电动机的励磁绕组与电枢绕组相并联，共用同一电源，性能与他励直流电动机基本相同。并励绕组两端电压就是电枢绕组两端电压，但是励磁绕组用细导线绕成，其匝数很多，因此具有较大的电阻，使得通过它的励磁电流较小。

3）串励直流电动机

串励直流电动机的励磁绕组与电枢绕组串联后，再接于直流电源，这种直流电动机的励磁电流就是电枢电流。这种电动机内，磁场随着电枢电流的改变有显著的变化。为了使励磁绕组中不致引起大的损耗和电压降，励磁绕组的电阻越小越好，所以串励直流电动机通常用较粗的导线绕成，它的匝数较少。

串励直流电动机在低速运行时，能提供足够大的转矩，而在高速运行时，电动机电枢中的反电动势增大，与电枢绕组串联的励磁绕组中的励磁电流减小，电动机高速运行时的弱磁调速功能易于实现，因此能较好地符合电动汽车的特性要求。串励直流电动机由低速到高速运行时弱磁调速特性不理想；车速提高时，输出转矩不能满足电动汽车高速行驶时的大转矩要求；运行效率低；再生制动的稳定性差；再生制动的可靠性较差；串励直流电动机的励磁绕组损耗大，体积和重量也较大。

4）复励直流电动机

复励直流电动机有并励和串励两个励磁绕组，电动机的磁通（即磁通量）由两个绕组内的励磁电流产生。若串励绕组产生的磁通势与并励绕组产生的磁通势方向相同，则称为积复励。若两个磁通势方向相反，则称为差复励。

复励直流电动机的永磁励磁部分采用高磁性材料钕铁硼，运行效率高。由于电动机永磁励磁部分有稳定的磁场，所以用该类电动机构成驱动系统时易实现再生制动功能。同时由于电动机增加了增磁绕组，通过控制励磁绕组的励磁电流或励磁磁场的大小，能克服纯永磁他励直流电动机不能产生足够的输出转矩来满足电动汽车起动或爬坡时的大转矩要求，而电动机的重量或体积比串励直流电动机的小。

各种绕组励磁式直流电动机的电路如图 2-1 所示。图中，I_a为电枢电流；I_f为励磁电流；U为电源电压；U_f为励磁电压；I为负载电流。

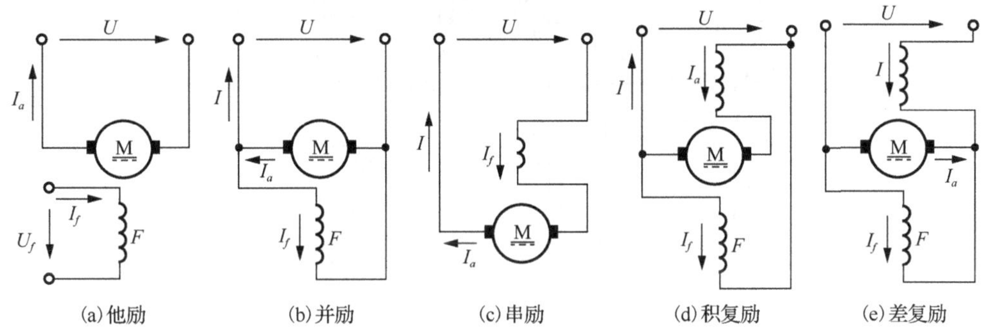

图 2-1　各种绕组励磁式直流电动机的电路

电动汽车所使用的直流电动机主要是他励直流电动机(包括永磁式直流电动机)、串励直流电动机、复励直流电动机三种类型。

小功率(100W～10kW)的电动机采用的是小型高效的永磁式直流电动机，可以应用在小型、低速的搬运设备上，如电动自行车、休闲用电动汽车、高尔夫球车、电动叉车等。

中等功率(10～100kW)的电动机采用他励、复励或串励直流电动机，可以用于结构简单、转矩要求较大的电动货车上。

大功率(>100kW)直流电动机采用串励直流电动机，可用在要求低速、高转矩的专用电动汽车上，如矿石搬运电动汽车、玻璃搬运电动汽车等。

2.2.2　直流电动机的结构与特点

1. 直流电动机的结构

直流电动机由定子与转子两大部分构成，定子和转子之间的间隙称为气隙，如图 2-2 所示。

1) 定子部分

直流电动机定子主要由主磁极、机座、换向极和电刷装置等组成。

(1) 主磁极——作用是建立主磁场，它由主极铁心和套装在铁心上的励磁绕组构成。主极铁心一般由 1～1.5mm 的低碳钢板冲压一定形状叠装固定而成，是主磁极的一部分。励磁绕组用扁铜线或圆铜线绕制而成，产生励磁磁动势。

(2) 机座——用铸钢或厚钢板焊接而成，它既是主磁极的一部分，又是电动机的结构框架。

(3) 换向极——作用是改善直流电动机的换向情况，使直流电动机运行时不产生有害的火花。它由换向极铁心和套装在铁心上的换向极绕组构成。

(4) 电刷装置——由电刷、刷握、刷杆、汇流排等组成，用于电枢电路的引入或引出。

2) 转子部分

(1) 电枢铁心——既是主磁极的组成部分，又是电枢绕组的支撑部分，电枢绕组嵌放在电枢铁心的槽内。电枢铁心一般用 0.55mm 的硅钢冲片叠压而成。

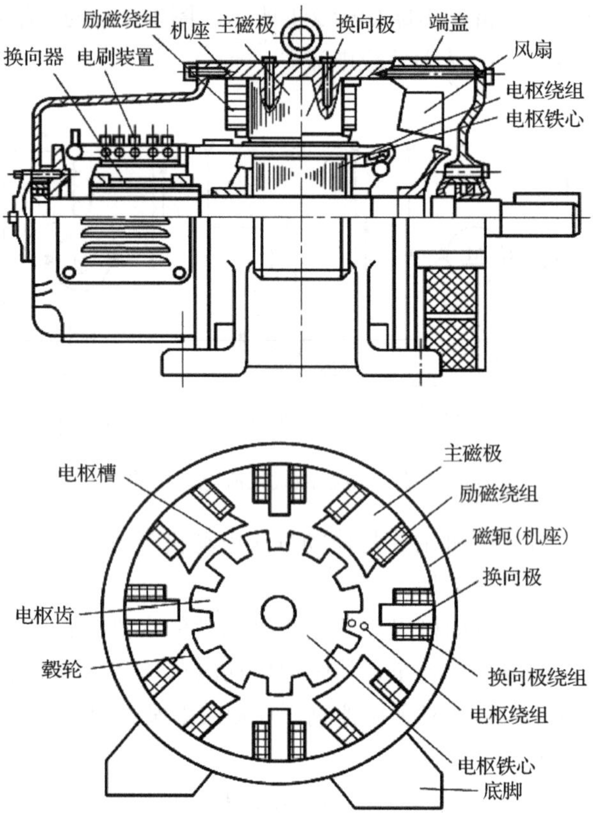

图 2-2　直流电动机的结构

(2) 电枢绕组——由扁铜线或圆铜线按一定的规律绕制而成，它是直流电动机的电路部分，也是产生电动势和电磁转矩进行机电能量转换的部分。

(3) 换向器——由冷拉梯形铜排和绝缘材料等构成，用于电枢电流的换向。

2. 直流电动机的特点

直流电动机具有以下特点。

(1) 调速性能好：直流电动机可以在重负载条件下，实现均匀、平滑的无级调速，而且调速范围较宽。

(2) 起动力矩大：可以均匀而经济地实现转速调节，因此，凡是在重负载下起动或要求均匀调节转速的机械，如大型可逆轧钢机、卷扬机、电力机车、电车等，都可用直流电动机拖动。

(3) 控制比较简单：一般用斩波器控制，它具有高效率、控制灵活、重量轻、体积小、响应快等优点。

(4) 有易损件：由于存在电刷、换向器等易磨损器件，所以必须进行定期维护或更换。

电动汽车专用的直流电动机和其他通用的电动机相比，应在耐高温性、抗振动性、低损耗性、抗负载波动性以及小型轻量化、免维护性等方面给予特殊考虑。

除此之外，电动汽车用直流电动机大多在较低的电压下驱动，同时是大电流电路，因此需要注意连接接线的接触电阻。

2.2.3　直流电动机的工作原理

图 2-3 为直流电动机的工作原理示意图。定子有一对 N、S 极，电枢绕组的末端分别接到两个换向片上，正、负电刷 A 和 B 分别与两个换向片接触。

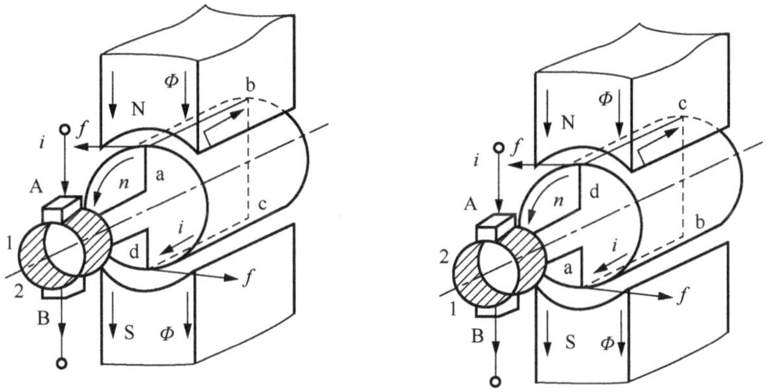

(a) 导体ab处于N极下　　(b) 导体ab处于S极下

图 2-3　直流电动机的工作原理示意图

如果给两个电刷加上直流电源，如图 2-3(a)所示，则有直流电流从电刷 A 流入，经过线圈 abcd，从电刷 B 流出。根据电磁力定律，载流导体 ab 和 cd 受到电磁力的作用，其方向可用左手定则判定，两段导体受到的力形成了一个转矩，使得转子逆时针转动。如果转子转到图 2-3(b)所示的位置，电刷 A 和换向片 2 接触，电刷 B 和换向片 1 接触，直流电流从电刷 A 流入，在线圈中的流动方向是 dcba，从电刷 B 流出。此时载流导体 ab 和 cd 受到电磁力的作用方向同样可用左手定则判定，它们产生的转矩仍然使得转子逆时针转动。这就是直流电动机的工作原理。

外加的电源是直流的，但由于电刷和换向片的作用，在线圈中流过的电流是交流的，其产生的转矩的方向却是不变的。

2.2.4　直流电动机的基本方程

在建立直流电动机基本方程时，设：U_a 为电枢电压；I_a 为电枢电流；R_a 为电枢电阻；E_a 为电枢感应电动势；ω_m 为电枢角速度；U_f 为励磁电压；I_f 为励磁电流；R_f 为励磁电阻；U 为电源电压；I 为负载电流；n 为电动机转速。

1. 电枢绕组的感应电动势

直流电动机电枢绕组的感应电动势是指从一对正负电刷引出的电动势，也称电枢感应电动势，可表示为

$$E_a=C_e\Phi n \tag{2-1}$$

式中，Φ 为每极磁通量；C_e 为电动势常数，与电动机结构有关。

2. 直流电动机的电磁转矩

直流电动机的电磁转矩是指电枢上所有载流导体在磁场中受力所形成的转矩的总和，可表示为

$$T_e = C_T \Phi I_a \tag{2-2}$$

式中，T_e 为电磁转矩；C_T 为转矩常数，与电动机结构有关。

直流电动机的基本方程与励磁方式有关，励磁方式不同，基本方程略有差别。下面以他励直流电动机为基础建立电压方程、转矩方程和功率方程。

3. 电压方程

由他励直流电动机的等效电路，得电枢回路的电压方程为

$$U_a = E_a + I_a R_a$$

$$E_a = \omega_m M I_f \tag{2-3}$$

式中，M 为互感。

励磁回路的电压方程为

$$U_f = I_f R_f \tag{2-4}$$

由式(2-3)和式(2-4)，可得到以下结果：

(1)对于永磁式直流电动机，有 $MI_f = \Phi$；

(2)对于并励直流电动机，有 $U_f = U_a = U$，$I_f + I_a = I$；

(3)对于串励直流电动机，有 $U_f + U_a = U$，$I_f = I_a = I$；

(4)对于复励直流电动机，其特性介于串励直流电动机和并励直流电动机之间。

4. 转矩方程

电动机空载时，轴上输出转矩 $T_2 = 0$，则有 $T_e = T_0$。

当负载转矩为 T_L，轴上输出有 $T_2 = T_L$，电动机匀速稳定运行时，有

$$T_e = T_2 + T_0 \tag{2-5}$$

式中，T_0 为空载转矩，它是由电动机的机械摩擦和铁耗引起的转矩；T_e 为电磁转矩，为拖动性质转矩；$T_2 + T_0$ 为总的制动转矩，方向与 T_e 相反。

电磁转矩可用式(2-6)计算：

$$T_e = M I_f I_a \tag{2-6}$$

综上，可以得到各种直流电动机的速度转矩特性曲线，如图 2-4 所示。

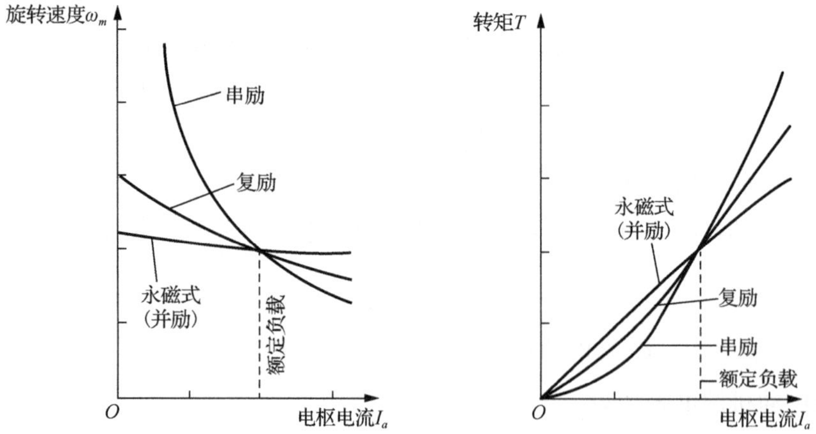

图 2-4　各种直流电动机的速度转矩特性曲线

由式(2-3)可得电枢角速度为

$$\omega_m = U_a - R_a I_a / (MI_f) \qquad (2\text{-}7)$$

从式(2-7)可以看出，通过调整励磁电流 I_f 可实现对转速的大幅度控制。

对于串励直流电动机，有 $T_e=MI_a^2$，所以大电流通过时会产生非常大的转矩，而如果电流变小，由式(2-7)可知，转速也将大幅度上升，由此可以得到电动汽车所希望的特性。

图 2-5 为直流电动机的转速-转矩、电压特性曲线。

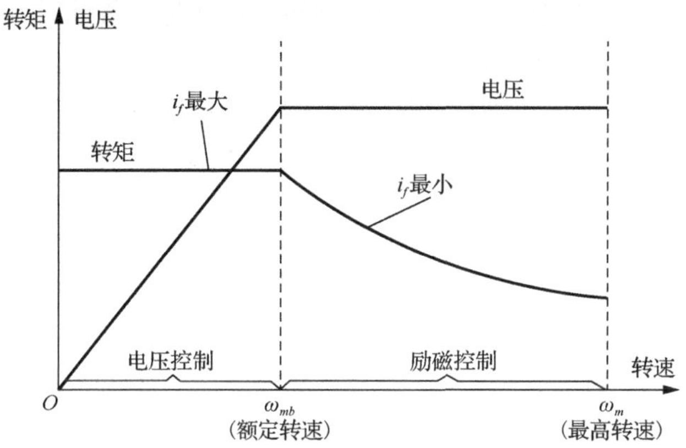

图 2-5　直流电动机的转速-转矩、电压特性曲线

5. 功率方程

他励直流电动机输入功率为

$$P_1 = UI_a = I_a(E_a + I_a R_a) = E_a I_a + I_a^2 R_a = P_{\text{em}} + P_{\text{cua}} \qquad (2\text{-}8)$$

式中，P_1 为输入功率；P_{em} 为电磁功率；P_{cua} 为电枢绕组上的铜耗。

2.2.5　直流电动机的运行特性

直流电动机的运行特性主要包括直流电动机的工作特性和直流电动机的机械特性。

直流电动机的工作特性是指电动机的转速特性、转矩特性和效率特性，即在保持额定电压、额定励磁电流(他励、并励)或励磁调节不变(串励、复励)的情况下，电动机的转速、电磁转矩和效率随电枢电流(或输出功率)变化的特性。

直流电动机的机械特性是指在电源电压恒定、励磁调节电阻和电枢回路电阻不变的情况下，其转速与电磁转矩之间的关系，又称为转矩-转速特性，是电动机的重要特性。

不同绕组励磁式直流电动机的运行特性是不同的，现分别介绍如下。

1. 并励(他励)直流电动机的运行特性

1) 转速特性

并励(他励)直流电动机的转速特性为

$$n = \frac{U - R_a I_a}{C_e \Phi} = n_0 - \Delta n \qquad (2\text{-}9)$$

式中，$n_0 = \dfrac{U}{C_e \Phi}$ 为电动机的理想空载转速；$\Delta n = \dfrac{R_a I_a}{C_e \Phi}$ 为转速调整率，由电枢回路电阻压降引起，一般为 3%～8%。

并励(他励)直流电动机在运行时，励磁绕组绝对不能断开。若励磁电流为零，电枢电流迅速增大；若负载较小，则会造成“飞车”事故。

2) 转矩特性

并励(他励)直流电动机的转矩特性可表示为

$$T_e = C_T \Phi I_a \qquad (2\text{-}10)$$

如果忽略电枢反应，则转矩特性是一条过原点的直线。

3) 效率特性

并励(他励)直流电动机的效率特性可表示为

$$\eta = \frac{P_2}{P_1} \times 100\% = \frac{P_2}{P_2 + P_b + P_k} \times 100\% \tag{2-11}$$

式中，P_b 为直流电动机的不变损耗，与负载电流变化无关；P_k 为直流电动机的可变损耗，随负载电流的平方变化。

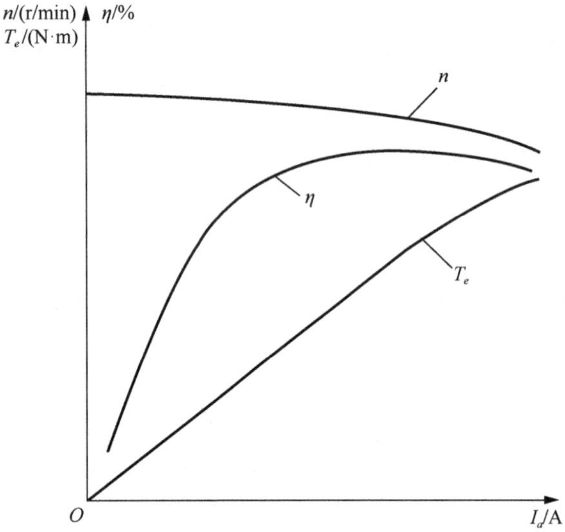

图 2-6 并励(他励)直流电动机的工作特性曲线

直流电动机的效率具有普遍意义。电动机的额定效率是指电动机额定运行时的效率。

一般直流电动机的效率为 75%～85%。并励(他励)直流电动机的工作特性曲线如图 2-6 所示。

4) 机械特性

并励(他励)直流电动机的机械特性可表示为

$$n = \frac{U}{C_e \Phi} - \frac{R_a + R_J}{C_e C_T \Phi^2} T_e \tag{2-12}$$

式中，R_J 为电枢回路外的串联电阻。

由式(2-12)可以得到并励(他励)直流电动机的机械特性曲线，即改变电枢电压、励磁电流、电枢回路电阻时的机械特性曲线，如图 2-7～图 2-9 所示。

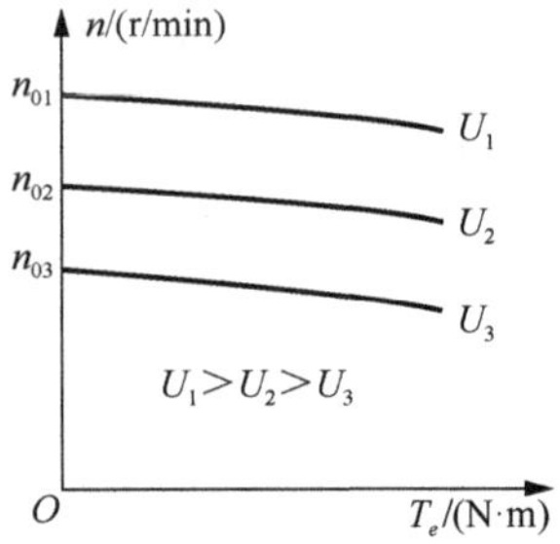

图 2-7 改变电枢电压时的机械特性曲线

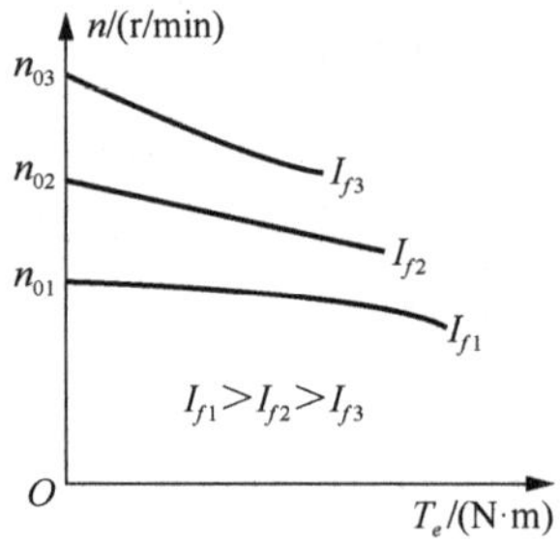

图 2-8 改变励磁电流时的机械特性曲线

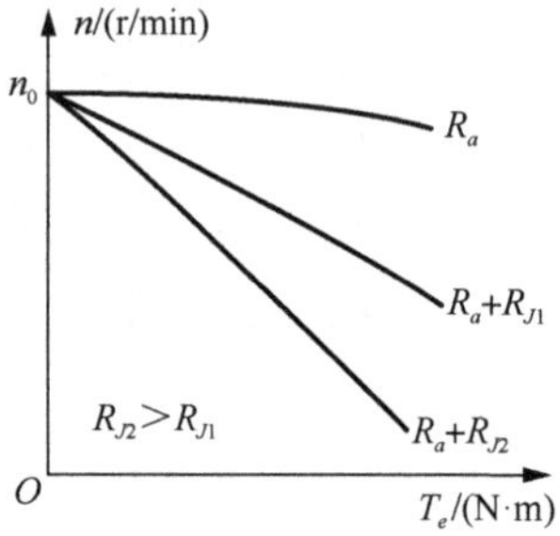

图 2-9 改变电枢回路电阻时的机械特性曲线

从图 2-7 可以看出，逐渐减小电源电压时，理想空载转速逐渐下降，但从空载到满载转速变化很小，这种特性称为硬机械特性。这使并励(他励)直流电动机具有了优良的调速性能。

从图 2-8 可以看出，逐渐减小励磁电流时，理想空载转速逐渐上升，曲线斜率逐渐增大，使特性变软，电动机运行的稳定性变差。过分"弱磁"时，使电动机转速过高，甚至引起"飞车"事故。因此，电动机采用"弱磁"调节时必须注意。

从图 2-9 可以看出，当电枢回路电阻从零逐渐开始增大时，机械特性曲线的斜率逐渐增大，使特性逐渐变软，但电动机的理想空载转速不变。

2. 串励直流电动机的运行特性

串励直流电动机广泛应用于交通运输中，它的特点是负载电流、电枢电流和励磁电流是一个电流，即气隙主磁通随电枢电流的变化而变化，同时对电动机转速产生较大的影响。

1) 转速特性

串励直流电动机的转速特性可表示为

$$n=\frac{U-(R_a+R_f)I}{C_e\Phi} \tag{2-13}$$

2) 转矩特性

串励直流电动机的转矩特性可表示为

$$T_e=C_T\Phi I \tag{2-14}$$

串励直流电动机的工作特性曲线如图 2-10 所示。从转矩特性可以看出，当负载增加时，串励直流电动机的转矩快速增加，但与此同时转速也快速下降，因此基本保持了功率恒定，即串励直流电动机具有恒功率特性。

3) 机械特性

串励直流电动机的机械特性可表示为

$$n=\frac{1}{C_eK_f}\left(\sqrt{\frac{C_TK_f}{T_e}}U-R_a-R_f\right) \tag{2-15}$$

式中，K_f 为与电动机有关的常数。得到串励直流电动机的机械特性曲线，如图 2-11 和图 2-12 所示。

由于串励直流电动机的负载电流、电枢电流和励磁电流相等，所以调节电源电压或电枢回路电阻的同时，励磁电流也随之变化。

从图 2-11 和图 2-12 可以看出，转速随转矩的增加迅速下降，这种特性称为软机械特性。

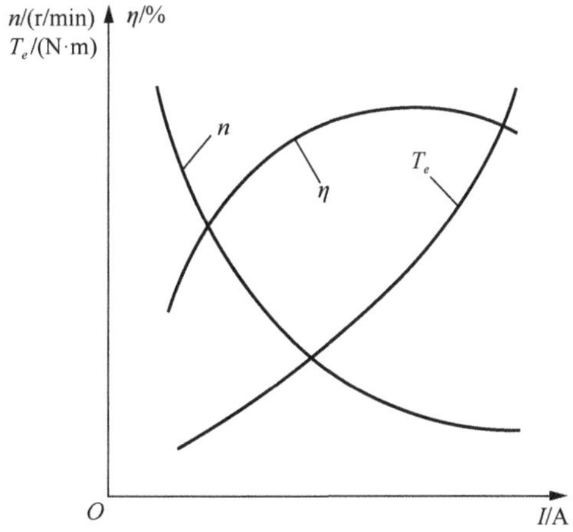

图 2-10　串励直流电动机的工作特性曲线

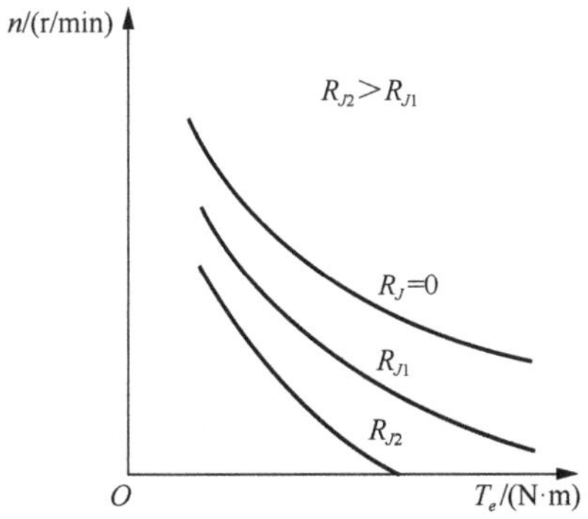

图 2-11　改变电枢回路电阻时的机械特性曲线

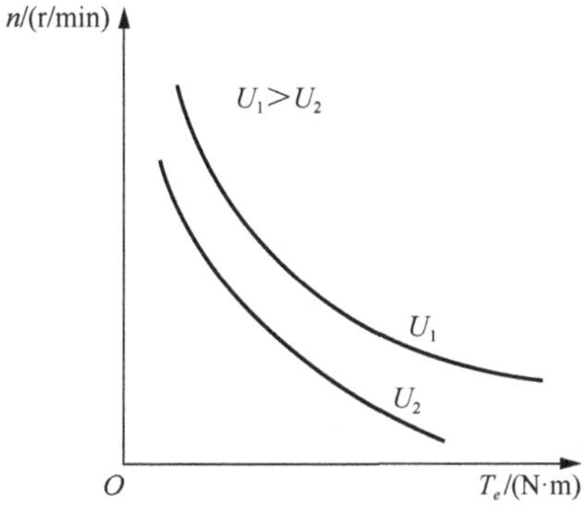

图 2-12　改变电枢电压时的机械特性曲线

串励直流电动机具有恒功率特性、起动转矩大以及调速性能优良等特点，在电力机车、城市电车、特种电动车等交通工具上得到广泛应用。

3. 复励直流电动机的运行特性

复励直流电动机既有并励绕组，又有串励绕组，因此其特性介于并励直流电动机和串励直流电动机之间。当复励直流电动机以并励为主时，其特性接近于并励直流电动机；当复励直流电动机以串励为主时，其特性接近于串励直流电动机。

2.2.6　直流电动机的控制

从直流电动机的转速特性和机械特性可以看出，其转速控制方法主要有电枢调压控制、磁场控制和电枢回路串电阻控制。

1. 电枢调压控制

电枢调压控制是指通过改变电枢的端电压来控制电动机的转速。他励直流电动机改变电枢端电压时的转速控制特性曲线如图 2-13 所示。

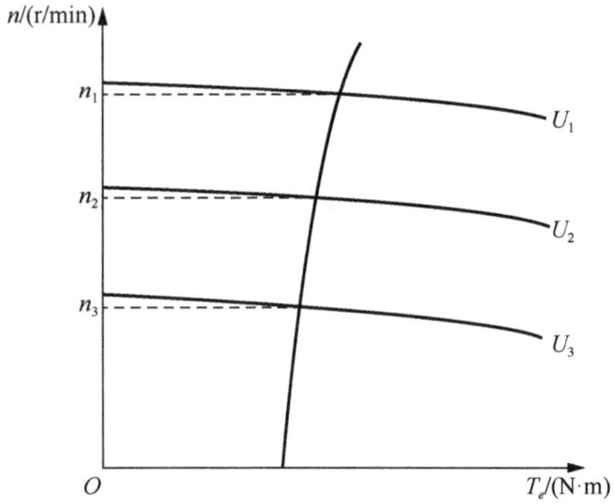

图 2-13　改变电枢端电压时的转速控制特性曲线

电枢调压控制只适合电动机基速以下的转速控制，它可保持电动机的负载转矩不变，电动机转速近似与电枢端电压成比例变化，所以称为恒转矩调速。

直流电动机采用电枢调压控制可实现在宽广范围内的连续平滑的速度控制，调速比一般可达 1∶10，如果与磁场控制配合使用，调速比可达 1∶30。

电枢调压控制需要专用的可控直流电源，过去常用电动机-发电机组，现在大、中容量的可控直流电源广泛采用晶闸管可控整流电源，小容量则采用电力晶体管的 PWM 控制电源，电动汽车用的直流电动机常用斩波控制器作为电枢调压控制电源。

电枢调压控制的调速过程：当磁通保持不变时，减小电压，由于转速不立即发生变化，反电动势也暂时不变化，同时由于电枢电流减小了，转矩也减小了。如果阻转矩未变，则转速下降。随着转速的降低，反电动势减小，电枢电流和转矩增大，直到转矩与阻转矩再次平衡为止，但这时转速已经较原来降低了。

2. 磁场控制

磁场控制是指通过调节直流电动机的励磁电流改变每极磁通量，从而调节电动机的转速。他励直流电动机带恒转矩负载时磁场控制的转速控制特性曲线如图 2-14 所示。

磁场控制只适合电动机基数以上的控制，当电枢电流不变时，具有恒功率调速特性。磁场控制效率高，但调速范围小，一般不超过 1∶3，而且响应速度较慢。

磁场控制可用可变，也可采用可控整流电源作为励磁电源。

磁场控制的调速过程：当电压保持恒定时，减小磁通，由于机械惯性作用，转速不立即发生变化，于是反电动势减小，电枢电流随之增加。由于电枢电流增加的影响超过磁通减小的影响，所以转矩也就增加。如果阻转矩未变，则转速上升。随着转速的升高，反电动势增大，电枢电流和转矩减小，直到转矩和阻转矩再次平衡为止，但这时转速已经较原来升高了。

3. 电枢回路串电阻控制

电枢回路串电阻控制是指当电动机的励磁电流不变时，通过改变电枢回路串电阻来调节电动机的转速。其转速控制特性曲线如图 2-15 所示。这种控制方法的机械特性较软，而且电动机运行不稳定，一般很少应用。对于小型串励直流电动机，常采用电枢回路串电阻控制方法。

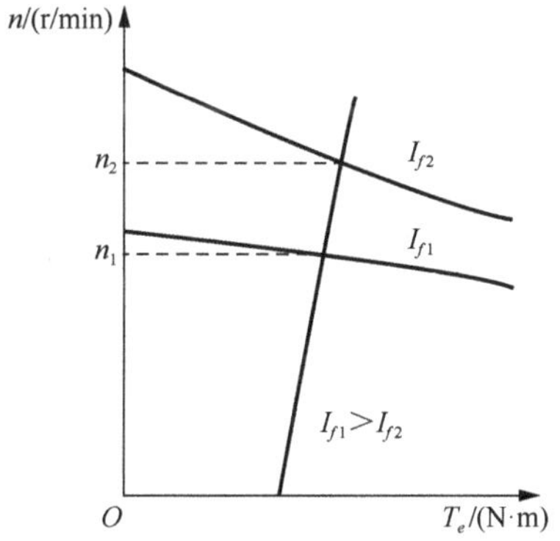

图 2-14　磁场控制的转速控制特性曲线

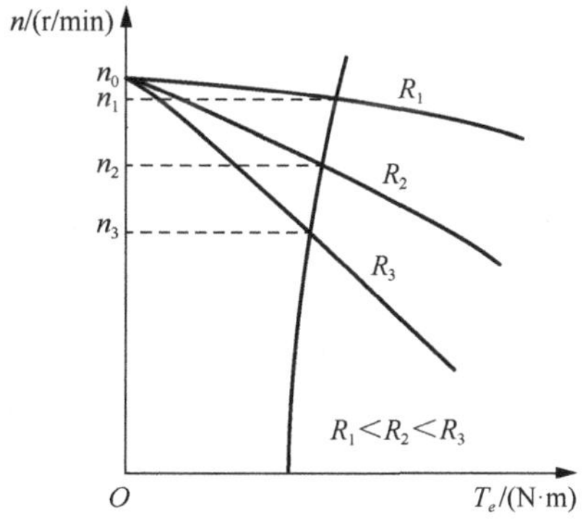

图 2-15　电枢回路串电阻时的转速控制特性曲线

2.3　无刷直流电动机

无刷直流电动机是用电子换向装置代替了有刷直流电动机的机械换向装置，保留了有刷直流电动机宽阔而平滑的优良调速性能，克服了有刷直流电动机机械换向带来的一系列的缺点，体积小，重量轻，可做成各种形状，高效率，高转矩，高精度，数字式控制，是最理想的调速电动机之一，在电动汽车上有着广泛的应用前景。

2.3.1　无刷直流电动机的分类

无刷直流电动机按照工作特性，可分为具有直流电动机特性的无刷直流电动机和具有交流电动机特性的无刷直流电动机。

1）具有直流电动机特性的无刷直流电动机

具有直流电动机特性的无刷直流电动机，反电动势波和供电电流波都是矩形波，所以又称为矩形波同步电动机。这类电动机由直流电源供电，借助位置传感器来检测主转子的位置，由所检测出的信号去触发相应的电子换相线路以实现无接触式换相。显然，这种无刷直流电动机具有有刷直流电动机的各种运行特性。

2）具有交流电动机特性的无刷直流电动机

具有交流电动机特性的无刷直流电动机，反电动势波和供电电流波都是正弦波，所以又称为正弦波同步电动机。这类电动机也由直流电源供电，但通过逆变器将直流电变换成交流电，然后去驱动一般的同步电动机。因此，它们具有同步电动机的各种运行特性。

下面介绍的无刷直流电动机主要是指具有直流电动机特性的无刷直流电动机。

2.3.2 无刷直流电动机的结构与特点

1. 无刷直流电动机的结构

无刷直流电动机主要由电动机本体、电子换相器和位置传感器三部分组成。

(1) 电动机本体——由定子和转子两部分组成。

定子是电动机本体的静止部分，它由导磁的定子铁心、导电的电枢绕组及固定铁心和绕组用的一些零部件、绝缘材料、引出部分等组成，如机壳、绝缘片、槽楔、引出线及环氧树脂等。

转子是电动机本体的转动部分，是产生激磁磁场的部件，由永磁体、导磁体和支撑零部件组成。

(2) 电子换相器——由功率开关和位置信号处理电路构成，主要用来控制定子各相绕组通电的顺序和时间。无刷直流电动机本质上是自控同步电动机，电动机转子跟随定子旋转磁场运动，因此，应按一定的顺序给定子各相绕组轮流通电，使之产生旋转的定子磁场。无刷直流电动机的三相绕组中通过的电流是 120° 电角度的方波，绕组在持续通过恒定电流的时间内产生的定子磁场在空间上是静止不动的。

而在开关换相期间，随着电流从一相转移到另一相，定子磁场跳跃了一个电角度，而转子磁场则随着转子连续旋转。这两个磁场的瞬时速度不同，但是平均速度相等，因此能保持同步。无刷直流电动机由于采用了自控式逆变器即电子换相器，电动机输入电流的频率和电动机转速始终保持同步，电动机和逆变器不会产生振荡和失步，这也是无刷直流电动机的优点之一。

一般来说，对电子换向器的基本要求是：结构简单；运行稳定可靠；体积小、重量轻；功耗小；能按照位置传感器的信号进行正确换向，并能控制电动机的正反转；应能长期满足不同环境条件的要求。

(3) 位置传感器——在无刷直流电动机中起着检测转子磁极位置的作用，为功率开关电路提供正确的换相信息，即将转子磁极的位置信号转换成电信号，经位置信号处理电路处理后控制定子绕组换相。由于功率开关的导通顺序与转子转角同步，因而位置传感器与功率开关一起，起着与传统有刷直流电动机的机械换向器和电刷相类似的作用。

位置传感器的种类比较多，可分为电磁式位置传感器、光电式位置传感器、磁敏式位置传感器等。电磁式位置传感器具有输出信号大、工作可靠、寿命长等优点，但其体积比较大，信噪比较低且输出为交流信号，需整流滤波后才能使用。光电式位置传感器性能比较稳定、体积小、重量轻，但对环境要求较高。磁敏式位置传感器的基本原理为霍尔效应和磁阻效应，它对环境的适应性很强，成本低廉，但精度不高。

2. 无刷直流电动机的特点

无刷直流电动机的优点是：

(1) 外特性好，非常符合电动汽车的负载特性，尤其是具有低速大转矩特性，能够提供大的起动转矩，满足电动汽车的加速要求；

(2) 可以在低、中、高宽速度范围内运行，而有刷直流电动机由于受机械换向的影响，只能在中低速下运行；

(3) 效率高，尤其是在轻载车况下，仍能保持较高的效率，这对珍贵的电池能量是很重要的；

(4) 过载能力强，比 Y 系列电动机可提高过载能力 2 倍以上，满足电动汽车的突起堵转需要；

(5) 再生制动效果好，因无刷直流电动机转子具有很高的永久磁场，在汽车下坡或制动时电动机可完全进入发电机状态，给电池充电，同时起到电制动作用，减轻机械制动负担；

(6) 体积小、重量轻、比功率大，可有效地减轻重量、节省空间；

(7) 无机械换向器，采用全封闭式结构，防止尘土进入电动机内部，可靠性高；

(8) 控制系统比异步电动机简单。

缺点是：电动机本身比交流电动机复杂，控制器比有刷直流电动机复杂。

2.3.3　无刷直流电动机的工作原理

无刷直流电动机的工作原理与有刷直流电动机的工作原理基本相同。它是利用位置传感器输出信号控制电子换向线路去驱动逆变器的功率开关器件，使电枢绕组依次馈电，从而在定子上产生跳跃式的旋转磁场，拖动电动机转子旋转。同时，随着电动机转子的旋转，位置传感器又不断送出位置信号，以不断改变电枢绕组的通电状态，使得在某一磁极下导体中的电流方向保持不变，这样电动机就旋转起来了，如图 2-16 所示。

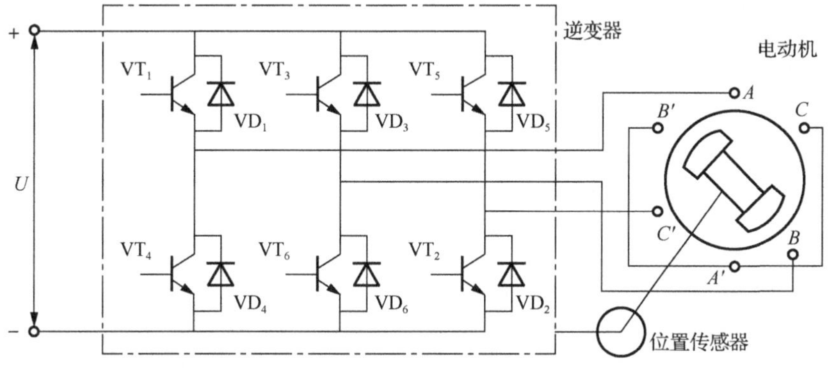

图 2-16　无刷直流电动机的工作原理图

2.3.4　无刷直流电动机的数学模型

1. 无刷直流电动机的基本物理量

无刷直流电动机的基本物理量有电磁转矩、电枢电流、电动势和转速等。这些物理量的表达式与电动机气隙磁场分布、绕组形式有密切关系。下面以两相导通星型三相六状态为例，分析无刷直流电动机的电磁转矩、电枢电流和电动势等特性。为了便于分析，不考虑开关管的开关动作的过渡和电枢绕组的电感。

1) 电枢绕组感应电动势

单根导体在气隙磁场的感应电动势为

$$e = B_{\sigma} L v \tag{2-16}$$

式中，B_{σ} 为气隙磁感应强度；L 为导体有效长度；v 为导体相对于磁场的线速度。

导体相对于磁场的线速度为

$$v = \frac{\pi D}{60} n = p\tau \frac{n}{30} \tag{2-17}$$

式中，n 为电动机转速；D 为电枢内径；τ 为极距；p 为极对数。

设电枢绕组每相串联匝数为W_{Φ}，则每相绕组的感应电动势为

$$E_{\Phi} = 2W_{\Phi} e \tag{2-18}$$

方波气隙磁感应强度对应的每极磁通为

$$\Phi = B_{\sigma} a_i \tau L \tag{2-19}$$

式中，a_i 为计算极弧系数，则有

$$e = p\Phi \frac{n}{30a_i} \tag{2-20}$$

每相绕组感应电动势为

$$E_{\Phi} = \frac{p}{15a_i} W_{\Phi} \Phi n \tag{2-21}$$

电枢感应电动势为

$$E = 2E_{\Phi} = \frac{2p}{15a_i} W_{\Phi} \Phi n = C_e \Phi n \tag{2-22}$$

式中，$C_e = \dfrac{2p}{15a_i} W_{\Phi}$ 为电动势常数。

2) 电枢电流

在每个导通时间内，电压平衡方程为

$$U - 2\Delta U = E + 2I_a R_a \tag{2-23}$$

式中，U 为电源电压；ΔU 为开关管饱和压降。

电枢电流为

$$I_a = \frac{U - 2\Delta U - E}{2R_a} \tag{2-24}$$

3) 电磁转矩

在任一时刻，电动机的电磁转矩 T_e 由两相绕组的合成磁场与转子永磁场相互作用而产生，则有

$$T_e = \frac{2E_{\Phi} I_a}{\omega} = \frac{EI_a}{\omega} \tag{2-25}$$

式中，$\omega = \dfrac{\pi n}{30}$ 为电动机的角速度，则电磁转矩为

$$T_e = C_T \Phi I_a \tag{2-26}$$

式中，$C_T = \dfrac{4p}{\pi a_i} W_{\Phi}$ 为转矩常数。

4) 电动机转速

电动机转速为

$$n = \frac{U - 2\Delta U - 2I_a R_a}{C_e \Phi} \tag{2-27}$$

2. 数学建模假设条件

由于无刷直流电动机的气隙磁场、反电动势以及电流是非正弦的，所以采用直交轴坐标变换已不是有效的方法。通常，直接利用电动机本身的相变量来建立数学模型。该方法既简单，又具有较好的准确度。

为简化分析，建立无刷直流电动机数学模型时，假设：

(1) 电动机定子绕组为三项 Y 型接法，三相绕组完全对称；

(2) 转子磁钢的磁性能一致；

(3) 三相反电动势波形完全一致；

(4) 三相定子绕组的电阻、电感相同，且不受电流变化的影响；

(5) 磁极不饱和，不计涡流损耗和磁滞损耗，不计定子斜槽的影响，不计电枢反应。

无刷直流电动机的等效电路如图 2-17 所示。

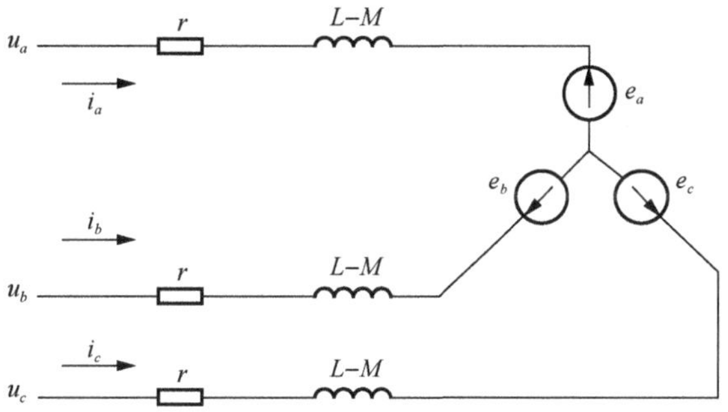

图 2-17　无刷直流电动机等效电路

3. 建立无刷直流电动机数学模型

1) 电压方程

根据无刷直流电动机的等效电路图，可以得到三相绕组的电压平衡方程为

$$\begin{bmatrix} u_a \\ u_b \\ u_c \end{bmatrix}=\begin{bmatrix} r & 0 & 0 \\ 0 & r & 0 \\ 0 & 0 & r \end{bmatrix}\begin{bmatrix} i_a \\ i_b \\ i_c \end{bmatrix}+\begin{bmatrix} L & M & M \\ M & L & M \\ M & M & L \end{bmatrix}P\begin{bmatrix} i_a \\ i_b \\ i_c \end{bmatrix}+\begin{bmatrix} e_a \\ e_b \\ e_c \end{bmatrix} \tag{2-28}$$

式中，u_a、u_b、u_c 为定子各相绕组电压；i_a、i_b、i_c 为定子各相绕组相电流；e_a、e_b、e_c 为定子各相绕组电动势；r 为每相绕组的电阻；L 为每相绕组的自感；M 为每两相绕组间的互感；P 为微分算子，$P=\dfrac{\mathrm{d}}{\mathrm{d}t}$。

由于转子磁阻不随转子位置变化而变化，因而定子绕组的自感和互感为常数。当三相绕组为 Y 型连接，且没有中线时，有

$$i_a+i_b+i_c=0 \tag{2-29}$$

并且

$$Mi_a+Mi_b=-Mi_c \tag{2-30}$$

由此得到电压方程为

$$\begin{bmatrix} u_a \\ u_b \\ u_c \end{bmatrix}=\begin{bmatrix} r & 0 & 0 \\ 0 & r & 0 \\ 0 & 0 & r \end{bmatrix}\begin{bmatrix} i_a \\ i_b \\ i_c \end{bmatrix}+\begin{bmatrix} L-M & 0 & 0 \\ 0 & L-M & 0 \\ 0 & 0 & L-M \end{bmatrix}P\begin{bmatrix} i_a \\ i_b \\ i_c \end{bmatrix}+\begin{bmatrix} e_a \\ e_b \\ e_c \end{bmatrix} \tag{2-31}$$

2) 电磁转矩方程

无刷直流电动机的电磁转矩方程与普通直流电动机相似，其电磁转矩大小与磁通和电流幅值成正比，即

$$T_e=\frac{1}{\omega}(e_a i_a + e_b i_b + e_c i_c) \tag{2-32}$$

为产生恒定的电磁转矩，要求定子电流为方波，反电动势为梯形波，且在每半个周期内，方波电流的持续时间为 120° 电角度，梯形波的反电动势的平顶部分也要持续 120° 电角度以上，二者应严格同步。在理想情况下，任何时刻定子绕组只有两相导通，且每一相电流和反电动势数值完全相等，方向完全相反，则电磁功率为

$$P_e = p(e_a i_a + e_b i_b + e_c i_c) = 2 p e_s i_s \tag{2-33}$$

式中，e_s 为定子绕组各相电动势的幅值；i_s 为定子绕组各相电流的幅值。

电磁转矩又可写成

$$T_e=\frac{P_e}{\omega}=\frac{2 p e_s i_s}{\omega} \tag{2-34}$$

无刷直流电动机通电期间，带电导体处于相同的磁感应强度下，电枢每相绕组的感应电动势为

$$e_s=\frac{pN}{60}\Phi n = K_e \Phi n \tag{2-35}$$

式中，N 为电枢绕组每相串联导体数；K_e 为电动势系数。

因此，电磁转矩可表示为

$$T_e=\frac{60}{\pi}K_e \Phi i_s = K_T \Phi i_s \tag{2-36}$$

式中，K_T 为转矩系数。

3）运动方程

在忽略转动时的黏滞系数的情况下，无刷直流电动机的运动方程可写为

$$T_e - T_L = J\frac{\mathrm{d}\omega}{\mathrm{d}t} \tag{2-37}$$

式中，T_L 为负载转矩；J 为电动机轴上转动惯量的总和。

4）机械特性

无刷直流电动机的机械特性为

$$n=\frac{U}{K_e}-\frac{2r}{K_T K_e}T_e \tag{2-38}$$

无刷直流电动机与有刷直流电动机的机械特性类似，通过调节电枢电流可以实现转矩控制，同时通过调节电源电压可以实现无刷直流电动机的调速控制。

2.3.5　无刷直流电动机的控制

1. 无刷直流电动机的控制方法

按照获取转子位置信息的方法划分，无刷直流电动机的控制方法可以分为有位置传感器控制和无位置传感器控制两种。

1）有位置传感器控制

在无刷直流电动机定子上安装位置传感器来检测转子旋转过程中的位置，将转子磁极的位置信号转换成电信号，为电子换相电路提供正确的换相信息，以此控制电子换相电路中的

功率开关管的开关状态，保证电动机各相按顺序导通，在空间形成跳跃式的旋转磁场，驱动永磁转子连续不断地旋转。

无刷直流电动机中常用的位置传感器有霍尔元件位置传感器、磁敏晶体管位置传感器、光电式位置传感器等。

(1) 霍尔元件位置传感器——将霍尔元件作为位置传感器时，将其安装在电动机气隙内的定子侧。随着转子的转动，穿过霍尔元件的磁场强度将会发生周期性变化。霍尔元件的输出电动势也会相应发生变化。通过检测这个电动势就可以获得电动机转子的位置。霍尔元件成本低，性能优良，是最为常用的一种位置传感器。

(2) 磁敏晶体管位置传感器——磁敏晶体管是一种对它所在位置的磁场强度大小敏感的半导体元件，常见的有磁敏二极管和磁敏三极管。以磁敏二极管为例，当给它加以正向偏置时，受外界磁场强度的影响，它的正向压降变化很显著。当磁敏二极管用作位置传感器时，也安装在气隙内定子侧。转子旋转引起穿过磁敏二极管的磁场强度发生变化，磁敏二极管的正向压降也随之发生变化，检测这个压降就可以确定电动机的转子位置。

(3) 光电式位置传感器——利用光电效应而制成，它与电动机同轴安装，由跟随电动机转子一起旋转的遮光板和固定不动的光源及光敏管组成，在遮光板上开有 120° 左右电角度的透光缝。当转子旋转到一定的位置，遮光板挡住光源时，光电管只能通过“暗电流”。当透光缝转到光源与光电管之间时，光电管中流过“亮电流”。这样，随着遮光板转动，转子位置信号就反映在了光电管中的电流上，检测光电管流过的电流就可以得到电动机的转子位置信号。光电式位置传感器性能较稳定，但对使用环境的要求较高。

有位置传感器控制方法和控制电路都比较简单，控制系统成本低，获得了比较广泛的应用。然而，有位置传感器控制方法有其自身不可避免的许多缺点。由于位置传感器的存在，电动机结构变得复杂，增加了电动机成本；电动机与控制部分的连接线增加，降低了系统的可靠性，且维修困难；在高温、冷冻、湿度大、有腐蚀物质、空气污浊等工作环境及振动、高速运行等工作条件下，都会降低传感器的可靠性；若传感器损坏，还可能发生连锁反应，引起逆变器等器件的损坏；传感器的安装精度对电动机的运行性能有较大的影响，相对增加了生产工艺的难度。

由此可见，虽然有位置传感器的驱动方式简单、方便，但在很多特殊场合，无法使用传感器检测转子位置。因此位置传感器的存在，在一定程度上限制了无刷直流电动机的进一步推广和应用。

2) 无位置传感器控制

这种控制方法无须安装传感器，使用场合广，相对于有位置传感器方法有较大的优势。因此，无刷直流电动机的无位置传感器控制近年来已成为研究的热点。

无刷直流电动机的无位置传感器控制中，不直接使用位置传感器，但在电动机运转过程中，仍然需要转子位置信号，以控制电动机换相。因此，如何通过软硬件间接获得可靠的转子位置信号，成为无刷直流电动机无位置传感器控制的关键。为此，国内外的研究人员在这方面做了大量的研究工作，提出了多种转子位置信号检测方法，大多是利用检测定子电压、电流等容易获取的物理量实现转子位置的估算。归纳起来，无位置传感器控制方法可以分为反电动势法、电感法、状态观测器法、电动机方程计算法、人工神经网络法等。

反电动势法是通过检测电动机输出的反电动势来确定转子的位置，使电动机正确换相。现在的无位置传感器控制中，大部分使用的是这种方法。

按照对反电动势处理方法的不同，它又分为反电动势过零检测法、反电动势积分法、反电动势三次谐波法、通过续流二极管间接检测法等。

(1) 反电动势过零检测法——在无刷直流电动机中，定子绕组的反电动势为梯形波，且正负交变；绕组反电动势发生过零后，延迟对应于 30° 电角度的时间，即为电动机换相时刻。因此，只要检测到各相反电动势的过零点，即可获知转子的若干个关键位置，实现无位置传感器无刷直流电动机换相控制。

通常，无刷直流电动机运行中，在任意时刻，逆变器中总有一相的功率管器件全部关断，处于悬空状态，绕组反电动势的过零点就发生在该相绕组悬空的时间段内，此时，只要检测绕组中相电压的变化，即可检测到反电动势过零点。这种通过检测无刷直流电动机相电压获得反电动势的方法，由于成本或工艺的原因，大多数无刷直流电动机不引出绕组中点，反电动势过零检测法主要通过检测电动机端电压获取反电动势过零点。其方法有低通滤波法、PWM 关断检测法、数字计算法等。

反电动势过零检测法是目前应用最广泛的无位置传感器无刷直流电动机控制方法。

(2) 反电动势积分法——通过电动机不导通相反电动势的积分来获取位置信息，当截止相反电动势过零点时开始对其绝对值积分，当积分值达到一个设定的阈值时停止积分，便获得了转子位置，并对应于定子绕组的换流时刻。该方法对于开关噪声不敏感，积分阈值可以根据转速信号自动调节，低速时反电动势信号很弱，也需要采取开环起动方式。

有人提出了相似的反电动势逻辑电平积分比较法，将两路导通相反电动势进行过零比较处理，得到逻辑电平后再对两路逻辑电平进行积分，这两个积分值之间的关系实际上反映了相位关系，从而确定出转子的磁极位置。这种方法只需检测非导通相反电动势的极性，有利于改善低速性能，调速范围可以达到 10～1500r/min。

(3) 反电动势三次谐波检测法——无刷直流电动机的梯形波反电动势包含基波以及其他高次谐波分量。将三相反电动势相加，可以消去基波分量以及五次、七次谐波分量，剩下三次谐波以及其他高次谐波分量。无论转速以及负载的情况如何，三次谐波分量和转子磁通都保持一个固定的相位关系，并且不受逆变器开关噪声的影响，因此该方法是一种可靠的检测方法。

三次谐波频率是基波频率的三倍，因此，相对于一般的反电动势检测方法，反电动势三次谐波检测法可以检测更低的转速；电动机起动也相对容易；该方法只需要一个很小的滤波器就可以，因而相比反电动势过零检测法，受滤波延迟的影响较小，可以在更宽的调速范围内具有很好的性能。

(4) 通过续流二极管间接检测反电动势——在星型三相六状态的无刷直流电动机中，当采用斩波方式对电动机进行控制时，非导通相的反电动势将使续流二极管中有电流流过，且续流二极管在两次换相的中点时刻开始导通或者停止导通，这恰好是非导通相反电动势的过零点。因此，可以通过检测非导通相的续流二极管是否导通间接检测反电动势的过零点。这种检测方法比直接检测反电动势过零点要精确，因而可以在一个很宽的转速范围内有效，包括很低的转速，但不能为零。由于可以在转速很低时工作，所以这种方法也使得电动机起动要比其他方法简单。

这种方法最大的缺点是必须提供六个用于比较电路的隔离电源。

2. 无刷直流电动机的控制技术

随着电动机及驱动系统的发展，控制系统趋于智能化和数字化，使得许多较复杂的控制技术得以实现。这些控制技术的实现又进一步推动了无刷直流电动机在各个工业领域更好地应用，为无刷直流电动机的发展打开了广阔的前景。

目前，应用到无刷直流电动机控制系统的控制技术主要有 PID 控制、模糊控制和神经网络控制等。

(1) PID 控制——在古典控制理论中，应用最成功的是 PID 控制。它是一种在工业生产中广泛应用的常规控制技术，属于线性控制。这种控制技术的最大优点是结构简单，使用方便。该技术由于其简单实用而被广大工程技术人员所熟悉。

传统的无刷直流电动机调速通常采用 PID 控制，它算法简单，参数调整方便，具有较好的控制精度。

(2) 模糊控制——在控制方法上应用模糊集理论、模糊语言变量及模糊逻辑推理来模拟人的模糊思维方法，用计算机实现与操作者相同的控制。模糊控制技术不依赖于精确的数学模型，对参数变换不敏感，适用性强，具有很好的鲁棒性，它通过把专家的经验或手动操作人员长期积累的经验总结成若干条规则，采用简便、快捷、灵活的手段来完成那些用经典和现代控制理论难以完成的自动化与智能化的目标。

模糊控制技术应用于无刷直流电动机的调速系统，可以解决 PID 控制器在工作环境不稳定，负载或参数变化时，控制效果不佳的问题。

(3) 神经网络控制——神经网络是模拟人脑神经细胞的神经元广泛互连而成的网络。由于神经网络控制技术辨识电动机参数不依赖于精确的数学模型，具有很高的控制精度，因而在模式识别、参数辨识领域中得到了广泛的应用。

目前已有神经网络模糊 PID 控制器应用于无刷直流电动机调速系统的实例。该系统利用神经网络所具有的任意非线性表示能力，通过对系统的性能学习来实现具有最佳组合的 PID 控制，同时又针对神经网络控制器在大误差范围内电流过早饱和，不利于响应快速性的缺点，加入了模糊控制来改善性能，提高响应的快速性。

3. 无刷直流电动机的控制器

对于无刷直流电动机的控制器，当前主要有专用集成电路(ASIC)控制器、单片机微处理器(MCU)和数字信号处理器(DSP)等三种方式。

对于专用集成电路，现在几乎所有先进工业国家的半导体商都能提供自己开发的电动机控制专用集成电路。但使用时灵活性较差，受到的限制过多。

现在无刷直流电动机控制器大多采用单片机来实现。但单片机的处理能力有限，特别是需要处理的数据量大、实时性和精度要求高时，单片机往往不再能满足要求。

数字信号处理器能够对输入输出数据进行高速处理(其运算速度比单片机快一个数量级)，特别是 DSP 还提供了高度专业化的指令集，提高了数字滤波器的运算速度，这样使得它在控制器的规则实施、矢量控制和矩阵变换方面具有很大的优势。若要无刷直流电动机完成一些较复杂的控制功能，如电压电流双闭环调速、转子电流正弦波驱动，则必须要用运动控制专用微处理器。运动控制专用微处理器都是将电动机控制所需的外围功能电路集成在一个 DSP 芯片内，其具有体积小、结构紧凑、易于使用、可靠性高的特点，运算速度及处理能力大大增强，确保了系统具有更优越的控制性能。因此，采用 DSP 作为控制芯片将是今后的发展方向。另外，采用 DSP 的专用集成块可以降低系统对传感器等外围器件的要求，通过复杂的算法可以达到同样的控制性能，降低了成本，提高了可靠性。

2.4　异步电动机

异步电动机又称感应电动机，是由气隙旋转磁场与转子绕组感应电流相互作用产生电磁转矩，从而实现将电能量转换为机械能量的一种交流电动机。

异步电动机的种类很多，最常见的分类方法是按转子结构和定子绕组相数分类。按照转子结构来分，异步电动机有笼型异步电动机和绕线型异步电动机；按照定子绕组相数来分，有单相异步电动机、两相异步电动机和三相异步电动机。异步电动机是各类电动机中应用最广、需要量最大的一种。在电动汽车中，主要使用笼型异步电动机。下面介绍的异步电动机就是指三相笼型异步电动机。

2.4.1　异步电动机的结构与特点

1. 异步电动机的结构

异步电动机主要由静止的定子和旋转的转子两大部分组成，定子和转子之间存在气隙，此外，还有端盖、轴承、转轴和风扇等部件。图 2-18 为三相异步电动机的典型结构。

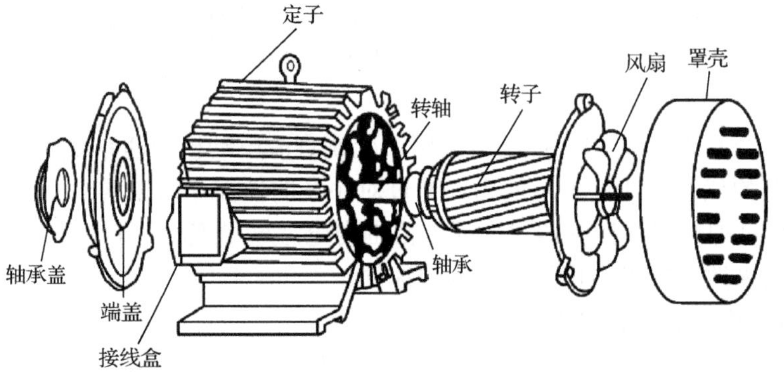

图 2-18　三相异步电动机的典型结构

1) 定子——由定子铁心、定子绕组和机座组成

(1) 定子铁心——电动机磁极的一部分，并在其上放置定子绕组。定子铁心一般由 0.35～0.5mm 厚的表面具有绝缘层的硅钢片冲制、叠压而成，在铁心的内圆冲有均匀分布的槽，用以嵌放定子绕组。定子铁心槽有半闭口型槽、半开口型槽和开口型槽三种。

(2) 定子绕组——电动机的电路部分，通入三相交流电，产生旋转磁场。定子绕组由三个在空间互隔 120° 电角度、对称排列、结构完全相同的绕组连接而成，这些绕组的各个线圈按一定的规律分别嵌放在定子各槽内。

(3) 机座——主要用于固定定子铁心与前后端盖，以支撑转子，并起防护、散热等作用。机座通常为铸铁件，大型异步电动机机座一般用钢板焊成，微型电动机的机座采用铸铝件。

封闭式电动机的机座外面有散热筋以增加散热面积，防护式电动机的机座两端端盖开有通风孔，使电动机内外的空气可直接对流，以利于散热。

2) 转子——由转子铁心、转子绕组和转轴组成

(1) 转子铁心——电动机磁极的一部分，并在铁心槽内放置转子绕组。转子铁心所用材料与定子一样，由 0.5mm 厚的硅钢片冲制、叠压而成，硅钢片外圆冲有均匀分布的孔，用来安置转子绕组。通常用定子铁心冲落后的硅钢片内圆来冲制转子铁心。一般小型异步电动机的转子铁心直接压装在转轴上，大、中型异步电动机(转子直径为 300～400mm) 的转子铁心则借助于转子支架压在转轴上。

(2) 转子绕组——转子的电路部分，它的作用是切割定子旋转磁场产生感应电动势及电流，并形成电磁转矩而使电动机旋转。转子绕组分为笼型转子绕组和绕线型转子绕组。

(3) 转轴——用于固定和支撑转子铁心，并输出机械功率。转轴一般使用中碳钢制成。

3) 气隙

异步电动机定子与转子之间有一小的间隙，称为电动机气隙。气隙的大小对异步电动机的运行性能有很大的影响。中小型异步电动机的气隙一般为 0.2～2mm；功率越大，转速越高，气隙尺寸越大。

2. 异步电动机的特点

异步电动机的基本特点是：转子绕组不需与其他电源相连，其定子电流直接取自交流电力系统；与其他电动机相比，异步电动机的结构简单，制造、使用、维护方便，运行可靠性高，重量轻，成本低。以三相异步电动机为例，与同功率、同转速的直流电动机相比，前者重量只是后者的 1/2，成本仅为其 1/3。异步电动机还容易按不同环境条件的要求，派生出各种系列的产品。它还具有接近恒速的负载特性，能满足大多数工农业生产机械拖动的要求。

异步电动机的局限性是：它的转速与其旋转磁场的同步转速有固定的转差率，因而调速性能较差，在要求有较宽广的平滑调速范围的使用场合，不如直流电动机经济、方便。此外，异步电动机运行时，从电力系统吸取无功功率以励磁，这会导致电力系统的功率因数变坏。因此，在大功率、低转速场合不如用同步电动机合理。

2.4.2　异步电动机的工作原理

如图 2-19 所示，当异步电动机的三相定子绕组通入三相交流电后，将产生一个旋转磁场，该旋转磁场切割转子绕组，从而在转子绕组中产生感应电动势，电动势的方向由右手定则来确定。由于转子绕组是闭合通路，转子中便有电流产生，电流方向与电动势方向相同，而载流的转子导体在定子旋转磁场作用下将产生电磁力，电磁力的方向可用左手定则确定。由电磁力进而产生电磁转矩，驱动电动机旋转，并且电动机旋转方向与旋转磁场方向相同。

异步电动机的转子转速不等于定子旋转磁场的同步转速，这是异步电动机的主要特点。

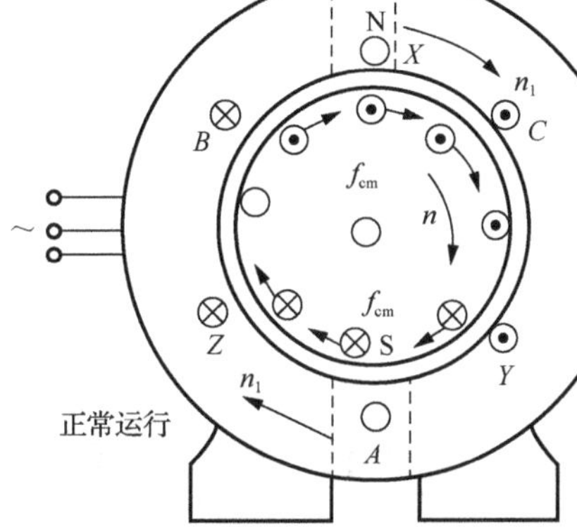

图 2-19　异步电动机工作原理图

如果电动机转子轴上带有机械负载，则负载被电磁转矩拖动而旋转。当负载发生变化时，转子转速也随之发生变化，使转子导体中的电动势、电流和电磁转矩发生相应变化，以适应负载需要。因此，异步电动机的转速是随负载变化而变化的。

异步电动机的转子转速与定子旋转磁场的同步转速之间存在转速差，它的大小决定着转子电动势及其频率的大小，直接影响异步电动机的工作状态。通常将转速差与同步转速的比值用转差率表示，即有

$$s=\frac{n_1-n}{n_1} \tag{2-39}$$

式中，s 为转差率；n_1 为定子旋转磁场的同步转速；n 为转子转速。

转差率是异步电动机运行时的一个重要物理量。异步电动机运行时，s 取值范围为 $0<s<1$，在额定负载条件下运行时，一般额定转差率 s=0.01～0.06。

2.4.3　异步电动机的运行特性

1．异步电动机的工作特性

异步电动机的工作特性是指电动机在保持额定电压和额定频率不变的情况下，电动机的转速、电磁转矩、定子电流、效率和功率因数随输出功率变化的特性，一般通过负载实验来测取。图 2-20 是异步电动机的工作特性曲线。

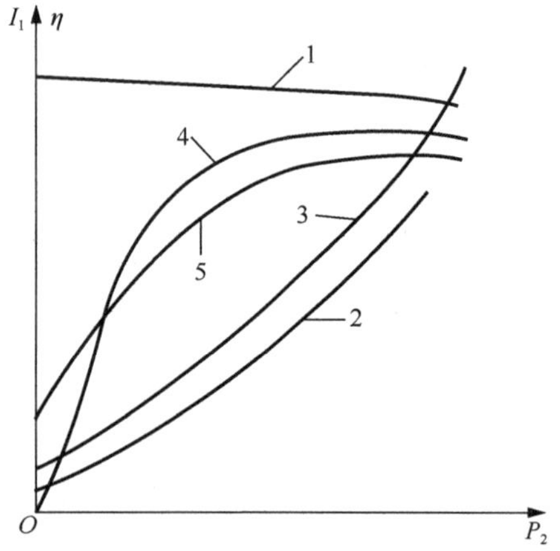

图 2-20　异步电动机的工作特性曲线

1—转速特性；2—转矩特性；3—定子电流特性；4—效率特性；5—功率因数特性

工作特性是异步电动机的重要特性。转速特性和转矩特性关系到电动机与机械负载匹配的合理性；定子电流特性可以表明电动机的发热情况，关系到电动机运行的可靠性和使用寿命；效率特性和功率因数特性关系到电动机运行的经济性。

2．异步电动机的机械特性

异步电动机的机械特性是指电动机在恒定电压和恒定频率的情况下，电动机的转速与转矩之间的关系，是电动机的重要特性。机械特性曲线一般包括异步电动机的起动转矩、起动过程的最小转矩、最大转矩、额定转矩、同步转速、额定转速等重要技术数据，以及电动机转速随转矩变化的情况。

异步电动机的机械特性分为自然机械特性和人为机械特性。

在电源电压和电源频率恒定且定、转子回路不接入任何附加设备时的机械特性称为自然机械特性，如图 2-21 所示。图中，T_{st} 为异步电动机的起动转矩；T_{min} 为起动过程的最小转矩；T_{max} 为最大转矩；T_N 为额定转矩；n_1 为同步转速；n_N 为额定转速。

电源电压、电源频率、电动机极对数、定子或转子回路接入其他附属设备，其中任意一

项改变得到的机械特性称为人为机械特性。图 2-22 为电源电压改变时的人为机械特性曲线。由于电源频率不变，所以同步转速点不变，电磁转矩与电源电压的平方成比例变化，但各条曲线的最大转矩点对应的转差率基本保持不变。

3. 异步电动机的数学模型

异步电动机的数学模型是一个高阶、非线性、强耦合的多变量系统。

在研究异步电动机的多变量数学模型时，常做如下假设：

(1) 忽略空间谐波，设三相绕组对称(在空间互差 120° 电角度)，所以产生的磁动势沿气隙圆周呈正弦规律变化；

(2) 忽略磁极饱和，各绕组的自感和互感都是恒定的；

(3) 忽略铁心损耗；

(4) 不考虑频率和温度变化对绕组电阻的影响。

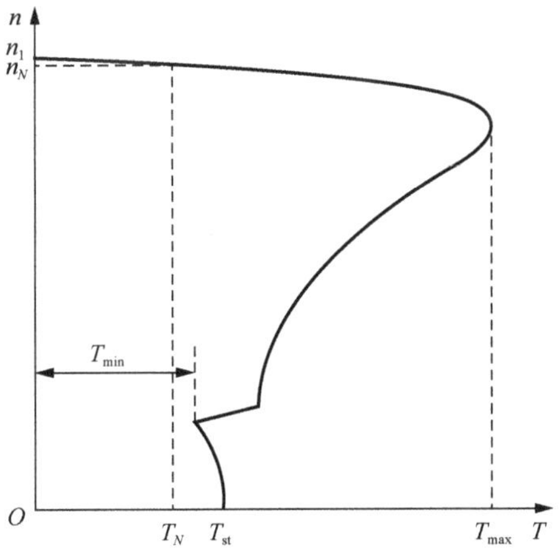

图 2-21　异步电动机的自然机械特性曲线

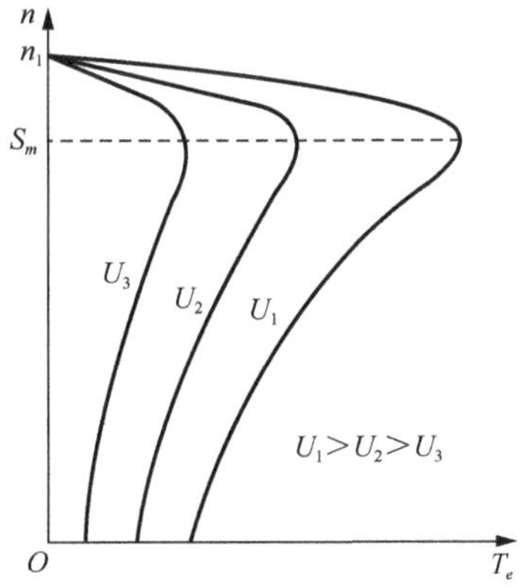

图 2-22　电源电压改变时的人为机械特性曲线

无论电动机转子是绕线型还是笼型的，都将它等效成线转子，并折算到定子侧，折算后的每相绕组匝数都相等。这样，实际电动机绕组就等效成图 2-23 所示的三相异步电动机的物理模型。图中，三相定子绕组轴线 A、B、C 在空间是固定的，以 A 轴为参考坐标轴；三相转子绕组轴线 a、b、c 随转子旋转，转子 a 轴和定子 A 轴间的电角度为空间位移变量。规定各相绕组电压、电流、磁链的正方向符合电动机惯例和右手螺旋定则。这时，异步电动机的数学模型由电压方程、磁链方程、运动方程和转矩方程组成。

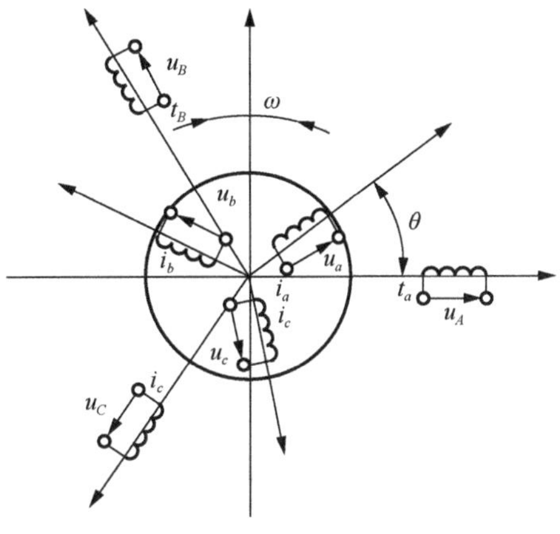

图 2-23　三相异步电动机的物理模型

1)电压方程

三相定子绕组的电压平衡方程为

$$
\begin{aligned}
u_A &= i_A R_1 + \frac{\mathrm{d}\Psi_A}{\mathrm{d}t} \\
u_B &= i_B R_1 + \frac{\mathrm{d}\Psi_B}{\mathrm{d}t} \\
u_C &= i_C R_1 + \frac{\mathrm{d}\Psi_C}{\mathrm{d}t}
\end{aligned} \tag{2-40}
$$

三相转子绕组折算到定子侧后的电压方程为

$$
\begin{cases}
u_a = i_a R_2 + \dfrac{\mathrm{d}\Psi_a}{\mathrm{d}t} \\
u_b = i_b R_2 + \dfrac{\mathrm{d}\Psi_b}{\mathrm{d}t} \\
u_c = i_c R_2 + \dfrac{\mathrm{d}\Psi_c}{\mathrm{d}t}
\end{cases} \tag{2-41}
$$

式中，u_A、u_B、u_C、u_a、u_b、u_c分别为定子和转子相电压的瞬时值；i_A、i_B、i_C、i_a、i_b、i_c分别为定子和转子相电流的瞬时值；Ψ_A、Ψ_B、Ψ_C、Ψ_a、Ψ_b、Ψ_c分别为各相绕组的全磁链；R_1、R_2分别为定子和转子的三相绕组的电阻。

上述各量度已折算到定子侧。将电压方程写成矩阵形式，并以微分算子P代替微分符号$\dfrac{\mathrm{d}}{\mathrm{d}t}$。

$$
\begin{bmatrix} u_A \\ u_B \\ u_C \\ u_a \\ u_b \\ u_c \end{bmatrix} =
\begin{bmatrix}
R_1 & 0 & 0 & 0 & 0 & 0 \\
0 & R_1 & 0 & 0 & 0 & 0 \\
0 & 0 & R_1 & 0 & 0 & 0 \\
0 & 0 & 0 & R_2 & 0 & 0 \\
0 & 0 & 0 & 0 & R_2 & 0 \\
0 & 0 & 0 & 0 & 0 & R_2
\end{bmatrix}
\begin{bmatrix} i_A \\ i_B \\ i_C \\ i_a \\ i_b \\ i_c \end{bmatrix} + P
\begin{bmatrix} \Psi_A \\ \Psi_B \\ \Psi_C \\ \Psi_a \\ \Psi_b \\ \Psi_c \end{bmatrix} \tag{2-42}
$$

2)磁链方程

每个绕组的磁链是它本身的自感磁链和其他绕组对它的互感磁链之和，因此，六个绕组的磁链可表示为

$$
\begin{bmatrix} \Psi_A \\ \Psi_B \\ \Psi_C \\ \Psi_a \\ \Psi_b \\ \Psi_c \end{bmatrix} =
\begin{bmatrix}
L_{AA} & L_{AB} & L_{AC} & L_{Aa} & L_{Ab} & L_{Ac} \\
L_{BA} & L_{BB} & L_{BC} & L_{Ba} & L_{Bb} & L_{Bc} \\
L_{CA} & L_{CB} & L_{CC} & L_{Ca} & L_{Cb} & L_{Cc} \\
L_{aA} & L_{aB} & L_{aC} & L_{aa} & L_{ab} & L_{ac} \\
L_{bA} & L_{bB} & L_{bC} & L_{ba} & L_{bb} & L_{bc} \\
L_{cA} & L_{cB} & L_{cC} & L_{ca} & L_{cb} & L_{cc}
\end{bmatrix}
\begin{bmatrix} i_A \\ i_B \\ i_C \\ i_a \\ i_b \\ i_c \end{bmatrix} \tag{2-43}
$$

式中，对角线元素L_{AA}、L_{BB}、L_{CC}、L_{aa}、L_{bb}、L_{cc}是各有关绕组的自感，其余各项是绕组间的互感。

根据磁链方程和电压方程，可以得到展开后的电压方程为

$$u=Ri+P(Li)=Ri+L\frac{\mathrm{d}i}{\mathrm{d}t}+\frac{\mathrm{d}L}{\mathrm{d}t}i=Ri+L\frac{\mathrm{d}i}{\mathrm{d}t}+\omega\frac{\mathrm{d}L}{\mathrm{d}t}i \tag{2-44}$$

式中，$L\frac{\mathrm{d}i}{\mathrm{d}t}$ 项属于电磁感应电动势中的脉变电动势(或称变压器电动势)；$\omega\frac{\mathrm{d}L}{\mathrm{d}t}i$ 项属于电磁感应电动势中与转速 ω 成正比的旋转电动势。

3)运动方程

在一般情况下，电气传动系统的运动方程是

$$T_e=T_L+\frac{J}{p}\frac{\mathrm{d}\omega}{\mathrm{d}t}+\frac{D}{p}\omega+\frac{K}{p}\theta \tag{2-45}$$

式中，T_L 为负载转矩；J 为机组的转动惯量；D 为与转速成正比的负载转矩阻尼系数；K 为扭转弹性转矩系数；p 为极对数。

对于恒转矩负载，$D=0$，$K=0$，则

$$T_e=T_L+\frac{J}{p}\frac{\mathrm{d}\omega}{\mathrm{d}t} \tag{2-46}$$

4)转矩方程

按照机电能量转换原理，可求出电磁转矩 T_e 的表达式为

$$\begin{aligned}T_e=pL_{m1}[&(i_Ai_a+i_Bi_b+i_Ci_c)\sin\theta+(i_Ai_b+i_Bi_c+i_Ci_a)\sin(\theta+120^\circ)\\&+(i_Ai_c+i_Bi_a+i_Ci_b)\sin(\theta-120^\circ)]\end{aligned} \tag{2-47}$$

应该指出，式(2-47)是在磁极为线性、磁动势在空间按正弦分布的假定条件下得出的，但对定、转子电流的波形未做出任何假定，式中 i 都是瞬时值。因此，此电磁转矩公式同样适用于由变压变频器供电的三相异步电动机调速系统。

5)三相异步电动机的数学模型

将式(2-40)～式(2-47)归纳起来，便构成在恒转矩负载下三相异步电动机的多变量非线性数学模型。

$$\begin{cases}u=Ri+L\dfrac{\mathrm{d}i}{\mathrm{d}t}+\omega\dfrac{\mathrm{d}L}{\mathrm{d}t}i\\T_e=T_L+\dfrac{J}{p}\dfrac{\mathrm{d}\omega}{\mathrm{d}t}\\\omega=\dfrac{\mathrm{d}\theta}{\mathrm{d}t}\end{cases} \tag{2-48}$$

2.4.4　异步电动机的控制

异步电动机是一个多变量(多输入输出)系统，其中变量电压(电流)、频率、磁通、转速之间又相互影响，所以其又是强耦合的系统。如何对这样一个非线性、多变量、强耦合的复杂系统进行有效控制，成为研究的重点。把经典理论与现代控制理论相结合，已经形成了诸多有效的控制策略与方法。

目前对异步电动机的调速控制主要有恒压频比开环控制(VVVF)、转差控制、矢量控制(VC)以及直接转矩控制(DTC)等。

恒压频比开环控制实际上只控制了电动机磁通，而没有控制电动机的转矩，采用这样的控制系统对异步电动机来讲根本谈不上控制性能，通常只用于对调速性能要求一般的通用变频器上。

转差控制是根据异步电动机电磁转矩和转差频率的关系来直接控制电动机的转矩的，可以在一定的转差频率范围内，一定程度上通过调节转差来控制电动机的电磁转矩，从而改善调速系统的控制性能，但其控制理论是建立在异步电动机的稳态数学模型基础上的，它适合于电动机转速变化缓慢或者对动态性能要求不高的场合。

这里主要介绍异步电动机的矢量控制和直接转矩控制。

1. 异步电动机的矢量控制

矢量控制理论采用矢量分析的方法来分析交流电动机内部的电磁过程，是建立在交流电动机的动态数学模型基础上的控制方法。它模仿直流电动机的控制方法，将交流电动机的定子电流解耦成互相独立的产生磁链的分量和产生转矩的分量。分别控制这两个分量就可以实现对交流电动机的磁链控制和转矩控制的完全解耦，从而达到理想的动态性能。

1) 异步电动机矢量控制方式的选择

异步电动机矢量控制是基于磁场定向的方法，其调速控制系统的方式比较复杂，常用的控制方式如下。

(1) 转子磁场定向矢量控制方式——交流电动机的转矩与定转子旋转磁场及其夹角有关，要控制好转矩，必须精确检测和控制磁通，在此种控制方式中，检测出定子电流的 d 轴分量，就可以观测出转子磁链的幅值，当转子磁链恒定时，电磁转矩和电流的 q 轴分量成正比，忽略反电动势引起的交叉祸合，可以由电压方程 d 轴分量控制转子磁通，q 轴分量控制转矩，目前大多数变频系统使用此种控制方式，它实现了系统的完全解耦，但是其最大的缺点是转子磁通的观测受转子时间常数的影响。

(2) 转差率矢量控制方式——如果使电动机的定子、转子或气隙磁场中的一个保持不变，电动机的转矩就主要由转差率决定。因此，此方式主要考虑转子磁通的稳态方程，从转子磁通直接得到定子电流的 d 轴分量，通过对定子电流的有效控制，形成了转差率矢量控制，避免了磁通的闭环控制，不需要实际计算转子的磁链，用转差率和测量的转速相加后积分来计算磁通相对于定子的位置，但此种方式主要应用在低速系统中，而且系统性能同样受转子参数变化影响。

(3) 气隙磁场定向矢量控制方式——除了转子磁场的定向控制以外，还有一些控制系统使用的是气隙磁场的定向控制，此种方式比转子磁通的控制方式要复杂，但其利用了气隙磁通易于观测的优点，保持气隙磁通的恒定，从而使转矩与 q 轴电流成正比，直接对 q 轴电流进行控制，达到控制电动机的目的。

(4) 定子磁场定向矢量控制方式——由于转子磁通的检测容易受电动机参数影响、气隙磁通的检测需要附加一些额外的检测器件等弊端，国内外兴起了定子磁场定向的矢量控制方式，此种方式是通过保持定子磁通不变，控制与转矩成正比的 q 轴电流，从而控制电动机，但是，此种方式和气隙磁场定向的矢量控制一样，需要对电流进行解耦，而且以定子电压作为测量，容易受到电动机转速的影响。

2) 异步电动机矢量控制的特点

矢量控制变频器可以分别对异步电动机的磁通与转矩电流进行检测和控制，自动改变电压和频率，使指令值和检测实际值达到一致，从而实现了变频调速，大大提高了电动机控制静态精度和动态品质。转速精度约等于 0.5%，转速响应也较快。采用矢量变频器异步电动机变频调速时可以达到控制结构简单、可靠性高的效果。其主要表现在以下几个方面：

① 可以从零转速起进行速度控制，因此调速范围很宽广；

② 可以对转矩实行较为精确的控制；

③ 系统的动态响应速度很快；

④ 电动机的加速度特性很好。

带速度传感器矢量控制变频器的异步电动机闭环变频调速技术性能虽较好，但是毕竟它需要在异步电动机轴上安装速度传感器，已经降低了异步电动机结构的坚固性和可靠性。况且，在某些情况下，由于电动机本身或环境的因素，无法安装速度传感器，系统增加了反馈电路和其他辅助环节，也增加了出故障的概率。因此，对于调速范围、转速精度和动态品质要求不是特别高的场合，往往采用无速度传感器矢量控制变频器的异步电动机开环变频调速系统。

2. 异步电动机直接转矩控制

直接转矩控制是将电动机输出转矩作为直接控制对象，通过控制定子磁场矢量来控制电动机转速。它不需要复杂的坐标变换，也不需要依赖转子数学模型，只是通过控制 PWM 型逆变器的导通和切换方式，控制电动机的瞬时输入电压，改变磁链的旋转速度来控制瞬时转矩，使系统性能对转子参数呈现鲁棒性，并且这种方法已推广到弱磁调速范围。逆变器的 PWM 采用电压空间矢量控制方式，性能优越，但同时不可避免地产生转矩脉动、调速性能降低的问题。此外，该方法对逆变器开关频率提高的限制较大，定子电阻对电动机低速性能也有较大的影响，例如，在低速区，定子电阻的变化引起的定子电流和磁链的畸变，以及转矩脉动、死区效应和开关频率等问题。

1) 异步电动机直接转矩控制系统的结构与原理

直接转矩控制系统框图如图 2-24 所示。它主要包括磁链观测和调节器、转矩观测和调节器、转速调节器等。其中磁链观测器对磁链的观测是否准确对整个控制系统的稳定性有着举足轻重的作用。而磁链调节器和转矩调节器(另外还有开关策略)是先进控制算法的核心部分。

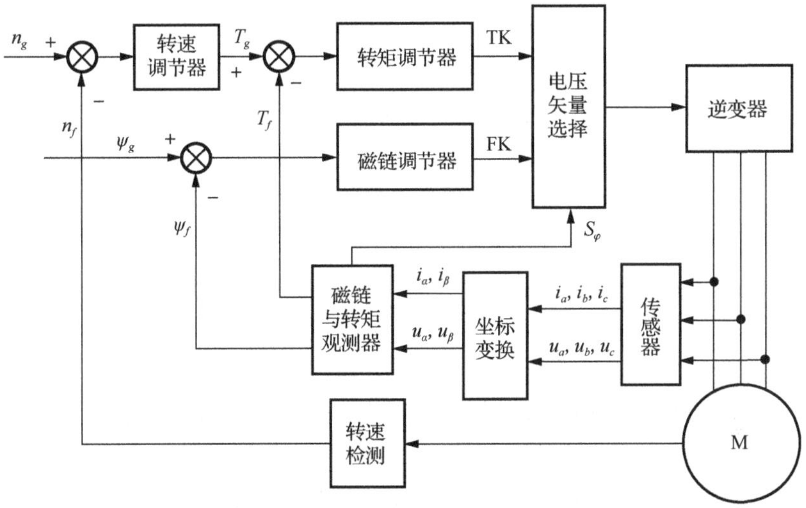

图 2-24　直接转矩控制系统框图

(1) 磁链观测器——定子磁链观测器的准确性，可以说是直接转矩控制技术实现的关键。无论定子磁链幅值还是相位，若出现较大的误差，控制性能都会变坏，或者出现不稳定。解决磁链问题的较为通用的方法为间接测量的方法，即通过测量的定子电压、定子电流和转速等建立定子磁链的观测模型，在控制中实时地准确算出定子磁链的幅值和相位，常用的磁链观测模型有基于定子电压和电流的磁链观测模型、基于定子电流和转速的磁链观测模型和基于定子电压和转速的磁链观测模型。

(2) 磁链调节器——控制定子磁链在给定值的附近变化，输出磁链控制信号。

(3) 转矩观测器——用状态检测量经转矩模型，完成电磁转矩的计算。

(4) 转矩调节器——实现对转矩的直接控制。直接转矩控制的名称由此而来。为了控制转矩，转矩调节器必须具备两个功能：一个功能是转矩调节器直接调节转矩；另一个功能是在调节转矩的同时，控制定子磁链的旋转方向，以加强转矩的调节。

(5) 转速调节器——在直接转矩控制系统中，主要是通过控制电压空间矢量来控制转速，从而控制转矩。而转矩的控制又成为转速控制的基础，故在系统中应用闭环控制。闭环控制系统具有简洁、直观、有效的性能。从传感器中引出转速反馈信号并与转速给定信号做比较后送入 PI 调节器，调节器的输出直接作为转矩的给定值，便可以实现转速的闭环控制。

控制过程如下：通过传感器检测得到定子电流、电压的α-β分量，然后通过磁链观测器和转矩观测器分别获得定子磁链的实际值Ψ_f和转矩的实际值T_f，将定子磁链的实际值Ψ_f与给定值Ψ_g输入磁链调节器，通过滞环比较器实现磁链的自控制。转速给定值n_g与通过速度测量得到的转速n_f之差经过转速调节器得到转矩给定值T_g，将转矩的实际值T_f与给定值T_g输入转矩调节器，实现转矩的自控制。

2) 直接转矩控制的特点

与矢量控制相比，直接转矩控制有以下主要特点。

(1) 直接转矩控制直接在定子坐标系下分析交流电动机的数字模型，控制电动机的磁链和转矩。它不需要将交流电动机与直流电动机做比较、等效和转化；既不需要模仿直流电动机的控制，也不需要为解耦而简化交流电动机的数学模型。它省掉了矢量旋转变换等复杂的变换和计算。因此，它所需要的信号处理工作特别简单，所用的控制信号使观察者对于交流电动机的物理过程能够做出直接和明确的判断。

(2) 直接转矩控制磁通估算所用的是定子磁链，只要知道定子电阻就可以把它观测出来。而磁场定向矢量控制所用的是转子磁链，观测转子磁链需要知道电动机转子电阻和电感。因此直接转矩控制大大减少了矢量控制方法中控制性能易受参数变化影响的问题。

(3) 直接转矩控制采用空间矢量的概念来分析三相交流电动机的数学模型和控制其各物理量，使问题变得特别简单明了。与矢量控制的方法不同，它不是通过控制电流、磁链等量来间接控制转矩，而是把转矩直接作为被控量，直接控制转矩。因此它并非极力获得理想的正弦波波形，也不专门强调完全理想圆形磁链轨迹。相反，从控制转矩的角度出发，它强调的是转矩的直接控制效果，因而它采用离散的电压状态和六边形磁链轨迹或近似圆形磁链轨迹的概念。

(4) 直接转矩控制方法对转矩实行直接控制。它的控制效果不取决于电动机的数学模型是否能够简化，而是取决于转矩的实际状况，它的控制既直接又简化。

因此，从理论上看，直接转矩控制有矢量控制所不及的转子参数鲁棒性和结构上的简单性。然而在技术实现上，直接转矩控制往往很难体现出优越性来，调速范围不及矢量控制宽，其根源主要在于其低速转矩特性差、稳态转矩脉动的存在及带负载能力的下降，这些问题制约了直接转矩控制进入实用化的进程。

2.5　永磁同步电动机

永磁同步电动机(Permanent Magnet Synchronous Motor，PMSM)具有高效、高控制精度、高转矩密度、良好的转矩平稳性及低振动噪声的特点，通过合理设计永磁磁极结构能获得较高的弱磁性能，在电动汽车驱动方面具有很高的应用价值，受到国内外电动汽车界的高度重视，是最具竞争力的电动汽车驱动电动机系统之一。

2.5.1　永磁同步电动机的结构与特点

1. 永磁同步电动机结构

永磁同步电动机分为正弦波驱动电流的永磁同步电动机和方波驱动电流的永磁同步电动机。这里介绍的主要是以三相正弦波驱动的永磁同步电动机。

永磁同步电动机的结构示意图如图 2-25 所示，和传统电动机一样，主要由定子和转子两大部分构成。

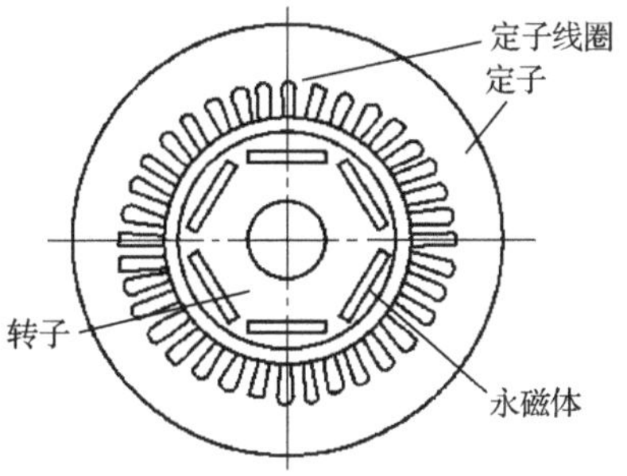

图 2-25　永磁同步电动机的结构示意图

定子与普通感应电动机基本相同，由电枢铁心和电枢绕组构成。电枢铁心一般采用 0.5mm 硅钢冲片叠压而成，对于具有高效率指标或频率较高的电动机，为了减少铁耗，可以考虑使用 0.35mm 的低损耗冷轧无取向硅钢片。电枢绕组则普遍采用分布、短距绕组；对于极数较多的电动机，则普遍采用分数槽绕组；需要进一步改善电动势波形时，也可以考虑采用正弦绕组或其他特殊绕组。

转子主要由永磁体、转子铁心和转轴等构成。其中永磁体主要采用铁氧体永磁和钕铁硼永磁材料；转子铁心可根据磁极结构的不同，选用实心钢，或采用钢板或硅钢片冲制后叠压而成。

与普通电动机相比，永磁同步电动机还必须装有转子永磁体位置检测器，用来检测磁极位置，并以此对电枢电流进行控制，达到对永磁同步电动机驱动控制的目的。

按照永磁体在转子上位置的不同，永磁同步电动机的磁极结构可分为表面式和内置式两种。

1)表面式转子磁极结构

表面式转子磁极结构中，永磁体通常呈瓦片形，并位于转子铁心的外表面上，永磁体提供磁通的方向为径向。表面式转子磁极结构又分为凸出式和嵌入式两种，如图 2-26 所示。对采用稀土永磁材料的电动机来说，由于永磁材料的相对回复磁导率接近 1，所以表面凸出式转子在电磁性能上属于隐极转子结构；而表面嵌入式转子的相邻两永磁磁极间有着磁导率很大的铁磁材料，故在电磁性能上属于凸极转子结构。

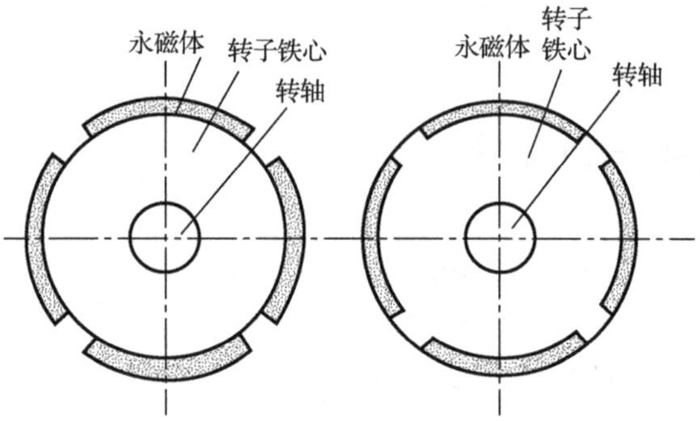

(a) 凸出式 (b) 嵌入式

图 2-26 表面式转子磁极结构

表面凸出式转子磁极结构具有结构简单、制造成本较低、转动惯量小等优点，在矩形波永磁同步电动机和恒功率运行范围不宽的正弦波永磁同步电动机中得到了广泛应用。此外，表面凸出式转子结构中的永磁磁极易于实现最优设计，使之成为能使电动机气隙磁密波形趋近于正弦波的磁极形状，可显著提高电动机乃至整个传动系统的性能。

表面嵌入式转子磁极结构可充分利用转子磁极不对称性所产生的磁阻转矩，提高电动机的功率密度，动态性能较凸出式有所改善，制造工艺也较简单，常被某些调速永磁同步电动机所采用，但漏磁系数和制造成本都较凸出式大。

2) 内置式转子磁极结构

内置式转子磁极结构的永磁体位于转子内部，永磁体外表面与定子铁心内圆之间有铁磁物质制成的极靴，极靴中可以放置铸铝笼或铜条笼，起阻尼或起动作用，动、稳态性能好，广泛用于要求有异步起动能力或动态性能高的永磁同步电动机。内置式转子内的永磁体受到极靴的保护，其转子磁极结构的不对称性所产生的磁阻转矩也有助于提高电动机的过载能力或功率密度，而且易于弱磁扩速。

按永磁体磁化方向与转子旋转方向的相互关系，内置式转子磁极结构又可分为内置径向式、内置切向式和内置混合式三种，如图 2-27 所示。

(a) 内置径向式 (b) 内置切向式 (c) 内置混合式

图 2-27 内置式转子磁极结构

内置径向式转子磁极结构的永磁同步电动机的磁钢可以放在磁通轴的非对称位置上，或同时利用径向和切向充磁的磁钢，以产生高磁通密度。该结构的优点是漏磁系数小，转轴上不需采取隔磁措施，极弧系数易于控制，转子冲片机械强度高，安装永磁体后转子不易变形等。

内置切向式转子磁极结构的转子有较大的惯性，漏磁系数较大，制造工艺和成本较内置径向式有所增加。其优点是一个极距下的磁通由相邻两个磁极并联提供，可得到更大的每极磁通。尤其当电动机极数较多，内置径向式结构不能提供足够的每极磁通时，这种结构的优势就显得更为突出。此外，采用该结构的永磁同步电动机的磁阻转矩可占到总电磁转矩的40%，对提高电动机的功率密度和扩展恒功率运行范围都是很有利的。

混合式转子磁极结构集中了内置径向式和内置切向式的优点，但结构和制造工艺都比较复杂，制造成本也比较高。

2. 永磁同步电动机的特点

(1) 用永磁体取代绕线型同步电动机转子中的励磁绕组，从而省去了励磁线圈、滑环和电刷，以电子换向实现无刷运行，结构简单，运行可靠。

(2) 永磁同步电动机的转速与电源频率间始终保持准确的同步关系，控制电源频率就能控制电动机的转速。

(3) 永磁同步电动机具有较硬的机械特性，对于因负载的变化而引起的电动机转矩的扰动具有较强的承受能力，瞬间最大转矩可以达到额定转矩的三倍以上，适合在负载转矩变化较大的工况下运行。

(4) 永磁电动机转子为永磁体，无须励磁，因此电动机可以在很低的转速下保持同步运行，调速范围宽。

(5) 永磁同步电动机与异步电动机相比，不需要无功励磁电流，因而功率因数高，定子电流和定子铜耗小，效率高。

(6) 体积小、重量轻。近些年来随着高性能永磁材料的不断应用，永磁同步电动机的功率密度得到很大提高，比起同容量的异步电动机，体积和重量都有较大的减少，使其适合应用在许多特殊场合。

(7) 结构多样化，应用范围广。永磁同步电动机由于转子结构的多样化，产生了特点和性能各异的许多品种，从工业到农业，从民用到国防，从日常生活到航空航天，从简单电动工具到高科技产品，几乎无所不在。

但是，永磁同步电动机还存在以下缺点：①由于永磁同步电动机转子为永磁体，无法调节，必须通过加定子直轴去磁电流分量来削弱磁场，这会增大定子的电流，增加电动机的铜耗。②永磁电动机的磁钢价格较高。

由此可见，永磁电动机体积小，重量轻，转动惯量小，功率密度高(可达 1 kW/kg)，适合空间有限的电动汽车；另外，转矩惯量比大，过载能力强，尤其低转速时输出转矩大，适合电动汽车的起动加速。因此，永磁电动机得到国内外电动汽车界的广泛重视，并得到了普遍应用。

2.5.2　永磁同步电动机的工作原理和运行特性

1. 电枢反应

永磁同步电动机带负载时，气隙磁场是永磁体磁动势和电枢磁动势共同建立的。电枢磁动势对气隙磁场有影响，电枢磁动势的基波对气隙磁场的影响称为电枢反应。电枢反应不仅使气隙磁场波形发生畸变，而且还会产生去磁或增磁作用，因此，气隙磁场将影响永磁同步电动机的运行特性。

对永磁同步电动机进行分析时，需要采用双反应理论，即需要把电枢电流和电枢感应电动势分解成交轴和直轴两个分量。交轴电枢电流产生交轴电枢感应电动势，发生交轴电枢反应；直轴电枢电流产生直轴电枢感应电动势，发生直轴电枢反应。

2. 电压方程

忽略磁饱和效应的影响，永磁同步电动机的电压方程为

$$U_a=E_0+I_aR_a+\mathrm{j}I_dX_d+\mathrm{j}I_qX_q \tag{2-49}$$

式中，U_a 为电枢端电压；E_0 为励磁电动势；I_a 为电枢电流，$I_a=I_d+I_q$；I_d 为电枢电流在 d 轴的分量；I_q 为电枢电流在 q 轴的分量；R_a 为电枢电阻；X_d 为直轴同步电抗；X_q 为交轴同步电抗。

3. 功率与转矩

当永磁同步电动机具有滞后功率因数并考虑电枢电阻的影响时，电动机从电网输入的电功率为

$$P_1=mU_aI_a\cos\varphi=\frac{mU_a\left\{E_0(X_q\sin\theta-R_a\cos\theta)+R_aU_a+[U_a(X_d-X_q)\sin2\theta/2]\right\}}{R_a^2+X_dX_q} \tag{2-50}$$

式中，θ 为电动机的功率角。电动机的电磁功率为

$$P_e=P_1-P_{\mathrm{cua}} \tag{2-51}$$

式中，P_{cua} 为电动机的电枢绕组铜耗。如果忽略电枢电阻的影响，则

$$P_e=\frac{mE_0U_a}{X_d}\sin\theta+\frac{mU_a^2}{2}\left(\frac{1}{X_q}-\frac{1}{X_d}\right)\sin2\theta \tag{2-52}$$

式(2-52)的等号右边第一项称为基本电磁功率，由永磁磁场与电枢磁场相互作用产生；等号右边第二项因凸极效应产生，称为附加电磁功率或磁阻功率。对于永磁同步电动机，充分利用磁阻功率，是提高电动机功率密度和效率的有效途径。

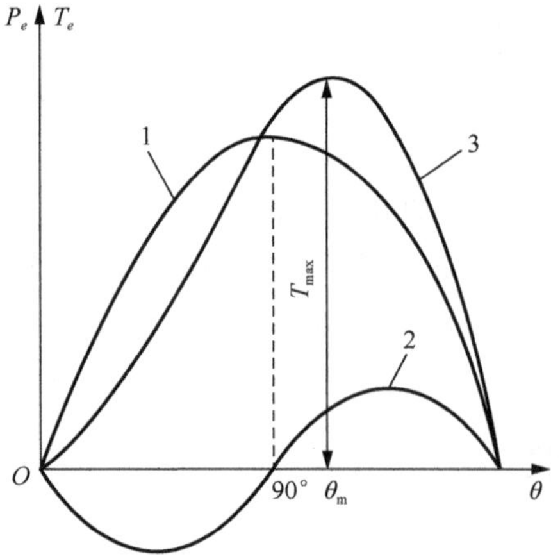

图 2-28　永磁同步电动机的功率特性和矩角特性曲线

电磁功率与功率角的关系称为永磁同步电动机的功率和矩角特性，如图 2-28 所示。曲线 1 为基本电磁功率；曲线 2 为磁阻功率；曲线 3 为合成电磁功率。如果把纵坐标改用转矩，则表示了电磁转矩与功率角之间的关系，称为永磁同步电动机的矩角特性。与基本电磁功率相对应的转矩分量称为基本电磁转矩，也称为永磁转矩；与磁阻功率相对应的转矩分量称为磁阻转矩。

4. 运行特性

永磁同步电动机的运行特性主要是机械特性和工作特性。

永磁同步电动机稳态正常运行时，转速始终保持同步不变，因此，其机械特性为平行于横轴的直线，调节电源频率来调节电动机转速时，转速将严格地与频率成正比例变化，如图 2-29 所示。

永磁同步电动机的工作特性是指当电源电压恒定时，电动机的输入功率、电枢电流、效率、功率因数等随输出功率变化的关系，如图 2-30 所示。

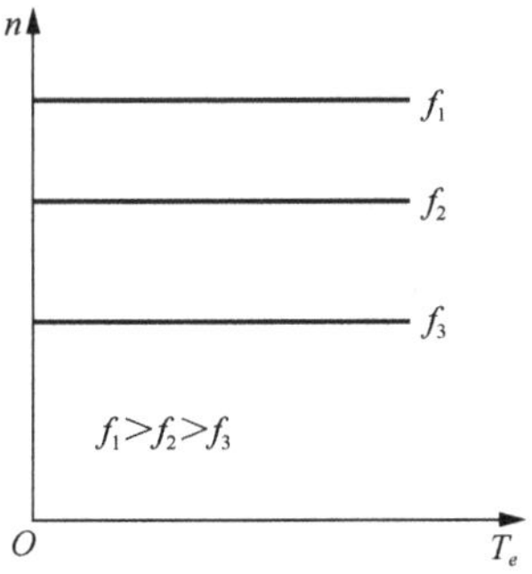

图 2-29　永磁同步电动机的机械特性曲线

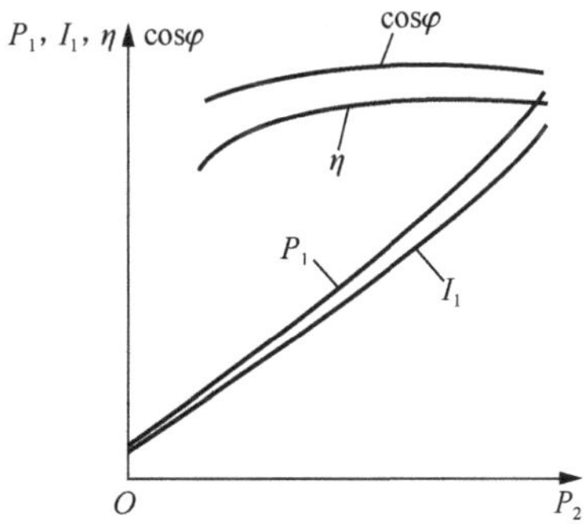

图 2-30　永磁同步电动机的工作特性曲线

可以看出，在正常工作范围内，永磁同步电动机的功率因数比较平稳，效率特性也能保持较高的水平。电动机的输入功率和电枢电流近似与输出功率成正比例。

2.5.3　永磁同步电动机的数学模型

永磁同步电动机的定子是三相对称绕组，按照电动机惯例规定各物理量的正方向。为了便于分析，假定：

(1) 磁极不饱和，电动机电感不受电流变化影响，不计涡流和磁滞损耗；

(2) 忽略齿槽、换相过程和电枢反应的影响；

(3) 电动机的反电动势是正弦的；

(4) 电动机各相绕组电阻相等；

(5) 转子上无阻尼绕组，永磁体也没有阻尼作用。

三相永磁同步电动机示意图如图 2-31 所示，电动机极对数为 1。

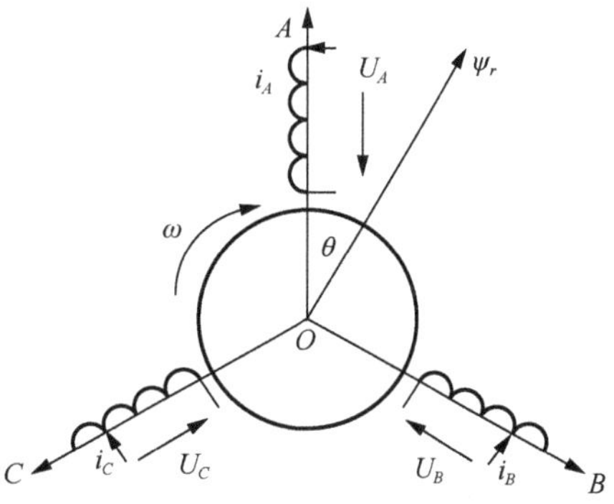

图 2-31　三相永磁同步电动机示意图

三相绕组的静止坐标系 (ABC) 电压方程为

$$\begin{bmatrix} u_A \\ u_B \\ u_C \end{bmatrix} = \begin{bmatrix} R & 0 & 0 \\ 0 & R & 0 \\ 0 & 0 & R \end{bmatrix} \begin{bmatrix} i_A \\ i_B \\ i_C \end{bmatrix} + P \begin{bmatrix} L_A & M_{AB} & M_{AC} \\ M_{BA} & L_B & M_{BC} \\ M_{CA} & M_{CB} & L_C \end{bmatrix} \begin{bmatrix} i_A \\ i_B \\ i_C \end{bmatrix} + P \begin{bmatrix} \psi_A \\ \psi_B \\ \psi_C \end{bmatrix} \tag{2-53}$$

式中，L_A、L_B、L_C 分别为电动机 ABC 三相绕组的电感；M_{AB}、M_{BA}、M_{BC}、M_{CB}、M_{CA}、M_{AC} 分别为三相绕组之间的互感；ψ_A、ψ_B、ψ_C 分别为永磁体磁链在各相绕组中的投影；$P=\mathrm{d}/\mathrm{d}t$ 为微分算子。

永磁同步电动机在三相绕组的静止坐标系下的电压方程为一组变系数的线性微分方程，不易直接求解。常用更为简单的等效的原型电动机来替代实际电动机，并使用坐标变换方法，以方便分析和求解。

通过坐标变换，可以将永磁同步电动机在 ABC 三相绕组的静止坐标系下的电压电流量变换到转子坐标系下。由此可以得

$$\begin{bmatrix} i_d \\ i_q \\ i_0 \end{bmatrix} = \sqrt{\frac{2}{3}} \begin{bmatrix} \cos\theta & \cos(\theta-(2\pi/3)) & \cos(\theta-(4\pi/3)) \\ \sin\theta & \sin(\theta-(2\pi/3)) & \sin(\theta-(4\pi/3)) \\ 1/\sqrt{2} & 1/\sqrt{2} & 1/\sqrt{2} \end{bmatrix} \tag{2-54}$$

$$\begin{bmatrix} u_A \\ u_B \\ u_C \end{bmatrix} = \sqrt{\frac{2}{3}} \begin{bmatrix} \cos\theta & \sin\theta & 1/\sqrt{2} \\ \sin(\theta-(2\pi/3)) & \sin(\theta-(2\pi/3)) & 1/\sqrt{2} \\ \cos(\theta-(4\pi/3)) & \sin(\theta-(4\pi/3)) & 1/\sqrt{2} \end{bmatrix} \begin{bmatrix} u_d \\ u_q \\ u_0 \end{bmatrix} \tag{2-55}$$

电磁转矩方程为

$$T_e = p_n(\Psi_d i_q - \Psi_q i_d) = p_n\left[\Psi_f i_q + (L_d - L_q)\ i_d i_q\right] \tag{2-56}$$

式中，p_n 为电动机磁极对数；Ψ_f 为永磁体产生的磁链；L_d、L_q 为直交流电感；i_d、i_q 为直交流电流。

定子电流空间矢量 i_s 与定子磁链空间矢量 Ψ_s 同相，且定子磁链与永磁体产生的气隙磁场间的空间角度为 β，则

$$\begin{aligned} i_d &= i_s \cos\beta \\ i_q &= i_s \sin\beta \end{aligned} \tag{2-57}$$

式(2-57)代入式(2-56)得到

$$T_e = p_n \Psi_f i_s \sin\beta + \frac{1}{2} p_n (L_d - L_q) i_s^2 \sin 2\beta \tag{2-58}$$

由式(2-58)可以看出，永磁同步电动机输出转矩中包含两个分量：第一项是由两磁场互相作用所产生的电磁转矩；第二项是由凸极效应引起，并与两轴电感参数的差值成正比的磁阻转矩。

2.5.4 永磁同步电动机的控制

为了提高永磁同步电动机控制系统性能，使其具有更快的响应速度和更高的转速精度以及更宽的调速范围，其动、静响应能够与直流电动机系统相媲美，提出了各种新型控制策略用于永磁同步电动机控制。

1. 恒压频比开环控制

恒压频比开环控制(VVVF)的控制变量为电动机的外部变量，即电压和频率。控制系统将参考电压和频率输入实现控制策略的调制器中，最后由逆变器产生一个交变的正弦电压施加在电动机的定子绕组上，使之运行在指定的电压和参考频率下。按照这种控制策略进行控制，使供电电压的基波幅值随着速度指令成比例地线性增长，从而保持定子磁通的近似恒定。VVVF 控制策略简单，易于实现，转速通过电源频率进行控制，不存在异步电动机的转差和转差补偿问题。但同时，由于系统中不引入速度、位置等反馈信号，因此无法实时捕捉电动

机状态，致使无法精确控制电磁转矩；在突加负载或者速度指令时，容易发生失步现象；也没有快速的动态响应特性。因此，恒压频比开环控制控制电动机磁通，而没有控制电动机的转矩，控制性能差，通常只用于对调速性能要求一般的通用变频器上。

2. 矢量控制

矢量控制理论的基本思想为：以转子磁链旋转空间矢量为参考坐标，将定子电流分解为相互正交的两个分量，一个与磁链同方向，代表定子电流励磁分量，另一个与磁链方向正交，代表定子电流转矩分量，分别对其进行控制，获得与直流电动机一样良好的动态性。因其控制结构简单，控制软件实现较容易，已广泛应用到调速系统中。

永磁同步电动机矢量控制策略与异步电动机矢量控制策略有些不同。由于永磁同步电动机转速和电源频率严格同步，其转子转速等于旋转磁场转速，转差恒等于零，没有转差功率，控制效果受转子参数影响小。因此，在永磁同步电动机上更容易实现矢量控制。

由于永磁同步电动机输出电磁转矩对应多个不同的交、直轴电流组合，不同组合对应着不同的系统效率、功率因数以及转矩输出能力，所以永磁同步电动机有不同的电流控制策略。

1) $i_d=0$ 控制

目前，在永磁同步电动机伺服系统中，矢量控制是主要的控制策略。通过检测转子磁极空间位置 d 轴，控制逆变器功率开关器件导通关断，使定子合成电流位于 q 轴，此时 d 轴定子电流分量 i_d 为零，永磁同步电动机电磁转矩正比于转矩电流，即正比于定子电流幅值，只需控制定子电流大小就可以很好地控制永磁同步电动机的输出电磁转矩。

2) 最大转矩/电流比控制

在电动机输出相同电磁转矩的情况下使电动机定子电流最小的控制策略称为最大转矩/电流比控制。

最大转矩/电流比控制实质是求电流极值问题，可以通过建立辅助方程，采用牛顿迭代法求解。但是，计算量较大，在实际应用中系统实时性无法满足，只有通过离线计算出不同电磁转矩对应的交、直轴电流，以表的形式存放于 DSP 中，实际运行时根据负载情况查表才能求得对应的 i_d、i_q 进行控制。

3) 弱磁控制

永磁同步电动机弱磁控制思想来自他励直流电动机调磁控制。对于他励直流电动机，当其电枢端电压达到最高电压时，为使电动机能运行于更高转速，降低电动机励磁电流，以平衡电压。在永磁同步电动机电压达到逆变器所能输出的电压极限后，要想继续提高转速，也要采取弱磁增速的方法。

永磁同步电动机励磁磁动势由永磁体产生，无法像他励直流电动机那样通过调节励磁电流实现弱磁。传统方法是通过调节定子电流 i_d 和 i_q，增加定子直轴去磁电流分量以实现弱磁升速，为保证电动机电枢电流幅值不超过极限值，转矩电流分量应随之减小，因此这种弱磁控制过程本质上就是在保持电动机端电压不变的情况下减小输出转矩的过程，永磁同步电动机直轴电枢反应比较微弱，因此需要较大的去磁电流才能起到去磁增速作用，在电动机工作在额定电流的情况下，去磁电流的增加有限，因此采用这种方法所能得到的弱磁增速范围也是有限的。

图 2-32 是某电动汽车用永磁同步电动机矢量控制系统框图。由图可知，通过分别比较控制永磁同步电动机的电流实际值 i_d 、i_q 与给定值 i_d^* 、i_q^* ，实现其转速和转矩控制，并且 i_d 和 i_q 独立控制，便于实现各种先进的控制策略。

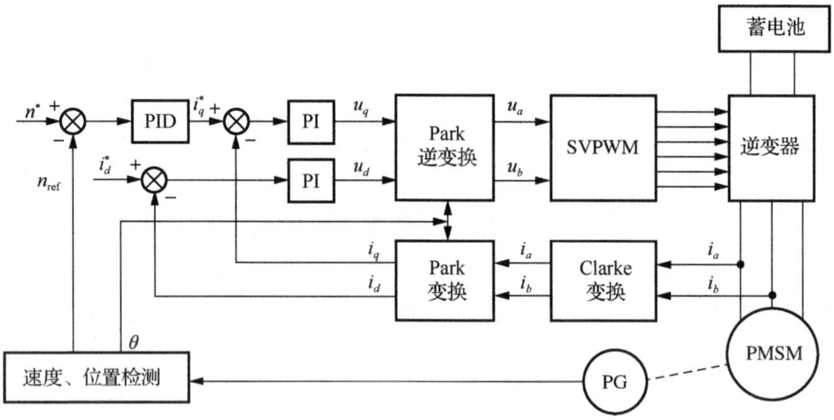

图 2-32　永磁同步电动机矢量控制系统框图

根据永磁同步电动机的具体应用的要求不同，可以采用的控制方法主要有 $i_d=0$ 控制、$\cos\varphi=1$ 控制、恒磁链控制、最大转矩/电流比控制、弱磁控制、最大输出功率控制等。

但矢量控制本身也存在以下缺陷。

(1) 转子磁链的准确观测存在一定的难度，转子磁链的计算对电动机的参数有较强的依赖性，因此对参数变化较为敏感。为了克服这一缺陷，出现了多种参数辨识方法，但这些方法进一步增加了系统的复杂性。

(2) 由于需要进行解耦运算，采用了矢量旋转变换，系统计算比较复杂。

3. 直接转矩控制

PMSM 直接转矩控制系统的原理结构图如图 2-33 所示。实际系统中，开关信号是由转矩和定子磁链的给定值与反馈值的偏差经滞环比较得到的。而转矩和定子磁链的给定值是由电磁转矩和定子磁链估算模型计算得到的。

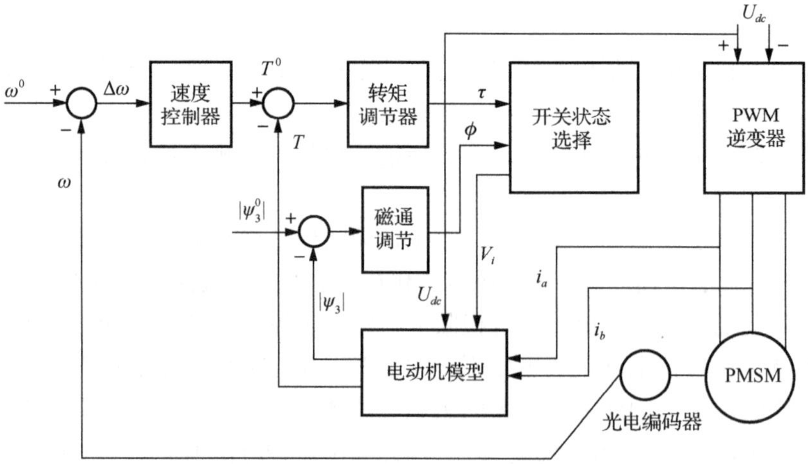

图 2-33　PMSM 直接转矩控制系统原理结构

直接转矩控制不需要传统矢量控制里复杂的旋转坐标变换和转子磁链定向，转矩取代电流成为受控对象，电压矢量则是控制系统唯一的输入，直接控制转矩和磁链的增加或减小，但是转矩和磁链并不解耦，对电动机模型进行简化处理，没有 PWM 信号发生器，控制结构简单，受电动机参数变化影响小，能够获得极佳的动态性能。

4. 智能控制

为了提高永磁同步电动机的控制性能和控制精度，模糊控制、神经网络控制等开始应用于同步电动机的控制。

采用智能控制策略的永磁同步电动机控制系统，在多环控制结构中，智能控制器处于最外环充当速度控制器，而内环电流控制、转矩控制仍采用 PI 控制、直接转矩控制这些策略。

在永磁同步电动机系统中应用智能控制时，也不能完全摒弃传统的控制策略，必须将两者很好地结合起来，才能彼此取长补短，使系统的性能达到最优。

以磁场定向控制和弱磁控制为例，进行永磁同步电动机控制系统的仿真。

1) 永磁同步电动机控制系统仿真模型的建立

永磁同步电动机磁场定向控制原理框图如图 2-34 所示。

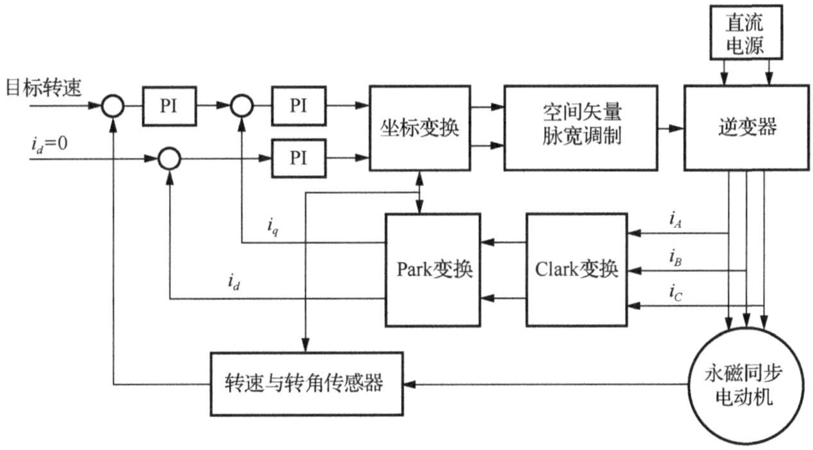

图 2-34　永磁同步电动机磁场定向控制原理框图

永磁同步电动机磁场定向控制系统仿真模型如图 2-35 所示，主要包括电动机和三相逆变电压源模块、速度和电流的 PI 调节模块、坐标变换模块、参考空间电压矢量的生成模块及 SVPWM 仿真模块等。

永磁同步电动机弱磁控制的原理框图如图 2-36 所示。

永磁同步电动机弱磁控制系统仿真模型如图 2-37 所示。

两种控制模型的主要模块都相同，不同的是弱磁控制模型加入了直轴电流的计算模块。其中，永磁同步电动机与逆变器模块采用了 SimPowerSystem 库中的永磁同步电动机与逆变器模型。永磁同步电动机模型包括三相电流和负载转矩的输入端口，电动机本身的电阻、电感等参数都可以根据实际电动机参数进行修改，电动机转速、转矩、三相电流和转子角度都可以通过电动机测量模块得到。

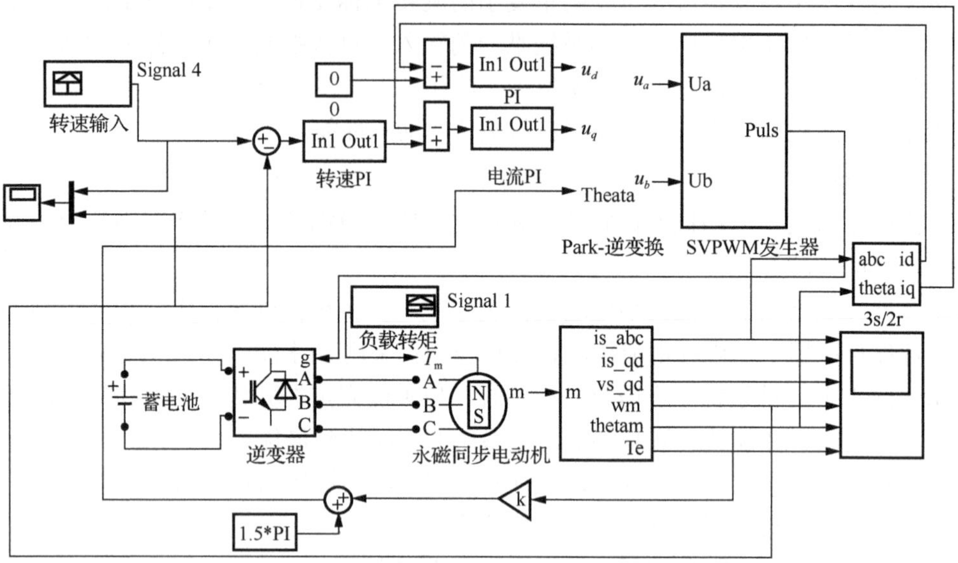

图 2-35　永磁同步电动机磁场定向控制系统仿真模型

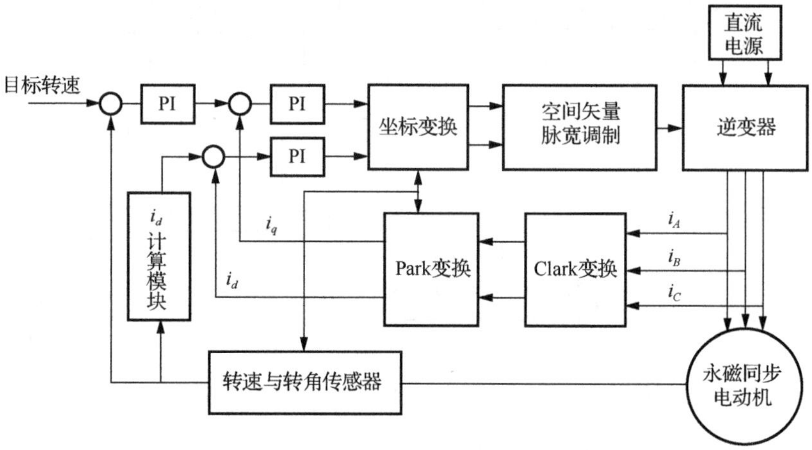

图 2-36　永磁同步电动机弱磁控制原理框图

坐标变换模块通过 Park-逆变换将由速度 PI 调节器得到的给定值与交轴电流转化为空间脉宽调制所需的空间参考电压矢量，如图 2-38 所示。

SVPWM 仿真模块是实现空间脉宽调制的主要模块，根据给定的空间参考电压矢量生成所需的逆变器 PWM 驱动信号，控制逆变器产生的三相电流，从而实现对电动机的控制。SVPWM 仿真模块主要包括扇区判断模块、电压矢量切换点计算模块、生成 PWM 模块等模块，如图 2-39 所示。

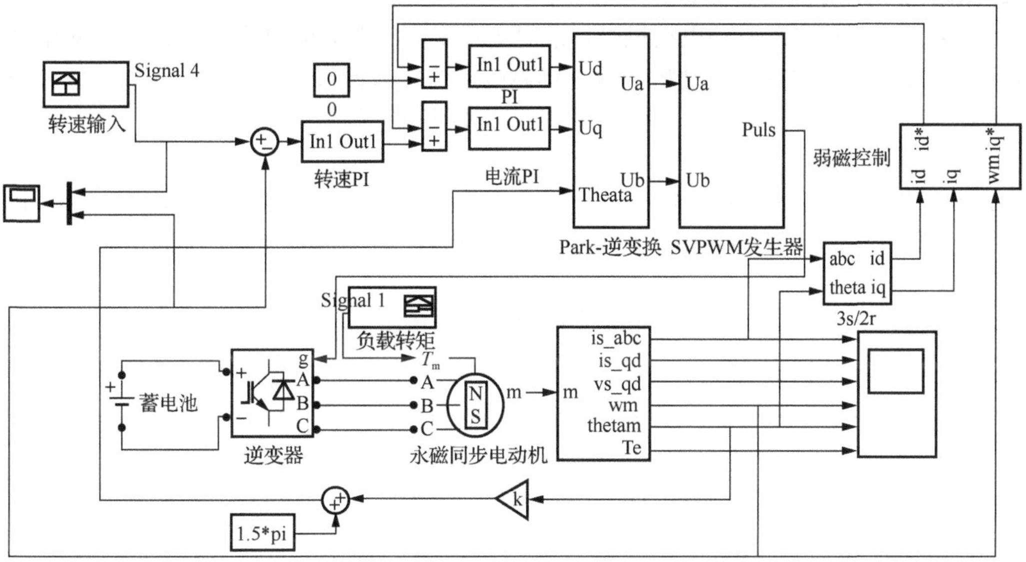

图 2-37　永磁同步电动机弱磁控制系统仿真模型

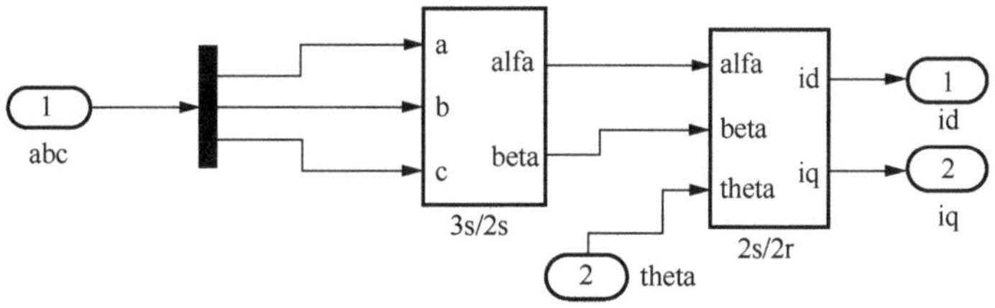

图 2-38　坐标变换模块

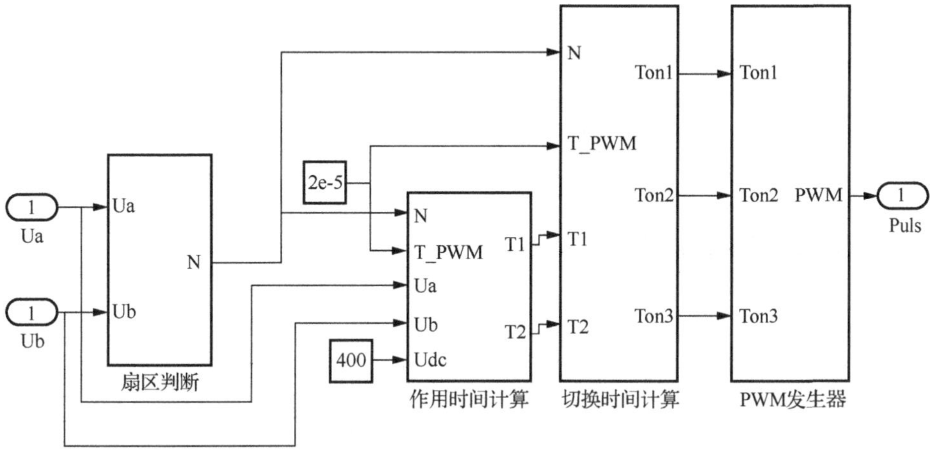

图 2-39　SVPWM 仿真模块

2) 永磁同步电动机性能仿真

在实际设计电动汽车驱动电动机时，常用实验测得的电动机的效率 Map 图来对电动机的区域性能进行评价，然后对电动机参数进行修改，这样就使得设计的效率大大降低。为了提高设计效率、节约设计成本，在设计之初就引入电动机控制策略对电动机的工作性能进行评价，得到电动机的效率 Map 图。

永磁同步电动机的主要参数有：电枢电阻为 0.021Ω，磁链为 0.1688H，直轴电感为 0.00126H，交轴电感为 0.00056H，电动机极对数为 4，转动惯量为 0.043kg·m^2，电动机摩擦系数为 0.00048。

为了模拟汽车在负载下起动的过程，设定永磁同步电动机在 50N·m 恒定不变的负载转矩下，由静止起动加速度到 3000r/min 时电动机的转速波形如图 2-40 所示，汽车由静止开始平稳加速，大约在 0.06s 电动机转速到 3000r/min，其后保持稳定。

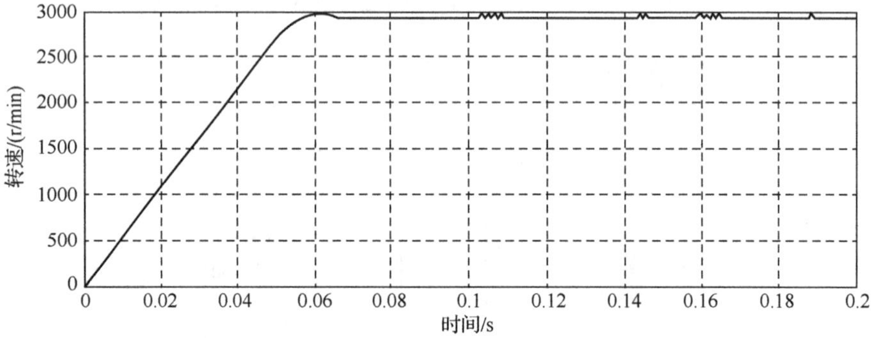

图 2-40　负载起动工况下电动机的转速波形

电动机转矩和三相电流波形分别如图 2-41 与图 2-42 所示，加速过程中，电动机平均转矩大约为 120N·m，相应的三相电流幅值在 100A 左右，转矩波动较大。0.06s 后，随着电动机转速达到预期转速，电动机转矩也稳定在 50N·m 左右，三相电流最大幅值为 45A 左右，此时电动机转矩波动较小。

为模拟电动汽车加速的过程，在电动机转速由 1000r/min 增加到 2500r/min 时，负载转矩逐渐由 50N·m 增加到 80N·m，持续运行一段时间后，永磁同步电动机转矩由 80N·m 突然增加到 120N·m，模拟了电动汽车的爬坡过程。

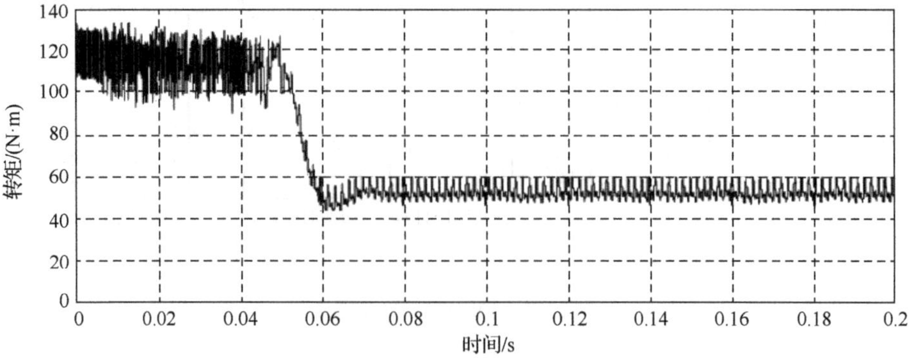

图 2-41　负载起动工况下电动机的转矩波形

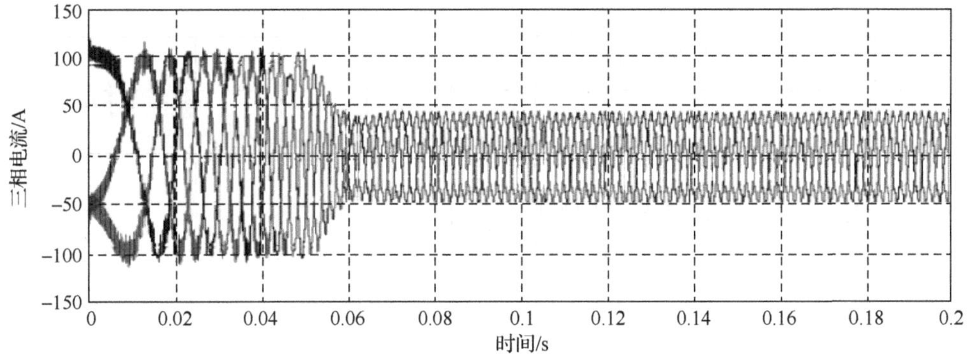

图 2-42　负载起动工况下电动机的三相电流波形

电动机在汽车加速爬坡的整个过程中的转速波形如图 2-43 所示，电动机初始转速为 1000r/min，由 0.1s 开始平稳加速，0.31s 时达到 2500r/min 并保持不变，0.4s 时由于负载转矩增加，电动机转速逐步下降。

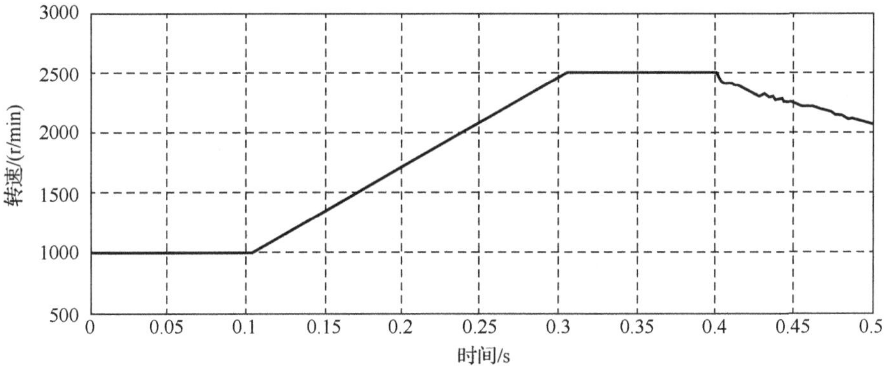

图 2-43　加速爬坡工况下电动机的转速波形

电动机转矩和三相电流波形分别如图 2-44 和图 2-45 所示，0.1s 时，随着电动机加速，电动机提供的转矩也逐步增大，相应的三相电流也逐步增加。由于转速增加，三相电流的频率也逐步升高。0.4s 后，负载转矩突然由 80N·m 增加到 120N·m，相应的三相电流的幅值也由 70A 增加到 110A 左右。

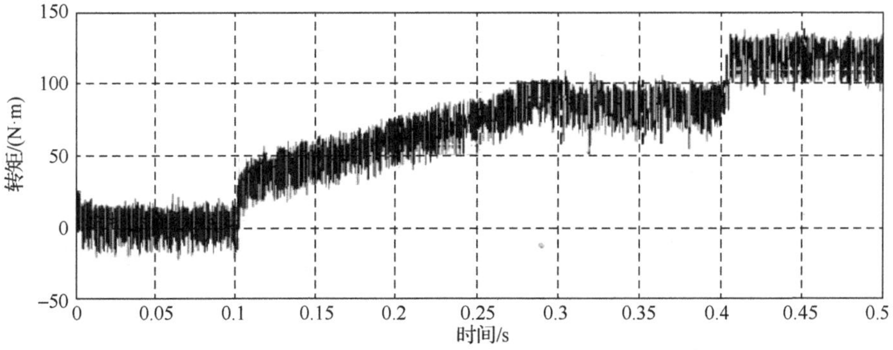

图 2-44　加速爬坡工况下电动机的转矩波形

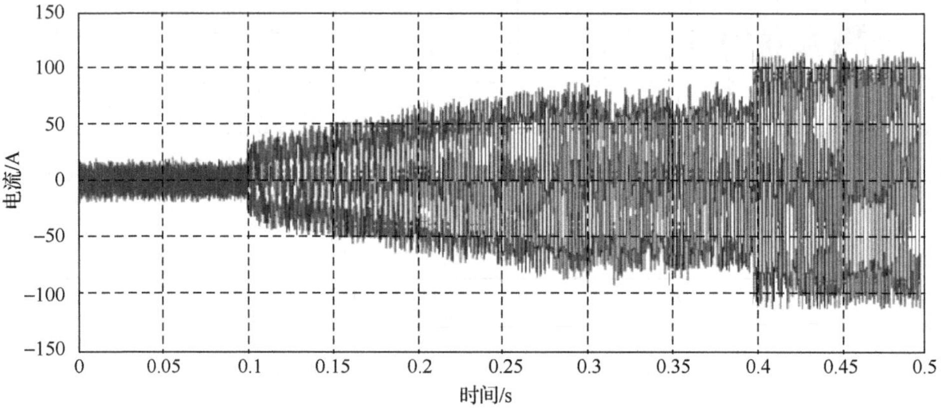

图 2-45　加速爬坡工况下电动机的三相电流波形

可以看出，控制系统响应较快，在 50N·m 的负载转矩下可以平稳起动，加速和爬坡过程中转矩、转速都较平稳，没有出现明显振荡。速度增加时，三相电流频率变快，负载转矩变大时，电流幅值变大，变化趋势均与实际相符。

通过对电动机不同转速、转矩下工作状态的仿真，可以方便地计算出不同转速、转矩下对应的电动机输入功率与输出功率，从而计算得到相应的电动机效率。通过这种方法，在电动机设计在进入实验验证前期便可以引入不同的控制策略，并且计算绘制相应控制策略下的电动机效率的 Map 图。将得到的结果引入整车性能仿真软件中评价电动机在整个运行区域内的工作性能，并以此优化相关的电动机性能参数，尽可能使电动机工作在高效区。

磁场定向控制下的电动机效率 Map 图如图 2-46 所示。

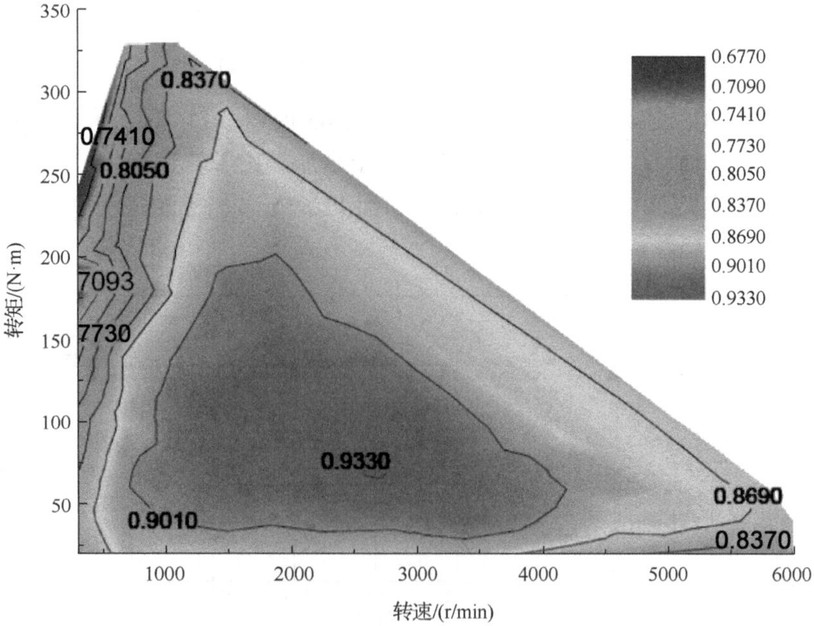

图 2-46　磁场定向控制下的电动机效率 Map 图

弱磁控制下的电动机效率 Map 图如图 2-47 所示。

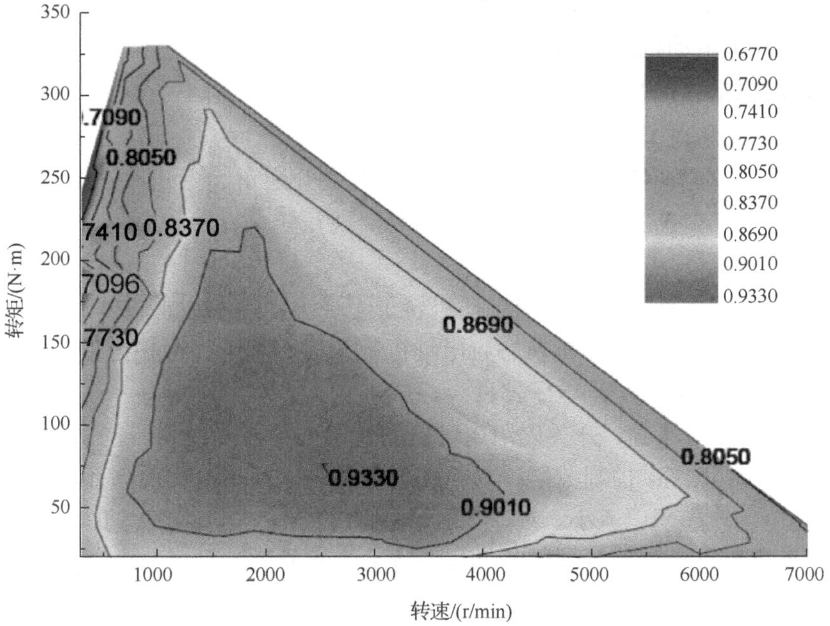

图 2-47　弱磁控制下的电动机效率 Map 图

对比图 2-46 与图 2-47 不难看出，加入弱磁控制后，电动机可运行的最高转速提高到了 7000r/min，而且部分工况下电动机的效率也有所提高。可见，合理的控制策略对改善电动机的运行性能有很大的帮助。加入弱磁控制后，电动机在 1000～4000r/min 时的效率基本都在 90%以上，且最高效率达到 95%以上，电动机的转矩和最高转速也均能满足使用要求。

2.6　开关磁阻电动机

2.6.1　开关磁阻电动机的结构与特点

1. 开关磁阻电动机的结构

开关磁阻电动机由双凸极的定子和转子组成，其定子、转子的凸极均由普通的硅钢片叠压而成。定子极上绕有集中绕组，把沿径向相对的两个绕组串联成一个两级磁极，称为一相；转子既无绕组又无永磁体，仅由硅钢片叠成。

开关磁阻（SR）电动机有多种不同的相数结构，如单相、二相、四相及多相等，且定子和转子的极数有多种不同的搭配。定子和转子极数组合方案见表 2-2。

表 2-2　SR 电动机的极数组合方案

相数	3	4	5	6	7	8	9
定子极数	6	8	10	12	14	16	18
转子极数	4	6	8	10	12	14	16
步进角/(°)	30	15	9	9	4.25	3.21	2.5

低于三相的开关磁阻电动机一般没有自起动能力。相数多，有利于减小转矩脉动，但导致结构复杂、主开关器件多、成本增高。目前应用较多的是四相 8/6 极结构和三相 6/4 极结构。下面介绍的开关磁阻电动机的结构为四相 8/6 极结构。

2. 开关磁阻电动机的特点

1) 开关磁阻电动机与其他电动机相比具有的优点

(1) 可控参数多，调速性能好：可控参数有主开关开通角、主开关关断角、相电流幅值、直流电源电压，控制方便，可四象限运行，容易实现正转、反转和电动、制动等特定的调节控制。

(2) 结构简单，成本低：开关磁阻电动机转子无绕组，也不加永磁体，定子为集中绕组，比传统的直流电动机、永磁电动机及感应电动机都简单，制造和维护方便；它的功率变换器比较简单，主开关元件数较少，电子器件少，成本低。

(3) 损耗小，运转效率高；开关磁阻电动机的转子不存在励磁及转差损耗，功率变换器元器件少，相应的损耗也小；控制灵活，易于在很宽的转速范围内实现高效节能控制。

(4) 起动转矩大，起动电流小。在 15%额定电流的情况下就能达到 100%的起动转矩。

2) 由于开关磁阻电动机的特殊结构和工作方式，也存在一些缺点

(1) 转矩脉动现象较大；

(2) 振动和噪声相对较大，特别是在负载运行的时候；

(3) 电动机的出线头相对较多，还有位置检测器出线端；

(4) 电动机的数学模型比较复杂，其准确的数学模型较难建立；

(5) 控制复杂，依赖于电动机的结构。

2.6.2 开关磁阻电动机的工作原理和运行特性

1. 开关磁阻电动机的工作原理

开关磁阻电动机的工作原理如图 2-48 所示。

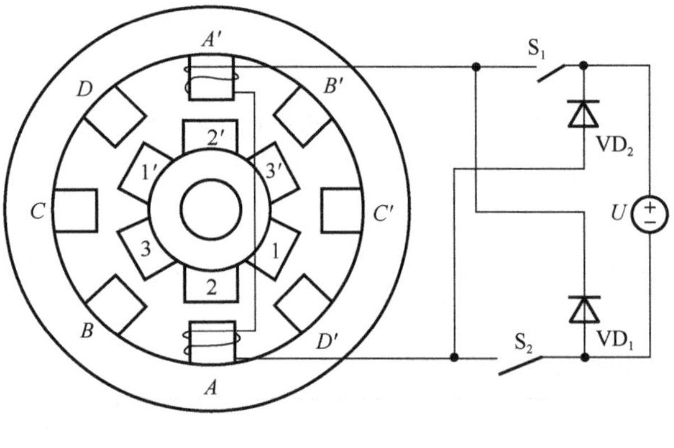

图 2-48　开关磁阻电动机的工作原理图

电动机的定子和转子呈凸极形状，极数互不相等，转子由叠片构成，转子带有位置检测器以提供转子位置信号，使定子绕组按一定的顺序通断，保持电动机的连续运行。

开关磁阻电动机的磁阻随着转子磁极与定子磁极的中心线对准或错开而变化。因为电感与磁阻成反比，所以当转子磁极在定子磁极中心线位置时，相绕组电感最大；当转子磁极中心线对准定子磁极中心线时，相绕组电感最小。

因为开关磁阻电动机的运行原理遵循磁阻最小原理——磁通总要沿着磁阻最小的路径闭合，所以具有一定形状的铁心在移动到最小磁阻位置时，必须使自己的主轴线与磁场的轴线重合。由图 2-48 中可看出，当定子 *D-D′* 极励磁时，所产生的磁力力图使转子旋转到转子极轴线 1-1′ 与定子极轴线 *D-D′* 重合的位置，并使 *D* 相励磁绕组的电感最大。若以图中定、转子所处的相对位置作为起始位置，则依次给 *D-A-B-C* 相绕组通电，转子即会逆着励磁顺序以逆时针方向连续旋转；反之，若依次给 *B-A-D-C* 相通电，则电动机即会沿着顺时针方向转动。所以开关磁阻电动机的转向与相绕组的电流方向无关，而仅取决于相绕组通电的顺序。

2. 开关磁阻电动机的运行特性

开关磁阻电动机的运行特性可分为三个区域：恒转矩区、恒功率区、自然特性区(串励特性区)，如图 2-49 所示。

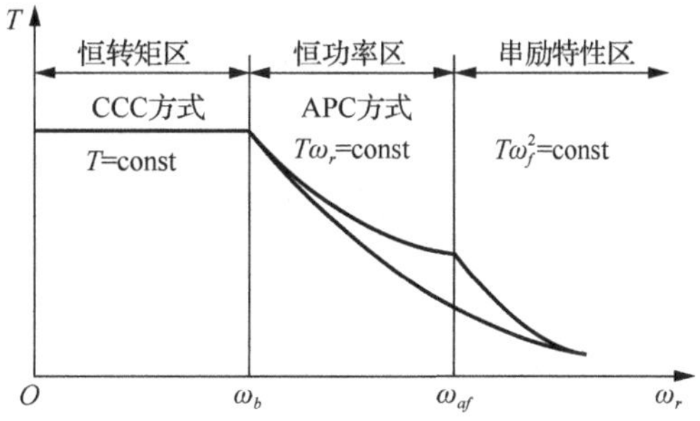

图 2-49　SR 电动机的运行特性图

开关磁阻电动机一般运行在恒转矩区和恒功率区。在这两个区域内，电动机的实际运行特性可控。通过控制条件，可以实现在实线以下的任意实际运行特性。

在恒转矩区，电动机转速较低，电动机反电动势小，因此需采用电流斩波控制(CCC)方式。

在恒功率区，旋转电动势较大，开关器件导通的时间较短，因此电流较小。在外加电压和开关角一定的条件下，随着角速度的增加，转矩急剧下降，此时可采用角度位置控制(APC)方式，通过按比例地增大导通角来补偿转矩，延缓转矩的下降速度。

在串励特性区，电动机的可控条件都已达极限，电动机的运行特性不再可控，电动机呈现自然串励运行特性，电动机一般不运行在此区域。

电动机运行时存在着第一、第二两个临界运行点，采用不同的可控条件匹配可得到两个临界点的不同配置，从而得到各种各样所需的机械特性。

临界运行点对应的转速称为临界转速，是开关磁阻电动机运行和设计时要考虑的重要参数。第一临界转速是开关磁阻电动机开始运行于恒功率特性的临界转速，定义为开关磁阻电动机的额定转速，对应的功率即为额定功率；第二临界转速是能得到额定功率的最高转速，是恒功率特性的上限，可控条件都达到了极限，当转速再增加时，输出功率将下降。

2.6.3　开关磁阻电动机的数学模型

开关磁阻电动机的数学模型通常有线性模型、准线性模型(分段线性模型)和非线性模型等。

1. 开关磁阻电动机的线性模型

线性模型比较简单，忽略了电磁饱和、涡流、磁滞、边缘效应、相间的互感等非线性因素影响。由于不考虑非线性因素，绕组的电感只与定子和转子的相对位置有关，与相电流的大小无关。这样，就能容易地得出磁链和转矩的简易解析式，分析开通角和关断角等参数对电动机运行特性的影响规律，从而找到最佳的控制策略，使电动机满足运行要求。但这种线性模型与开关磁阻电动机的实际特性存在很大的出入，对电动机参数的计算求解的精度比较低，运用在实际中误差就会较大，因此，只适于作为分析电动机工作特性和参数间相互关系的理论依据。

1)基本方程

当恒定直流电源给开关磁阻电动机供电时，其电压方程为

$$U = Ri + \frac{\mathrm{d}\Psi}{\mathrm{d}t} \tag{2-59}$$

式中，U 为电源电压；R 为绕组电阻；i 为绕组电流；Ψ 为绕组磁链。

绕组磁链与绕组电流和转子位置有关，即

$$\Psi = \Psi(i,\ \theta) = L(\theta)i \tag{2-60}$$

式中，θ 为转子位置角；L 为定子绕组电感。

由式(2-59)和式(2-60)得

$$U = Ri + L(\theta)\frac{\mathrm{d}i}{\mathrm{d}t} + \frac{\mathrm{d}L(\theta)}{\mathrm{d}\theta}\frac{\mathrm{d}\theta}{\mathrm{d}t} \tag{2-61}$$

分析得到等号右边第一项为电阻压降，第二项为变压器电动势，第三项为旋转电动势。电阻压降与旋转电动势相比很小，可忽略不计，简化为

$$\pm U = \frac{\mathrm{d}\Psi}{\mathrm{d}t} = L\frac{\mathrm{d}i}{\mathrm{d}t} + i\frac{\mathrm{d}L}{\mathrm{d}t}\omega \tag{2-62}$$

式中，ω 为电动机角速度；“+”对应绕组通电阶段；“−”对应续流阶段。

在绕组通电期间，功率平衡方程为

$$W_s = \frac{\mathrm{d}}{\mathrm{d}t}\left(\frac{1}{2}Li^2\right) + i^2\frac{\mathrm{d}L}{\mathrm{d}\theta}\omega \tag{2-63}$$

式(2-63)表明，当开关磁阻电动机绕组通电时，若不计绕组损耗，输入的电能一部分储存在绕组中，另一部分则转换为机械功率输出。

根据力学原理，电动机的转矩平衡方程为

$$T_e = J\frac{\mathrm{d}\omega}{\mathrm{d}t} + K_T\omega + T_L = J\frac{\mathrm{d}^2\theta}{\mathrm{d}t^2} + K_T\frac{\mathrm{d}\theta}{\mathrm{d}t} + T_L \tag{2-64}$$

式中，T_e 为电磁转矩；J 为电动机转动惯量；K_T 为阻尼因数；T_L 为负载转矩。

电动机的电磁转矩也可以通过磁共能和转子位置求得，即

$$T_e = \frac{\partial W(i,\theta)}{\partial \theta} \tag{2-65}$$

式中，W 为磁共能。

2)绕组电感

图 2-50 为线性模型中定子绕组电感与转子位置角的关系曲线。图中，横坐标为转子位置角 θ，纵坐标为相绕组电感 L；原点对应于定子凸极中心线与转子极间中心线重合的位置；θ_1 为转子凸极后沿与定子凸极前沿重合处；θ_2 为转子凸极的前沿与定子凸极的后沿重合处；θ_3 为转子凸极的前沿与定子凸极的前沿重合处；θ_4 为转子凸极的后沿与定子凸极的后沿重合处；θ_5 与 θ_1 重合。

在 $\theta_1 \sim \theta_2$ 区域内，定子凸极与转子槽相对，此时磁阻恒为最大，电感保持最小值 $L_{\min}$ 不变。

在 $\theta_2 \sim \theta_3$ 区域内，转子转过后，相电感便开始线性上升，直到 θ_3 为止，这时定、转子凸极全部重合，磁阻恒为最小，相绕组电感变为最大值 $L_{\max}$。

在 $\theta_3 \sim \theta_4$ 区域内，由于转子磁极极弧 β_r 通常要求大于定子磁极极弧 β_s，因此，定、转子凸极保持全部重叠，相应的定、转子凸极间磁阻恒为最小值 $L_{\min}$，相电感保持在最大值 $L_{\max}$。

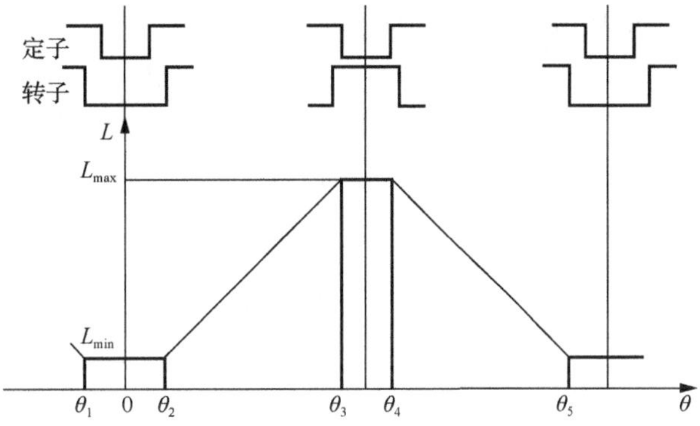

图 2-50　定子绕组电感与转子位置角的关系图

在 $\theta_4 \sim \theta_5$ 区域内，转子转过 θ_4 后，相电感开始线性地下降，直到 θ_5 处降为 $L_{\min}$。

由相电感与转子位置的关系可得开关磁阻电动机任意一相绕组电感方程为

$$L(\theta)=\begin{cases} L_{\min}, & \theta_1 \leqslant \theta \leqslant \theta_2 \\ L_{\min}+K(\theta_1-\theta_2), & \theta_2 < \theta \leqslant \theta_3 \\ L_{\max}, & \theta_3 < \theta \leqslant \theta_4 \\ L_{\max}-K(\theta-\theta_4), & \theta_4 < \theta \leqslant \theta_5 \end{cases} \tag{2-66}$$

式中，$K=(L_{\max}-L_{\min})/(\theta_3-\theta_2)=(L_{\max}-L_{\min})/\beta_s$；$\beta_s$ 称为定子磁极极弧。

3) 电磁转矩

当电流为一恒定值时，电磁转矩为

$$T_e=\left.\frac{\partial W'(i,\theta)}{\partial \theta}\right|_{i=\text{const}}=\frac{1}{2}i^2\frac{\mathrm{d}L}{\mathrm{d}\theta} \tag{2-67}$$

综上得电磁转矩为

$$T_e=\begin{cases} 0, & \theta_1 \leqslant \theta \leqslant \theta_2 \\ Ki^2/2, & \theta_2 < \theta \leqslant \theta_3 \\ 0, & \theta_3 < \theta \leqslant \theta_4 \\ -Ki^2/2, & \theta_4 < \theta \leqslant \theta_5 \end{cases} \tag{2-68}$$

由式(2-68)可知，若在电感上升区域 $\theta_2 \sim \theta_3$ 内给绕组通电，则产生电磁转矩；若在 $\theta_1 \sim \theta_2$ 区域内给绕组通电，则电磁转矩为零；若电流在电感下降区域 $\theta_4 \sim \theta_5$ 内流动，则电磁转矩为负值，产生制动转矩。总结开关磁阻电动机的线性转矩模型，可得以下结论：

(1) 电磁转矩是由于转子转动时气隙磁导变化产生的，电感对位置角的变化率越大，电动机转矩越大，因此电动机转子极数小于定子极数，有利于增大电感相对转子位置的变化率；

(2) 电磁转矩大小与电流平方成正比，可通过增大电流有效地增加转矩；

(3) 电磁转矩的方向与导通时定、转子的相对位置有关，因此，可通过改变绕组通电时刻改变电动机转向，而改变电流方向不会改变转矩的方向；

(4) 由于在电感下降阶段，电磁转矩为制动性质的转矩，因此主开关器件的关断不能太迟，应根据控制策略选择一个合适的值。

4）绕组电流

电压方程可改写为

$$\frac{\pm U_s}{\omega}=L\frac{\mathrm{d}i}{\mathrm{d}\theta}+i\frac{\mathrm{d}L}{\mathrm{d}t} \tag{2-69}$$

设开通角为θ_{on}，关断角为θ_{off}，若已知初始条件i_0=0，$\theta_0=\theta_{\mathrm{on}}$，则根据式(2-68)和式(2-69)可得绕组电流：

$$i(\theta)=\begin{cases}\dfrac{U}{L_{\min}}\dfrac{\theta-\theta_{\mathrm{on}}}{\omega}, & \theta_1\leqslant\theta<\theta_2\\ \dfrac{U(\theta-\theta_{\mathrm{on}})}{\omega[L_{\min}+K(\theta-\theta_2)]}, & \theta_2\leqslant\theta\leqslant\theta_{\mathrm{off}}\\ \dfrac{U(2\theta_{\mathrm{off}}-\theta_{\mathrm{on}}-\theta)}{\omega[L_{\min}+K(\theta-\theta_2)]}, & \theta_{\mathrm{off}}<\theta<\theta_3\\ \dfrac{U(2\theta_{\mathrm{off}}-\theta_{\mathrm{on}}-\theta)}{\omega L_{\max}}, & \theta_3\leqslant\theta<\theta_4\end{cases} \tag{2-70}$$

由式(2-70)可得，在$\theta_1\leqslant\theta<\theta_2$区域，$\mathrm{d}i/\mathrm{d}\theta=U_s/(\omega L_{\min})$，当$\omega$在一定小的范围内变化时，可认为$\mathrm{d}i/\mathrm{d}\theta=\mathrm{const}$，即电流线性上升。这是由于在此范围内绕组电感最小，对绕组电流限制能力小。若减小θ_{on}，则绕组电流的幅值将相应地增加，因此，为了使电动机在电感上升区域有足够的电流来产生转矩，可适当减小θ_{on}。

在$\theta_2\leqslant\theta\leqslant\theta_{\mathrm{off}}$区域，根据电流方程，可知

$$\frac{\mathrm{d}i}{\mathrm{d}\theta}=\frac{U[L_{\min}+(\theta_{\mathrm{on}}-\theta_2)]}{\omega[L_{\min}+K(\theta-\theta_2)^2]} \tag{2-71}$$

根据θ_{on}取值的不同，式(2-71)又可分为以下三种情况。

(1)若$\theta_{\mathrm{on}}<\theta_2-L_{\min}/K$，则$\mathrm{d}i/\mathrm{d}\theta<0$，即绕组电流在进入电感上升区域时会开始下降。这是因为θ_{on}过小，绕组电流在θ_2时将有较大的数值，造成旋转电动势引起的压降超过了电源电压U_s。

(2)若$\theta_{\mathrm{on}}=\theta_2-L_{\min}/K$，则$\mathrm{d}i/\mathrm{d}\theta=0$，即绕组电流在进入电感上升区域时会保持不变。

(3)若$\theta_{\mathrm{on}}>\theta_2-L_{\min}/K$，则$\mathrm{d}i/\mathrm{d}\theta>0$，即绕组电流在进入电感上升区域时会继续上升。

在$\theta_{\mathrm{off}}<\theta<\theta_3$区域，绕组电流处于续流过程。为使电流在到达$\theta_3$时降为0，可将初始条件$i(\theta_3)=0$代入绕组电流公式，即可得

$$\theta_{\mathrm{off}}=(\theta_{\mathrm{on}}+\theta_3)/2 \tag{2-72}$$

随着θ_{off}取值的不同，绕组电流波形也将不同。若要使电动机不产生制动转矩，必须保证续流电流在电感达到最大值之前降为零，则θ_{off}的取值应满足如下要求：

$$\theta_{\mathrm{off}}<(\theta_{\mathrm{on}}+\theta_3)/2 \tag{2-73}$$

2. 开关磁阻电动机的准线性模型

准线性模型采用分段线性化的方法描述电动机的磁化特性曲线。它的数学表达式也相对简单。因为在磁链的饱和区和非饱和区有不同的线性变化率，为了近似考虑磁极的饱和效应、边缘效应，可将实际的非线性磁化特性曲线进行分段的线性化处理，同时不考虑相间的耦合

效应，这样就可以用解析式来表示每段的磁化曲线，一般可将 Ψ-i 曲线分为两段（线性段和饱和段）或三段（线性段、低饱和段和高饱和段）。

为便于实现，采用常见的两段线性化分法，将磁化特性曲线分为非线性段和饱和段。非饱和段的曲线斜率为电感 $L(i,\theta)$ 的不饱和值；饱和段曲线可视为与 $\theta=0$ 位置的非饱和特性曲线平行，其斜率为 $L_{\min}$，如图 2-51 所示。

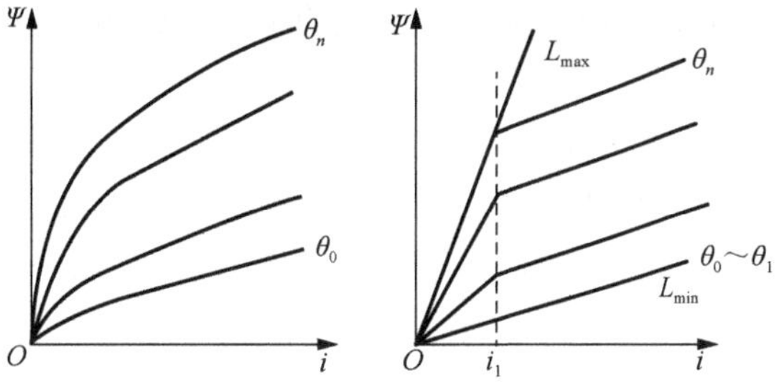

(a) 实际的磁化特性曲线　(b) 分段线性化的磁化曲线

图 2-51　磁化特性曲线

根据磁化曲线分段线性化的规则，结合电感线性化特性曲线 $L(\theta)$，可以得出绕组电感的分段解析表达式为

$$L(i,\theta)=\begin{cases} L_{\min}, & \theta_1 \leqslant \theta \leqslant \theta_2 \\ \left.\begin{array}{ll} L_{\min}+K(\theta-\theta_2), & 0 \leqslant i \leqslant i_1 \\ L_{\min}+K(\theta-\theta_3), & i>i_1 \end{array}\right\} & \theta_2<\theta \leqslant \theta_3 \\ \left.\begin{array}{ll} L_{\max}, & 0 \leqslant i \leqslant i_1 \\ L_{\min}+\dfrac{i_1(L_{\max}-L_{\min})}{i}, & i>i_1 \end{array}\right\} & \theta_3<\theta \leqslant \theta_4 \\ \left.\begin{array}{ll} L_{\max}-K(\theta-\theta_4), & 0 \leqslant i \leqslant i_1 \\ L_{\min}+\dfrac{L_{\max}-L_{\min}-K(\theta-\theta_4)}{i}, & i>i_1 \end{array}\right\} & \theta_4<\theta \leqslant \theta_5 \end{cases} \tag{2-74}$$

式中，电流 i_1 的值一般由定转子凸极对准位置时的磁化曲线 $\Psi=f(i,\theta)\big|_{\theta=\pi/N_r}$ 决定，取磁化曲线开始转弯处的电流。

由 $\Psi(i,\theta)=L(i,\theta)\ i(i,\theta)$ 和电感的解析式，可以得到绕组磁链的分段解析式为

$$\Psi(i,\theta)=\begin{cases} L_{\min}i, & \theta_1 \leqslant \theta \leqslant \theta_2 \\ \left.\begin{array}{ll} L_{\min}i+K(\theta-\theta_2)i, & 0 \leqslant i \leqslant i_1 \\ L_{\min}i+K(\theta-\theta_3)i, & i>i_1 \end{array}\right\} & \theta_2<\theta \leqslant \theta_3 \\ \left.\begin{array}{ll} L_{\max}i, & 0 \leqslant i \leqslant i_1 \\ L_{\min}i+i_1(L_{\max}-L_{\min}), & i>i_1 \end{array}\right\} & \theta_3<\theta \leqslant \theta_4 \\ \left.\begin{array}{ll} L_{\max}i-K(\theta-\theta_4)i, & 0 \leqslant i \leqslant i_1 \\ L_{\min}i+L_{\max}-L_{\min}-K(\theta-\theta_4), & i>i_1 \end{array}\right\} & \theta_4<\theta \leqslant \theta_5 \end{cases} \tag{2-75}$$

电磁转矩的瞬时值表达式可表示为

$$T_e=\begin{cases} 0, & \theta_1 \leqslant \theta \leqslant \theta_2 \\ \left.\begin{array}{ll} Ki^2/2, & 0 \leqslant i \leqslant i_1 \\ Kii_1, & i>i_1 \end{array}\right\} & \theta_2<\theta \leqslant \theta_3 \\ 0, & \theta_3<\theta \leqslant \theta_4 \\ \left.\begin{array}{ll} -Ki^2/2, & 0 \leqslant i \leqslant i_1 \\ -Kii_1, & i>i_1 \end{array}\right\} & \theta_4<\theta \leqslant \theta_5 \end{cases} \tag{2-76}$$

可以看出以下几点。

(1) 电磁转矩与电流的方向无关，与电流的大小有关。当电流较小时，磁极处于非饱和阶段，电磁转矩的大小与电流的平方成比例；当电流较大时，磁极在饱和区，电磁转矩的大小与电流呈比例关系。

(2) 表达式中的正负代表转矩的方向。在电感曲线的上升段，绕组中通电所产生的电磁转矩为正，推动转子旋转；在电感曲线的下降段，绕组中通电所产生的电磁转矩为负，对转子旋转有阻力作用；在电感曲线的恒值区，即当电感为最大值或最小值时，电磁转矩为零，在这个阶段电磁转矩对转子无作用力。

因此，选择不同时刻对电动机绕组通电，就能产生不同方向及大小的电磁转矩，从而使转子正向或反向、加速或减速运行。

3. 开关磁阻电动机的非线性模型

非线性模型是将磁链用非线性函数进行拟合，拟合的精度取决于函数的选定，一般可对电感进行非线性拟合。它能够准确地描述电动机的磁链和转矩特性，精度较高，但因为磁链和转矩都是非线性方程，无法求出其解析解，计算相对复杂，特别是对于单片机控制而言，所以，它只适宜用于电动机性能计算和仿真。

利用傅里叶级数分解，且忽略高次谐波，电动机单相绕组电感随着转子位置的变化用一个恒定分量和一个基波分量来表示，即

$$L_j(\theta)=L_0+L_1\cos(N_r\theta+\pi+\varphi_j) \tag{2-77}$$

式中，L_0 为单相电感的恒定分量的幅值；L_1 为单相电感的基波分量的幅值。

L_0 和 L_1 可根据式(2-78)计算：

$$\begin{cases}L_0=(L_{\max}+L_{\min})/2\\ L_1=(L_{\max}-L_{\min})/2\end{cases} \tag{2-78}$$

电感随电流的变化是非线性的，可以用多项式级数近似表达，即

$$L_{\max}(i)=\sum_{n=0}^{N}a_n i^n \tag{2-79}$$

通过改变 N 值比较不同阶次多项式逼近 $L_{\max}(i)$ 的能力，从而确定 N 值用于原多项式级数以表达 $L_{\max}(i)$ 和相电流的非线性关系。

综上可得

$$\begin{aligned}\frac{\partial L_j(\theta)}{\partial\theta}&=-L_1N_r\sin(N_r\theta+\pi+\varphi_j)=\left(\sum_{n=0}^{N}a_n i^n-L_{\min}\right)N_r\sin(N_r\theta+\varphi_j)\\ \frac{\partial L_j(\theta)}{\partial i}&=\sum_{n=0}^{N}a_n i^{n-1}\Bigg/ n\left[\frac{1}{2}+\frac{\cos(N_r\theta+\pi+\varphi_j)}{2}\right]\end{aligned} \tag{2-80}$$

非线性电磁转矩可表示为

$$T_j=\int_0^i\frac{\partial L_j}{\partial\theta}i\mathrm{d}i=N_r\sin(N_r\theta+\varphi_j)\left[\sum_{n=0}^{N}\frac{a_n i^{n+2}}{n+2}-\frac{L_{\min}i^i}{2}\right] \tag{2-81}$$

式中，$j=1,2,3,4$ 代表电动机的每一相，则有

$$\varphi_j=\begin{cases}0, & j=1\\ \pi/2, & j=2\\ \pi, & j=3\\ 3\pi/2, & j=4\end{cases} \tag{2-82}$$

SR 电动机非线性模型与线性模型相比，精度更高，并且也比较简单，适用于电动机控制分析和理论研究。

2.6.4　开关磁阻电动机的基本控制方式

开关磁阻电动机不同于常规的感应电动机，因其自身结构的特殊性，既可以通过控制电动机自身的参数(如开通角、关断角)来实现，也可以用适用于其他电动机上的控制理论，如 PID 控制、模糊控制等，对功率变换器部分进行控制，进而实现电动机的速度调节。

针对 SRM 自身参数进行控制，目前主要使用的几种基本控制方式有角度位置控制(APC)、电流斩波控制(CCC)和电压控制(VC)。

1. 角度位置控制

角度位置控制是，在加在绕组上的电压一定的情况下，通过改变绕组上主开关的开通角和关断角，来改变绕组的通、断电时刻，调节相电流的波形，实现转速闭环控制。

根据电动势平衡方程可知，当电动机转速较高时，旋转电动势较大，则此时电流上升率下降，各相的主开关器件的导通时间较短，电动机绕组的相电流不易上升，电流相对较小，便于使用角度位置控制方式。

因为开通角和关断角都可调节，角度位置控制可分为变开通角、变关断角和同时改变开通角及关断角三种方式。改变开通角，可改变电流波形的宽度、峰值和有效值的大小，还可改变电流波形与电感波形的相对位置，从而改变了电动机的转矩和转速。而关断角一般不影响电流的峰值，但可改变电流波形的宽度及其与电感曲线的相对位置，进而改变电流的有效值，故一般采用固定关断角、改变开通角的控制方式。

根据 SRM 的转矩特性分析可知，当电流波形主要位于电感的上升段时，产生的平均电磁转矩为正，电动机运行在电动状态；当电流波形主要位于电感的下降段时，产生的平均电磁转矩为负，电动机工作在制动状态。

而对开通角、关断角的控制，可以使电流的波形处在绕组电感波形的不同位置。因此，可以用控制开通角、关断角的方式来使电动机运行在不同的状态。

角度位置控制的优点在于：转矩调节的范围宽；可同时多相通电，以增加电动机的输出转矩，同时减小了转矩波动；通过角度的优化，能实现效率最优控制或转矩最优控制。

根据上面的分析可知，此方式不适于低速场合。因为在低速时，旋转电动势较小，使电流峰值增大，必须采取相应措施进行限流，故一般用于转速较高的场合。

2. 电流斩波控制

根据电动势平衡方程可知，电动机低速运行，特别是起动时，旋转电动势引起的压降很小，相电流上升快，为避免过大的电流脉冲对功率开关器件及电动机造成损坏，需要对电流

峰值进行限定，因此，可采用电流的斩波控制，获取恒转矩的机械特性。电流斩波控制一般不会对开通角、关断角进行控制，它将直接选择在每相的特定导通位置对电流进行斩波控制。

目前常用的有两种方案：一是对电流上、下限值进行限制的控制；二是限制电流上限值和恒定关断时间的控制。

方案一中，主开关器件在$\theta=\theta_{on}$时导通，绕组电流将从零开始上升，当电流增至斩波电流的上限值时，切断绕组电流，绕组承受反压，电流迅速下降；当电流降至斩波电流的下限值时，绕组再次导通，重复上述过程，从而形成斩波电流，直至$\theta=\theta_{off}$时实现相关断。方案二同前者的区别在于，当绕组电流达到最大限定值后，将主开关关断一个固定的时间后再开通，这样，电流下降的幅度主要取决于电感量、电感变化率、转速等因素。因此该方案的关键在于合理地选取关断时间的长度。

电流斩波控制的优点在于，它适用于电动机的低速调速系统，可以控制电流峰值的增长，并有很好的电流调节作用：因每相电流波形会呈现出较宽的平顶状，使得产生的转矩比较平稳，转矩的波动相应地比其他控制方式要小。

然而，由于电流的峰值受到了限制，当电动机转速在负载的扰动作用下发生变化时，电流的峰值无法做出相应的改变，使得系统的特性比较软，因此系统在负载扰动下的动态响应很缓慢。

3. 电压控制

VC 方式是保持开通角、关断角不变的前提下，使功率开关器件工作在脉冲宽度调制(PWM)方式。通过调节 PWM 波的占空比，来调整加在绕组两端的电压的平均值，进而改变绕组电流的大小，实现对转速的调节。若增大调制脉冲的频率，就会使电流的波形比较平滑，电动机出力增大，噪声减小，但对功率开关器件的工作频率的要求就会增大。

按照续流方式的不同，电压控制方式分为单管斩波和双管斩波方式。单管斩波方式中，连接在每相绕组中的上、下桥臂的两个开关管只有一个处于斩波状态，另一个一直导通。而双管斩波方式中，两个开关管同时导通和关断，对电压进行斩波控制。考虑到系统效率等因素，实际应用中一般常用单管斩波方式。

电压控制的优点在于，它通过调节绕组电压的平均值进而调节电流，因此可用在低速和高速系统，且控制简单，但它的调速范围有限。

在实际的 SRM 运用中，也可以采用多种控制方式相组合的方式，如高速角度控制和低速电流斩波控制组合、变角度电压斩波控制和定角度电压斩波控制等。这些组合方式各有优势及不足，因此必须针对不同的应用场合和不同的性能要求，合理地选择控制方式，才能使电动机运行于最佳状态。

根据系统性能要求的不同，控制电路的具体结构形式会有很大差异，但一般均应包含以下功能：

(1)用于接收外部指令信号，如起动、转速、转向信号的操作电路；

(2)用于给定量与控制量相比较，并按规定算法计算出控制参数的调节量的调节器电路；

(3)用于决定控制电路的工作逻辑，如正反转相序逻辑、高低速控制方式的工作逻辑电路；

(4)用于检测系统中的有关物理量，如转速、角位移、电流和电压的传感器电路；

(5)用于当系统中某些物理量超过允许值时，采取相应保护措施的保护电路，如过压保护和过流保护；

(6)用于控制各被控量信号的输出电路，如控制功率开关器件的导通与关断；

(7)用于指示系统的工作状况和参数状态显示电路，如指示电动机转速、指示故障保护情况的显示。

2.6.5　基于 DSP 的开关磁阻电动机控制

下面以四相 SR 电动机为例说明 DSP 控制器在开关磁阻电动机控制系统中的应用。

DSP 控制器的出现为全数字控制提供了可靠的保证，而开关磁阻电动机系统的位置闭环控制、各相轮流导通的特殊运行方式特别适合采用直接数字控制。一方面，采用直接数字控制可以简化硬件电路，提高系统的可靠性。另一方面，SR 电动机很难建立准确的数字模型，采用直接数字控制便于控制模式的切换和引入现代控制理论与方法，完善信息显示、故障诊断、保护等功能，实现通用化、标准化和智能化。

TMS320LF2407 DSP 是 TMS320x24x 系列 DSP 控制器中面向高性能、高精度应用的产品，基于 TMS320LF2407 DSP 的开关磁阻电动机控制系统硬件如图 2-52 所示。在本系统中，DSP 负责判断转子位置信息，实时计算转速，并综合各种保护信号和给定信息以及转速情况给出通断信号，实现数字 PI 调节并产生定频调宽的 PWM 信号作为功率的驱动信号。

下面简要介绍各功能电路及其与 DSP 的接口。

1)转子位置检测电路

四相 SR 电动机的两路位置信号分别输入 DSP 控制器的两个捕获单元 CAPl 和 CAP2。当捕获输入引脚检测到一个转换时，定时器 T1 或 T2 的值被捕获并存储在相应的两级 FIFO 堆栈中，位置信号的上下跳变均引起捕获单元的中断，即每隔 15° 产生一次捕获中断，CAP 的中断服务程序根据转子的瞬间位置信息确定相应的导通和关断相，并计算电动机的转速。

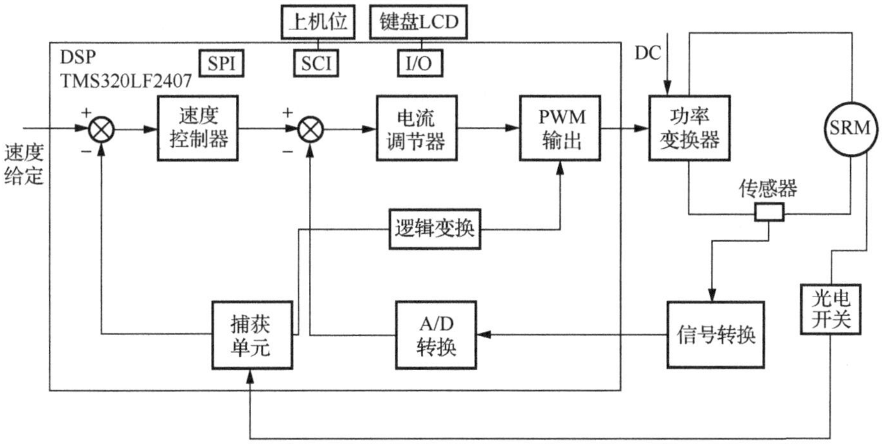

图 2-52　基于 TMS320LF2407 DSP 的 SRM 控制系统硬件

2)PWM 输出电路

DSP 控制其产生 PWM 波形的方法有几种，此处介绍通过事件管理器模块的全比较单元和相应电路产生 PWM 信号(PWM1～PWM4)。全比较单元的时基由通用定时器 T1 提供，当通用定时器 T1 的计数值与全比较单元的比较寄存器的值匹配时，相关的输入引脚就发生电平跳变。因此，随时改变比较寄存器中的值就可以调节 PWM 输入的占空比。这种软件控制 PWM 波的灵活性，尤其适用于 SR 电动机的控制。

利用 DSP 的比较单元和 PWM 脉冲发生电路输出 PWM 信号，PWM 信号经施密特触发器整形后，输入 EXB841 的输入端，控制相应相 IGBT 的通断。

3）电流检测

TMS320LF2407 内有两个 10 位 8 通道 A/D 转换器，每次 A/D 转换的最长时间为 6.6μs，两个转换器可以并行工作，转换结果储存在一个两级 FIFO 寄存器中。模拟输入引脚 ADCIN0～ADCIN7 属于模拟转换单元 1，ADCIN8～ADCIN16 属于模拟转换单元 2。其中，ADCIN0、ADCIN1 以及 ADCIN8、ADCIN9 与数字 I/O 模块复用，如果对这些引脚输入的模拟量进行转换，其转换精度低于专用引脚。

电流检测采用两个磁场平衡式霍尔电流传感器，电流传感器的输出经加法器全变换至合适的范围后，输入 DSP 的 ADCIN2、ADCIN3 引脚。

TMS320LF2407 DSP 的供电电源为 3.3V，因此模拟输入的参考电压高电位为 3.3V，低电位为 0V。所以，电流传感器的输出电压应转换到 0～3.3V。

电流检测的采样时间为 50μs，与 PWM 波频率相同，即在每个 PWM 波周期内完成一次电流 A/D 转换。

4）故障检测与保护电路

为保证系统中功率变换电路及电动机驱动电路安全可靠地工作，DSP 控制器提供了引脚 PDPINT（功率驱动保护中断）。当器件引脚 PDPINT 置为低电平时，将产生一个外部中断。利用它可以方便地实现系统的各种保护功能。

5）键盘与显示器接口

从操作的实用性出发，设置 8 个功能键，分别为起动键、停止键、增值键、减值键、正反转控制键、设置键、确认键和复位键。除复位键外，其余各键均直接连到 DSP 的 I/O 口线上，复位键连接到 DSP 复位引脚。

采用内置驱动电路的液晶显示器 1602A。1602A 通过 DSP 的通用 I/O 口驱动。

6）DSP 最小系统

TMS320LF2407 接晶振、复位电路，并外扩 64K 字程序存储器和 64K 字数据存储器构成 DSP 最小应用系统，具体电路可以参阅有关书籍。

思　考　题

2-1　电动汽车用电动机主要有哪几种？

2-2　简述直流电动机有哪些类型。其运行特性如何？直流电动机的转速控制方法有哪些？

2-3　简述无刷直流电动机工作原理及其控制方法有哪些。

2-4　简述异步电动机工作原理及其控制方法有哪些。

2-5　简述永磁同步电动机的运行原理与运行特性。

2-6　简述开关磁阻电动机工作原理及其控制方法有哪些。

第 3 章　电动汽车动力电池

3.1　动力电池概述

动力电池是电动汽车的主要动力源和能量载体，目前，已成为制约电动汽车发展的主要瓶颈之一。

近年，为了促进新能源汽车的推广，支撑新能源汽车发展的基础设施建设在不断完善，由图 3-1(a)可以看出，仅 2019 年，充电基础设施增量约为 17 万台。然而，中国汽车协会产销数据显示(图 3-1(b))，2019 年，国内新能源汽车销量同比下降 4%，国内新能源汽车首次迎来负增长，主要原因是：

(1)国家对于新能源汽车补贴的下滑；

(2)燃油汽车从国五向国六切换，大批量国五燃油汽车的抛售；

(3)新能源汽车消费在使用性质上的失衡，目前大部分新能源汽车消费都被导向了服务行业，实际私人用车或家庭用车的占比较低。

可以看出，目前新能源汽车市场仍然是一个政策导向的市场，缺乏刚性的市场需求，主要原因之一在于其技术瓶颈——动力电池。若要提高新能源电动汽车在汽车领域的竞争力，关键在于研制出高比能量、长循环寿命、低成本的动力电池。

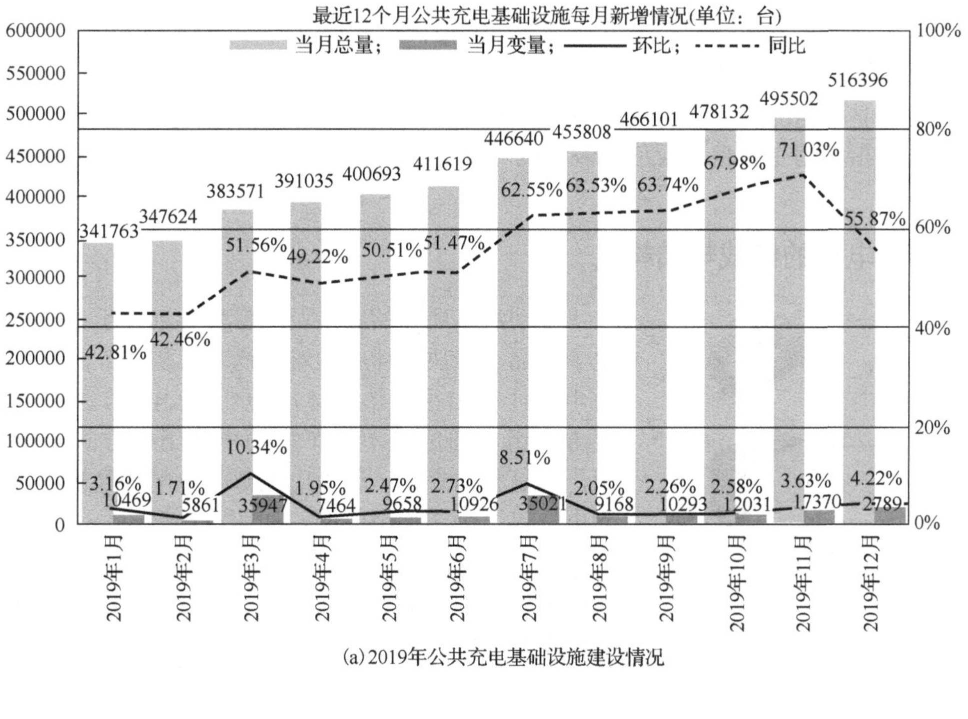

(a) 2019年公共充电基础设施建设情况

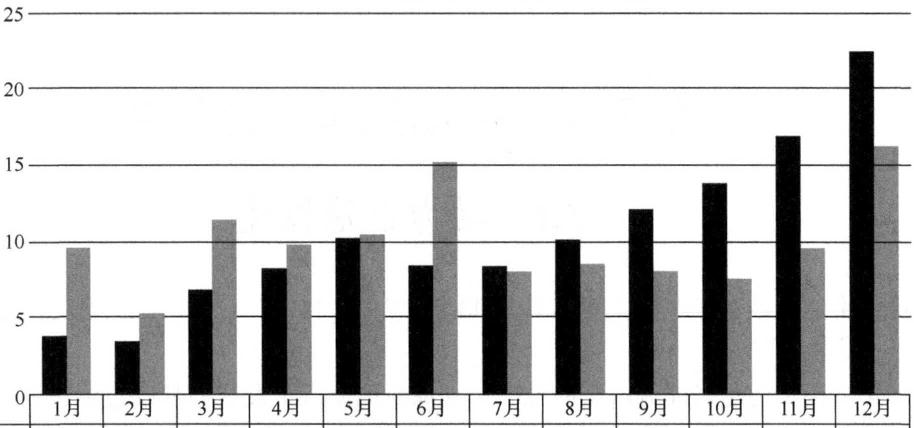

	1月	2月	3月	4月	5月	6月	7月	8月	9月	10月	11月	12月
■ 2018年 总计124.6	3.8	3.4	6.8	8.2	10.2	8.4	8.4	10.1	12.1	13.8	16.9	22.5
■ 2019年 总计119.4	9.6	5.3	11.4	9.7	10.4	15.2	8	8.5	8	7.5	9.5	16.3

(b) 2018/2019年新能源汽车销量

图 3-1　公共充电基础设施与新能源汽车销量统计图

3.1.1　电池的分类

按照工作原理，电池可分为化学电池、物理电池和生物电池三大类，其中，化学电池又可分为原电池、蓄电池、燃料电池和储备电池。

目前，最常用的动力电池为化学蓄电池，指允许反复充放电的二次电池，如锂离子电池、铅酸电池、镍氢电池等，最高可允许上千次的充放电。此外，燃料电池作为未来电池也在不断研究开发中，逐步在新能源汽车上进行推广，但进程缓慢。

物理电池主要包括超级电容器、太阳能电池和飞轮电池等，其中，超级电容器因功率密度大，常与化学蓄电池配合应用在电动汽车上，有利于能量的回收利用。

生物电池指利用生物自身反应而发电的电池，其中生物燃料电池作为动力电池有一定的发展前景。

3.1.2　动力电池的组成与结构

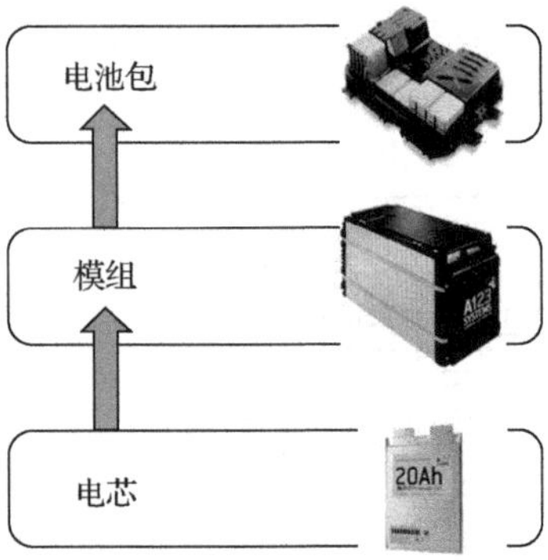

图 3-2　动力电池的组成

电动汽车所需的能量及功率等要远高于手机等 3C 类电子产品，一块单体电池难以满足其需求，因此，车载动力电池往往由很多块单体电池(又称电芯)通过特定的连接方式组合而成。不同车型的电池组成方式可能略有不同，但是整体来说，动力电池都是由电芯到模组，模组再到电池包这个结构组成的，如图 3-2 所示。

电芯是动力电池的最小电能储存单元，必须有较高的能量密度和理想的循环寿命，以满足电动汽车对续驶里程和使用寿命的要求。一组电芯可以组成一个模组，通过统一的边界与外部进行联系。而当数个模组被电池管理系统和热管理系统共同控制或管理起来后，就构成了一个整体——电池包。以宝马 i3 的动力电池为例，如图 3-3 所示，12 个电芯组成一个模组，一共是有 8 个模组，即该动力电池共由 96 个电芯组成，可以满足该车型对续驶里程等的需求。在模组和电池包中，电芯并不是随意摆放的，而是按照模块和包有序地放置的，任意一个电芯损坏，都会导致电池包的损坏，在进行维修时，只需替换故障电芯即可。

图 3-3　宝马 i3 电池模组

电池组的组合方式主要分为并联式、串联式、混联式三种，依据电芯的排布和连接方式而定。

1. 串联式

图 3-4 为串联式电池组的示意图，串联式电池组的电压等于各单体电池的电压之和，因此通常用于满足高电压的需求。例如，单体锂离子电池的电压为 3.2V，串联 10 个，该模块的电压即为 32V。

图 3-4　串联式电池组示意图

电池组的容量理论上等于单体电池的容量，不会随着串联电芯组数的增加而改变。但实际上，单体电池之间存在一定的不一致性，串联式电池组的容量由容量最低的单体电池决定。

电池组的内阻等于各单体电池内阻之和，但因为引入多处连接点，内阻往往略大于单体电池的内阻之和。

2. 并联式

并联式电池组(图 3-5)的容量为单体电池的容量之和，例如，单体电池的容量为 20A·h，3 个单体电池并联后，电池组的容量即为 60A·h。并联式通常用于满足电池大电流的工作需要。

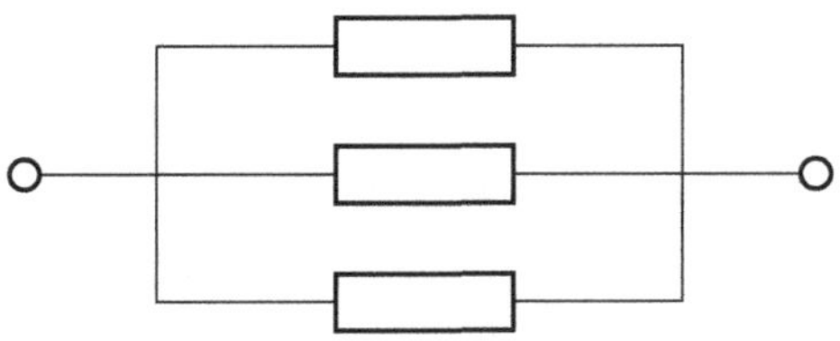

图 3-5　并联式电池组示意图

电池组的电压理论上等于单体电池的电压，电池组存在不一致性时，等于电压最低者。

电池组的内阻理论上等于单体电池的 $1/n$（n 为串联个数），实际值同串联式一样，略大于此数值。

3. 混联式

当既有高电压的需求，又有大电流的需求时，就需采取混联式的组合方式，即既有串联又有并联。混联式主要有先并后串（图 3-6）和先串后并（图 3-7）两种方式，采用何种方式取决于电池的实际需求，还要考虑电池的成组工艺与设计。一般情况下，电池并联的可靠性高于串联，但串联可以实现对每一个电芯的监控，有利于保证安全性，但成本过高。

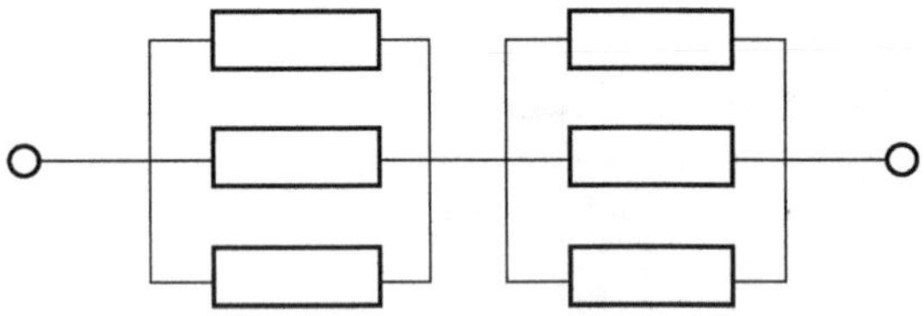

图 3-6　电池先并后串示意图

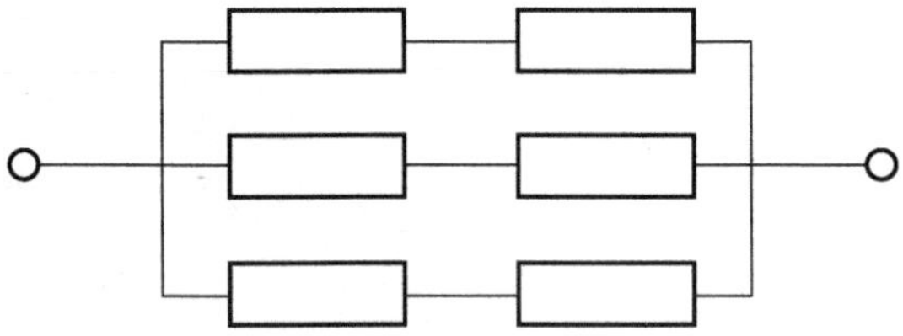

图 3-7　电池先串后并示意图

电池组的电压、容量、内阻的数值与上面介绍的串联式、并联式计算方式相同。

3.1.3　电池的性能参数

动力电池的性能参数是评价其性能好坏的主要指标，包括电压、容量、能量、功率、内阻、循环寿命、自放电率、不一致性等。

1. 电压

电压分为端电压、开路电压、充电电压、放电电压、额定电压等。

（1）端电压：指正负极之间的电位差。

（2）开路电压：指电池在没有负载时，即电池没有向外电路输出电流时的端电压。理论上开路电压等于电池静止时的电动势，因此，它与电极、电解质的特性及温度有关，与电池的尺寸、几何结构无关。此外，开路电压与电池的放电程度直接相关，放电越多，开路电压越低。

（3）充电电压：指电池在充电过程中的端电压，随着充电的进行，充电电压逐渐增大，当电池充满电时，电压达到最高值，此时的电压为充电终止电压。此时，若继续充电，会导致电池过充，发生电解质氧化等反应，损害电池寿命。为了避免电池过充电，电池组都会配备专门的过充保护装置。

充电电压除了与充电程度有关，还受充电电流的影响。充电电流越大，电池内部极化越严重，充电电压越高。

（4）放电电压：指电池在放电时，即向外输出电流时的端电压，又称工作电压。随着放电的进行，放电电压逐渐降低，直至放电完成，电压达到最低值，称为放电终止电压；此时，若继续放电，就会造成电池内部不可逆的损伤，称为过放电。为了防止电池过放电，电池中都配备有过放保护装置。

此外，受内阻影响，放电电压还与放电电流有关，放电电流越大，放电电压越低。

（5）额定电压：又称标称电压，指电池在规定的标准条件下工作时的电压。例如，锂离子电池的额定电压为 3.6V 或 3.2V，镍氢电池的额定电压为 1.2V，铅酸电池的额定电压为 2.0V。

2. 容量

容量用来衡量电池的放电能力，指电池在一定条件下所能输出的电量，单位为 A·h，数值上等于放电电流与放电时间的乘积。单位质量或者单位体积的容量称为比容量，单位为 A·h/kg 或 A·h/L。容量可分为理论容量、实际容量、额定容量等。

(1) 理论容量：指假设电极中的所有活性物质全部参与反应，根据法拉第定律(式(3-1))计算出的容量的最高理论值。为了方便比较，常用单位质量或者单位体积的理论容量表示，单位分别为 A·h/kg 或 A·h/L。

$$C=nFm/(3600M) \tag{3-1}$$

式中，C 为理论容量；n 为单位活性物质发生电化学反应时转移的电子数；F 为法拉第常数；m 为活性物质的质量；M 为相对分子质量。

(2) 实际容量：指在一定放电条件下，电池实际放出的电量，它等于放电时间与放电电流的乘积。实际容量反映的是电池的实际储存电量，其值越大，越有利于获取较长的续驶里程。受诸多因素影响，实际容量小于理论容量。

(3) 额定容量：指按照规定的标准条件进行放电，电池所能输出的电量。电池出厂时厂家标明的容量即为额定容量，是衡量蓄电池性能的重要指标。国家标准规定，以 3h 放电率容量作为电动汽车蓄电池的额定容量，以 20h 放电率容量定义为起动型蓄电池的额定容量。

(4) 荷电状态(State of Charge，SOC)：指电池中剩余容量与额定容量的比值，用来表示电池中电荷的变化，是电池在运行过程中的重要监测指标。当电池充满电时，SOC=1，随着放电的进行，SOC 逐渐降低，即电池的电量逐渐降低。电池在不同的 SOC 范围内，效率不同，一般电池的高效放电区在 50%～80% SOC 范围内。

3. 能量

动力电池的能量指的是在一定放电条件下，电池所能放出的电能，即电池储存有几度电，单位为 W·h 或 kW·h，它是续驶里程的决定性因素，可以衡量蓄电池的供电能力。能量在数值上等于电压与容量的乘积。能量包括理论能量、标称能量、实际能量、比能量、能量密度等。

(1) 理论能量=理论容量×额定电压，表示在一定标准下，电池所能输出的最大电能。

(2) 标称能量=额定容量×额定电压，指在规定的标准放电条件下，电池所能输出的电能。

(3) 实际能量=电池实际容量×平均放电电压，指在一定放电条件下电池实际输出的电能。

(4) 比能量：指单位质量的电池所能输出的电能，又称质量比能量，单位为 W·h/kg 或 kW·h/kg。为了便于对不同系列的电池进行比较，比能量的概念被提出。动力电池的比能量越高，越有利于提高汽车的续驶里程。

(5) 能量密度：指单位体积的电池所能输出的电能，又称体积比能量，单位为 W·h/L 或 kW·h/L。高能量密度有利于提高电动汽车的可用空间。

4. 功率

功率决定了电动汽车的爬坡能力和加速性能，指在一定的放电条件下，电池在单位时间内输出的电能，单位为 W 或 kW。功率主要包含比功率和功率密度两个概念。

(1) 比功率：又称质量比功率，指单位质量的电池可输出的功率，单位是 W/kg 或 kW/kg。

(2) 功率密度：又称体积比功率，指单位体积的电池可输出的功率，单位是 W/L 或 kW/L。

5. 内阻

内阻指电池流经电池内部时所受到的阻力，它会使电池损耗能量，效率降低，温度上升，寿命缩短。内阻可分为欧姆内阻和极化内阻两部分。

(1) 欧姆内阻：是由电池内部各成分的材质、结构等决定的，因此，不同类型的电池欧姆内阻不同。电池的充放电循环次数越多，受电池内部活性物质、电解质等不可逆损伤的影响，电池的欧姆内阻越大。

(2) 极化内阻：指在电化学反应过程中，由浓差极化及电化学极化所产生的内阻。极化内阻同欧姆内阻一样，也会受到电极结构、材质、电池制作工艺等的影响，不同的是，极化内阻还会受到电池工作条件与状态的影响。例如，在电池充放电电流较大时，活性物质来不及扩散而参与反应等原因导致极化增大，极化内阻增大。在电池温度较高时，离子扩散速度快，极化会减小。因此，极化内阻是动态变化的。

6. 循环寿命

电池经历一次充放电，称为一个循环，在一定的条件下，电池经过多次充放电循环后，容量降低至规定的下限，至此，电池所经历的充放电循环次数称为该电池的循环寿命。

循环寿命是衡量电池性能的重要指标，目前，车载动力电池的成本仍非常高，对中低端车型来说，电池成本约占整车成本的一半以上，因此，提高电池的循环寿命是降低电池使用成本的重要途径。

电池的循环寿命主要受电池的使用情况的影响，如电池的充放电电流的大小、环境温度的高低等。经常地快速大电流充放电会加速电池寿命的终结。

7. 自放电率

电池在存放过程中，即在无负荷时，电量会自然下降，这种现象称为自放电。自放电率用于描述电池自放电的速度，它等于单位时间容量降低的百分数(式(3-2))。为了提高电池的使用效率，应着力降低电池的自放电率。

$$\text{自放电率}=\frac{c_0-c}{c_0\times t}\times 100\% \tag{3-2}$$

式中，c_0为电池存储前的容量；c为存储后的容量；t为存储时间。

8. 不一致性

电池组由多个单体电池构成，单体电池之间在容量、电压等方面不可避免地存在一定的差异，这种现象即为不一致性。随着电池使用次数的增多，不一致性会逐渐增大，最终影响电池整体性能。为了降低这种不一致性，就要对电池进行均衡管理，如进行均衡充电。

3.1.4 动力电池的工作要求

电动汽车对动力电池有如下要求。

(1) 高比能量：要突破续驶里程的局限，就要设法提高动力电池储存的电能，但又不能单纯通过提高电池组中单体电池的数目来实现，因为这会增加整车质量，且会受到汽车空间的限制。因此，要提高续驶里程，就要求电池具有较高的比能量。

(2) 高比功率：要想保证电动汽车具有理想的加速和爬坡能力，动力电池必须具有较高的比功率。

(3) 长循环寿命：循环寿命越长，越有利于降低电动汽车的使用成本。

(4) 安全性好：动力电池的安全特性是限制电动汽车发展的瓶颈之一，因此，要提高电池的抗爆、抗燃能力，这对电动汽车的推广至关重要。

(5) 一致性好：电池的一致性好有利于提高电池的工作效率与寿命，因为电池的性能往往受性能最差的单体电池的限制。

(6) 环境适应性好：在较宽的温度范围内都能长期稳定地运行。

(7) 峰值功率大：可接受大功率充电。

(8) 成本低。

(9) 环境友好：制备电池的材料要安全、无毒、环境友好，这样才能发挥新能源电动汽车与燃油汽车相比的一大优势。

2019 年，美国先进电池联盟(USABC)对动力电池的开发目标进行了更新，如表 3-1 所示。

表 3-1　USABC 对电动汽车用动力电池的开发目标

30℃下至寿命结束特性	单位	系统级别	电芯级别
峰值放电功率密度，30s 脉冲	W/L	1000	1500
峰值比放电功率，30s 脉冲	W/kg	470	700
峰值比再生功率，10s 脉冲	W/kg	200	300
可用能量密度@(1/3)C 放电倍率	W·h/L	500	750
可用比能量@(1/3)C 放电倍率	W·h/kg	235	350
可用能量@(1/3)C 放电倍率	kW·h	45	N/A
日历寿命	年	15	15
DST 循环寿命	循环	1000	1000
销售价格@ 10 万个	$/(kW·h)	125	100
工作温度	℃	−30～+52	−30～+52
标称放电时间	小时	< 7h，J1772	< 7h，J1772
高倍率充电	分钟	80% ΔSOC 15min	80% ΔSOC 15min
最高工作电压	V	420	N/A
最低工作电压	V	220	N/A
峰值电流，30 s	A	400	400
低温性能	%	>70% 可用能量，在 −20℃以(1/3)C 倍率放电	>70% 可用能量，在 −20℃以(1/3)C 倍率放电
温度特性，24h	℃	−40～+60	−40～+60
最大自放电	%/月	< 1	< 1

近年，动力电池的各方面性能已经取得大幅度的提升，但仍存在诸多不足，如安全特性、比能量、循环寿命等，要想增加电动汽车与燃油汽车的竞争力，还需不断努力提升以上性能。

3.2 铅酸电池

3.2.1 铅酸电池的特点与分类

铅酸电池是目前发展历史最久、技术成熟、性能可靠、成本低廉且维护方便的一类动力蓄电池，在储能电源、起动电源、车载电源等领域广泛使用。但是，铅酸电池的比能量低、一次充电行程短、自放电率高及循环寿命低等缺点致使其不满足现代电动汽车发展的需要。

1. 铅酸电池的特点

1）铅酸电池的优点

（1）常用蓄电池中，铅酸电池电压较高，约为2.0V。

（2）易制备不同尺寸与结构的蓄电池，其电流范围在1A·h到几千A·h。

（3）高倍率放电性能好，可用于发动机起动。

（4）极端条件下性能稳定，可在−40～+60℃范围内工作。

（5）能量效率高，可达到80%。

（6）无记忆效应，易于浮充使用。

（7）易于识别荷电状态。

（8）成本低，价格低廉。

2）铅酸电池的缺点

（1）比能量低，在电动汽车中所占的质量与体积较大，一次充电行驶里程短。

（2）使用寿命短，成本高。

（3）充电时间长。

（4）铅是重金属，有污染。

2. 铅酸电池的分类

1）开口式铅酸电池

开口式铅酸电池属于传统的老式铅酸电池，多用于行驶距离短的电动车、巡逻车、游览车以及居民小区内的小型交通车等。国产电动汽车用12V/150A·h的蓄电池，其C5放电比能量达到40W·h/kg。

2）阀控式密封铅酸电池

阀控式密封铅酸电池（Valve Regulated Lead Acid，VRLA）是全密封的，不会漏酸，并且在充放电时不会释放酸雾而腐蚀设备，污染环境。VRLA 蓄电池目前已广泛应用于各类电动助力车。

铅酸电池密封的难点就是充电时水的电解。当充电达到一定的电压时（一般在2.30V/单体以上），开始有电解水的副反应产生，在蓄电池的正极放出氧气，负极放出氢气。一方面释放气体带出酸雾污染环境，另一方面电解液中的水分减少，必须隔一段时间进行补水维护。阀控式密封铅酸电池为了克服上述缺点采取以下技术措施。

（1）采用多元优质板栅合金，提高气体释放的过电位，即普通蓄电池板栅合金在2.30V/

单体(25℃)以上时会释放气体，而采用多元优质板栅合金，可在 2.35V/单体(25℃)以上时释放气体，从而相对减少了气体释放量。

(2)让负极有多余的容量，即比正极多出 10%的容量。充电后期正极释放的氧气与负极接触，发生反应，先生成氧化铅(PbO)，然后氧化铅与硫酸生成硫酸铅和水。负极由于氧气的作用处于欠充电状态，因而很少产生氢气。因此在充电后期，蓄电池很少向外释放氢气和氧气。同时这种反应还能生成水，也可以大大减少对水的补充，即

$$O_2+2Pb \longrightarrow 2PbO \tag{3-3}$$

$$2PbO+2H_2SO_4 \longrightarrow 2H_2O+2PbSO_4 \tag{3-4}$$

(3)为了让正极释放的氧气尽快到达负极，必须采用与普通铅酸电池所采用的微孔橡胶隔板不同的新型超细玻璃纤维隔板。其孔率由橡胶隔板的 50%提高到 90%以上，从而使氧气易于到达负极，再化合成水。另外，超细玻璃纤维隔板具有吸附硫酸电解液的功能，因此即使电池倾倒，也无电解液溢出。

(4)采用密封式阀控滤酸结构，使酸雾不能逸出，达到安全、保护环境的目的。在上述电极吸收过程中，由于产生的水在密封情况下不能溢出，阀控式密封铅酸电池可免除补水维护，这也是阀控式密封铅酸电池称为免维护电池的原因。

3)双极性密封铅酸电池

双极性密封铅酸电池就是由双极性板，正、负单极性板和隔板及电解液组成的电池。双极性是指一块基板的两面分别涂抹正极膏和负极膏形成的两个极性。铅酸电池最小单体电压是 2V，双极性电池最小单体由一个双极性板加两个单极性板构成 4V 电池。制作 12V 电池，单极性要 6 个单体 12 块板，双极性只需 5 个双极性板配两边对应 2 个单极性板共 7 块即可。可见双极性明显的优点就是减少了板栅个数及隔板等零件的重量。

双极性密封铅酸电池与传统蓄电池相比，铅耗量减少 40%左右，重量减少 40%，体积减小 40%，质量比能量提高约 50%，循环寿命延长 1 倍以上。由于双极性单体间自然形成串联关系，电流路径短，内阻小，充放电效率高，较好地满足了大电流放电、短时间充能、深循环寿命长的动力蓄电池的要求。

4)卷绕式密封铅酸电池

将正、负极板做成软性条状，中间和两侧均夹有纤维隔板，然后紧卷起来装入圆柱形电池壳内，焊接好极柱，加盖密封，组成电池，就形成了卷绕式密封铅酸电池。其结构如图 3-8 所示。

卷绕式密封铅酸电池已经实现商品化，其主要优点如下。

(1)内阻低，输出电压平稳。

(2)比功率高，适合高功率密度放电。

(3)循环寿命长。

(4)低温性能好。

(5)快速充电性能好。

(6)放电速率小。

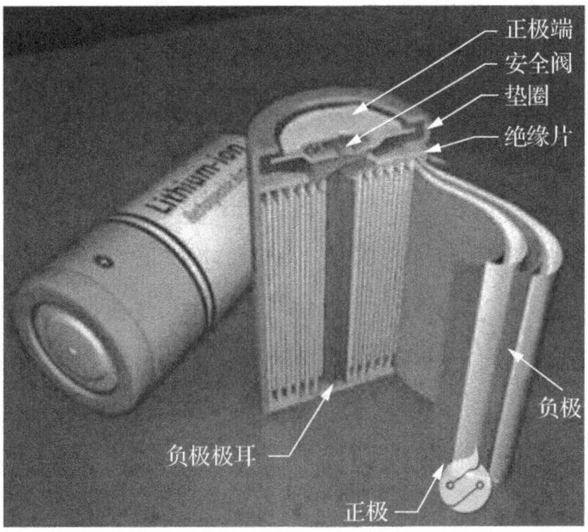

图 3-8　卷绕式密封铅酸电池结构图

3. 铅酸电池的应用

铅酸电池经过长期的发展与技术改进，具有生产工艺成熟、技术可靠、成本低、单体电池电压高等优点，具有适合电动汽车使用的良好的大电流输出特性、高温和低温性，以及多种多样的型号和尺寸。目前，性能得到改进的多种类型的铅酸电池主要应用在速度不高、线路固定、充电站设立容易规划的电动车辆上。但是，铅酸电池也具有一些明显的缺点，如铅酸电池的质量比能量和体积比能量都比较低(分别为 35W·h/kg 和 70W·h/L)、自放电率较高(25℃环境每天降低 19%)、循环寿命相对较低(<1000 次)、硫酸腐蚀电极不便于长期储存等。以上缺点仍需要进一步改进和完善，并且还需要在容量、密封、板栅合金、极板以及装配管理等方面加以改进。

3.2.2 铅酸电池的工作原理

蓄电池的工作过程就是化学能与电能的相互转换。当蓄电池将化学能转换为电能而向外供电时，称为放电过程；当蓄电池与外界直流电源相连而将电能转换为化学能储存起来时，称为充电过程。

当蓄电池充足电时，正极板上的活性物质是二氧化铅(PbO_2)，负极板上的活性物质是纯铅(Pb)。

1. 放电过程

放电前，正极板上的 PbO_2 电离为 Pb^{4+}和 O^{2-}，铅离子附着在正极板上，氧离子进入电解液中，使正极板具有 2.0V 的正电位。负极板上的 Pb 电离为 Pb^{2+}和两个电子($2e^-$)，铅离子进入电解液中，电子留在负极，使负极板具有-0.1V 的负电位。这样正、负极板之间就有了电位差，这个电位差为 2.1V。

放电时，负极板上的电子经负载进入正极板，形成电流。正极板上的 Pb^{4+}与电子结合生成 Pb^{2+}，进入电解液再与 SO_4^{2-} 结合生成 $PbSO_4$，(附着在正极上)；负极板上的 Pb^{2+}也同 SO_4^{2-} 结合生成 $PbSO_4$(附着在负极板上)。电解液中的硫酸因 H^+和 SO_4^{2-} 的迁移而被消耗，生成了水。因此，放电后电解液的密度是逐渐下降的。

2. 充电过程

如果把放电后的蓄电池接一直流电源，使蓄电池的正极接直流电源的正极，蓄电池的负极接直流电源的负极。当外加电源电压高于蓄电池电动势时，电流将以放电电流相反的方向流过蓄电池，使蓄电池正、负极发生与放电相反的化学反应。

充电时，正极板处外加电流将两个电子经外电路输送到负极板，正极板上原 Pb^{2+}因失去两个电子而成为 Pb^{4+}，再与水反应生成 PbO_2(附着在正极板上)。而在负极板上，由于得到两个电子，与原 Pb^{2+}结合生成 Pb(附着在负极板上)，与此同时从正、负极上电离出来的 SO_4^{2-} 则与水中的 H^+结合生成硫酸。因此充电时水被消耗，硫酸增多，电解液密度上升。在充电过程中，上述化学反应不断进行。当充电进行到极板上的物质和电解液完全恢复到放电前的状态时，蓄电池即充电完毕。综上所述，蓄电池充、放电过程中的化学反应是可逆的，总的反应式如下：

$$PbO_2+2H_2SO_4+Pb \longrightarrow 2PbSO_4+2H_2O \tag{3-5}$$

3.2.3　铅酸电池的结构与组成

铅酸电池的基本结构如图 3-9 所示。它由正极板、负极板、隔板、加液孔盖及外壳等部分组成。极板是铅酸电池的核心部件，正极板上的活性物质是二氧化铅，负极板上的活性物质为海绵状纯铅。隔板用于隔离正、负极板，防止短路；作为电解液的载体，能够吸收大量的电解液，起到促进离子良好扩散的作用；它还使正极板产生的氧气到达负极板，以顺利建立氧循环，减少水的损失。

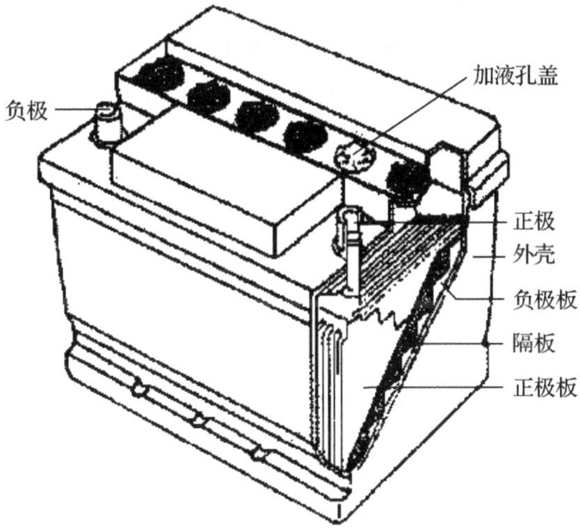

图 3-9　铅酸电池的基本结构图

电池槽中注入一定密度的电解液后，由于电化学反应，正、负极板间会产生约 2.1V 的电动势。溢气阀位于电池顶部，起到安全、密封、防爆等作用。

3.2.4　铅酸电池的充放电特性

1. 铅酸电池的放电特性

铅酸电池的放电曲线如图 3-10 所示。在铅酸电池不放电的情况下，蓄电池中的活性物质微孔中的电解液 H_2SO_4 的密度与极板外的电解液密度相同。铅酸电池开始放电，活性物质表面的电解液密度立即下降，而极板外的电解液缓慢地向活性物质表面扩散，不能立即补偿活性物质表面电解液的密度，随着放电过程的进行，活性物质表面的电解液密度继续下降，结果导致蓄电池的端电压下降，如图中 *AB* 段所示。

蓄电池继续放电，在活性物质表面的电解液密度下降的同时，极板外的电解液向活性物质表面扩散，补充了活性物质表面的电解液密度并使其保持在一定值，活性物质表面的电解液密度变化缓慢，使蓄电池的端电压也随即保持稳定，如图 3-10 中 *BC* 段所示。蓄电池继续放电，极板外电解液的密度继续降低，在活性物质表面的电解液密度也随之降低。又由于电解液和活性物质均被消耗，其作用面积也不断减小，结果是蓄电池的端电压也随之下降，如图 3-10 中 *CD* 段所示。

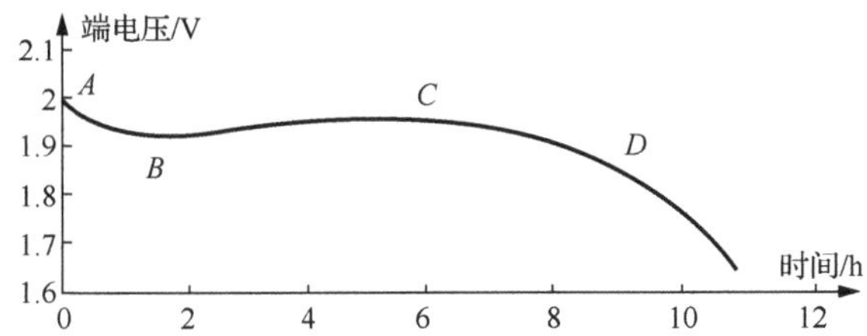

图 3-10　铅酸电池的放电曲线

在放电末尾阶段，正、负极上的活性物质逐渐转变为 $PbSO_4$，$PbSO_4$ 的生成使活性物质表面孔隙率降低，致使活性物质与 H_2SO_4 的接触更加困难，并且由于 $PbSO_4$ 使不良导体蓄电池的内阻增大，当蓄电池的端电压达到 *D* 点后开始急剧下降，直至达到所规定的终止电压。

蓄电池的放电与放电电流有密切关系，大电流放电时，蓄电池的电压下降明显，平缓部分缩短，曲线的斜率也很大，放电时间缩短；随着放电电流的减小，蓄电池的电压下降趋缓，曲线也较平缓，放电时间延长。这种放电特性对蓄电池的正确使用有重要的意义。

2. 铅酸电池的充电特性

铅酸电池的充电曲线如图 3-11 所示。在蓄电池充电开始后，首先活性物质表面的 $PbSO_4$ 转换为 Pb，并在活性物质表面附近生成 H_2SO_4，蓄电池的端电压迅速上升，如图中 *AB* 段所示。当达到 *B* 点以后，活性物质表面和微孔内的 H_2SO_4 密度平缓增加，蓄电池的端电压上升也比较缓慢，如图中 *BC* 段所示。随着充电过程继续进行，达到充电量 90%左右，反应的极化增加，蓄电池的端电压明显地再次上升，如图中 *CD* 段所示，这时蓄电池的端电压达到 *D* 点，蓄电池的两极开始大量析出气体。超过 *D* 点以后进行的是电解过程，蓄电池的端电压又达到一个新的稳定值。

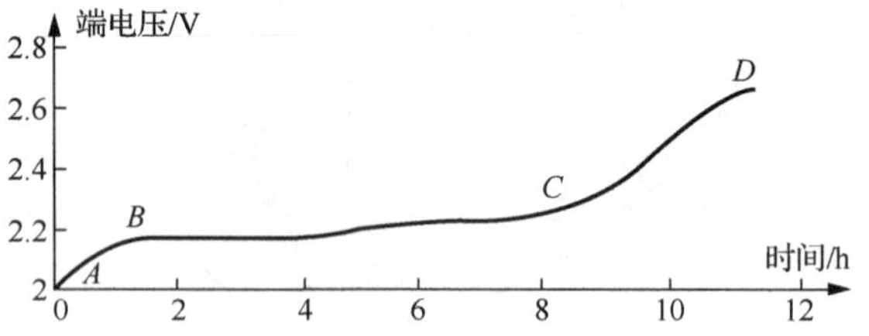

图 3-11　铅酸电池的充电曲线

铅酸电池充电还受到充电电流条件的影响，充电电流越大，活性物质的反应越快，反应生成 H_2SO_4 的速度越快，其密度增加越快，蓄电池的端电压上升也越快。一般来说，用较大的电流来充电时，固然可以加快充电过程，但能量的损失也大，在充电终期大部分的电能用于产生热量和分解水。另外，用较大的电流来充电时，在电极上的电流分布也更加不均匀，电流分布多的部分活性物质的反应越快，电流分布少的部分活性物质不能充分转化。所以，在铅酸电池充电的后期应减少充电电流。

铅酸电池充电时电池端电压的变化是随充电时的电流变化而变化的：电流大，蓄电池端电压也高；电流小，铅酸电池端电压也较低。

3.2.5　铅酸电池的 SOC 估计

蓄电池剩余容量的多少一般用蓄电池荷电状态（SOC）来描述。蓄电池荷电状态是量纲为 1 的量，既可以反映蓄电池剩余的电量，也可以反映蓄电池消耗的电量。蓄电估算是蓄电池管理系统的核心部分，也是蓄电池管理技术的难点之一。电动汽车蓄电池在使用过程中表现为高度非线性，这使得准确估算蓄电池的荷电状态具有很大的难度。

目前国内外蓄电池常用的荷电状态估计方法主要有放电实验法、安时计量法、开路电压法、负载电压法、电化学阻抗频谱法、内阻法、线性模型法、神经网络法和卡尔曼滤波法等。

3.2.6　铅酸电池在汽车上的应用

铅酸电池是相对古老和成熟的技术，目前占据 40%～45%的电池市场，主要是由于它广泛用于小汽车、卡车和公交车的起动、照明和点火。铅酸电池的充放电效率为 75%～80%，可用于混合电动汽车（HEV）和储能领域。但是，作为动力电池应用在新能源汽车上的范围较小，仅在部分低速车上有所应用。

3.3　锂离子电池

3.3.1　锂离子电池的发展

铅酸电池虽然发展已经较为成熟，但受到能量密度的限制，其难以满足当代新能源汽车的需要。锂离子电池由于具有高能量密度的特点，逐渐得到推广。由表 3-2 可以看出，三种常见动力电池中，只有锂离子电池最有望实现“十三五”新能源汽车重点研发专项提出的动力电池的发展目标，因此，锂离子电池成为目前应用最广泛的动力电池。

表 3-2　发展目标与三类常见动力电池性能对比

	目标	铅酸电池	镍氢电池	锂离子电池
比能量/(W·h/kg)	350	30～60	60～80	110～350
循环寿命/次	1200	300～900	500～1000	1000～2000
毒性	无	有	无	无

2019 年诺贝尔化学奖授予了 Goodenough(古迪纳夫)、Whittingham(威廷汉)、Yoshino(吉野彰)三位先生，见图 3-12，以表彰他们在锂离子电池领域的贡献，他们创造了锂离子电池的世界，改变了人类的生活方式。锂是最轻的金属，理论上其能量密度非常高，因此，威廷汉提出将锂作为电极材料，可以获得高能量密度的二次电池，然而，由于受到锂枝晶缺陷的限制，威廷汉研制的锂金属电池并未成功实现商业化。为了克服以上缺陷，吉野彰研制出稳定的、可脱嵌锂离子的负极材料石墨，结合古迪纳夫研制的钴酸锂正极材料，制成世界上第一块锂离子电池，并与索尼公司合作，于 1991 年以手机电池的形式投入市场。

图 3-12　2019 年诺贝尔化学奖获得者

经过近 30 年的发展，锂离子电池的能量密度、循环寿命、安全特性等都得到显著提升，出于对高能量密度的需求，锂离子电池逐渐成功应用到电动汽车上。

2009 年 8 月 2 日，日产汽车公司首次推出世界第一款经济型零排放汽车——尼桑 LEAF(图 3-13)。尼桑 LEAF 是一款纯电动汽车，动力电池为锂离子电池，能量 24 kW·h，输出功率 90kW(以上)，质量比能量 157 W·h/kg，功率密度 2.5kW/kg，电池单元数量 48 个，其续驶里程 230 km，可以充分满足当时消费者的驾驶需求。

图 3-13　日产尼桑 LEAF

2017 年 9 月，新一代日产尼桑 LEAF 发售，新款车型车载电池的电芯为锂离子电池 NCM 622(镍钴锰)，容量 56.3A·h，能量 40kW·h，体积能量密度 460W·h/L，质量比能量 224W·h/kg，较老款车型有很大的提升(图 3-14)。

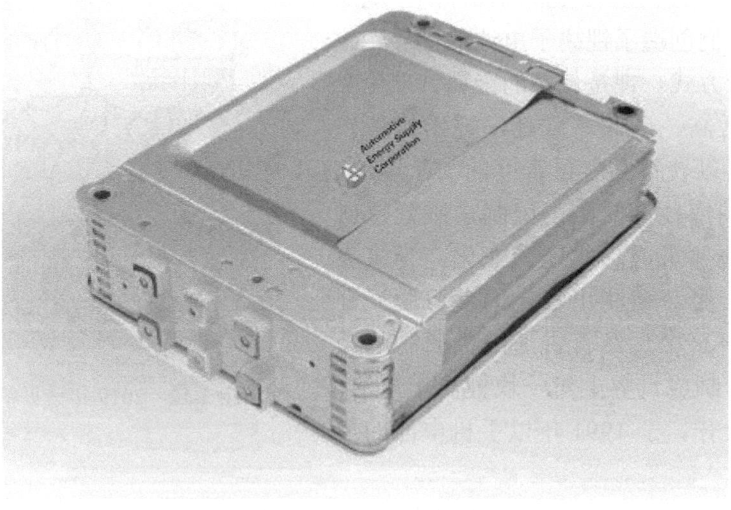

图 3-14　日产尼桑 LEAF 电池

3.3.2　锂离子电池的结构与分类

1. 锂离子电池的结构

锂离子电池有多种构型，如圆柱形、软包型等，但无论其外观如何，锂离子电池都主要由以下四部分组成(图 3-15)。

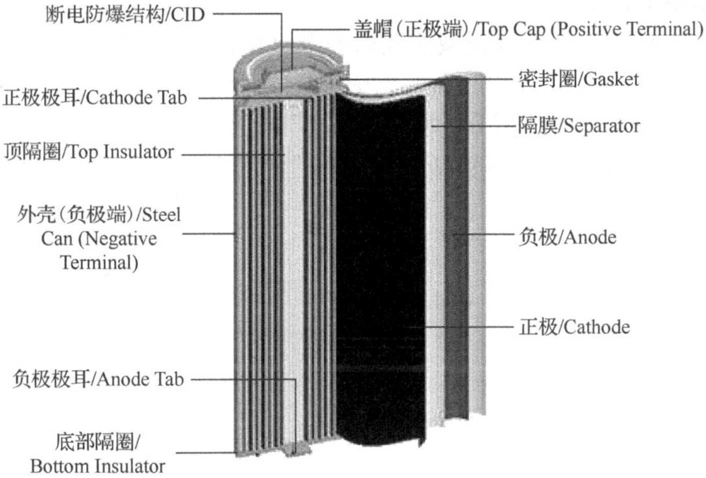

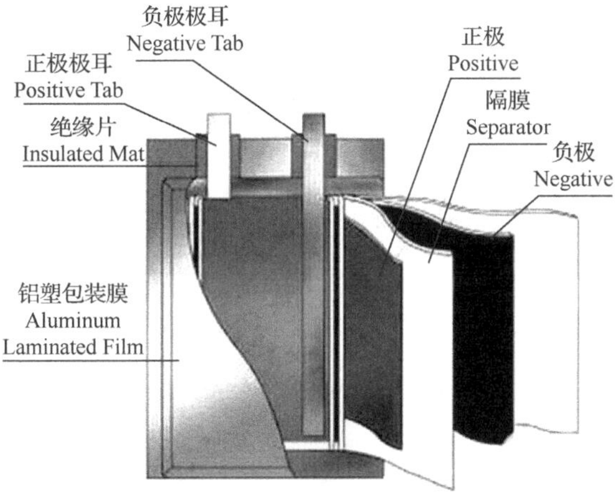

图 3-15　锂离子电池的结构

(1) 正极：多为能够可逆脱嵌锂离子的化合物，要求电极电势较高，如层状氧化物 $LiCoO_2$、$LiNiO_2$、$LiMn_2O_4$，三元正极材料及聚阴离子正极材料等。正极材料的电压一般比较高，在充电时失去电子，发生氧化反应，放电时接收电子，发生还原反应。

(2) 负极：同样要求为可逆脱嵌锂离子的化合物，常见的有碳类负极材料，如石墨、中间相碳微球，此外还有锡基负极材料、合金类负极材料等。负极材料的作用是在充电时接收电子，发生还原反应，放电时给出电子，发生氧化反应，与正极材料相对应。

(3) 电解质：称为锂离子电池的血液，主要作用是在正负极之间传导锂离子，因而要求其具有较高的离子传导率，主要为液态电解质，由有机溶剂(如 EC、DMC)、电解质锂盐(如 $LiPF_6$、$LiClO_4$)及各种添加剂组成。此外，为了提高锂离子电池的安全性、耐久性，科学家还研究了固态电解质，主要有高分子类和无机物类(如 Li_2S-P_2S_5)两大类。

(4) 隔膜：主要是聚烯烃多孔膜，主要由聚乙烯、聚丙烯及部分添加剂构成。隔膜的作用是使正负极分开，防止电池短路，但隔膜可以允许电解质离子通过，从而保证电极反应的发生。

2. 锂离子电池的分类

锂离子电池有多种类型，不同类型的锂离子电池具有不同的性能。

1) 按形状分类

按照形状分类，锂离子电池可分为圆柱形、方形、纽扣形及软包锂离子电池，如图 3-16 和图 3-17 所示，不同类型的电池都包括以上介绍的四大组成部分。

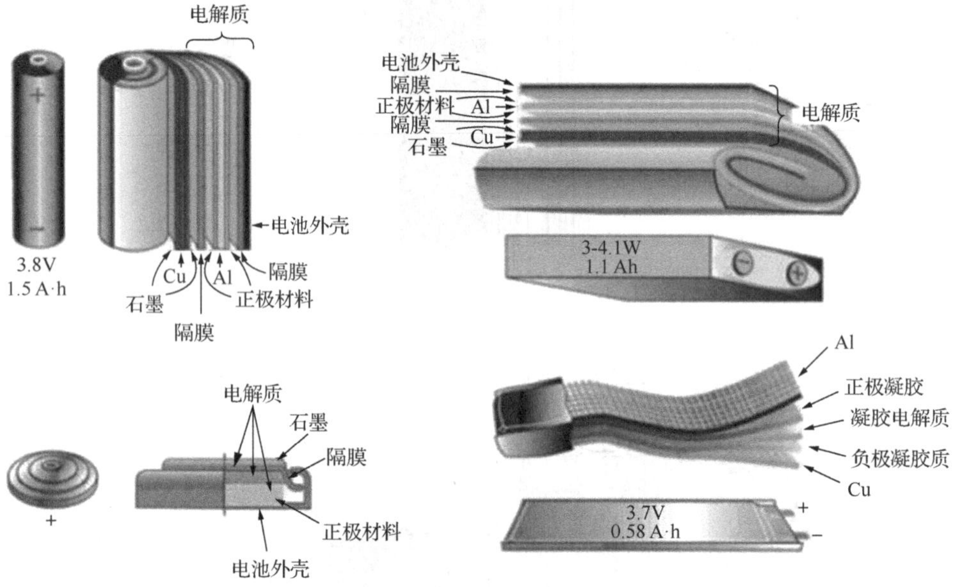

图 3-16　锂离子电池的形状及结构

图 3-17　锂离子电池实例展示

圆柱形电池是最先推出的锂离子电池类型，1991 年，Sony 公司成功研制出商品化的第一款锂离子电池，就是以石墨作为负极，$LiCoO_2$ 作为正极的圆柱形电池，电池型号为 18650。几十年的发展使锂离子电池技术日趋成熟，性能不断优化。2017 年，为了满足电动汽车对更长续驶里程的要求，以及实现车辆电池更高的空间有效利用率，特斯拉与松下联合推出了新型 21700 圆柱形电池。同种材料，21700 较 18650 型电池容量可以提高 35%以上，是目前成本最低、能量密度最高的单体电池。

与国外不同，国产锂离子电池以宁德时代为首，主要以方形锂离子电池为主。与圆柱形锂离子电池相比，方形锂离子电池可塑性较好，可以根据产品需求而进行定制化的设计，灵活性高，称为最适合新能源汽车应用的电池设计。但过于灵活的设计也导致了电池类型繁杂，大小不一，缺乏圆柱形锂离子电池那样清晰的标准。

软包锂离子电池是一种较方形锂离子电池具有更大的设计灵活性的电池，国内宁德时代、力神、孚能等企业都有自己的软包锂离子电池路线。除了灵活性，软包锂离子电池最大的优势是有利于实现电池轻量化和高能量密度的目标，能够满足新能源汽车对整车轻量化和高续驶里程的需求。然而，软包锂离子电池在一致性、散热性、铝塑技术、叠片工艺等方面存在一定的不足，国内技术水平与国际水平尚存在一定的差距，如铝塑包装膜尚需要依赖进口，以上问题导致电池成本较高。

纽扣式锂离子电池一般不会用作动力电池，常于实验阶段用于材料的研发，因为以上三类电池成本较高，在材料研发阶段不便使用，而纽扣式锂离子电池成本低，拆装方便。

2) 按正极材料分类

锂离子电池还可以按照正极材料来进行分类和命名，主要包括以下几种：锰酸锂锂离子电池；磷酸铁锂锂离子电池；三元锂(镍钴锰、镍钴铝等)锂离子电池。

以上三种电池的性能主要区别于正极材料，在 3.3.4 节会进行介绍。另外，最早研发的钴酸锂锂离子电池受容量和成本限制目前已不用作动力电池，仅应用在 3C 类便携电子设备上。

3) 按电解质形态分类

除了以上两种常见的分类方法外，锂离子电池还可按照电解质分为液态、凝胶、全固态锂离子电池。

液态锂离子电池因电解质电导率高、对电极浸润性好、制备简单、成本低等优势，成为最常用的动力电池。凝胶锂离子电池因可塑性好、安全特性较好等优势，常应用于便携式电子产品上，在动力电池领域较少应用，主要受其机械性能的限制。全固态锂离子电池是为了解决液态电池体系的安全隐患应运而生的一类未来电池，目前主要在研发阶段。具体内容会在 3.3.6 节会进行详细介绍。

3.3.3　锂离子电池的工作原理

如图 3-18 所示，以钴酸锂锂离子电池为例(正极为钴酸锂，负极为石墨)，介绍锂离子电池的工作原理。正极、负极的选择不是随机的，而是要满足能级匹配的原则，这是由其本征能级结构决定的。能级的高低决定电子的流向，电子将自发地从高能级流向低能级，正极的能级要低于负极的能级。充电时，正极在外加电压作用下脱出锂离子，穿过隔膜，嵌入负极，同时 Co^{3+}氧化到更高价态，伴随这个过程，外电路中的电子由低能级的正极流向高能级的负极，从而保持电荷平衡，正负极的电势差逐渐增大，充电结束时，达到最大值。放电时，逆向过程发生，在正负极电势差的驱动下，锂离子自发地从石墨负极脱出，重新嵌入正极，同时伴随着正极金属元素价态的降低，为了平衡体系的电荷，在外电路中电子自发地从高能级的负极流向低能级的正极。在反复的充放电过程中，锂离子在正负极之间可逆地来回穿梭，并未影响正负极的结构稳定性，如“摇椅”一般实现了电能和化学能的有效可逆转化，因此，锂离子电池又称“摇椅”电池。

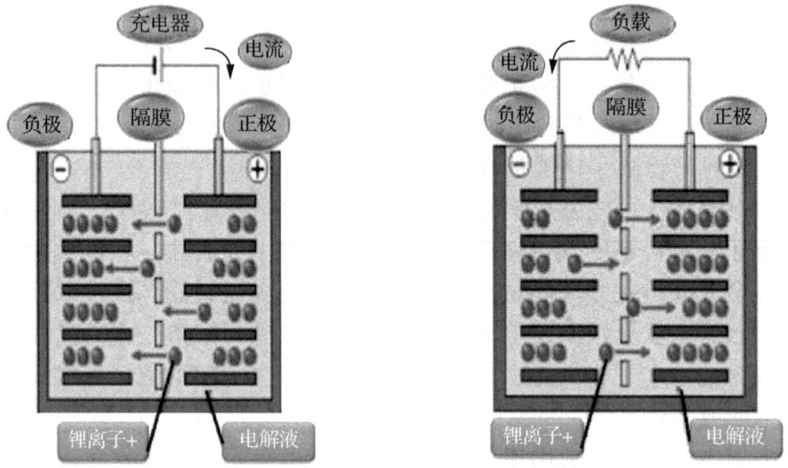

(a) 充电　　(b) 放电

图 3-18　锂离子电池工作原理

3.3.4　锂离子电池的正极

锂离子电池的性能主要由其组成材料决定，其中，常见的正负极材料中，正极的理论容量较负极存在较大的差距，例如，目前商业化石墨负极材料的实际放电比容量可达 360A·h/kg，有的碳硅复合材料高达 650A·h/kg。与之相对比，商业化正极材料的实际放电比容量较高的仅有 200A·h/kg，远低于负极材料，已经成为制约锂离子电池进一步推广和应用的瓶颈。因而，开发高比容量、高能量密度的正极材料对整个新能源事业的发展有着重要的现实意义。

电池对正极材料应具有以下要求。

(1) 氧化还原电位高：电极电势高，保证正负极之间有较高的电势差，从而保证电池体系有较高的能量密度。

(2) 比容量高：在嵌入化合物中有尽可能多的锂离子在充放电过程中进行脱嵌，从而保证电池体系具有较高的能量密度。

(3) 循环寿命好：结构稳定，锂离子的反复脱嵌不会对材料的主体结构造成破坏。

(4) 电化学稳定性好：要求正极与电解质匹配性要好，材料与电解质之间的副反应少。

(5) 倍率性能优异：材料可快速充放电。

(6) 环境友好、安全性好、成本低。

前面介绍过常见的几种以正极材料命名的动力电池：钴酸锂锂离子电池、锰酸锂锂离子电池、磷酸铁锂锂离子电池和三元锂锂离子电池。

1. 钴酸锂正极

钴酸锂 ($LiCoO_2$) 锂离子电池是最早实现商业化的锂离子电池，如图 3-19 所示，钴酸锂是二维层状结构，锂离子可以在二维间隙内自由移动而不影响体相结构，因而，材料具有优异的循环特性及较高的电导率，此外，钴酸锂还具有放电电压高、合成简单等特性，一经推出，就得到迅速的推广与应用，在锂离子电池领域占据主导地位二十多年，可以说，它的成功研发及应用，是锂离子二次电池发展史上的里程碑。

如表 3-3 所示，钴酸锂锂离子电池的比能量高于锰酸锂锂离子电池与磷酸铁锂锂离子电池，早期的电动汽车，如特斯拉 Model S，采用的是松下提供的 18650 钴酸锂锂离子电池(图 3-20)。然而，目前钴酸锂锂离子电池却很少用作电动汽车车载动力电池。主要原因是：钴元素价格昂贵，成本高；钴元素毒性大，用作动力电池，将造成严重的环境污染；此外，钴酸锂锂离子电池虽然能量密度高，但稳定性较差，导致 Model S 产生多起起火事故。因此，钴酸锂锂离子电池目前主要是用作便携式电子设备的电池，无法用作动力电池。

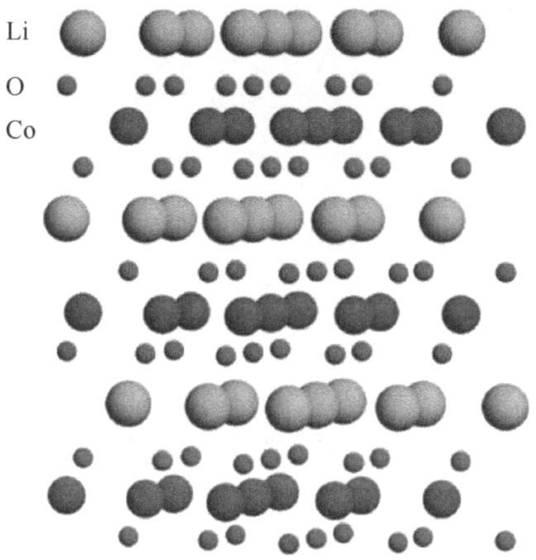

图 3-19　钴酸锂的晶体结构

表 3-3　几种常见锂离子电池的性能对比

	钴酸锂锂离子电池	锰酸锂锂离子电池	磷酸铁锂锂离子电池	三元锂锂离子电池
比能量/(W·h/kg)	150～200	100～150	120～160	200～350
循环寿命/次	500～1000	500～800	>2000	1000～2000
毒性	有	无	无	无

图 3-20　特斯拉 Model S 搭载的钴酸锂锂离子电池

2. 锰酸锂正极

锰酸锂($LiMn_2O_4$)锂离子电池是第一代动力电池，如表 3-3 所示，与钴酸锂锂离子电池相比，锰酸锂锂离子电池最大的优势是成本优势及环保优势。由于锰资源储量丰富，价格便宜，且毒性小，所以尖晶石型的 $LiMn_2O_4$ 有望代替昂贵且毒性大的 $LiCoO_2$。此外，在几种锂离子电池中，锰酸锂锂离子电池的工作电压最高，达 3.7V，且其低温性能及倍率性能都较好。但是，如图 3-21 所示，锰酸锂的晶体结构不是层状的，所以其电子导电率和离子导电率都小于层状正极材料，功率密度较低，同时，由于 Jahn-Teller 效应，锰酸锂材料不稳定，所以其循环寿命不理想，且高温性能差，能量密度较低。为了改善材料的功率密度及循环稳定性，多采用形貌控制、表面包覆及掺杂的方法。

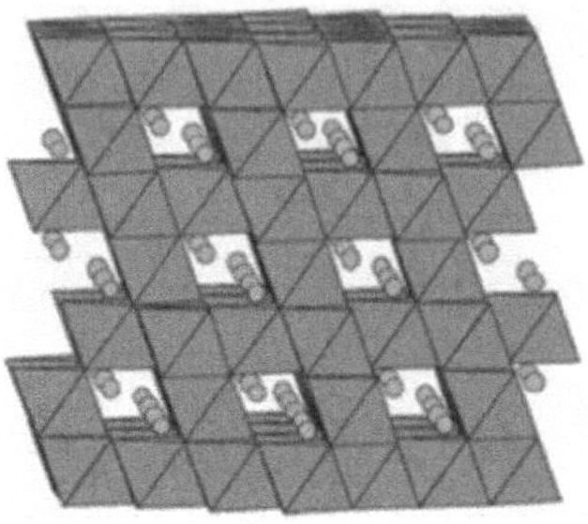

图 3-21　锰酸锂的晶体结构

目前，锰酸锂锂离子电池主要应用于电动两轮车、电动三轮车等低端电动车产品上，应用在动力汽车上的案例较少，少部分应用在公交车、长途客车、物流车等商用车上，例如，国内的星恒电源一直坚持锰酸锂路线，通过持续的产品研发和生产工艺改进，在电动物流车领域奠定根基之后，也开始进军乘用车领域(图 3-22 和图 3-23)。

图 3-22　锰酸锂锂离子电池

图 3-23　搭载锰酸锂锂离子电池的电动公交

3. 磷酸铁锂正极

磷酸铁锂锂离子电池是第二代动力电池，在 1997 年首先由古迪纳夫团队研发成功。如图 3-24 所示，橄榄石型磷酸铁锂($LiFePO_4$)中锂离子位于八面体间隙，只能沿着 *b* 轴移动，即锂离子在磷酸铁锂中的传输通道是一维的，因而它的离子电导率较低，限制了磷酸铁锂的应用。为了打破此障碍，研究者进行了多种尝试，较为有效的有以下三种：①表面包覆导电材料；②体相掺杂；③颗粒纳米化。

由表 3-3 可知，磷酸铁锂锂离子电池在比能量上优势较小，但与其他锂离子电池正极材料相比，其晶格结构稳定性极好，这使它具有出众的常温和高温循环稳定性，以及独特的安全特性。安全是锂离子电池应用的底线，因此，尽管磷酸铁锂与目前发展迅速的高镍三元材料相比，在能量密度上不具有竞争力，但独特的安全特性及成本优势使它在新能源电池领域仍扮演不可替代的角色，目前商用电动大巴车用锂离子电池正极材料绝大多数仍是磷酸铁锂(图 3-25)。

目前，我国以磷酸铁锂作为正极材料的单体电池质量比能量最高已经可以做到 180～200W·h/kg，国内龙头企业比亚迪和合肥国轩主推磷酸铁锂锂离子电池。比亚迪在中国电动汽车百人会上，宣布将推出“刀片电池”(图 3-26)，体积能量密度比传统磷酸铁锂锂离子电池提升 50%，并将应用于全新轿车比亚迪“汉”车型上，其续驶里程将超过 600 公里(NEDC)。

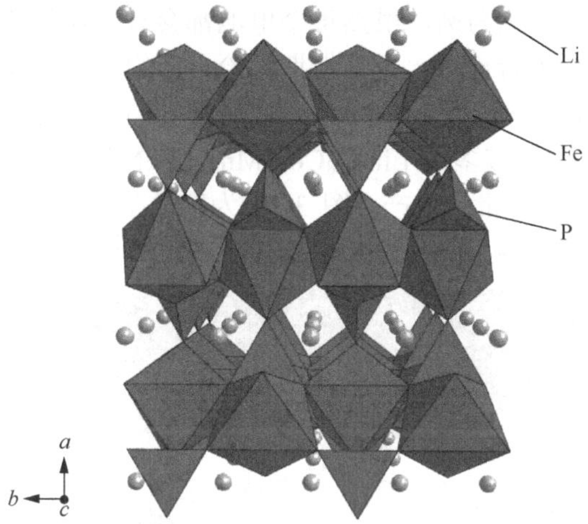

图 3-24　磷酸铁锂的晶体结构

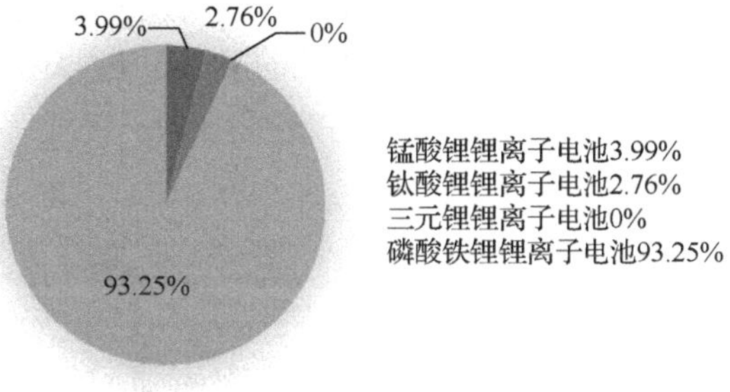

图 3-25　2018 年客车装机量占比情况

图 3-26　比亚迪“刀片电池”电池及比亚迪“汉”

4. 高镍三元氧化物正极

200W·h/kg 的质量比能量已经达到了 $LiFePO_4$ 电芯的极限，但仍与单体电池质量比能量 300W·h/kg 的中短期目标存在较大差距。因此，以高镍三元锂锂离子电池为主的三元锂锂离子电池成为第三代动力电池。Lee 等于 1999 年首次研制出了 $LiNi_xCo_yMn_zO_2$ ($0< x, y, z< 1$, $x+y+z=1$)(NCM) 三元材料，因该材料展现出优异的循环性能和容量特性，吸引了人们的广泛关注。其晶体结构如图 3-27 所示，为层状结构，便于锂离子的脱嵌，因而具有较高的离子电导率。三元材料中，镍 (Ni) 元素的氧化还原反应是 NCM 三元材料在充放电过程中的主要电荷补偿方式，因此，为了实现高比容量的目标，高镍三元层状氧化物材料 $LiNi_xCo_yMn_zO_2$ ($x\geqslant 0.6$) 诞生，且由于其高比容量、高能量密度的优势，得到快速推广与应用，如表 3-3 所示，高镍三元材料在比能量方面展现出明显的优势，成为目前最有望实现我国中短期能量目标的正极材料。

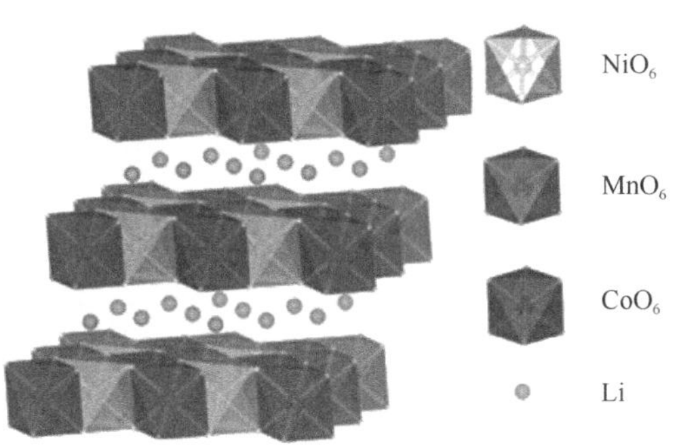

图 3-27　三元材料的晶体结构

然而，Ni 含量越高，比能量越高的同时，一些缺陷在高镍三元材料上逐渐凸显出来，主要是电池副反应及其伴随的氧的析出和大量热的释放导致的安全问题。如果内部短路或是正极材料遇水，都会有明火产生。以特斯拉的 18650 电池为例，虽然每个电池都会有一层钢壳保护，但是由于搭载的电池组由 7000 块左右的电池组合而成，尽管特斯拉给电池组进行了全方位的保护，在极端的碰撞事故中，还是有起火隐患。因此，目前商业化量产的高镍三元材料大部分是 $LiNi_{0.6}Co_{0.2}Mn_{0.2}O_2$(NCM622)，另一种研究较多的 $LiNi_{0.8}Co_{0.1}Mn_{0.1}O_2$(NCM811)，虽有多家公司称相应电池产品已研发成功，但目前只有小批量生产。图 3-28 为搭载在蔚来 ES6 上的来自宁德时代 811 电池的案例。电池组总电量为 84kW·h，系统质量比能量高达 170W·h/kg。

图 3-28　蔚来 ES6 及 84kW·h 电池组

三元锂锂离子电池由于具有高能量密度和低稳定性的矛盾属性，考虑电动汽车的实际需求，主要将其应用在对动力性、续驶里程、整车轻量化等方面具有较高要求的小型乘用车上(图 3-29)，而在对安全性要求较高的客车上应用较少。目前，在我国的乘用车领域，90%以上的车型仍搭载三元锂锂离子电池。

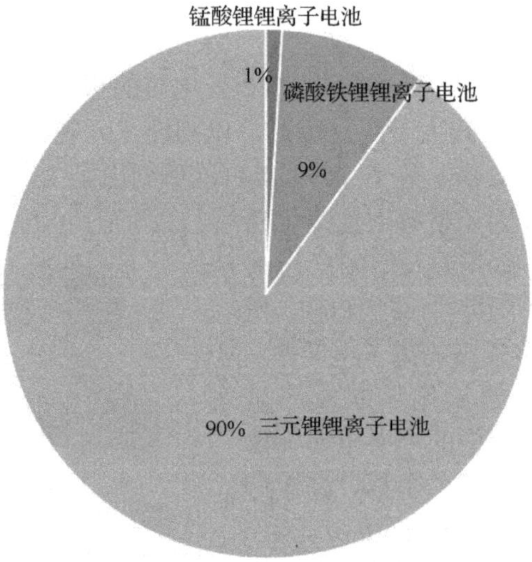

图 3-29　2018 年乘用车装机量占比情况

3.3.5　锂离子电池的负极

威廷汉最早研制出以金属锂作为负极的锂离子电池，因为其具有最高的比容量(3860A·h/kg)，但锂枝晶形成的缺陷导致该类电池最终以失败告终。接下来吉野彰研制出了以可脱嵌锂离子的石墨作为负极的锂离子电池，实现了第一款锂离子电池的成功推广。经过数年的发展，锂离子电池负极的研发已日趋成熟，目前常见的主要有锂金属负极材料、碳类负极材料、硅基负极材料、钛酸锂负极材料。

电池对负极材料应具有以下要求。

(1)氧化还原电位低：较低的电极电势，锂离子嵌入时，电极电势变化小，保证正负极之间有较高的电势差，同时保证充放电可以平稳地进行，从而保证电池体系有较高的能量密度。

(2)比容量高：允许尽可能多的锂离子在充放电循环过程中进行脱嵌，保证体系具有较高的能量密度。

(3)循环寿命好：结构稳定，充放电过程中锂离子在反复脱出与嵌入时，材料的体积变化小，不会破坏材料的主体结构。

(4)电化学稳定性及热稳定性好：与电解质匹配性要好，负极材料与电解质之间的副反应少。

(5)倍率性能优异：离子电导率和电子电导率高，允许锂离子的快速脱出与嵌入，即允许快速充放电。

(6)环境友好、安全性好、制备简单、成本低。

1. 金属锂负极

金属锂(图 3-30)负极，最大的优点是质量轻、比容量高，但在充放电过程中由于锂的不均匀沉积，易形成锂枝晶，枝晶会穿透隔膜导致电池短路(图 3-31)，引发爆炸或燃烧等安全问题。以上缺陷，使金属锂负极难以得到有效的推广。目前，其主要应用在新型的锂空气电池和锂硫电池上。

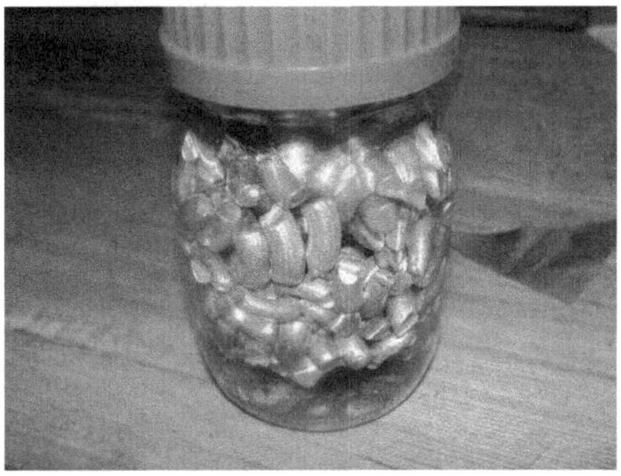

图 3-30　金属锂

为了克服金属锂负极存在的缺陷，研究者多采用金属锂改性和电解质改性两种手段。

金属锂改性主要包括人造 SEI 膜(指锂负极和电解质之间形成的固体电解质膜)、均匀锂离子流负极结构设计(通过增加电极/电解质界面接触面积，降低电流密度，从而使得锂离子分布更加均匀)、纳米界面工程(在界面上增加纳米层，引导锂离子的沉积，抑制锂枝晶形成)等。

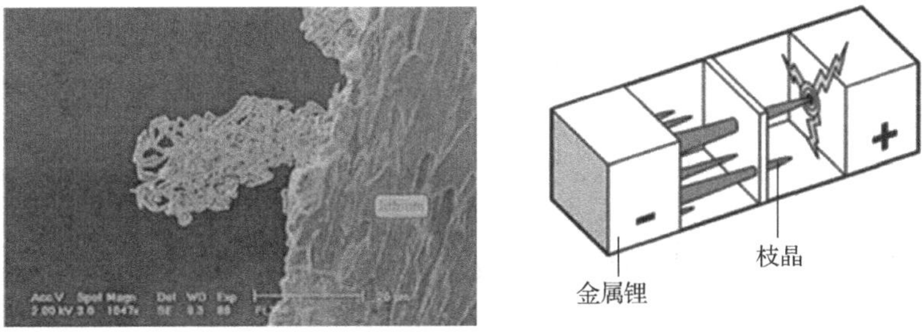

图 3-31　锂枝晶的生成及短路

电解质改性主要包括添加电解液添加剂(通过添加剂与电极或电解质的作用，优化金属锂负极SEI膜生长的均匀性和稳定性)、研制固态电解质。随着全固态电池的研究与发展，金属锂有望实现在锂电池上的成功应用，因为全固态电解质的高机械硬度和剪切力可以有效抑制锂枝晶的生成，避免枝晶穿刺所造成电池短路现象的发生。

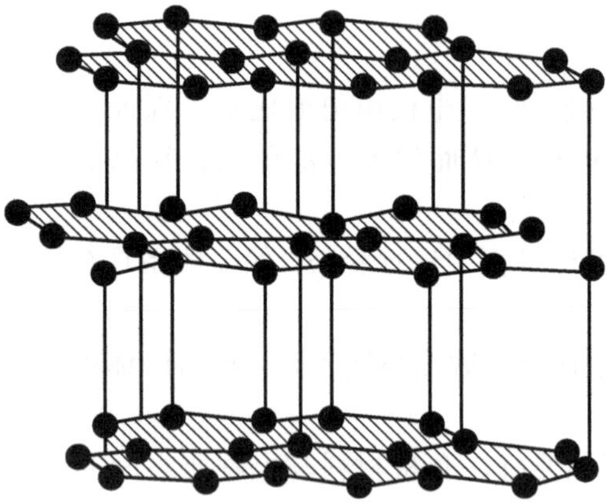

图 3-32　石墨的结构

2. 碳类负极

碳类负极可分为石墨和非石墨两大类，其中，石墨是目前最常用的锂离子电池负极材料，结构为片层结构，锂离子可在层间脱嵌(图 3-32)，理论容量 3723860A·h/kg，分为天然石墨和人造石墨两种(图 3-33)，其中天然石墨需经过特殊处理后，才能作为锂离子电池的负极，而人造石墨则从有机物经过特殊反应转化制得。

(a) 天然石墨

(b) 人造石墨

图 3-33　天然石墨和人造石墨

石墨作为负极材料具有以下优点。

(1) 储量丰富，成本低：我国是世界上石墨储量最丰富的国家，占世界总储量的 70%以上。

(2) 导电性及导热性好。

(3) 振实密度较高。

(4) 电化学稳定性好。

(5) 实际比容量可以与理论比容量相接近。

基于以上优点，石墨成为最常用的负极材料。

石墨的充放电机理如图 3-34 所示，发生的是嵌入式反应，反应如下(式(3-6)和式(3-7))。

充电：

$$xLi^{+}+xe^{-}+6C \longrightarrow Li_{x}C_{6} \tag{3-6}$$

放电：

$$Li_{x}C_{6} \longrightarrow xLi^{+}+xe^{-}+6C \tag{3-7}$$

然而，石墨也有很多不足之处。

(1) 比容量低：与硅基负极等相比，比容量较低，难以满足未来动力电池的需求。

(2) 稳定性差：层状结构不稳定，充放电时体积变化较大(约 10%)，长时间充放电循环后易发生坍塌，导致电池寿命大幅度缩短。

(3) 倍率性能差：离子迁移速度慢，难以进行大电流充放电。

(4) 电位过低：易与电解质反应生成界面膜，其易造成析锂。

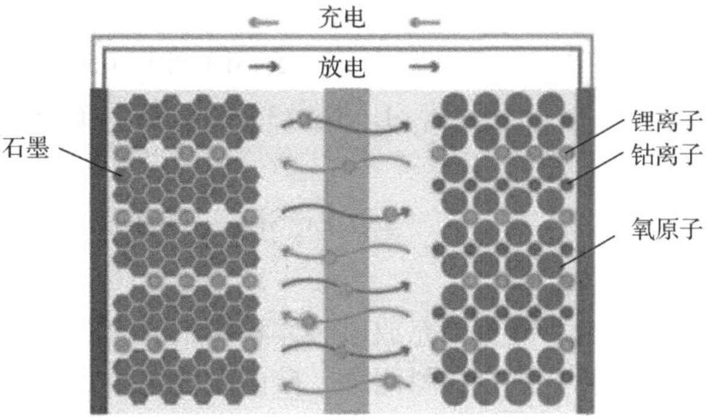

图 3-34　石墨的充放电机理

3. 硅基负极

1) 硅负极

硅是目前发现的理论比容量最高的负极材料，高达 4200A·h/kg，远超过石墨的 372A·h/kg，其的成功应用，将会对电池的能量密度有一个数量级的提升，可以实现电动汽车续驶里程的飞跃性的提高，充一次电 1000 公里的续航将有可能实现，因此其前景相当广阔。图 3-35 为硅负极的结构。

硅负极具有以下优点。

(1) 理论容量高：前面介绍过，硅的理论比容量比石墨高十倍多。

(2) 电压平台高：硅的电压平台略高于石墨，因此电极/电解质界面副反应少，且充电时不易析锂，较石墨在安全性能上有很大的优势。

(3) 产量丰富，成本低：硅是地壳中丰度最高的元素之一，价格便宜。

虽然，硅负极具有以上优点，但却仍难以实现推广，最主要的原因就是其体积膨胀问题。由图 3-36 可以看出，不同于石墨负极，锂离子在层间嵌入脱出，硅负极在充放电过程中发生锂的合金化反应，充电时体积膨胀率高达 300%，这对结构稳定性无疑是致命的，造成负极的机械粉化，导致电极材料与集流体的分离，SEI 膜不断地破坏-重构，造成持续的锂离子消耗，最终导致循环性能恶化。

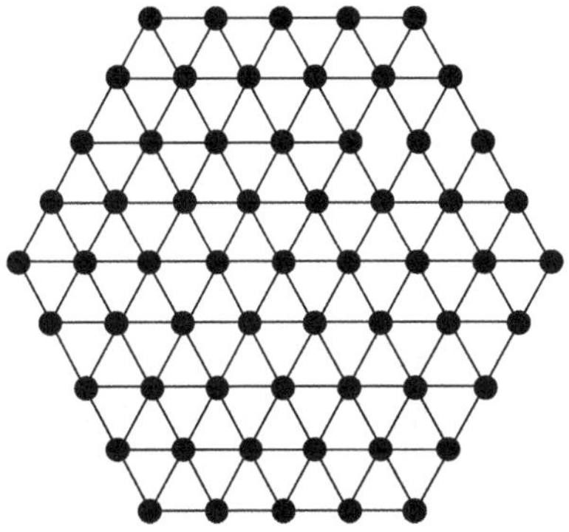
图 3-35　硅负极的结构

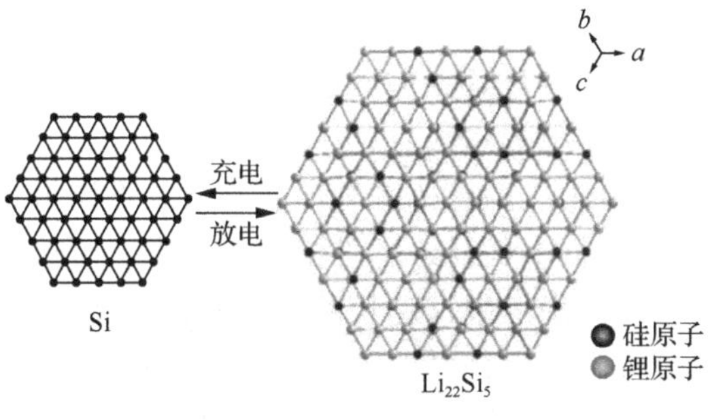

图 3-36　硅负极的充放电机理

充电：

$$Si + xLi^+ + xe^{-1} \longrightarrow Li_xSi \tag{3-8}$$

$$Li_xSi + (3.75 - x)Li^+ + (3.75 - x)e^{-1} \longrightarrow Li_{15}Si_4 \tag{3-9}$$

放电：

$$Li_{15}Si_4 \longrightarrow Si + yLi^+ + ye^{-1} + Li_{15-y}Si_3 \tag{3-10}$$

2)硅碳负极

为了解决硅负极充放电时体积膨胀的问题，国内外研究者探究了多种方法，常见的是硅的改性、制备复合材料两种。硅的改性主要是制备纳米硅、多孔硅等，主题就是预留膨胀空间，从而有效改善循环性能，但这类方法往往成本较高，工艺复杂，难以实现量产。制备复合材料是利用复合材料各组分之间的协同效应，达到优势互补的目的，其中，制备硅碳复合材料是目前最有效的一种策略(图 3-37)。

图 3-37　安普瑞斯硅碳负极电池

在硅碳复合材料中，高比容量的硅作为活性物质，提供储锂容量；碳既能缓冲充放电过程中硅负极的体积变化，避免材料的粉化及硅颗粒的团聚，又能改善硅的导电性，因此硅碳复合材料综合了碳负极及硅负极二者的优点，表现出高比容量和长循环寿命的优异特性，有望代替石墨成为新一代锂离子电池负极材料。

但短期内，硅碳复合材料还很难占据市场主体地位：一是产能不足，导致价格昂贵，价格高于传统石墨五六倍；二是与硅碳负极相匹配的电解质和正极材料体系还不成熟，虽然硅碳负极的比容量很高，但没有相匹配的正极，其优势也难以得到发挥，因此硅碳负极的大规模应用比较困难，至今只有少部分 18650 产品得到了量产应用。未来，随着国内方形锂电池逐渐开始使用硅碳负极，其市场需求可能会快速增长。

4. 钛酸锂负极

尖晶石结构的钛酸锂负极由于具有长循环寿命、高安全特性等优异的特性，成为最有发展前景的负极材料之一。钛酸锂锂离子电池具有以下优点：

(1)体积小，重量轻；

(2)密封性能好，不易泄漏；

(3)自放电率低；

(4)无记忆效应；

(5)结构稳定，循环寿命超长，可达 30 年左右，远超石墨等负极材料(寿命在三四年左右)，因此，使用成本低；

(6)工作温度范围宽，在高低温下均可正常工作；

(7)倍率性能好，可快速充放电，可接受高达 10 C 甚至 20 C 的快速充放电。

以上优点中，超长的循环寿命主要源自钛酸锂独特的结构和充放电机理。钛酸锂在充放电过程中是一种“零应变”材料。如图 3-38 所示，充放电过程中在负极上发生的是嵌入式反应，锂离子的脱嵌几乎不会对材料结构造成影响，因此钛酸锂具有理想的循环性能，其充电过程的反应如式(3-11)、式(3-12)所示。

充电：

$$Li_4Ti_5O_{12} + xLi^+ + xe^{-1} \longrightarrow Li_{4+x}Ti_5O_{12} \quad (3\text{-}11)$$

放电：

$$Li_{4+x}Ti_5O_{12} \longrightarrow Li_4Ti_5O_{12} + xLi^+ + xe^{-1} \quad (3\text{-}12)$$

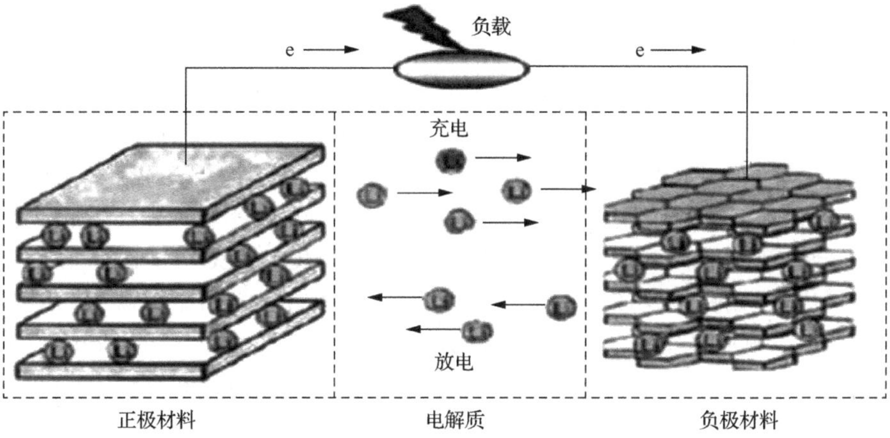

图 3-38　钛酸锂的充放电机理

较早布局钛酸锂的微宏动力在 2011 年率先将快速充电技术投入商业运营中(图 3-39)。微宏动力推出的第一代快充电池可在 10min 以内充满电，到最新的一代，即便在能量密度提升的情况下，也可以做到 30min 以内充满电。我国采用钛酸锂锂离子电池为动力电池的新能源汽车有不少已经投入运营，如北汽福田汽车股份有限公司、金龙联合汽车工业(苏州)有限公司、厦门金龙汽车集团股份有限公司、安徽安凯汽车股份有限公司、珠海银隆新能源有限公司等多家企业也都推出了钛酸锂锂离子电池的新能源客车。从市场占用率来说，尽管依然没法同磷酸铁锂和三元等锂离子电池比肩，但钛酸锂锂离子电池在动力方面的应用趋势仍是向好的。

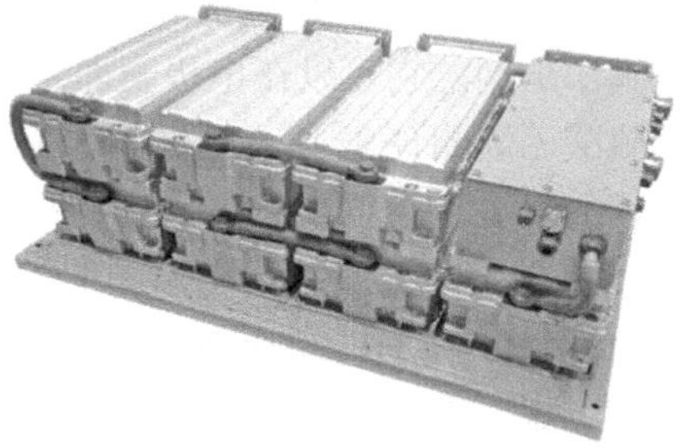

图 3-39　微宏动力的钛酸锂锂离子电池组

3.3.6　锂离子电池的电解质

电解质是锂离子电池的血液，在锂离子电池中承担传导锂离子的重任。目前研究和开发的电解质按组成和物理状态区分，可分为液态电解质、凝胶态(准固态)电解质以及全固态电解质。

动力电池对电解质有如下要求。

(1)高离子电导率：首要及必要条件，电解质的电导率应该在 10^{-3}～10^{-2}S/cm。

(2)锂离子迁移数要接近 1。

(3)较宽的电化学窗口，要保证在电极反应的电压范围内不会发生氧化还原反应。

(4)与电极材料兼容性好，电极/电解质界面几乎不发生副反应。

(5)热稳定性好。

(6) 安全、毒性低、绿色环保。

(7) 易于制备，成本低。

下面分别介绍几种常见的电解质。

1. 液态电解质

液态电解质由于具有较高的电导率，以及对电极表面极好的浸润性，是目前应用最广泛的电解质，它主要由有机溶剂和锂盐构成。

有机溶剂主要包括碳酸酯类、醚类和羧酸酯类。其中，醚类有机溶剂和羧酸酯类有机溶剂因不稳定、易分解、毒性大等缺点应用极少。碳酸酯类主要包括环状(如碳酸乙烯酯(EC))及链状(如碳酸二甲酯(DMC))两大类，其中，环状碳酸酯类溶剂与石墨和锂负极相容性好，但黏度大，介电常数低；链状碳酸酯类溶剂黏度低，但与负极相容性差，因此，目前商用电解液多采用混合溶剂体系，如 EC∶DMC=3∶7，EC∶DMC：DEC=1∶1∶1 等。

锂盐主要包括四氟硼酸锂($LiBF_4$)、六氟磷酸锂($LiPF_6$)以及新型锂盐双二二氟草酸硼酸锂(LiODFB)、双三氟甲基磺酰亚胺锂(LiTFSI)等。其中，应用较广泛的 $LiPF_6$ 及 $LiBF_4$ 遇水不稳定，需严格控制电池制作工艺，此外，热稳定性也不好。LiTFSI 等不易水解，电导率高，热稳定性好，但电压高于 4.0V (vs.Li^+/Li) 时会腐蚀铝集流体，且不易制备。新型锂盐 LiODFB 具有 LiBOB 和 $LiBF_4$ 相似的分子结构，综合了二者的优点，但 LiODFB 在有机溶剂中的溶解度低，电导率低于 $LiPF_6$、LiTFSI。

液态电解质因电导率高、成本低、制备简单等优点得到了广泛的应用，然而，易挥发、易燃、易爆等问题仍亟须解决。常用策略是添加电解液添加剂，这类添加剂的特点是用量小、见效快，在不损害电解液原有特性的前提下，有效改善电解液的某些性能。常见的添加剂有成膜添加剂，它可以在电极表面生成或促进生成稳定保护层，如有机的碳酸亚乙烯酯(VC)、亚硫酸乙烯酯(ES)等，无机的 SO_2、Li_2CO_3 等；阻燃添加剂，主要功能是降低电解液的可燃性，如有机氟化物及有机磷化物；过充保护添加剂，作用为先于电解液分解，从而保护电解液，如 3-噻吩乙腈；导电添加剂，可以与电解质作用促进锂盐解离，如硼基化合物；此外还有控制水分和 HF 添加剂、改善低温性能的添加剂等。为了提高电解液的综合性能，多功能添加剂逐渐得到推广。

尽管目前液态电解质仍是主流电解质，但有机溶剂易燃、易挥发的安全隐患，以及液态电池体系所需的较重的钢制、铝制外壳导致的能量密度的降低等问题，仍有待解决。

2. 准固态电解质

针对液态电池体系的一系列安全隐患，业内开始研究去除电解液的固态电池，主要包括准固态和全固态电池两种。准固态(凝胶)聚合物电解质由锂盐、增塑剂、聚合物基体三部分组成，其中锂盐的种类同液态电解质中的锂盐相同；聚合物基体主要有聚氧化乙烯(PEO)、聚丙烯腈(PAN)、聚偏氟乙烯-六氟丙烯(PVdF-HFP)等；增塑剂是凝胶电解质的重要成分，作用是降低基体的结晶度，提高电导率，增塑剂要求具有低黏度、高沸点、毒性小、高介电常数等特点，主要包括离子液体型和有机溶剂型。

凝胶电解质为准固态，其中仍含有少量液相，由增塑剂和锂盐组成，负责锂离子的传导，相关机理与液态电解质相似，因此，液相的组成和含量决定了凝胶电解质的电导率。组成上主要是选用合适的增塑剂和锂盐，含量上主要是增加基体的吸液率。

尽管准固态的凝胶电解质较液态电解质在安全特性上有一定的提升，但应用在动力电池上的实例却很少，主要是应用在小型便携式电子设备上。虽然有些厂家声称自己研发了准固态三元动力电池，但是由于动力电池一般较大，准固态电池的液相在动力电池中含量也会相对较高，也就难以发挥“少量液相”的优势。

3. 全固态电解质

全固态电解质指完全不含液相的电解质，基于该类电解质组装的电池具有以下优点。

(1) 安全特性最优：因不含液相，液态电池体系的漏液、燃烧等问题可被避免。

(2) 能量密度高：工作电压平台高，且电池质量减轻、体积小。传统的液态电池体系，电解液占据 20%～40%的体积；固态电解质的使用可以大大减小电池体积和质量。

(3) 循环寿命长：可以有效避免液态电池体系的诸多副反应，并可抑制锂枝晶的生长。

(4) 工作温度范围宽：可达 300℃。

(5) 便于封装及回收：电解质可操作性强。

全固态电解质包括有机聚合物电解质和无机固态电解质两种。其中有机聚合物电解质电导率过低，难以实现投产。无机固态电解质可分为氧化物和硫化物两种：氧化物电解质，如 $Li_7La_3Zr_2O_{12}$(LLZO)，室温离子电导率高达 3×10^{-4}S/cm；硫化物电解质与氧化物电解质相比，锂离子传输通道大，电导率高于氧化物电解质($>10^{-3}$S/cm)。

无机固态电解质虽然优点显著，然而由于固-固刚性界面浸润性差，有效接触不足，界面阻抗非常大，界面不稳定。例如，LLZO 实际电导率仅有 $10^{-7}\sim10^{-6}$S/cm，源于大的晶界阻抗，且电极/电解质界面阻抗大，限制了其应用。研究者从提高致密度、降低晶界电阻、改善电极/电解质界面的角度入手，改善其特性，如体相掺杂、引入中间缓冲层、制备有机无机复合电解质等来改善全固态电解质的性能。

为了满足高能量密度和安全特性的要求，全固态电池的发展已经成为大势所趋，各大企业、高校、研究机构都在大力开发全固态电解质。然而，目前，固-固刚性界面阻抗大的问题仍未得到有效解决，至今未实现大规模商业化应用。

3.3.7 锂离子电池的隔膜

隔膜在电池中的作用就是隔绝正负极，防止其直接接触而短路，同时要能允许锂离子穿过，主要用于液态电池体系，一般固态电池体系不需要隔膜。隔膜要满足以下要求。

(1) 稳定性好：首先，电化学稳定性要好，在充放电过程中不会发生氧化还原反应；其次，化学稳定性要好，不会与溶剂发生反应。

(2) 厚度适中，机械强度大，抗拉强度大。

(3) 高温下可以熔融，关闭微孔。在电池出现短路等会造成热失控的故障时，可以起到保护中断的作用。

(4) 成本低、绿色环保。

电池体系中常见的隔膜主要是聚烯烃多孔膜(图 3-40)，主要由聚乙烯、聚丙烯及部分添加剂构成，此外还有乙烯、丙烯的共聚物，或者聚乙烯的均聚物等，它们都具有以上特点。

图 3-40 锂离子电池隔膜

3.3.8　锂离子电池的充放电特性与充电方法

1. 锂离子电池的充放电特性

锂离子电池在充电时，需要严格控制充电终止电压，一般要求误差在1%以内，若终止电压过高，会导致电池过充，损害电池性能和寿命；若终止电压过低，电池未完全充电，效率较低。

充电时，锂离子电池的充电电流及充电倍率，要严格按照厂家规定选取，常用的为0.5C或者1C。若充电倍率过大，虽然可以节省充电时间，但往往充电不完全，且大电流导致电池产热过多，造成较大的能量损失，同时，加大了安全隐患。

放电时，同样需要注意终止电压，对每块电池的放电电压进行监测，若放电电压超过规定的终止电压，会造成过放，损害电池结构和性能。此外，由于电池组存在不一致性，在监测电池电压时，若某一块电池的电压达到规定的终止电压，保护电路会立即终止整个体系的放电行为，防止电池组损坏。

放电时，电流越大，放电速度越快，但效率会降低，而且在放电后期，电池电压会迅速下降，若放电电流过大，极易造成过放现象。因此，需严格控制电池放电后期的电流。

2. 锂离子电池的充放电方法

传统蓄电池常用的恒流充电法、恒压充电法等也适用于锂离子电池，然而，锂离子电池存在诸多问题，如易产生极化、易过充过放等，因此，锂离子电池常采用三阶段充电法（图3-41、图3-42）。

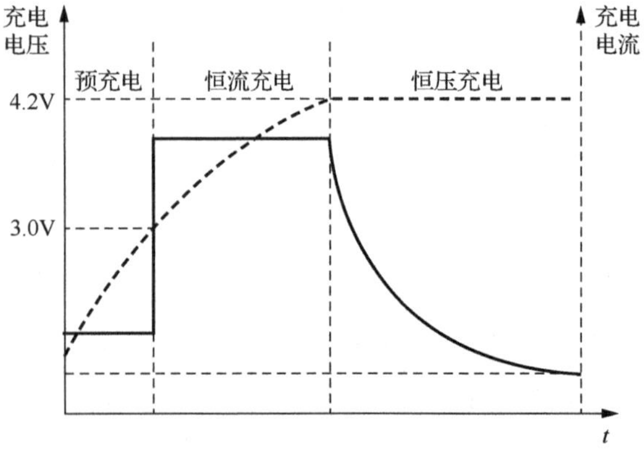

图3-41　锂离子电池的三阶段充电法

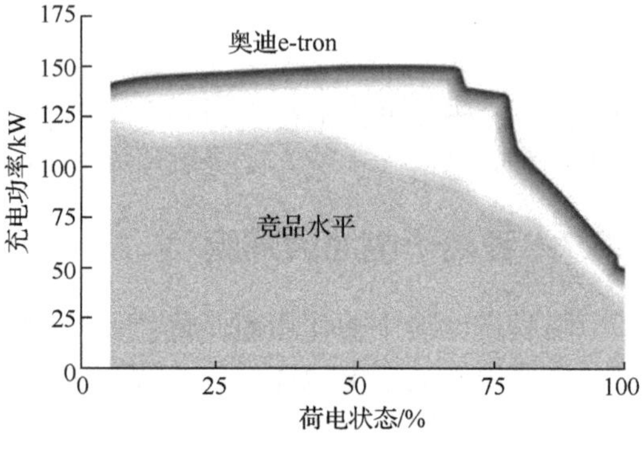

图3-42　奥迪 e-tron 官方充电曲线

三阶段充电法包括预充电、恒流充电和恒压充电三个阶段。

1）预充电

预充电阶段为非必要阶段，主要作用是对电压在3.0V以下的锂离子电池进行修复，因此，在进行充电前，需先检测电池电压。若电压小于3.0V，则进行预充电，采用比较小的电流将电压充至安全值，此时的充电电流一般在0.1C以下。若电压大于3.0V，则此阶段可省略。

2）恒流充电

恒流充电阶段的主要作用是使电池快速充满电，采用一个恒定的电流（一般在0.5～1C）进行充电，电压快速上升，当达到设定的电压最高值时，恒流充电终止，进入恒压充电阶段。

3) 恒压充电

恒流充电时，锂离子不断嵌入负极，负极位点不断填满，到充电后期，从正极脱出的锂离子在负极找到空格所需时间越来越长，如果充电速度仍然很快，在正极脱出的锂离子就会来不及嵌入负极，在负极表面堆积，造成锂枝晶的形成，损害电池性能。因此，在充电后期，要采用恒压充电。

在该阶段，充电电压不变，充电电流会不断下降，下降到一定值(通常是 0.1C)时，认为电池已充满，充电终止。

3.3.9　锂离子电池的特点

1. 锂离子电池的优点

目前，锂离子电池已经成为应用最广泛的动力电池，在手机、笔记本电脑等 3C 类电子产品领域也占据统治地位，形成以上局势的原因是锂离子电池具有以下优点。

(1) 比能量高：如表 3-2 所示，与其他蓄电池相比，锂离子电池最大的优势就是比能量高，这对长续驶里程的电动汽车来说，具有最大的吸引力。

(2) 工作电压高：镍氢电池的工作电压仅有 1.2V，铅酸电池的工作电压为 2.0V，而常见锂离子电池的工作电压都在 3.0V 以上，例如，高镍三元锂锂离子电池的工作电压是 3.6V，磷酸铁锂电池的工作电压为 3.2V。

(3) 循环寿命长：目前的技术水平下，锂离子电池的循环寿命可以达到 600～1000 次，磷酸铁锂锂离子电池的循环寿命甚至可以高达 2000 次。

(4) 自放电率低：锂离子电池的自放电率远低于镍镉电池和镍氢电池。

(5) 工作温度范围宽：随着技术的不断提升，工作温度范围可以拓展到-40～70℃。

(6) 绿色环保。

2. 锂离子电池的缺点

(1) 易过充过放：因而电池在充放电过程中要进行严格的监测。

(2) 电池一致性差：需要改进生产工艺，提高电池一致性，同时要加强电池监测与保护。

(3) 高低温性能差：高温容量衰减快，且结构易破坏；低温容量较低。

(4) 倍率性能差：电池内阻高，大电流充放电会大量产热，破坏电池结构。

(5) 安全隐患多。

(6) 成本高：相对铅酸电池来说，锂离子电池的成本较高。

3.4　燃 料 电 池

3.4.1　燃料电池的特点与分类

1. 燃料电池的特点

(1) 能量转换效率高。

燃料电池将储存在燃料和氧化剂中的化学能通过电极反应转化为电能，其反应过程不及燃烧和热机做功，因此能量转换效率不受卡诺循环的限制，理论上燃料电池的化学能转换效率可达 100%，实际能量转换效率也已高达 60%～80%，是普通内燃机热效率的 2～3 倍。

(2) 环境相容性好。

燃料电池是真正意义上的高效清洁能源。燃料电池排放的水量少，而且非常干净，不存在水污染问题。由于没有运动的机械部件，其噪声也很小。

(3) 使用寿命长。

只要燃料和催化剂能从外部源源不断地供给，燃料电池即可持续不断地发出电能，无须充电。因此其使用寿命远高于其他电池。

(4) 能源补充快。

燃料电池所需的燃料主要是氢，充气或更换氢气瓶一般只要几分钟，比纯电动汽车的蓄电池充电时间或更换电池的时间要短得多。

(5) 燃料的来源广泛。

氢燃料可以从甲烷、天然气、石油气以及其他能分解出氢的烃类化合物获得，来源广泛。

(6) 燃料种类单一。

目前，无论液态氢、气态氢，还是碳水化合物经过重整后转换的氢，均是燃料电池的唯一燃料。氢气的产生、储存、保管、运输和灌装或重整都比较复杂，对安全性要求很高。

(7) 要求高质量的密封。

燃料电池的单体电池所能产生的电压约为 1V，不同种类的燃料电池的单体电池所能产生的电压略有不同。通常将多个单体电池按使用电压和电流的要求组合成为燃料电池发动机组，在组合时，对于单体电池间的电极连接，必须要有严格的密封，因为密封不良的燃料电池，氢气会泄漏到燃料电池的外部，从而降低氢的利用率并严重影响燃料电池发动机的效率，还会引起氢气燃烧事故。由于要求严格的密封，燃料电发动机的制造工艺很复杂，并给使用和维护带来很多困难。

(8) 价格高。

制造成本高，电池价格昂贵。

(9) 需要配备辅助电池系统。

燃料电池可以持续发电，但不能储存电能和回收燃料电池汽车再生制动的反馈能量。通常在燃料电池汽车上还要增加辅助电池，用来储存燃料电池富裕的电能和在燃料电池汽车减速时接收再生制动时的能量。

总之，由于燃料电池同时具备效率高、污染小、寿命长等优点，被认为是今后替代传统内燃机的最理想的汽车动力装置，并将在国防、通信和民用电力等更多领域发挥其重要作用，燃料电池已列入新经济和 21 世纪可持续发展的三大技术之一，与信息技术、生物技术并驾齐驱。但目前存在制氢、储氢等的问题，还有待通过技术上的进一步探索提高来解决。

2. 燃料电池的分类

燃料电池通常可按照电解质、工作温度、燃料种类等进行分类。表 3-4 给出了按电解质类型划分的燃料电池的特性，从中可以看出，汽车驱动用的燃料电池主要是质子交换膜燃料电池。

表 3-4 按电解质类型划分的燃料电池的特性

电池类型	碱性 AFC	磷酸 PAFC	质子交换膜 PEMFC	熔融碳酸盐 MCFC	固体氧化物 SOFC
常用电解质	KOH	H_3PO_4	全氟磺酸膜	Li_2CO_3-K_2CO_3	Y_2O_3-ZrO_2
导电离子	OH^-	H^+	H^+	CO_3^{2-}	O^{2-}
工作温度/℃	65～220	180～200	室温～80	约 650	500～1000
燃料	纯氢气	重整气	氢气 重整气	净化煤气 天然气	净化煤气 重整气
氧化剂	纯氧	空气	空气	空气	空气
热电联产	不可	可	不可	可	可
电池内重整	不可能	可能	不可能	可能	可能
单电池电压/V	1.0	1.1	1.1	0.7～1.0	0.8～1.0
应用领域	宇宙飞船 潜艇 AIP 系统	热电联供 分布式电站	分布式电站 汽车电源 移动电源	热电联共 分布式电站	热电联供 分布式电站 汽车电源

1）按燃料电池的运行机理分类

（1）酸性燃料电池。

（2）碱性燃料电池。

2）按电解质分类

（1）质子交换膜燃料电池（PEMFC），这类主要用于汽车驱动的燃料电池。

（2）碱性燃料电池（AFC）。

（3）磷酸燃料电池（PAFC）。

（4）熔融碳酸盐燃料电池（MCFC）。

（5）固体氧化物燃料电池（SOFC）。

（6）直接甲醇燃料电池（DMFC）。

（7）再生型燃料电池（RFC）。

（8）空气燃料电池（ZAFC）。

（9）质子瓷燃料电池（PCFC）。

3）按燃料使用类型分类

（1）直接型燃料电池。

（2）间接型燃料电池。

（3）再生型燃料电池。

4）按燃料种类分类

（1）氢燃料电池。

（2）甲醇燃料电池。

（3）乙醇燃料电池等。

5）按工作温度分类

（1）低温型燃料电池（温度低于 200℃）。

（2）中温型燃料电池（温度为 200～750℃）。

（3）高温型燃料电池（温度为 750～1000℃）。

（4）超高温型燃料电池（温度高于 1000℃）。

6）按燃料状态分类

（1）液体型燃料电池。

（2）气体型燃料电池。

3.4.2　质子交换膜燃料电池的工作原理

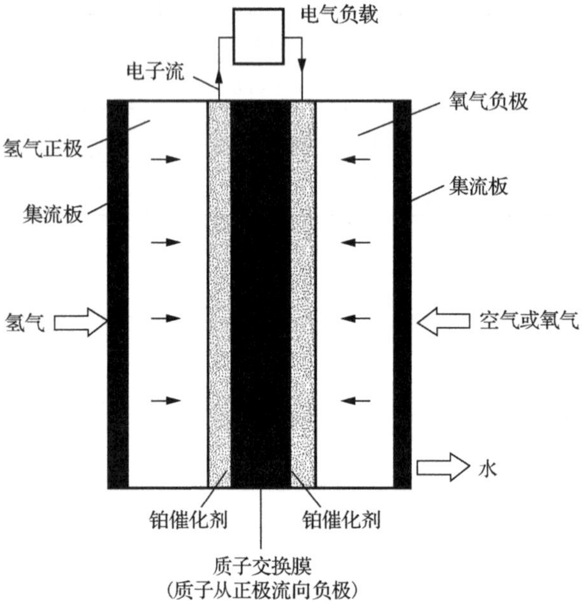

图 3-43　PEMFC 基本工作原理

质子交换膜燃料电池（PEMFC）的基本工作原理如图 3-43 所示，主要电化学反应区域包含由扩散层及催化层组成的阳极与阴极多孔电极和质子交换膜。通入阳极流场的甲醇和水经扩散层进入催化层，并在催化剂的作用下发生电催化氧化反应，生成带正电荷的氢离子、带负电荷的电子以及二氧化碳。随后，带正电荷的氢离子在电场作用下经质子交换膜传输到达阴极催化层，带负电荷的电子通过集流板流向外电路，驱动外部做功后也进入阴极催化层。同时，阴极通入的氧气也经扩散层进入阴极催化层，并与经质子交换膜到达的氢离子和通过外电路到达的电子完成反应，生成水。

PEMFC 的标准电极反应如下。

阳极反应：

$$CH_3OH+H_2O \longrightarrow CO_2+6H^++6e^-,\quad E_a=0.046V \tag{3-13}$$

阴极反应：

$$(3/2)\,3O_2+6H^++6e^- \longrightarrow 3H_2O,\quad E_c=1.229V \tag{3-14}$$

电池总反应：

$$CH_3OH+(3/2)\,O_2 \longrightarrow CO_2+2H_2O,\quad E=1.183V \tag{3-15}$$

除以上主要反应外，在 PEMFC 的电催化氧化反应过程中，部分甲醇在扩散和水携带作用下，从阳极渗漏到阴极，在阴极催化剂层与氧气直接反应生成二氧化碳和水。除了甲醇渗漏会影响电池性能外，实际上甲醇在阳极的电化学氧化反应机理非常复杂，在反应的过程中会产生很多中间产物，其中有些产物能够导致电池的电催化剂中毒，也会严重影响电池的整体性能。

3.4.3　质子交换膜燃料电池的组成与结构

PEMFC 电堆及单体燃料电池基本单元结构如图 3-44 所示，主要包括集流板、橡胶密封圈、多孔扩散层以及膜电极(MEA)。MEA 是以质子交换膜为中心，两边压合上阳极和阴极催化层形成的电极-膜-电极三明治结构。质子交换膜起着作为传输质子的电解质、阻挡电子通过以及将甲醇和氧气分隔在两极的作用。在 PEMFC 中，由于带正电荷的氢离子会以水合氢离子 H_2O 的形式连带着未反应的甲醇分子通过质子交换膜到达阴极，所以常造成阴极侧水过量的水淹问题，使得氧气难以到达催化层的活性位点，影响性能。同时也会由于渗透的甲醇分子在阴极发生电化学氧化，与氧还原构成短路电池，形成阴极混合电位，导致约 300mV 的阴极电位损失。所以控制通过质子交换膜的水和甲醇分子一直是 DM-PEMFC 研究的一个重要问题。

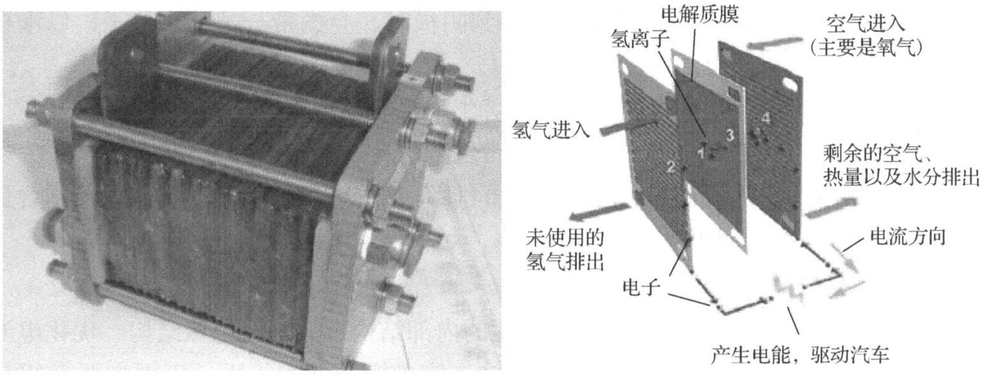

图 3-44　PEMFC 电堆及单体燃料电池基本单元结构

紧贴质子交换膜两侧的催化层区域是 PEMFC 中电化学反应发生的核心场所。对于 PEMFC 来说，催化剂中需要建立三种网络分别作为电子传递、质子传递、反应物进入与产物排出的通道。一般由以 P 为主体的催化剂作为电子传递通道，离子交联聚合物构成质子传递的通道，孔隙结构构成反应物进入与产物排出的通道。电化学反应发生在三种网络交界的三相界面。催化层中催化剂的活性、三种网络的比例及各自的传导能力等都直接关系到最终的质子交换膜燃料电池设计与综合优化研究电池性能。

多孔扩散层附着在 MEA 的催化层之上，所用材料通常是石墨化碳纸或碳布。其主要功能是为从流道反应物向催化层传输的反应物提供均匀扩散的空间，同时也起到收集电流以及为催化层提供物理支撑的作用。流场板处于 PEMFC 基本单元结构的最外侧，由导电性好、耐腐蚀性好且无金属离子污染风险的材料加工而成。流场板紧挨着阴极与阳极的气体扩散层，并在内侧布置流场，以均匀供应燃料甲醇和氧气，并排出反应产物和残余物。流场板内的流场设计直接影响反应物分布的均匀性以及产物排出的顺畅性，对于 PEMFC 的性能优化研究而言非常重要。

3.4.4　质子交换膜燃料电池的系统

质子交换膜燃料电池的系统主要包括燃料电池堆、氢供给系统、水管理系统、热管理系统及氢安全系统，其中水管理系统中的重要组件是膜电极，而热管理系统中的热量则是燃料电池内部发生化学反应、欧姆极化、加湿气体以及吸收周围环境辐射而产生的。本节主要讲解水管理系统与热管理系统。

1. 水管理的意义

膜电极是 PEMFC 的核心部件之一，对电池的输出功率、能量密度及工作寿命有着决定性的影响。提高膜电极性能的关键是在催化粒子的周围形成良好的质子、电子和气体通道，使膜具有一定的含水量，以保证质子的传导性，否则膜会脱水皱缩，甚至破裂，而严重阻碍质子传导。同时水也不能太多，膜的含水量过多，会造成阴极水淹没。水堵塞了氧气的通路，会使电池性能大大下降。可见，对 PEMFC 内部的水进行有效管理是非常重要的。

2. PEMFC 内部水平衡的影响因素

膜电极中的水含量取决于膜的水平衡，水分子在膜中的分布受以下因素的影响。

(1) 电渗力的拖动作用。质子从阳极迁移到阴极时，会携带一部分水分子，以水合质子 H(H_2O) 的形式到达阴极。电池的工作电流越大，带过去的水就越多。

(2) 电池工作时，还原反应在阴极生成水，生成水的多少与电流大小成正比。

(3) 由于氢气和氧气进来是要加湿的，会带进来水分。

(4) 阴极向阳极的反扩散作用。由于以上第(1)、(2)项原因，膜电极的阴极侧水含量大于阳极侧时，阴极侧的水会向阳极侧扩散。

3. 燃料电池水管理的方法

通常采用调节反应气体的湿度、改进电池的内部结构、改进膜电极结构、优化电池内部传导过程、改进流场分布以及强化传导等方法，实施有效的水管理。下面主要介绍前两种方法。

1) 调节反应气体的湿度

调节反应气体的湿度是最常用的方法。反应气体的增湿有两种方法：外增湿法和内增湿法。

外增湿法是指反应气体在进入燃料电池系统前，先通过外部附加装置进行加湿。通常所用的外部增湿技术有升温增湿、蒸汽注射增湿、循环增湿和直接液态水注射增湿四种。外部增湿法适用于小气流流量的燃料电池，对于功率大的燃料电池，由于所需的气流流量大，不能运用这种方法。

内增湿法是指采用透膜的方式对反应气体进行加湿，即膜的一侧通入热水，另一侧通入将要增湿的气体，利用膜的阻气特性和水在膜内的浓差扩散效应实现对气体的增湿。还有一种内增湿法是采用新型的双极板，置于阴、阳两极的两侧，利用反应气体的压力所构成的势能进行加湿。内增湿法是利用电池反应本身生成的热量来加热水的，不必单独设置加热装置，减少了系统的外部辅助设备。

2) 改进电池的内部结构

通过改进电池的内部结构进行增湿的方法主要集中在新型极板的设计和膜电极结构的优化两方面。

目前新型极板的设计按两个方向进行。一是采用多孔的碳极板代替传统的刻有导流槽的极板。这种碳极板具有很高的孔隙率，分布着很多微孔，反应生成的水可以留在微孔内用于质子交换膜的增湿。二是采用封闭式流道，反应气体靠强制性对流到达催化层，流道中的水分透到膜电极中，用于膜的加湿。

膜电极结构的优化目前按两个方向进行。一是采用较薄的膜，以减少阴极侧向阳极侧水分子扩散的距离，增加扩散的水量。二是设计自增湿膜，例如，将纳米级的 Pt 微粒散布在质子交换膜中，使从催化层漏到膜中的氢气和氧气在膜中生成水，对膜进行加湿。

4. 燃料电池的热管理

燃料电池中有 40%～50%的能量耗散是以热能的形式表现出来的。热能使电池温度升高，如果不加以管理，温度过高，会使电解质膜脱水、收缩甚至破裂。

(1) 燃料电池中的热量来源主要有四个，分别是：①化学反应产生的热量；②欧姆极化产生的焦耳热量；③加湿气体带来的热量；④吸收环境辐射的热量。其中，化学反应产生的热量占转化化学能的 60%左右，是热量的主要来源。

(2) 对于这些热量，通常按照不同情况，分别采取不同的处理方式。

① 自然冷却：对于功率在 200W 以下的燃料电池，利用供给阴极的空气来散热，一般不需要进行专门的散热设计。

② 风冷：对于功率为 250W～2.5kW 的燃料电池，也可以采用利用空气散热的方式，但是，双极板上必须要设计有专用的风冷通道。

③ 液冷：对于功率为 2.5kW 以上的燃料电池，一般都采用液冷方式散热。

无论风冷还是液冷，都应该是具有强制循环功能的系统，只有这样，才能达到有效散的目的。

3.4.5　质子交换膜燃料电池的应用

在结构组成上，燃料电池汽车仍保留了传统燃油汽车的车身、行驶系统、悬架系统、转向系统和制动系统等，不同之处在于它的动力驱动系统。

燃料电池汽车以电驱动作为唯一的驱动模式，按照驱动能源组合形式不同，可分为纯燃料电池(Pure Fuel Cell，PFC)驱动和混合驱动两种形式。混合驱动系统将燃料电池与辅助动力源相结合，燃料电池可以只满足持续功率需求，借助辅助动力源不仅可以提供加速、爬坡等所需的峰值功率，而且在制动时可以将回馈的能量存储在辅助动力源中。混合驱动包括燃料电池+辅助蓄电池(Fuel Cell+Battery，FC+B)联合驱动、燃料电池+超级电容(Fuel Cell+Capacitor，FC+C)联合驱动、燃料电池+辅助蓄电池+超级电容(Fuel Cell+ Battery + Capacitor，FC+B+C)联合驱动。

1. PFC 型纯燃料电池汽车

纯燃料电池电动汽车只有燃料电池一个动力源，汽车的所有功率负荷都由燃料电池承担。

1) 该燃料电池类型主要优点

(1) 系统结构简单，便于实现系统控制和整体布置。

(2) 系统部件少，有利于整车的轻量化。

(3) 较少的部件使得整体的能量传递效率高，从而提高整车的经济性。

2) 存在的问题

(1) 燃料电池的功率很大，导致燃料电池制造成本上升及整车质量增加，引起整车消耗的功率增加。

(2) 尽管燃料电池系统效率较高，但燃料电池系统的氢气消耗量会增加，进而增加整车单位里程消耗的燃料，增加运营成本。

(3) 当汽车功率需求较大时，燃料电池易发生过载，难以满足动态响应要求，系统寿命较短。

(4) 系统无法实现再生制动。

因此，基于这些问题，一般情况下不采用纯燃料电池驱动的形式。为了有效地解决上述问题，目前的燃料电池汽车主要采用的是混合驱动形式，必须使用辅助能量存储系统作为燃料电池系统的辅助动力源，即在燃料电池的基础上增加了一组电池或超级电容作为另一个动力源和燃料电池联合工作，组成混合驱动系统共同驱动汽车。

2. FC+B 型混合燃料电池汽车

FC+B (燃料电池+辅助蓄电池) 联合驱动的燃料电池电动汽车的动力系统从本质上来讲是一种混合动力结构，它与传统意义上的混合动力结构的差别仅在于发动机是燃料电池系统而不是内燃机。目前绝大多数燃料电池汽车动力系统都采用这种结构。该结构为一个典型的串联式混合动力结构，在该动力结构中，燃料电池和蓄电池一起为驱动电机提供能量，驱动电机将电能转化成机械能传给传动系统，从而驱动汽车前进。在汽车制动时，驱动电机变成发电机，动力电池将储存回馈的能量。在燃料电池和动力电池联合供能时，燃料电池能量输出变化较为平缓，随时间变化的波动较小，而能量需求变化的高频部分由动力电池分担。动力电池还可以单独以纯电动的模式驱动车辆，可以实现在燃料电池出现故障时的跛行返回。

1) 该燃料电池系统主要优点

(1) 由于增加了价格相对低得多的动力电池组，大大地降低了整车成本，且动力电池技术比较成熟，可以在一定程度上弥补燃料电池技术上的不足。

(2) 燃料电池单独或与动力电池共同提供持续功率，而且在车辆起动、爬坡和加速等有额外功率需求时，动力电池可以单独输出能量或者提供峰值功率。

(3) 制动能量的回收可以回收汽车制动时的部分动能，该措施可以提高整车的能效，燃料电池可以在比较好的设定工作条件下工作，工作时燃料电池的效率较高。

(4) 系统对燃料电池的动态响应性能要求较低。

2) 存在的问题

(1) 动力电池的使用使得整车的质量增加，动力性和经济性受到影响，这点在能量复合型混合动力汽车上表现得更为明显。

(2) 动力电池充放电过程会有能量损耗。

(3) 系统变得复杂，系统控制和整体布置难度增加。

采用 FC+B 动力系统的燃料电池汽车比较典型的车型是奔驰 B 级 F-Cell 燃料电池汽车，这款车将燃料电池汽车的车型范围拓展到运动旅行车。作为一款适合旅行、家庭和休闲的 B 级 F-Cell 车，采用了奔驰创新的夹层式车身结构。这种独特的设计，非常便于应用燃料电池动力系统。B 级 F-Cell 燃料电池车的高转矩电机，能输出超过 100W 的功率，比前一代 A 级 F-Cell 的功率高出 35W。在减少了燃料消耗并进一步提高了存储容量之后，B 级 F-Cell 燃料电池车的续驶里程已达约 400km。2009 年年底，B 级 F-Cell 燃料电池车型正式投入批量生产，首批 200 台于 2010 年初交付欧洲和美国市场上的消费者。奔驰 B 级 F-Cell 车的透视图如图 3-45 所示，技术参数见表 3-5。

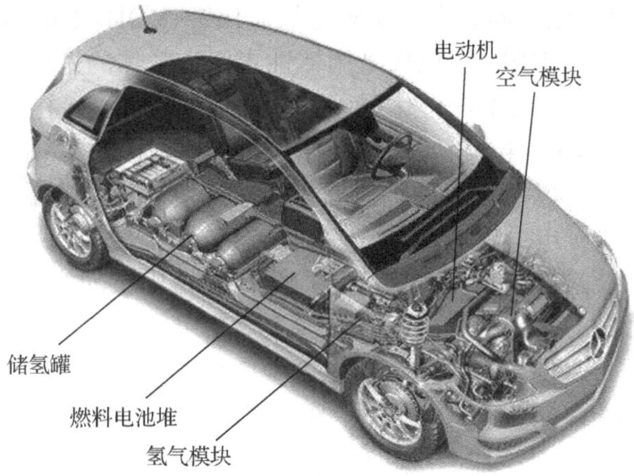

图 3-45　奔驰 B 级 F-Cell 车的透视图

表 3-5　奔驰 B 级 F-Cell 车技术参数

部件及性能	技术参数值
电机	最大功率 100kW；最大转矩 290N·m
蓄电池	锂离子电池最大容量 1.4kW·h；最大输出 35kW
续驶里程	纯电动模式最大 385km
性能	0～100km/h 加速时间为 4.8s；最高车速为 170km/h
燃料消耗	等同于柴油 3L/100km
低温起动	−25℃以下

奔驰 B 级 F-Cell 燃料电池汽车可乘坐 4 人，最高车速 170km/h，纯电动模式最大续驶里程达 385km，采用 700bar(1bar= 0.1MPa) 高压氢气为燃料，装置 100W 的高效率和高性能的质子交换膜燃料电池，采用 FC+B 的动力结构，采用 1.4kW·h 容量的锂离子电池组为电源，并搭载动力达 100kW、290N·m 的永磁同步电机，性能可以与 2.0L 汽油发动机的动力相媲美。在欧洲 CYC-NEDC 测试中，F-Cell 每百公里的燃料消耗仅相当于 3L 柴油油耗。

3.5　其他电池

除了前面提及的铅酸电池、锂离子电池和燃料电池以外，新能源汽车还可使用其他动力蓄电池，如镍氢电池、钠硫电池、太阳能电池、超级电容器、超高速飞轮及空气电池等。

3.5.1　镍氢电池和钠硫电池

1. 镍氢电池

镍氢电池是 20 世纪 90 年代发展起来的一种新型蓄电池。它的正极活性物质主要由镍制成，负极活性物质主要由储氢合金制成，镍氢电池是一种碱性蓄电池。

镍氢电池按照工作电压可分为高压和低压两类；按照其外形可分为方形和圆形两类。高压镍氢单体电池采用镍(Ni)为正极，氢(H_2)为负极，因此高压镍氢电池也称为 Ni-H_2 电池。Ni-H_2 电池的氢电极与镍电极之间夹有一层吸饱氢氧化钾(KOH)电解质溶液(标准工作温度为20℃，密度为 1.3g/cm^3)的石棉膜。氢电极是用活性炭作为载体的聚四氯乙烯(PTFE)黏结式多孔气体扩散电极，它由含铂催化剂的催化层、拉伸镍网导电层和多孔聚四氯乙烯防水层组成。镍电极可以用压制的 $Ni(OH)_2$ 电极，也可用烧结的 $Ni(OH)_2$ 电极。高压 Ni-H_2 电池具有比能量高、寿命长、过充放电，以及可以通过氢压来指示电池荷电状态的优点。其主要缺点是：容器需要耐高氢压，一般充电后氢压达到 3～5MPa，这就需要较重的耐压容器，降低了电池的体积比能量及质量比能量；自放电较多；不能漏气，否则电池容量减小，并且容易发生爆炸事故；成本高。因此目前研制的高压镍氢电池主要应用于空间技术。

低压镍氢电池又分为两种：一种是在镍氢电池中放入具有可逆吸放氢的储氢合金以降低氢压；另一种则是以储氢合金(MH)为负极，氢氧化镍(NiOH)为正极，氢氧化钾(KOH)溶液为电解质。这种镍金属氢化物(Ni-MH)电池与镍镉电池相比，二者的结构相同，只是所使用的负极材料不同，镍镉电池使用海绵状的镉为负极，而 Ni-MH 电池使用储氢合金为负极。Ni-MH 电池有许多独特的优点，如能量密度高、可快速充电、低温性能好、可密封、耐过放电能力强、无毒、无环境污染、不使用贵金属、无记忆效应。Ni-MH 电池称为环保绿色电池。

2. 钠硫电池

钠硫电池也是一种具有发展潜力的车用动力蓄电池，美国福特汽车公司的 Minivan 牌电动汽车使用的就是这种电池。钠硫电池曾被美国先进电池联合会(USABC)列为重点研究开发的高能电池之一。

钠硫电池采用熔融状的硫(也可添加石墨)作为正极活性物质，金属钠作为负极活性物质。以三氧化二铝和氧化钠形成陶瓷固态电解质。钠硫电池工作时，需保持 350～380℃的高温使硫熔融，才能使金属钠形成活性物质 Na^+，并发生电化学反应释放出电子。电池放电后期生成物为多硫化钠(Na_2S_x)。

钠硫电池在工作时，硫必须处于熔融状态，才能确保钠硫电池发生化学反应。因此在新的钠硫电池充电前，要采用电加热的方法将电池加热到 300～350℃，使硫完全熔融后再充电。其充电过程十分复杂。钠硫电池在暂时停用时，也需要用电加热的方法使硫保持熔融状态，这给钠硫电池的使用带来了很大的不便。而当液态硫温度达到沸点(440℃)时，钠硫电池的压力会突然升高，这十分危险。因此必须采用一套温度控制系统来保证其温度低于沸点，另外还需要采用一套通风装置来降温。钠硫电池的主要优点有质量比能量高(理论上可达 640W·h/kg)、转换效率高(接近 100%)、循环寿命长、无污染及原材料资源丰富等。钠硫电池的不足之处是由于使用度高，存在高温腐蚀、性能不稳定及安全性差等问题。

3.5.2 太阳能电池

太阳能电池是利用光和材料相关作用直接产生电能的，太阳能是对环境无污染的可再生能源，它的应用可以解决人类社会发展在能源需求方面的问题。同时，太阳能是一种储量极其丰富的洁净能源，太阳每年向地面输送的能量高达 3×10^{24}J，相当于世界年耗能量的 1.5 万倍，因此太阳能电池作为人们利用的可持续资源，是解决世界范围内的能源危机和环境问题的一条重要途径。

1. 太阳能电池的分类

1) 太阳能电池按材料分类

太阳能电池按材料的不同分类，主要分为硅系列太阳能电池和化合物系列太阳能电池。

(1) 硅系列太阳能电池。硅系列太阳能电池是以硅材料为基体的太阳能电池，分为单晶硅太阳能电池、多晶硅薄膜太阳能电池和非晶硅薄膜太阳能电池等。

(2) 化合物系列太阳能电池。多元化合物薄膜太阳能电池的材料为无机盐，其主要有砷化镓、硫化镉、碲化镉及铜铟硒薄膜电池等。

2) 太阳能电池按结构分类

太阳能电池按结构的不同分类，可以分为同质结电池、异质结电池、肖特基结电池等。

(1) 同质结电池。其是由同一种半导体材料构成一个或多个 PN 结的太阳能电池，如硅太电池和光电化学电池等。

(2) 异质结电池。其是用两种不同的半导体材料，在相接的界面上构成一个异质结的太阳能电池等电池，如氧化钢/硅电池、硫化亚铜/硫化电池等。如果两种异质材料晶格结构相近，界面处的品格匹配较好，则称为异质面电池，如化铝/化镓电池。

(3) 肖特基结电池。其是用金属和半导体接触组成一个肖特基势垒的电池，也称为 MS 电池。目前其已发展成金属-氧化物半导体电池（IOS）和金属绝缘体半导体电池（MIS），这些又总称为导体绝缘体半导体电池。

(4) 光电化学电池。其是用浸于电解质中的半导体电极构成的电池，又称为液结电池。

2. 太阳能电池的特点

单晶硅太阳能电池因为转换效率（转换效率为 15%～17%）最高，技术也最为成熟，在大规模应用和工业生产中仍占主导地位。但由于单晶硅成本价格高，为了节省硅材料，发展了多晶硅薄膜和非晶硅薄膜太阳能电池作为单晶硅太阳能电池的替代产品。

多晶硅薄膜太阳能电池与单晶硅太阳能电池相比，成本低廉，而效率高于非晶硅薄膜太阳能电池，其转换效率为 12%～14%。因此，多晶硅薄膜太阳能电池将会在太阳能电池市场上占据主导地位。

非晶硅薄膜太阳能电池成本低、重量轻，转换效率为 6%～10%，便于大规模生产，具有极大的潜力。但它受制于其材料引发的光电效率衰退效应，稳定性不高，直接影响了它的实际应用。如果能进一步解决稳定性问题及提高转换效率问题，那么非晶硅薄膜太阳能电池无疑是太阳能电池的主要发展产品之一。

硫化镉/多晶硅薄膜太阳能电池的转换效率较非晶硅薄膜太阳能电池的高，成本较单晶硅太阳能电池的低，并且也易于大规模生产，但由于镉有剧毒，会对环境造成严重污染，因此，并不是晶体硅太阳能电池最理想的替代产品。

3.5.3 超级电容器

超级电容器，又称为双电层电容器（Electrical Double-layer Capacitor）、电化学电容器（Electrochemical Capacitor，EC）、黄金电容及法拉电容等。

超级电容器储能机理在 1879 年由 Helmholz 发现。1947 年，Grahame 等首先开始了汞的电毛细现象方面的研究。1957 年，Becker 首先提出了可以将较小的电容器用作储能器件。该种器件具有接近于电池的能量密度。随后，标准石油公司（SOHIO）在燃料电池的研究开发中认识到了石墨电极表面双电层电容的巨大利用价值，并于 1962 年生产了一种工作电压为 6V，以碳材料作为电极的电容器，大小和汽车蓄电池的大小差不多。该电容器可以驱动小舟在湖面上行驶 10min 左右。稍后，标准石油公司的该项技术转让给日本 NEC 电气公司，NEC 公司从 1979 年开始生产 Super Capacitor 品牌的大容量电容器，这也就是超级电容器名称的由来，并将该技术应用于电动汽车的电池起动系统，开始了超级电容器的大规模商业化应用。此外，NEC 还将超级电容器技术应用于电动汽车的电池起动系统，试图开发电化学电容的大规模商业化应用。与此同时，日本松下公司设计了以活性炭为电极材料，以有机溶液为电解质的 Gold Capacitor，这也就是黄金电容名称的由来。

超级电容器比同体积的电解电容器容量大 2000～6000 倍，功率密度比电池高 10～100 倍，可以大电流充放电，充放电效率高，充放电循环次数可达 100000 次以上，并且免维护。超级电容器的出现填补了传统的静电电容器和化学电源之间的空白，并以其优越的性能及广阔的应用前景受到了各个国家的重视。

3.5.4 超高速飞轮

将能量存储于旋转的飞轮，即以机械能的形式存储能量是一种很古老的储能思想，它作为一种简单的机械储能元件，已被人类利用了数千年。从古代陶工的制坯机械、古老的纺车，到工业革命时期发明的蒸汽机以及后来的汽车发动机都用到了飞轮。

但是这些大大小小的飞轮有的是以匀速为目的，有的是满足即时储能的需要，储存的能量少，时间短，因而还不能称为真正现代意义上的储能飞轮。真正以大容量、长时间储能为目的的现代飞轮储能系统出现于 20 世纪 50 年代，但是限于当时的技术条件，储能飞轮并未取得很大的进展。直到 20 世纪 90 年代，以下几个技术的突破性进展，给飞轮储能技术带来了新的活力和契机。

高强度的各种复合材料的出现，如碳素纤维和玻璃纤维的出现，使得飞轮允许线速度可达 500～1000m/s，大大增加了飞轮的储能密度，也就是单位质量的动能储量。

磁悬浮技术的发展，配合真空技术、高温超导技术以及高磁能级的永磁材料的出现，极大地降低了飞轮支撑系统的机械摩擦和风阻，提高了飞轮转速。

各种电力电子元器件和高转速电机的出现，为飞轮电池的电变换和控制提供了极大的灵活性。

而在上述各种技术中，磁悬浮技术的发展是推动储能飞轮研究和发展的重要因素。早期的飞轮大多数采用机械轴承，机械轴承因为摩擦损耗大，所以能量损失严重。将磁悬浮轴承活性应用于现代高性能飞轮电池，使人们利用高速旋转的飞轮转子获得大容量、长时间存储能量的想法成为可能。

超高速飞轮，又称为飞轮储能器或飞轮电池，它利用超高速旋转的飞轮储存能量，并通过机电能量转换装置实现机械能和电能的相互转换。基于其比能量高、比功率大、电能和机械能之间的转化效率高、能快速充电、可实现免维护和具有良好的性价比等特点，超高速飞轮在电动汽车、航空、航天、电网调控、风力发电系统的不间断供电及军事等领域有着广阔的应用前景。研究证明，质量为 2200kg 的汽车，以维持 200～250km 的行程和 10～96km/h 的 10s 加速过程，大约需要 78kW·h 储能量以及 94kW 的发电功率。20 世纪 80 年代初，瑞士

Oerlikon 工程公司成功研制了完全由飞轮供能的第一辆公共汽车。该飞轮的直径为 1.63m，质量为 1.5t，在氢气环境里以 3000r/min 运行来降低风损。该车乘客有 70 名，行程约为 0.8km，在每次靠站停车时，飞轮将需要充电 2min。经过多年的研究与实验，美国飞轮系统公司（AFS）已经生产出了以克莱斯勒 LHS 轿车为原型的飞轮电池轿车 AFS20，这是种完全由飞轮电池供电的电动汽车。它由 20 个飞轮电池驱动，每个电池的直径为 230mm，质量为 13.64kg，电池充电需要 6h，而快速充电只需要 15min，一次充电行驶里程可达 560km。

3.5.5　空气电池

空气电池（Air Cell）已有近百年的历史，发展初期由于空气电极的结构落后，且没有使用合适的催化剂，只能在很低的电流密度下工作。直到 20 世纪 60 年代后期，人们在适应室温的电解液方面的研究取得了突破性的进展，才使空气电池得到进一步的发展。1995 年，以色列 Electric Fuel 公司首次将锌空气电池用于电动汽车上，其后空气电池在电动汽车领域进入了实用化阶段。目前，美国、德国、法国、瑞典、荷兰、芬兰、西班牙、葡萄牙和南非等多个国家都在电动汽车上积极推广锌空气电池。

空气电池是以空气中的氧气作为正极活性物质，以金属为负极活性物质的一类电池。空气电池的电解液常用氢氧化钾溶液。因为用作负极的金属材料可选性很多，所以空气电池的种类也较多。一般以负极材料的金属名为电池的第一个字，后加空气电池即为电池名。常见的有锌空气电池、铝空气电池和锂空气电池等。

1. 锌空气电池

如图 3-46 所示，锌空气电池由正极（空气电极）、负极（锌电极）、电解液、隔膜 4 部分组成。正极的主要材料是活性炭、疏水剂（如聚乙烯、聚四氟乙烯）、催化剂（如银），负极的主要材料是锌（汞齐化锌粉、电积锌或锌屑以及打孔的锌箔等），电解液是氢氧化钾水溶液，隔膜用玻璃纸、维尼龙纸等，外壳由塑料（聚苯乙烯、有机玻璃、ABS 等）制成。

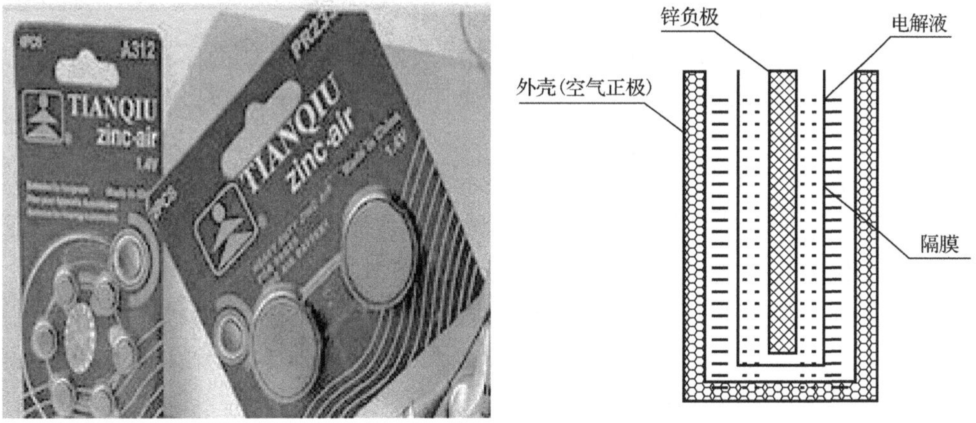

图 3-46　锌空气电池的实物与原理结构图

锌空气电池的化学反应与普通碱性电池类似，在催化剂的催化作用下，当电池放电时，锌摄取流松炭块内从空气中吸附的氧气，锌和氧发生化学反应生成氧化锌，其在放电时正极、负极和总反应的化学反应方程分别如下。

正极：

$$1/2O_2+H_2O+2e^- \longrightarrow 2OH^- \quad (3\text{-}16)$$

负极：

$$Zn+2OH^- \longrightarrow ZnO+H_2O+2e^- \quad (3\text{-}17)$$

总反应：

$$Zn+1/2O_2 \longrightarrow ZnO \quad (3\text{-}18)$$

锌空气电池在放电过程中，其锌板或锌粒通常氧化成氧化锌而几乎失效，使得锌空气电池充电过程十分缓慢。加快反应速度要有足够的催化剂(如铂、银)。含有催化剂的电极表面需要同时与氧及电解液接触，才能发生氧的还原反应。又由于对还原有催化作用的铂族、银族氧化剂价格很贵，一般采用直接更换锌板或锌粒和电解质的方法，使锌空气电池完全更新，因此锌金属的消耗量较大。

2. 铝空气电池

铝空气电池的发展十分迅速，它在电动汽车上的应用已取得良好效果，是一种很有发展前途的空气电池。铝空气电池的化学反应与锌空气电池类似，其特点如下。

(1) 比能量大。

铝空气电池的理论比能量可达 8100W·h/kg，目前铝空气电池的实际比能量可达 350W·h/kg，但也是铅酸电池的 7～8 倍、镍氢电池的 5.8 倍、锂离子电池的 2.3 倍。采用铝空气电池后，车辆能够明显提高续驶里程，国外有关资料介绍，在美国加利福尼亚州，对于使用铝空气电池的电动汽车，有过只更换一次铝电极的续驶里程达 1600km 的记录。

(2) 质量小。

我国目前开发和研制的牵引用动力型铅酸电池的总能量为 13.5kW·h，总质量为 375kg。而同样能量的铝空气电池总质量仅为 45kg，为铅酸电池质量的 12%。由于电池质量大大减小，车辆的整备质量也降低，可以提高车辆的装载能量或延长续驶里程。

(3) 铝没有毒性和危险性。

铝对人体不会造成伤害，可以回收循环使用，不污染环境。铝的原材料丰富，已有大规模的铝冶炼厂，生产成本较低。铝回收再生方便且成本较低，而且可以采用更换铝电极的方法来解决铝空气电池充电较慢的问题。

铝空气电池所存在的缺点与锌空气电池差不多，主要是比功率较低，充电和放电速度比较缓慢，电压滞后，自放电率较大，需要采用热管理系统来防止铝空气电池工作时过热。

3. 锂空气电池

锂空气电池的原理同其他空气电池类似，它以金属锂为负极，用碳基材料组成的多孔电极为正极，在放电过程中，金属锂在负极失去电子成为锂离子，电子通过外电路到达多孔正极，电子并没有将多孔正极上的碳还原，而是将空气中的氧气还原，这一反应持续进行，电池便可以向负载提供能量。充电过程正好相反，在充电电压的作用下，放电过程中产生的放电产物首先在多孔正极氧化，重新放出氧气，锂离子则在负极还原成金属锂，待该过程进行完全，则电池又可重新向负载提供能量。

锂空气电池与锂离子电池相似，区别在于前者的能量密度更高。目前电池的能量密度比化石燃料要低很多，如果要获得与 50L 化石燃料相当的能量，相应地电池系统总质量大致可达 1.5～2kg。因此，锂空气电池要想达到商用要求，必须变得小型轻便，并且拥有良好的储能表现，而这正是锂空气电池具有发展潜力的优势所在。

3.6　电池热管理

3.6.1　电池热管理研究进展

电池热管理(Battery Thermal Management)相关研究工作的出现，至今已有三十余年的历史，尤其是在近十几年，随着电动汽车的快速发展，动力电池热安全问题也日益突出，电池热管理逐渐成为制约电池发展的关键技术之一，在基础理论和实际应用等方面都取得了较大的进步，受到国内外许多学者的关注。在能源短缺和环境污染等问题的压力下，节能与环保已成为全社会的共识。电动汽车由于在节能和减排方面优势明显，已受到国内外的重视。发展电动汽车，关键是动力电池，而大部分电池的电化学性能和循环寿命受温度的影响显著，温度过高或过低均不利于电池性能的发挥。温度过高，电池容易出现过热、燃烧、爆炸等安全问题(图 3-47)；温度过低，电池无法放电或放电深度较浅。

图 3-47　电动汽车自燃

因此，合理的电池热管理系统，对于延长动力电池循环寿命，进而推动电动汽车的发展，具有重要意义。与电子芯片等的散热不同，电池热管理的主要目的既包括通过散热(或冷却)降低电池的温度，同时还需减小电池组/包/模块内部不同单体电池之间的温差，在低温环境下，还包括对电池进行加热或保温。因此，对电池热管理的研究，涉及电池的产热与热量分布规律、电池的结构设计与组装、电池组/包/模块热量的传递与分布等多个方面。

经过多年的发展，电池热管理已经成为涵盖传热学、电化学、材料学等多个学科背景的重要领域，在促进上述学科的应用和发展方面发挥着重要作用。随着电池热管理相关理论和技术的不断发展，对电池进行热管理，既可以从电池自身材料入手，提高电池材料的耐高/低温性能，强化电池内部的传热，也可以从电池外部出发，通过空气强制对流、液体介质流动、相变材料包裹等方式将电池的温度控制在适宜的范围内。热管、热电制冷、冷板等技术的发展也为电池热管理提供了新的思路。

1. 电池热管理性能要求与分类

电池热管理是根据温度对电池性能的影响，结合电池的电化学特性与产热机理，基于具体电池的最佳充放电温度区间，涵盖材料学、电化学、传热学、分子动力学等学科背景，以解决电池在温度过高或过低情况下工作而引起的热散逸或热失控问题。

1) 电池热管理性能要求

随着电动汽车等动力系统对电池动力性能要求的日益提升，电池热管理的需求也越来越迫切。基于前述分析，电动汽车动力电池系统温度导致的问题主要包括以下三个方面。

(1) 电池在高温环境中运行时热量的散逸不及时以及大电流放电时产生的热量迅速堆积而形成的高温，都会降低电池循环性能，甚至引起燃烧、爆炸等直接损坏电池的安全问题。

(2) 单体电池产热不均衡、电池模块各电池之间温度分布不均衡以及电动汽车整个电池组各模块之间、各电池之间温度分布不均衡，都会降低电池组整体寿命，影响整车动力性能和寿命。

(3) 低温环境电池冷起动效率低，电池放电深度与电动汽车动力性能不匹配，进而制约电动汽车在高寒地区以及冬季的应用与发展。电动汽车电池动力性能与循环寿命的提升，对电池热管理系统提出如下要求。

① 保证单体电池最适宜的工作温度范围，避免单体电池、电池模块和电池组整体或者局部温度过高，能够使电池在高温环境中有效散热、低温环境中迅速加热或者保温。

② 减小单体电池尤其是大尺寸单体电池内部不同部位的温度差异，保证单体电池温度分布均匀。

③ 减小电池组内部不同电池模块之间的温度差异，保证电池组整体内部的温度分布均匀。

④ 满足电动汽车轻型化、紧凑性的具体要求，安装与维护简便，可靠性好且成本低廉。

⑤ 有害气体产生时的有效通风，以及与温度等相关参数相一致的热测量。

2) 电池热管理主要技术分类

(1) 研究基于电池结构的耐温电池材料，包括耐高温材料以及低温电极材料、电解液等材料。

(2) 以空气为介质的电池热管理系统。

(3) 以液体为介质的电池热管理系统。

(4) 基于相变传热介质/材料的电池热管理。

(5) 热管、热电、冷板等其他基于制冷制热原理的热管理系统。

(6) 上述两种或几种技术的耦合。

2. 基于耐温电池材料的热控

基于耐温电池材料的热控主要包括正极材料、负极材料、电解液等的改性，以提升其耐高温性能或者低温活性。以碳/聚合物为原料合成了一种正温度系数化合物，并以此作为锂离子电池负极材料，以防止电池内部短路，提高电池高温安全性。研究人员合成了一种镁锂钴氧化物并制成 Li-ion 电池进行测试，结果显示，电池在 0、−10℃、−20℃下 1C 放电，放电容量分别是 23℃时的 84%、63%和 33%。不难看出，对于 Li-ion 电池，电解液的阻燃是关键，在原有电解液基础上添加阻燃剂、研究新型不燃或者低燃电解液都是提升 Li-ion 电池热稳定性、降低电池燃烧等风险的有效方法。对于电极材料，主要目的是提高其导热系数，加快电池内部热量向外部空间传递的速率，减少热量在电池内部的积累。因此，电极材料、电解液材料热稳定性的提升，都是以牺牲电池容量为前提的。

3. 以空气为介质的电池热管理系统

传热介质对电池热管理系统的性能和成本有重大的影响。采用空气作为传热介质就是直接把空气导入使其穿过模块以达到热管理的目的。采用空气对电池进行加热、冷却(或通风)的电池热管理系统可以是被动式(只利用了周围环境)或者是主动式(组装在系统内部，能够在低温情况下提供热源或在高温情况下提供冷源)的，而主动式元件包括蒸发器、加热芯、电加热器或燃料加热器等。高温环境下，电动汽车电池只需冷却，而不必对其进行加热；相反，在寒冷环境中(温度约为-10℃或以下)，大多数电池的能量和功率都降得很低，车辆性能严重衰退，这就需要使用加热系统，以确保其正常工作。对于 EV，由于没有发动机对电池组进行加热，电机散发出来的热以及功率较大的车内电子电器产生的热均可加以利用。而对于 HEV，发动机可以提供热源，只是它必须经过一定的时间延迟(5min 以上)才能使电池加热到理想工作温度，故需要给电池加设相应的加热装置。相对而言，对电池进行冷却比对其加热要容易很多，因为可利用车辆空调、制冷系统或发动机冷却介质进行冷却。然而，使用制冷技术会导致电池能量消耗增加，这与用混合动力技术来提高其能量经济性相矛盾。当今学者通过模拟以及实验研究等方式分析了电池散热特性，验证了强制对流空气冷却的可行性，但是随着空气冷却(简称空冷)法的广泛应用，对于大规模的锂离子聚合物电池，由于其导热率低，热传导的弛豫时间长，仅用空气冷却无法满足要求。

4. 以液体为介质的电池热管理系统

对于寒冷条件下的加热，一般采用空气作为介质即能满足要求，但在高温等复杂条件下，动力电池散热却有更高的要求，采用液体作为冷却介质用于动力电池散热便成为可能。液体冷却(简称液冷)系统主要分为主动式液体冷却系统和被动式液体冷却系统。主动式液体冷却系统中使用汽车自身的制冷装置，电池热量通过液体与液体交换形式送出；被动式液体冷却系统中采用液体与外界空气进行热交换的方式将电池热量送出。采用液体介质的传热可在模块间布置管线，或围绕模块布置夹套，或者把模块沉浸在电介质的液体中，也可把模块直接布置在加热(或冷却)液体中。

若液体不是直接和模块接触(如传热管、夹套等)的，传热介质可以采用水、乙二醇，甚至制冷剂。若要把模块沉浸在传热液体中，则该液体必须是电介质，并采用绝缘措施以免发生短路。在模块壁和传热介质之间进行传热的速率取决于液体的热导率、黏度、密度和流动速率(简称流速)等。在相同流速下，大多数直接接触式流体(如矿物油)传热速率远高于空气，因为后者有比较薄的边界层和较高的导热率。但由于油具有较高的黏度，需要较高的泵送功率，只能采用较低的流速，使其传热系数比空气仅高出 1.5～3 倍。目前，液体冷却已经在电子设备的散热、Ni-MH 电池组的冷却等许多领域得到广泛应用。

5. 基于相变材料的电池热管理系统

相变材料(Phase Change Material，PCM)是指随温度变化而改变形态并能提供潜热的物质。相变材料由固态变为液态或由液态变为固态的过程称为相变过程，这时相变材料将吸收或释放大量的潜热。相变材料可分为有机(Organic)相变材料和无机(Inorganic)相变材料，也可分为水合(Hydrated)相变材料和蜡质(Paraffin Wax)相变材料。目前，相变材料已经在许多领域得到应用，如作为热保护系统用在空间领域。电子装置和储能装置中的主动式或被动式冷却系统以及电子器件散热，无论从节能、提高车辆续驶里程出发，还是从车辆的小型化、微型化趋势来看，传统的以空气、水为冷却介质的电池热管理系统都存在局限性，而采用相变材料的电池热管理系统有望得到使用。利用 PCM 作为电池热管理系统时，把电池组浸在 PCM 中，PCM 吸收电池组放出的热量而使温度迅速降低，热量以相变热的形式储存在 PCM 中。PCM 的相变潜热和相变温度是选择 PCM 的两个重要参考指标。石蜡具有较高的单位质量相变潜热，在电池运行温度范围内有合适的熔化温度，具有大规模商业开发的价值，但导热性能很差，储热速度低，并且会发生熔化/固化循环中的离析，进而降低整体性能。诸多研究者为克服这一缺陷进行了许多研究，例如，在石蜡中添加金属填料来提高热导率；使用金属翅片管与 PCM 耦合；在铝薄板中填充 PCM；在石墨中充填 PCM 来提高导热性；在 PCM 中添加碳纤维或碳纳米管等。研究结果表明，这些方法可以在很大程度上提高 PCM 的热导率和整体性能。

3.6.2 电池产热原理及模型

锂离子电池在充放电过程中会产生一系列的化学反应，从而产生反应热，主要包括 SEI 膜的分解、电解液的高温分解、负极和黏合剂的反应等。另外，当电流通过电池内部时，也会产生部分热量。锂离子电池基本结构见图 3-48。

1. SEI 膜的分解

SEI 膜在锂离子动力电池负极，由稳定层与亚稳定层组成。SEI 膜会在 60～135℃的中等温度范围内发生分解，从而加速 SEI 膜的增厚和电池极化的增加。因此，必须控制电池温度，从而避免电池温度过高而导致电池失效甚至燃烧爆炸等。

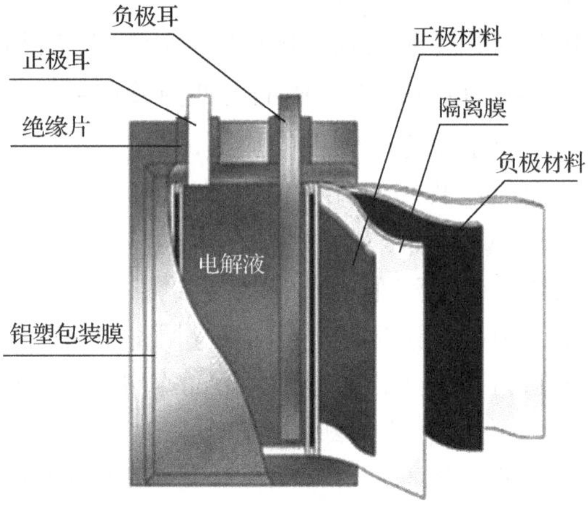

图 3-48　锂离子电池基本结构

2. 电解液的高温分解

通常，温度逐渐升高的情况下，在电池内部各个组分之间主要存五个反应。

(1) 电解液热分解。

(2) 负极表面电解液的化学还原反应。

(3) 正极表面电解液的化学氧化反应。

(4) 正极与负极的热分解。

(5) 隔膜溶解且引起内部短路。

前三个反应直接与电解液有关，所以电解液的热安全性直接影响着整个锂离子电池动力体系的安全性能。

正极活性物质在氧化状态下发生分解，放出氧气，氧气与电解液发生反应，放出热量，或者正极活性物质直接与电解液发生反应。这是由于充电时电池电压较高，导致正极化学反应发生。电池不断循环充、放电过程中，正极反应分解形成的表面层，进一步促进反应的发生，产生更多的热量。实际运行环境中，大倍率充放电时电池产生的高温会加大运行危险。

当温度高于 110℃时，SEI 膜开始不稳定，从而负极中的锂离子与电解液发生反应，释放热量。有机电解液的有机溶剂和钾盐组分的不同，也直接影响碳负极上的热反应，从而在热失控起始温度上产生很大差异性。

3. 负极与黏合剂的反应

负极包含质量比为 7%～15%的黏合剂，负极与黏合剂的反应热随着负极锂化程度呈线性增加。通过 X 射线分析反应产物，发现 LiF 是主要的无机产物。LiC_6 比金属锂开始反应的温度低，是由于碳的比表面积较大。

4. 电池产热率的计算

电池的反应热用 Q_r 来表示；电池极化能量损失用 Q_p 来表示；电池内存在副反应引起的能量损失用 Q_s 表示；电池存在着电阻，产生焦耳热 Q_j。动力电池总产热 Q_a 为

$$Q_a = Q_r + Q_p + Q_s + Q_j \tag{3-19}$$

电池的平均产热速率=产热量/时间，即为

$$V = Q / t \tag{3-20}$$

式中，V 为平均产热速率，W；Q 为电池运行时间总产热量，J；t 为电池运行总时长，s。

电池的产热与自身特性相关的因素为：电池化学结构；荷电的初、止状态；电池的起始温度；不同模式下充、放电的速率。确定电池类型后，需要考察上述后三个变量的影响。设计实验进行测量和计算。

例如，一个电池模块以 1C 放电从 100%荷电状态（SOC）到 0%荷电状态，循环时间为 3600s。测定过程放出的热量就能计算出热产生速率。

另外，热容量是指加热或冷却 1kg 电池物质使其升高或降低 1℃所需要的能量。根据量热方法获得电池模块由初始温度 T_1 改变到终态温度 T_2 失去或获得的热量 Q，则电池的热容量：

$$C_p = Q / m(T_1 - T_2) \tag{3-21}$$

式中，m 是电池模块的总质量。

3.6.3　风冷式电池散热

为使动力电池受环境温度影响较小并始终在合适的温度内工作，首要问题是确保电池组拥有较好的散热方案，从而可以使动力电池保持处于理想的工作状态，同时提高其安全性和使用寿命。根据冷却介质的特点，电池散热方式包括热管冷却、空冷、相变材料冷却和液冷或上述两种及以上方式的耦合等方式。

电动汽车中的动力电池较为常用的散热方法是通过风冷却系统（Air Cooling System，ACS）进行散热降温，该方法利用空气作为冷却介质，气流循环使温度较低的空气直接与温度较高的电池表面进行接触，通过快速的空气流动带走热量，使电池工作过程中的温度不至于过高而发生危险。ACS 中包括自然对流与强制对流两种空气流动方式。同时，若需要电池提供能量以辅助空气流动进行冷却，则称为主动式，否则称为被动式，具体方式如图 3-49 所示。

风冷却系统中气流的来源有多种途径，例如，汽车行驶过程中，由车速过快产生的空气自然流动，利用气流进行吸热降温；车载风扇等转动加快气流运动进行吸热降温。风冷却系统的组成结构也各不相同，例如，串行式通风结构和并行式通风结构是根据气流依次经过电池的顺序决定的。有些研究者用二维模型模拟了串行式和并行式通风的散热效果（图 3-50）：通过对比两种方式的散热效果图可以发现，虽然串行式通风时，电池包的最低温度比并行

式通风时低，但是电池包中的温差却更大(18℃)，整体温度分布不够均匀，而并行式通风效果较好，最大温差较小(8℃)。Mahamud 等运用二维模型仿真分析了往复运动的风冷却系统(图 3-51)，数值计算结果表明，往复运动的气流比单向流可以使 72%的电池温度下降约 4℃。

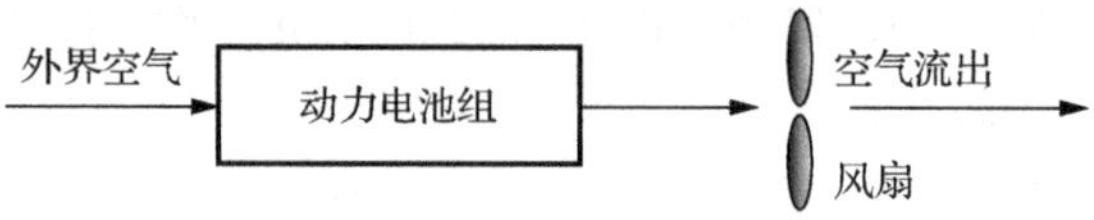

(a) 被动式冷却

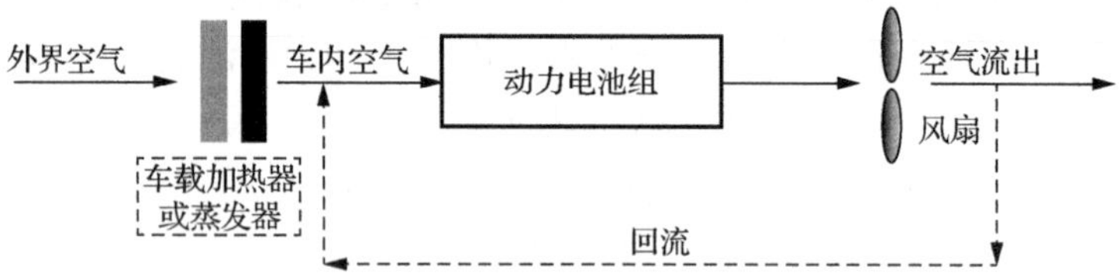

(b) 被动式加热或冷却

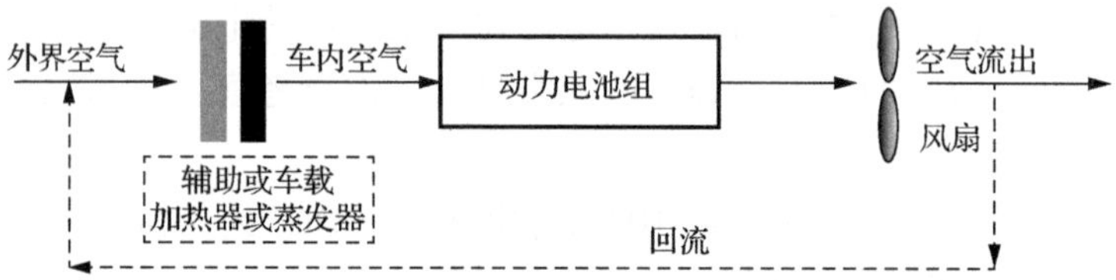

(c) 主动式加热或冷却

图 3-49　以空气为介质的风冷却方式

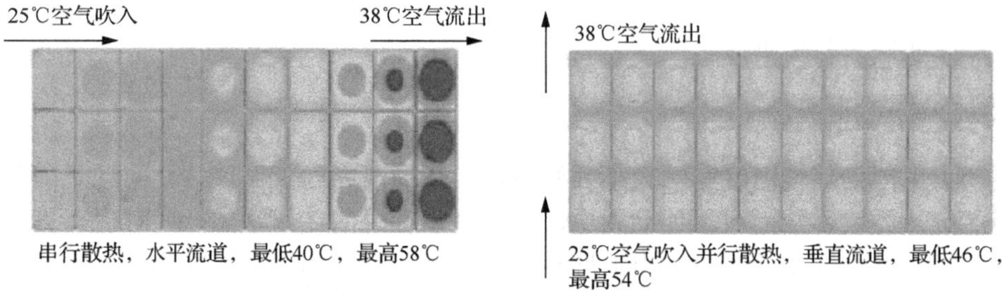

图 3-50　串行和并行的风冷却方式

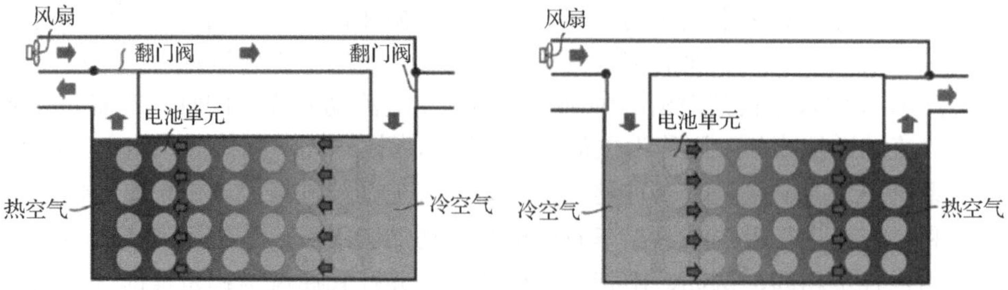

(a) 流动方向从右到左　　(b) 流动方向从左到右

图 3-51　往复运动的风冷却仿真分析

风冷却系统因结构简单、成本低、质量轻等优点广泛应用于 BTMS，但随着锂离子电池热负荷越来越大，风冷却系统中自然对流散热很难满足电池组的散热要求，而强制对流散热可将电池组的最高温度控制在较合理范围之内，但电池组的温差较大。有些研究者结合实验研究与仿真分析发现，仅通过自然对流方式散热时，锂离子电池工作状态的最高温度过高，采用强制对流方式时，电池最高温度可以保证在合理的范围内，但是该方式下风速渐渐增大使得进、出风口存在较大的压力差，容易引起温差增加，为电池热管理造成许多难题。Sabah 等指出采用风冷却系统时，由于冷却风速逐渐降低，进、出风口的压差较大，从而导致单体电池的温差较大。

在高放电率或高工作环境温度下，风冷却不能让电池保持在理想的温度范围内工作。研究人员对 18650 锂离子电池采用强制风冷却方式，并对其冷却效果进行了数值模拟和实验研究，研究表明风冷却在 45℃工作条件下，电池以 6.67 的倍率放电时，其温度始终高于 55℃，风速对电池的降温效果影响较小。Harmel 等通过仿真分析的方法研究了镍氢电池的热平衡特性，研究表明锂离子聚合物电池的导热系数较小时，风速对降温的效果存在严重的局限性，即当风速超过临界值时，风速对温度变化的影响很小，单独进行风冷却很难实现理想的冷却效果。尤其在汽车负荷逐渐增大时，要实现理想的效果则要求安装辅助设备进行冷却，如蒸发器和加热器等，进而增加电池组能量的消耗。

因此，考虑到制造成本因素，对于混合动力汽车，一般优先采用风冷却系统，当动力系统用大功率动力电池组时，风冷却系统便无法达到理想的散热效果，需要考虑用其他的热管理系统。

睦艳辉等采用仿真分析方法研究了交错排列的Ni-MH电池组及梯形排列的电池组内的共轭传热，设计了高效均温对流散热结构，着重分析了梯形排列电池组的温升特点，通过梯形排列以及合理的进、出风口设计来提高电池组的散热能力以及电池组的温度均匀性。楼英莺运用实验与仿真对混合动力汽车用Ni-MH的散热特性进行了研究，设计了36V梅花形电池组，不但可以减少流体能耗，而且能够引导更多的气流对电池组内部进行散热。许超对客车的磷酸铁锂锂离子电池包散热进行了研究，提出了优化设计电池包结构进而改善散热效果的方案，如增加风扇、加宽通风道宽度等。沈帅对 $LiFePO_4$ 电池箱的自然对流散热和强制对流散热及加热进行了研究，最高温度低于环境温度 5℃时底部加热电池效率较高。Wang 运用 Fluent 对风冷却的电池组中风扇不同的安装位置进行评价，结果表明，当风扇安装在电池组上方时能获得较好的冷却效果。综上所述，进行小型动力电池包的冷却时可优先采用风冷却系统以降低整车成本；而对于电动汽车中使用的大型动力电池包而言，无论采用何种风冷却措施，温度分布不均匀的现象依然比较严重，散热效果较差。

3.6.4　液冷式电池散热

液体冷却系统(Liquid Cooling System，LCS)是指采用液体为冷却介质，通过液体直接或间接接触动力电池来达到冷却散热的一种方式。这种方式是在风冷却无法满足散热效果的背景下发展起来的，可分为主动式和被动式，如图 3-52 所示。主动式液体冷却系统是使用汽车本身的制冷装置，对电池进行冷却。被动式冷却系统中，电池热量通过液体与外界空气对流进行冷却。在选取冷却介质时要综合考虑液体的流动性和热导率等。因为低温环境容易使冷却液发生变质，影响冷却效果，严重时易导致液体泄漏，损坏 BTMS。液体冷却系统可以通过独立的液体管道绕在电池组周围或放置在冷却板上，或以冷却护套的形式嵌套在电池组上。例如，与电池直接接触时，冷却液必须具有绝缘性，以避免短路；间接接触时，冷却液可以是水、乙二醇或油等，但必须置于一定的辅助部件(如管道、冷却板、夹套等)中，电池的热量通过辅助部件传导，再由冷却液将热量带走，从而使电池冷却。与直接接触式液冷相比，间接接触式液冷的电池温度一致性相对较差，冷却效果主要由管道结构及热交换系数决定。

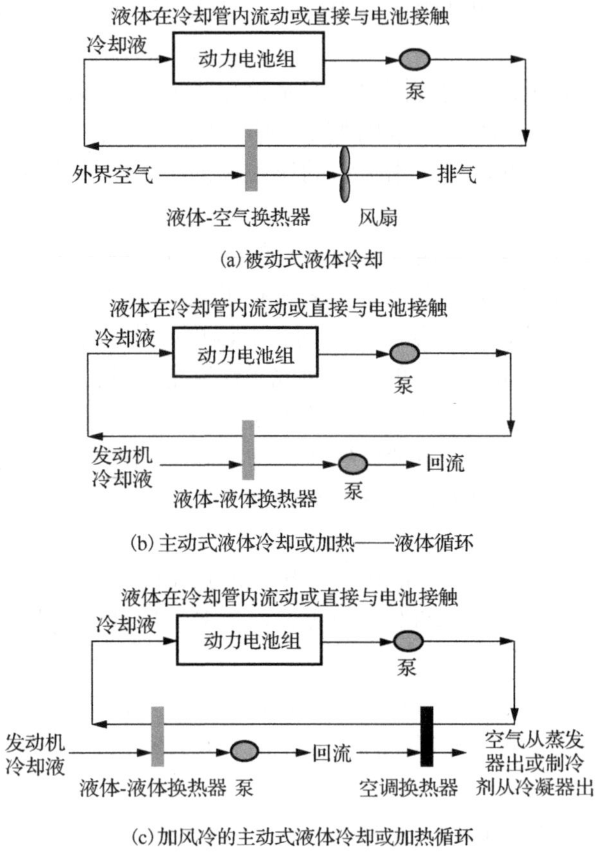

图 3-52　以液体为冷却介质的电池热管理示意图

液体冷却的效果优于空气冷却，在相同的泵功率条件下，液体冷却的换热效率比空气冷却的效率高得多。由于液体有较高的黏度、热导率、流速以及液体的流动状态，需要较大的泵送功率，所以一般采用较低的流速。Pesaran 等对产热量为 30W 的电池组进行了风冷却和油液冷却的对比实验，电池组、空气以及油液的初始温度分别为 25℃、25℃、30℃，电池组经过油液冷却后最高温度为 45℃，然而电池组经过风冷却后最高温度也为 45℃。Nelson 等研究指出聚硅酮电介质流体的散热效果明显优于风冷却系统。Kim 等研究了圆形电池在空气、油和水-乙二醇混合物三种不同冷却介质中的散热情况，在间接的液体冷却系统中水-乙二醇优于油。Mottard 等研究了采用水作为冷却介质对镍镉电池进行散热具有良好的效果。吴忠杰等对混合动力车用镍氢电池的液体冷却系统进行了研究，结合圆形电池的散热特点，采用夹套式液体冷却的方法，通过仿真计算得出当矿物油的流速为 2m/s 时，电池温差可以控制在 1℃以内。Kim 研究了冷却板运用水-乙二醇为冷却介质对动力电池进行散热，假设电池产生的热均匀分布，对各冷却板加载相同的边界条件，运用计算流体动力学方法对冷却板结构进行优化。结果表明，对管道的形状和位置优化后能满足压力降与平均温度最低的要求，但温度的均匀性较差。冯竞阳选择了三种散热方式(自然对流、强制风冷以及液冷散热)进行温度场分布的研究，对比了单体电池、电池组在这三种散热方式下的散热效果，经研究得出三种散热方式的效果好坏依次为液冷最佳，强制风冷次之，自然对流效果最差。Yu 等对六种不同布置形式的冷却板使用计算流体动力学方法进行计算和比较，并运用最高温度和温差对布置形式的冷却板进行评价。结果证明，多通道蛇形流场(Multi-pass Serpentine Low-field)冷却板的最高温度和温差比常规的蛇形流场有更好的冷却性能。Liu 等以方形锂离子电池为研究对象，研究了液体冷却板对其的影响效果，得出了液体冷却比 PCM 冷却更有效且温度分布更加一致的结论。Hansen 等通过间接接触对镍氢电池进行液体冷却，结果表明目前的制造工艺能够使管道的密封性达到要求并防止泄漏及短路。

2012 年特斯拉推出的 MODEL S 采用 50%的水和 50%的乙二醇作为冷却介质，以降低凝点保证散热性能。2013 年法拉利推出的全新超跑 LaFerrari 混合动力系统也采用了液体冷却散热系统，通用的沃蓝达和福特的福克斯的冷却方式也为液体冷却。由此可见，随着电动汽车或混合动力汽车用动力电池功率的增加，或者大电流放电瞬间产热的升高，采用液体冷却与加热的电池热管理比空气冷却具有明显的优势。

3.6.5　基于相变材料的电池热管理

相变材料(PCM)是指物质的状态可以随温度的变化而变化，且物质在状态变化过程中可以释放或者吸收大量的热。此类物质对热能有较大的储存容量，同时无须消耗额外的能量，并具有无毒、不易燃和应用方便等优点，已经在多个领域的冷却系统或热管理中得到广泛的应用。目前在 BTMS 中所采用的相变材料主要是石蜡+添加剂。例如，BTMS 采用石蜡作为相变材料，石蜡将电池包裹，当电池表面温度较高时，相变材料发生相变，吸收热量，使电池表面温度降低；而在低温情况下，相变材料可以向电池放热从而达到加热的目的。石蜡的优点为成本低、相变温度与电池工作温度相近，但是石蜡具有低导热系数的缺点，所以要获得较好的散热效果，很多学者往往以高孔隙率泡沫铝或泡沫铜等金属材料为骨架，然后填充石蜡等材料制成复合相变材料以增加其导热系数，如图 3-53 所示。

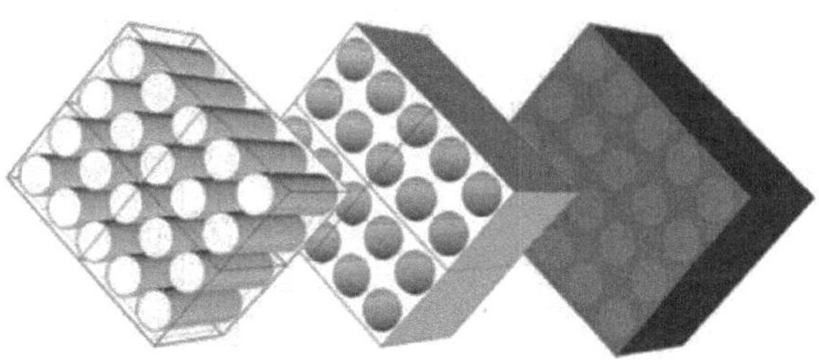

图 3-53　相变材料包裹式电池结构

Hallaj 和 Selman 等通过仿真分析方法确认 PCM 作为锂离子动力 BTMS 的冷却材料完全可行。Mills 运用仿真分析方法研究了锂离子电池组在 PCM 作用下的散热性能，结果表明：PCM 的冷却作用可以达到电池的最高温度控制需求(低于 55℃)。Khateeb 等对电动滑板车的锂离子电池组运用 PCM 进行散热研究，以自然对流冷却、PCM、泡沫铝以及 PCM/泡沫铝两者复合的材料为研究对象，通过仿真与实验对比，对此四种散热方式的散热效果进行了对比，散热效果最佳的是 PCM/泡沫铝的散热方式。Sabbah 等以大功率锂离子电池模组为研究对象，比较了强制空气散热与 PCM 散热两种散热方式的效果，结果显示电池在 40～45℃的高温工况下工作时强制空气散热方式失效，然而电池在 6.67C 大功率放电下工作时 PCM 可以使温度保持在 55℃以下。郭茶秀等研究了通过添加泡沫铝/泡沫石墨的方法以强化石蜡相变传热，结果表明泡沫铝的强化传热效果明显高于泡沫石墨，随着孔隙率减小，复合材料的有效导热系数增大。Cui 研究了石蜡和泡沫铜在不锈钢管中的导热性能，结果表明，泡沫铜不仅能使热量更均匀地分布，而且还大大缩短了石蜡的熔化时间。饶中浩等以相变材料冷却与风冷两者的散热方式为研究对象，利用仿真和实验相结合的方法研究了两者的散热效果，结果表明前者冷却效果明显要优于后者，电池最高温度低于石蜡熔化温度且电池温差要明显小于后者。

基于 PCM 的电池热管理系统具有结构简单、不需要再外加冷却装置、耗能少等多方面的优点。但是这种管理系统也具有一定的缺点，例如，PCM 具有较低的导热系数，促导热装置的加入也不能保证管理系统的稳定性。相变过程中体积发生变化为 PCM 的一大特点，这种现象很容易造成 PCM 的泄漏，因此当电池组的尺寸比较大时，PCM 热管理系统的应用性较差。

3.6.6　基于热管的电池散热

热管(Heat Pipe，HP)是一种利用管内介质发生相变进行吸热与放热的高效换热装置，一般由壁壳、吸液芯和端盖组成，管内充满饱和状态的工作介质(简称工质)/液体，其沸点低且容易挥发，热管一端为蒸发端，另一端为冷凝端。热管内的工质在蒸发端吸收电池散发的热量而发生相变变为气体，在冷凝端变为气体的工质通过外部的散热装置将自身的热量散发而发生凝结变为液相，然后凝结的工质通过依靠热管内部的毛细吸液芯提供的动力，继续将工质输送到蒸发端。通过热管内部的吸液芯吸液作用，此循环周而复始，不断地将电池组的热量导出。采用热管的电池管理系统，其一端与具有良好导热性的金属接触，而该金属与电池接触从而收集热量，另一端与空气或者液体接触进行散热(图 3-54(a))。目前主要有传统热管、片状热管、回路热管、振荡热管、热虹吸管和微小型热管等。

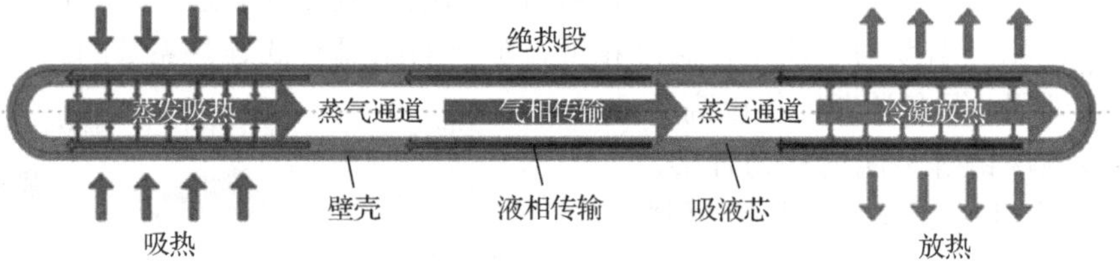

(a)热管相变原理图

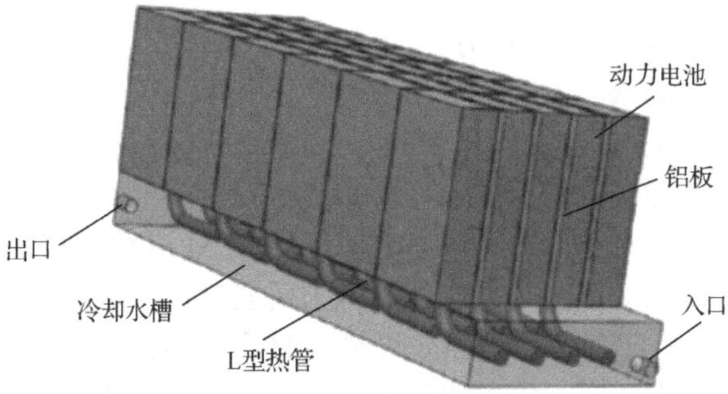

(b)L型热管的BTMS

图 3-54　热管冷却 BTMS

热管在长度方向上的当量导热系数是铜或者银的 100 倍以上，由此可见热管具有超强的导热能力。而且热管冷凝端与蒸发端的位置不是固定不变的，根据需要两者的方向可以互换，这在一定程度上既可以对电池组实现散热，又可以对电池组实现加热，使热管的应用更加广泛。Parket 等利用回路热管原理为飞机的电池散热设计了一种冷却装置，主要利用飞行飞机周围的快速冷空气带走冷凝端的热量。Leriche 等采用结点法和实验相结合的方法探讨了可变导热系数的热管应用于汽车发动机散热的方案。Clement 等对燃料电池采用振荡热管作为冷却介质的冷却效果进行了研究。Wu 等对热管在锂离子电池中的散热效果进行了研究，为增强传热效果，提出了在热管冷凝端加铝翅片以及风扇等方法。Burban 等开发并测试了非回路振荡热管应用于混合动力车辆的热管理及其效果。Jang 等对锂离子电池组设计了回路型热管，实验表明电池表面温度能保持在 50℃以下。Wang 等运用热管对锂离子电池组设计了冷却与加热系统，实验表明该方案在冷却时能够保持电池表面温度低于 40℃，在加热时能迅速地对电池进行预热。

张国庆等采用 6 个 2200A·h 镍氢电池建立了一个电池组，并将此电池组以 3728mA 的电流放电，针对于此工况研究了自然对流冷却、强制对流冷却与热管冷却三种方式对电池组的散热效果，通过对比效果可以发现，热管冷却相比于强制对流冷却可以使电池的最高温度多降低 10℃，且温差最小。即便在持续工作 8min 后电池组最高温度也在 43℃以下。胡小锋以车用锂离子电池为研究对象，采用实验与仿真的方法研究了无机导热管的散热性能，分析了热管在不同生热率与不同对流条件的冷却效果。研究表明此热管可以将电池组的最高温度降低在 50℃以下，且温差在 5℃以内。

基于热管的电池管理系统结构相对复杂，加工工艺要求高，而且其使用的材料成本相对于其他散热结构也比较高。复杂的结构，限制了此散热结构的普及。

电动汽车的不断发展对电池系统性能的要求也不断提高，电池管理系统不但保证动力电池工作在较理想的温度范围内，而且还要达到管理系统安装在电动汽车上时其他各方面的要求，如可维护性、低成本性、可靠性等。现阶段，电动汽车管理系统的散热方案中应用性广且比较成熟的是外部强制对流散热。虽然液体冷却、PCM 冷却、热管冷却等散热方式应用性相对较低，但是不同的散热方式都有各自的优缺点，不同散热方式的优缺点对比如表 3-6 所示。从成本和散热效果方面考虑，目前广泛使用的散热方式是空气冷却和液体冷却。

表 3-6　不同 BTMS 特点

散热方式	优点	缺点
空气冷却	(1) 结构简单	(1) 换热系数低
	(2) 重量相对较小	(2) 冷却效果不佳
	(3) 成本低	(3) 难于保证电池温度的均匀分布
液体冷却	(1) 换热系数高	(1) 结构复杂
	(2) 冷却效果好	(2) 存在漏液的可能
	(3) 可同时用作冷却和加热	(3) 需合理布置结构
PCM 冷却	(1) 储热能力强	(1) 结构复杂
	(2) 可同时用于冷却和加热	(2) 成本较高
	(3) 可降低整个电池系统体积	(3) 难于保证电池温度的均匀分布
	(4) 无运动部件	
	(5) 不消耗电池额外能量	
热管冷却	(1) 结构灵活多样	(1) 结构复杂
	(2) 导热系数高、等温性能优良	(2) 需合理布置结构
	(3) 使用寿命长	(3) 要加强散热或增加散热片等装置
	(4) 本身不耗电	(4) 维修保养不方便
	(5) 可同时用作冷却和加热	

3.6.7　其他散热方式

随着电池组功率的增加、极端恶劣工程的出现以及对节能减排要求的进一步提高，开发新的电池散热技术，将多种散热方式有机地耦合在一起，或合理地将现有的制冷与空调技术应用于电池热管理是必然的趋势。在风冷式电池散热方面，冷却气体温度的高低对整个散热性能的好坏有直接的影响，两者满足线性下降关系，在气温比较低时，空气冷却一般能满足要求；当气温极高时，可以运用车载空调器将电池组入口气温降下来，进而提高冷却效率；同时，车用空调系统对电池能量消耗较大，提高换热器效率直接制约整车性能提高。在日照强烈的地区，气温势必较高，太阳能光热制冷在理论上能减少车用空调系统对电池能量的消耗，达到节能减排的目的，随着太阳能光热制冷设备的小型化，光热制冷机也能用于电池热管理中。热电冷却在单体电池冷却上容易实现，在电池组的冷却上与相变材料的耦合具有得天独厚的优势，研究和设计运用热电冷却原理进行电池热管理的设备将具有重大意义。荷兰学者 Gils 创新性地提出直接用液体沸腾对单体电池进行冷却的方法，并且进行了相关实验，对比研究该方法对最高温度和温度均匀性的控制能力，结果表明，使用 Novec7000 作为沸腾介质时，冷却能力远超过空气，即使用来冷却电池组也能保证其热稳定性，并且对工质的沸腾进行控制也比较容易。

1. 微通道换热器空调冷却

汽车空调换热器的发展经历了管片式、管带式和平行流等主要结构形式，基本结构如图 3-55 所示。管片式换热器由圆管和各种形式的翅片组成，采用套片工艺，将翅片安装在圆管上，容易受热胀影响，降低换热效率，缩短使用寿命。管带式换热器由多通道扁管和百叶窗翅片焊接而成，制冷剂侧换热效果明显增强，但流动阻力损失增大，空气侧换热系数提高了，而压降减少了，从结构和工艺看，工艺简单，可靠性提高，焊接工艺比较复杂，难度增大；从材料来看，扁管和翅片采用铝材，质量轻，成本低。平行流换热器由多孔扁管和百叶窗翅片组成，但扁管不是弯成蛇形的，而是每根截断的，其出现是为了采用新型替代制冷剂，

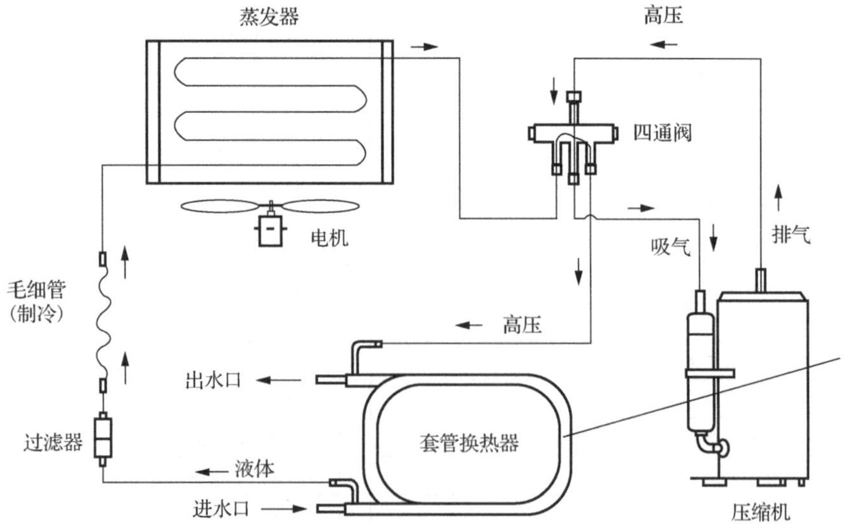

(a)空调换热器结构原理图

(b)管片式换热器

图 3-55　空调换热器结构

平行流换热器换热性能得到了进一步提高，并具有换热系数高、质量轻、结构紧凑、制冷剂充注量少等优点。

2. **热电制冷**

随着电动汽车技术的发展，部分顾客对电动汽车加速爬坡等动力性能的要求越来越高，高功率势必带来高的产热，在普通风冷不能满足冷却需要，液冷不能满足安全性需要，相变材料冷却不能满足长时间热管理的情况下，合理地利用热电制冷对电池组进行热管理无疑是一种很理想的解决方法。

热电制冷，又称半导体制冷，主要是建立在珀尔贴效应基础上的一种电制冷方法。它的优点是体积小、无噪声、无振动、结构紧凑、无运动部件、操作维护方便、不需要制冷剂，制冷量和制冷速度可通过改变电流大小来调节其工作状态，如图 3-56 所示，当电流从 P 型半导体材料流向 N 型半导体材料时，P 型半导体中的载流子(空穴)和 N 型半导体中的载流子(自由电子)向接头处相向移动。自由电子进入 P 型半导体后立即与其中的空穴复合产生热量，空穴进入 N 型半导体后立即与其中的自由电子复合产生热量，由于这两部分能量大大超过它们为了克服接触电势差所吸收的能量，抵消后还是呈现放热状态，最终结果是接头处温度升高而成为热端，并向外界放热；当电流方向相反时，接头处温度降低而成为冷端，并从外界吸热。与此同时，当连接端点出现温度差后，会产生一个塞贝克电压，电流通过有温度梯度的热电元件，由于汤姆孙热效应，会在元件与环境之间产生能量交换，该热效应与电流和温度梯度的大小成比例。如果按照图 3-56 把若干对半导体热电偶在电路上串联起来，而在传热方面则是并联的，这就构成了一个常见的制冷热电堆。

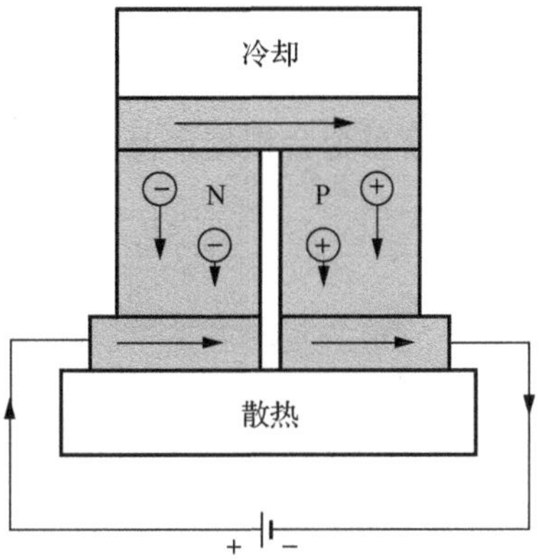

图 3-56　热电制冷原理

3.6.8　低温环境电池的加热

在寒冷环境中(如-10℃或以下)，大多数电池的能量和功率都会降低，车辆性能严重衰退，这时就需要考虑对电池进行加热，设计合理的空气加热系统以保证其正常工作，对于 HEV，发动机能够提供热源，但它必须经过一定的时间延迟(5min 以上)才能使电池加热到理想工作温度，故需另设相应的加热装置。对于 BEV，由于没有发动机对电池组进行加热，电机散发出来的热量以及车内功率较大的电子电器产生的热量均可加以利用。低温环境电池的加热方式主要有常规空气加热、热敏电阻加热、液冷温控和内部加热。

1. 常规空气加热

在寒冷环境下，采用温度较高的空气与电池进行对流换热来加热电池，称为常规空气加热方式。热空气可通过电加热获取，对于 HEV，还可以通过发动机提供能量加热空气。热空气由空气调节系统提供，先对驾驶室进行加热，再输送至蓄电池箱。通过热力学第一定律和第二定律分析发现，这种空气直接加热系统，对空气调节系统的负荷较大，经济性不高。空气对流加热系统中，电流通过电阻后所产生的热量加热电阻周围空气，通过风扇将空气输送至电池周围，以空气和电池之间的对流传热来加热电池。加热电阻和风扇的电流由车载电池自身提供，因此，除了对流传热之外，由于电池内阻的存在，电池自身也会产生热量，加快电池的升温速率，随着加热电阻的增加，空气与加热器之间的温差逐渐减小，加热速率也降低。

2. 热敏电阻加热

将感温元件布置在电池组附近，让它担任发热源头。按照纯电动汽车所处状态的不同，预热结构的能量来源略有差异。例如，车主在进行充电时，电池管理系统也就是 BMS 会监测电池状态，其中就包含电池组温度。充电枪物理连接完成的同时，如果电池组温度过低，便会使用充电桩提供的电能进入预热模式。如果是在行驶过程中，电池组温度过低，那么能量来源则是动力电池组。热敏电阻加热如图 3-57 所示。

3. 液冷温控

液冷温控可以针对动力电池组的整体热管理需求，在高温时对其进行冷却，低温时为其加热，如图 3-58 所示。一般而言，液冷温控系统主要包括冷热交换器、加温器、冷却液循环管路和液体循环动力源几个部分。它利用冷热交换器或加温器，控制动力电池温度提升或降低，各家车企会根据产品的电池组布置形式以及需求进行调整。液冷温控系统都能确保电动

图 3-57　热敏电阻加热

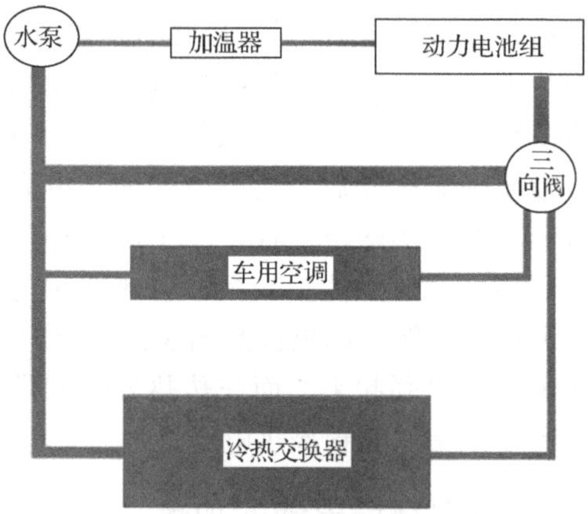

图 3-58　液冷温控

汽车行驶后，全程温度达到设定区间，无须或少量使用动力电池为温控系统提供能源。完成预热后，相比热敏电阻加热的方式，其效果保持更持久。

4. 内部加热

无论使用热敏电阻，还是结构更复杂的液冷温制，它们都需要消耗一定电能。近来科学家发现合理利用特斯拉主导设计的交流电系统能达到给电池升温的目的。具体来说，是在一定频率范围内将小部分交流电直接作用于电芯正负极，以较短周期内充放电的形式，激励电池内部的化学物质自身发热。

思　考　题

3-1　电动汽车用铅酸电池有哪几类？其基本结构与组成是什么？

3-2　燃料电池主要有哪几种？其特点是什么？质子交换膜燃料电池的基本结构是什么？

3-3　质子交换膜燃料电池的水管理系统与热管理系统的意义分别是什么？

3-4　请简述 FC+B 型燃料电池汽车的优缺点。

3-5　锂离子电池主要由哪几部分构成？各部分的作用分别是什么？

3-6　按照正极材料分类，锂离子电池可以分为哪几类？其中，应用最广泛的是哪两类？

3-7　锂离子电池的常见负极有哪几类？简述石墨负极的优缺点。

3-8　简述锂离子电池的三阶段充电法。

3-9　为什么电动汽车动力电池要进行散热或加热操作？

3-10　动力电池散热的方式有哪些？

3-11　电池热管理的要求有哪些？

3-12　电池工作时产生的热量有哪些来源？

3-13　电池风冷和液冷各有哪些特点？

3-14　相变材料和热管冷却各有哪些特点？

3-15　电池为什么要在某些场合要进行加热？

第 4 章 新能源汽车整车能量管理

传统燃油汽车供给的能源为燃料化学能，无能量回收系统的纯电动汽车和燃料电池电动汽车的能源均只有一个，分别为电源和燃料电池。装备能量回收系统的纯电动汽车的能源则为两个：电源和回收的汽车动能。混合动力电动汽车的能源一般有三个：燃料的化学能、储能装置储存的能量和回收的汽车动能。燃料电池混合动力汽车的能源也有三个，与 HEV 的区别是其用燃料电池替代了内燃机。与燃油汽车类似，电动汽车也需要许多辅助子系统来提高汽车的操纵性和驾驶员的舒适性。其中有些辅助子系统，如蓄电池的充电器、电池管理系统及再生制动系统是电动汽车所独有的。本章对电动汽车能源管理系统、能量回收系统以及电动汽车再生制动能量回收系统进行介绍。

4.1 电动汽车能源管理系统介绍

新能源汽车能源管理系统是对动力系统能源转换装置的工作能量进行协调、分配和控制的软、硬件系统。能源管理系统的硬件由传感器、控制单元 ECU 和执行元件等组成，软件系统的功能主要是对传感器的信号进行分析处理，对能源转换装置的工作状态进行优化分析，并向执行元件发出指令，控制其动作。因此，可以说电动汽车能源管理系统的功用是在满足汽车基本技术性能(如动力性、驾驶平稳性等)和成本等要求的前提下，根据各部件的特性及汽车的运行工况，实现能量在能源转换装置(储能装置、功率变换模块、动力传递装置、发电机和燃料电池等)之间按最佳路线流动，使整车的能源利用效率达到最高。

不同种类的电动汽车能源转换系统构成不同，因而其能源管理软、硬件系统装置构成也不同。蓄电池电动汽车的能源转换装置仅由电动机/发电机、蓄电池、功率转换模块及动力传递装置等组成，能源传递路线主要有蓄电池到车轮(行驶)和车轮到蓄电池(能量回收)两条，因而其能源管理系统最为简单，其主要任务是在满足汽车动力性需求的前提下，使蓄电池储存的能量得到最有效的利用，并能使汽车的减速和制动能量得到最大限度的回收，使汽车的能量效率最大。纯燃料电池电动汽车(指无储能装置的)也与此类似。

为了使电动汽车具有良好的机械性能、电驱动性能及合理的能量分配等，电动汽车的能源管理系统必须对能量管理系统的工作进行有效的监测和控制，使电动汽车的能量进行最佳流动，以实现最大限度的能量利用率，提高汽车的经济性。因此，能源管理系统是电动汽车整车设计的一个重要环节。电动汽车能量管理系统框架如图 4-1 所示。

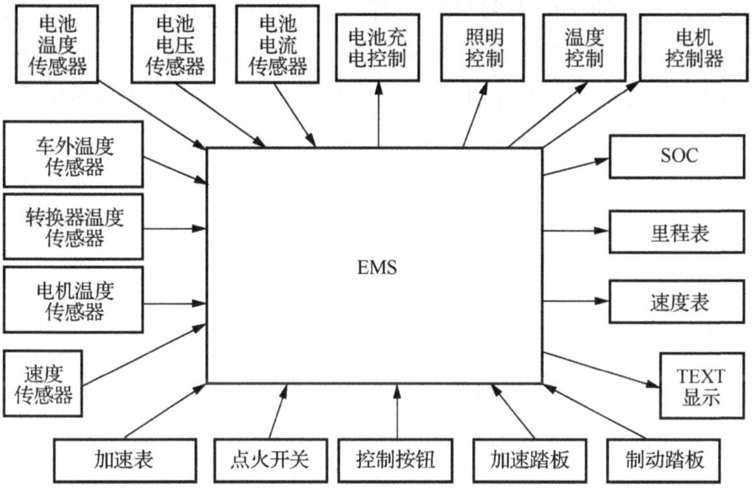

图 4-1　电动汽车能量管理系统框架

4.1.1　电池管理系统的功能

电池管理系统是集监测、控制与管理为一体的复杂的电气测控系统，也是电动汽车商品化、实用化的关键。电池管理的核心问题就是 SOC 的预估问题，电动汽车电池操作窗 SOC 的合理范围是 30%～70%，这对保证电池寿命和整体的能量效率至关重要。电动汽车在运行时，电池的放电和充电均为脉冲工作模式，大的电流脉冲很可能会造成电池过充(超过 80%SOC)、深放(小于 20%SOC)甚至过放(小于 0%SOC)，因此电动汽车的控制系统一定要对电池的荷电状态敏感，并能够及时做出准确的调整。这样电池管理系统才能根据电池容量决定电池的充放电电流，从而实施控制，根据各电池容量的不同，识别电池组中各电池间的性能差异，并以此做出均衡充电控制和电池是否损坏的判断，确保电池组的整体性能良好，延长电池组的寿命。准确和可靠地获得电池 SOC 是电池管理系统中最基本和最首要的任务，在此基础上才能对电动汽车的用电进行管理，特别是防止电池的过充及过放。蓄电池的荷电状态是不能直接得到的，只能通过对电池特性-电压、电流、电池内阻、温度等参数来推断。这些参数与 SOC 的关系并不是简单的对应关系。

典型的电池管理系统应具备如下功能。

(1) 实时采集电池系统运行状态参数。实时采集电动汽车蓄电池组中的每块电池的端电压和温度、充放电电流及电池组总电压等。由于电池组中的每块电池在使用中的性能和状态不一致，因而对每块电池的电压、电流和温度数据都要进行监测。

(2) 确定电池的 SOC。准确估测动力电池组的 SOC，从而随时预报电动汽车储能电池还剩余多少能量或储能电池的 SOC，使电池的 SOC 控制在 30%～70%的工作范围内。

(3) 故障诊断与报警。当蓄电池电量或能量过低需要充电时，及时报警，以防止电池过放而损害电池的使用寿命；当电池组的温度过高，非正常工作时，及时报警，以保证蓄电池正常工作。

(4) 电池组的热平衡管理。电池热管理系统是电池管理系统的有机组成部分，其功能是通过风扇等冷却系统和热电阻加热装置使电池温度处于正常工作温度范围内。

(5) 一致性补偿。当电池之间有差异时，有一定的措施进行补偿，保证电池组表现能力更强，并有一定的手段来显示性能不良的电池位置，以便修理替换。一般采用充电补偿功能，设计有旁路分流电路，以保证每个单体都可以充满电，这样可以减缓电池老化的进度，延长电池的使用寿命。

(6) 通过总线实现各监测模块和中央处理器的通信。在电动汽车上实现电池管理的难点和关键在于如何根据采集的每块电池的电压、温度和充放电电流的历史数据，建立确定每块电池剩余能量的较精确的数学模型，即准确估计电动汽车蓄电池的 SOC。

4.1.2　纯电动汽车能量管理系统

1. 纯电动汽车能量管理系统的组成

纯电动汽车能量管理系统的基本结构如图 4-2 所示，它主要由电池输入控制器、车辆运行状态参数、车辆操纵状态、能量管理系统 ECU、电池输出控制器、电机发电机系统控制等组成。能量管理系统 ECU 的参数包括电池组的状态参数（如工作电压、放电电流和电池温度等）、车辆运行状态参数（如行驶速度、电动机功率等）和车辆操纵状态（如制动、起动、加速和减速等）等，能量管理系统具有对检测的状态参数进行实时显示的功能。ECU 对检测的状态参数按预定的算法进行推理与计算，并向电池、电动机等发出合适的控制和显示指令等，实现电池能量的优化管理与控制。

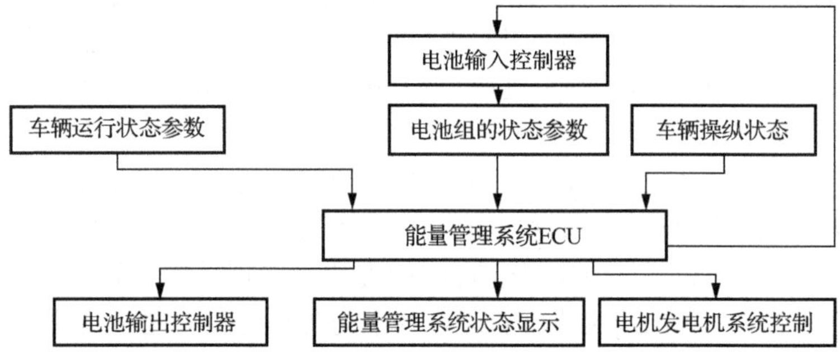

图 4-2　纯电动汽车能量管理系统的基本结构

2. 电池荷（充）电状态指示器

电池荷（充）电状态指示器是能量管理系统的一个重要组成。电动汽车蓄电池中储存有多少电能，还能行驶多少里程，是电动汽车行驶中必须知道的重要参数。与燃油汽车的油量表类似的仪表就是电池荷（充）电状态指示器，它是能量管理系统的一个重要装置。因此，在电动汽车中要装备满足这一需求的仪表，即电池荷（充）电状态指示器。

3. 电池管理系统

电池管理系统是能量管理系统的一个子系统。电动汽车电池携带的能量是有限的，也是非常宝贵的。为了增加电动汽车的续驶里程，对电池系统进行全面、有效的管理是十分必要的。蓄电池管理系统在汽车运行过程中需完成的任务多种多样，其主要任务是保持电动汽车蓄电池性能良好，并优化各蓄电池的电性能和保存、显示测试数据等。目前主要根据实际情况，确定具体纯电动汽车的电池管理系统的功能和形式。电池管理系统结构框架如图 4-3 所示，其系统设计包括硬件系统的设计和软件系统的设计。硬件系统的设计取决于管理系统实现的功能。电池管理系统基本要实现对动力电池组的合理管理，即保证采集数据的准确性、可靠稳定的系统通信、抗干扰性。在具体实现过程中，根据设计要求确定需要采集的动力电池组的数据类型；根据采集量及精度要求确定前向通道的设计；根据通信数据量及整车的要求选用合理的总线。

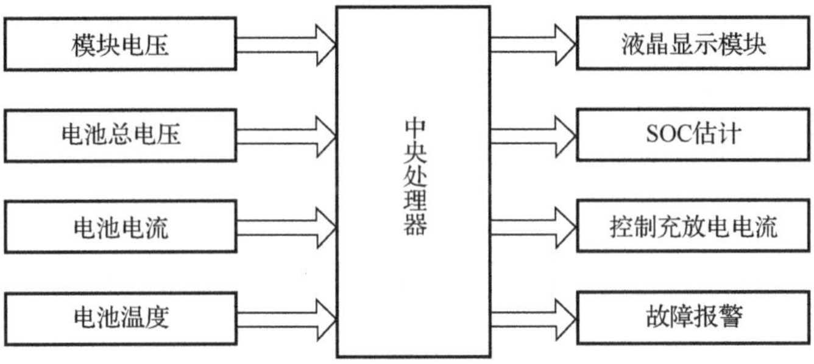

图 4-3　电池管理系统结构框架图

电池的 SOC 是经过对电流的积分得到的，电流信号检测的精度直接影响系统的 SOC 的准确度，因此要求电流转换隔离放大单元在较大范围内有较高的精度，较快的响应速度，较强的抗干扰能力，较好的零漂、温漂抑制能力和较高的线性度。电流转换隔离放大单元是用电流性霍尔元件将-400～400A 的电流(充电电流为正，放电电流为负)转换为电压信号。电流的采样精度要求为 1%。电池的温度是判断电池能否正常使用的关键性参数，如果电池的温度超过一定值，有可能造成电池的不可恢复性破坏。电池组之间的温度差异造成电池组的单体之间的不均衡，从而造成电池寿命的降低，系统中的温度采样是通过温度传感器完成的，温度采样精度可达到 0.5C。

电压是判断电池组好坏的重要依据，系统要求能得到电池组在同一时刻的电压值的变化和各电池组的值，通过算法来找出问题电池组，因此电压的采样精度要求比较高，本系统采用单片机内部自带 A/D 转换功能，精度可以达到 0.1V。电动汽车中电动机等强电磁干扰源的存在对系统的抗干扰性要求较高，所以要求系统从硬件设计、印刷电路板的制作和软件程序方面提高系统的抗干扰性。

4.1.3　电池管理系统的充电管理

BMS 通过对充电过程中蓄电池状态的在线监测，获得蓄电池组中各蓄电池的温度、电压、工作电流以及蓄电池和蓄电池箱(架)之间的绝缘电阻等参数，即可进行蓄电池状态分析，例如，进行 SOC 估算并分析 SOC 是否过高或过低、蓄电池的温度是否过高或过低、各蓄电池的电压是否过高或过低、蓄电池的温升是否过快、绝缘是否良好、充放电电流是否过大、蓄电池的不一致性程度、蓄电池组是否存在故障以及是否有通信故障等，以实施相应的热管理、SOC 的显示或报警、充电过程的管理、蓄电池故障的报警等控制。车载充电器的主要任务是电源电压变换、输出电压和电流的闭环控制、必要的保护以及与 BMS 通信，实现蓄电池状态的实时监控和输出电流的动态调节。BMS 充电管理的基本原理如图 4-4 所示。

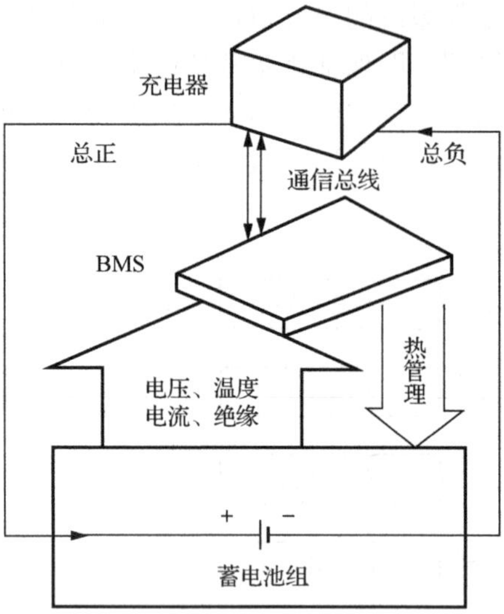

图 4-4　BMS 充电管理的基本原理

BMS 与车载充电器之间通过总线连接，实现了数据共享，在整个充电过程中使得蓄电池的电压、温度以及绝缘性能等与安全性相关的参数都能参与蓄电池的充电控制和管理，使得充电器能根据蓄电池当前的状态及时地改变充电电流，有效地防止了蓄电池组中蓄电池的过充和过热现象，大大提高了串联成组的蓄电池充电的安全性。BMS 的智能化充电管理功能，不但提高了蓄电池充电的速度、效率和安全性，而且简化了充电时设置充电参数、选择充电模式等烦琐的操作。当电动汽车需要充电时，只要将车载充电器插上电源插座，BMS 就会根据当前的蓄电池状态向充电器输出相应的控制信号，帮助充电器自动选择充电模式，设置充电参数。当蓄电池组不一致性程度已达到设定的极限时，充电器还会自动进入均衡充电模式，以减小或消除蓄电池的不一致性，提高蓄电池的性能，延长蓄电池的使用寿命。

4.1.4　混合动力汽车能量管理系统

作为一种新型的多能量交通工具，混合动力电动汽车的性能与其采用的能量管理策略密切相关，其能量管理策略是传统燃油汽车与纯电动汽车完美结合的纽带，是混合动力电动汽车成败的最终决定性因素。

能量管理策略的控制目标是根据驾驶员的操作，如加速踏板、制动踏板等，判断驾驶员的意图，在满足车辆动力性能的前提下，最优地分配电机、发动机、动力电池等部件的功率输出，实现能量的最优分配，提高车辆的燃油经济性和排放性能。由于混合动力电动汽车中的电池不需要外部充电，能量管理策略还应考虑动力电池的荷电状态平衡，以延长电池寿命，降低车辆维护成本。

混合动力电动汽车的能量管理系统十分复杂，并且随系统组成的不同而呈现出很大差异。下面简单介绍 3 种混合动力电动汽车的能量管理策略。

1. 串联式混合动力电动汽车的能量管理策略

由于串联式混合动力电动汽车的发动机与汽车行驶工况没有直接联系，所以能量管理策略的主要目标是使发动机在最佳效率区和排放区工作。为了优化能量分配整体效率，还应考虑传动系统的动力电池、发动机、电动机和发电机等部件。串联式混合动力电动汽车有 3 种基本的能量管理策略。

(1) 恒温器策略。当动力电池 SOC 低于设定的低门限值时，起动发动机，在最低油耗或排放点按恒功率模式输出，一部分功率用于满足车轮驱动功率要求，另一部分功率给动力电池充电。而当动力电池 SOC 上升到所设定的高门限值时，发动机关闭，由电动机驱动车辆。

其优点是发动机效率高、排放量低；缺点是动力电池充放电频繁，加上发动机开关时的动态损耗，使得系统总体的损失功率变大，能量转换效率较低。

(2) 功率跟踪式策略。由发动机全程跟踪车辆功率需求，只有在动力电池的 SOC 大于 SOC 设定上限时，且仅由动力电池提供的功率能满足车辆需求时，发动机才停机或怠速运行。由于动力电池容量小，动力电池充放电次数减少，所以系统内部损失减少。但是发动机必须在从低到高的较大负荷区内运行，使得发动机效率和排放不如恒温器策略。

(3) 基本规则型策略。该策略综合了恒温器策略与功率跟踪式策略二者的优点，根据发动机负荷特性图设定了高效区，根据动力电池的充放电特性设定了动力电池高效率的荷电状态范围，并设定一组控制规则，根据需求功率和 SOC 进行控制，以充分利用发动机和动力电池的高效区，使其达到整体效率最高。

2. 并联式混合动力电动汽车的能量管理策略

并联式混合动力电动汽车的能量管理策略基本属于基于转矩的控制，目前主要有以下 4 类。

(1) 静态逻辑门限策略。该策略通过设置车速、动力电池 SOC 上下限、发动机工作转矩等一组门限参数，限定动力系统各部件的工作区域，并根据车辆实时参数及预先设定的规则调整动力系统各部件的工作状态，以提高车辆整体性能。其实现简单，目前实际应用较为广泛。但由于主要依靠工程经验设置门限参数，静态逻辑门限策略无法保证车辆燃油经济性最优，而且这些静态参数不能适应工况的动态变化，无法使整车系统达到最大效率。

(2) 瞬时优化能量管理策略。针对静态逻辑门限策略的缺点，一些学者提出了瞬时优化能量管理策略。瞬时优化能量管理策略一般是采用等效燃油消耗最少法来进行能量管理。等效燃油消耗最少法将电机的等效油耗与发动机的实际油耗之和定义为名义油耗，将电机的能量消耗转换为等效的发动机油耗，得到一张类似于发动机万有特性图的电机等效油耗图。在某一个工况瞬时，从保证系统在每个工作时刻的名义油耗最小出发，确定电机的工作范围(用电机转矩表示)，同时确定发动机的工作点，对每一对工作点计算发动机的实际燃油消耗，以及电机的等效燃油消耗，最后选名义油耗最小的点作为当前工作点，实现对发动机、电机输出转矩的合理控制。为了将排放一同考虑，该策略还可采用多目标优化技术，采用一组权值来协调排放和燃油同时优化存在的矛盾。等效燃油消耗最少法在每一步长内是最优的，但无法保证在整个运行区间内最优，而且需要大量的浮点运算和比较精确的车辆模型，计算量大，实现困难。

(3) 全局最优能量管理策略。全局最优能量管理策略是应用最优化方法和最优控制理论开发出来的混合动力系统能量分配策略，目前主要有基于多目标数学规划方法的能量管理策略、基于古典变分法的能量管理策略和基于 Bellman 动态规划理论的能量管理策略 3 种。

(4) 模糊能量管理策略。该策略基于模糊控制方法来决策混合动力系统的工作模式和功率分配，将“专家”的知识以规则的形式输入模糊控制器中，模糊控制器将车速、电池 SOC、需求功率/转矩等输入量模糊化，基于设定的控制规则来完成决策，以实现对混合动力系统的合理控制，从而提高车辆整体性能。基于模糊逻辑的策略可以表达难以精确定量表达的规则；可以方便地实现不同影响因素(功率需求、SOC、电机效率等)的折中；鲁棒性好。但是模糊控制器的建立主要依靠经验，无法获得全局最优。

3. 混联式混合动力电动汽车的能量管理策略

混联式混合动力电动汽车由于其特有的传动系统结构(如采用行星齿轮传动)，除了采用瞬时优化能量管理策略、全局最优能量管理策略和模糊能量管理策略(与并联式混合动力电动汽车能量管理策略原理类似)以外，还有如下一些特有的能量管理策略。

(1)发动机恒定工作点策略。由于采用了行星齿轮传动结构，发动机转速可以独立于车速变化，这样使发动机工作在最优工作点，提供恒定的转矩输出，而剩余的转矩则由电动机提供。这样电动机来负责动态部分，避免了发动机动态调节带来的损失，而且与发动机相比，电动机的控制也更为灵敏，易于实现。

(2)发动机最优工作曲线策略。发动机工作在万有特性图中的最佳油耗线上，只有当发电机电流需求超出电池的接受能力或者电动机驱动电流需求超出电动机或电池的允许限制时，才调整发动机的工作点。

混合动力电动汽车的实际运行工况十分复杂，主要包括起步、加速、减速、巡航、上坡、下坡、制动、停车、倒车等。混合动力电动汽车由两种动力源驱动，由于发动机和电动机两套动力系统分别具有不同的高效区，为了充分发挥混合动力系统的优势，汽车在不同的运行工况下，应具有多种不同的工作模式，以充分提高车辆整体性能。

4. 串联式混合动力电动汽车的工作模式

串联式混合动力电动汽车主要包含以下工作模式。

(1)纯电动模式。发动机关闭，车辆仅由蓄电池组供电、驱动。

(2)纯发动机模式。车辆牵引功率仅来源于发动机-发电机组，而电动机组既不供电，也不从驱动系统中吸收任何功率，电设备组用作从发动机到驱动轮的电传动系统。

(3)混合驱动模式。牵引功率由发动机-发电机组和蓄电池组共同提供。

(4)发动机牵引和蓄电池充电模式。发动机-发电机组供给向电池组充电和驱动车辆所需的功率。

(5)再生制动模式。发动机-发电机组关闭，牵引电机产生的电功率用于向蓄电池组充电。

(6)蓄电池组充电模式。牵引电动机不接收功率，发动机-发电机组向蓄电池组充电。

(7)混合式蓄电池充电模式。发动机-发电机组和运行在发电机状态下的牵引电动机共同向蓄电池组充电。

5. 并联式混合动力电动汽车的工作模式

并联式混合动力电动汽车主要包含以下工作模式。

(1)纯电动模式。当混合动力电动汽车处于起步、低速等轻载工况且动力电池的电量充足时，若以发动机作为动力源，则发动机燃油效率较低，并且排放性能很差。因此，关闭发动机，由动力电池提供能量并以电机驱动车辆。但当动力电池的电量较低时，为保护电池，应当切换到行车充电模式。

(2)纯发动机模式。在车辆高速行驶等中等负荷时，车辆克服路面阻力运行所需的动力较小，一般情况下主要由发动机提供动力。此时，发动机可工作于高效区，燃油效率较高。

(3)混合驱动模式。在加速或爬坡等大负荷情况下，当车辆行驶所需的动力超过发动机工作范围或高效区时，由电机提供辅助动力同发动机一同驱动车辆。若此时动力电池的剩余电量较低，则转换到纯发动机模式。

(4)行车充电模式。在车辆正常行驶等中低负荷时，若动力电池的剩余电量较低，发动机除了要提供驱动车辆所需的动力外，还要提供额外的功率，通过电机发电以转换成电能给动力电池充电。

(5) 再生制动模式。当混合动力电动汽车减速/制动时，发动机不工作，电机尽可能多地回收再生制动能量，剩余部分由机械制动器消耗。

(6) 息速/停车模式。在息速/停车模式中，通常关闭发动机和电动机。但当动力电池剩余电量较低时，需要起动发动机和电机，控制发动机工作于高效区并拖动电机为动力电池充电。

4.2　再生制动能量回收系统

再生制动是指电动汽车在减速制动(或者下坡)时将汽车的部分动能转化为电能，转化的电能储存在储存装置中，如各种蓄电池、超级电容和超高速飞轮，最终增加电动汽车的续驶里程。如果储能器已经完全充满，再生制动就不能实现，所需的制动力就只能由常规的制动系统提供。车辆在减速或制动时，将其中的一部分动能或势能转化为电能并存储在能量储存装置中的过程称为制动能量回馈。电动汽车采用电力制动时，通过将驱动电动机转变为发电状态来使车辆产生制动力矩，同时将所产生的电能存储到蓄电池中，从而有效地回收制动能量，延长续驶里程。这一点对纯电动汽车尤为重要，因为在城市工况中，汽车需要频繁起动、制动。有关研究表明，如果有效地回收制动能量，纯电动汽车的续驶里程可以提高 10%～30%。

图 4-5 为电动汽车的再生制动/液压制动系统的基本结构，当驾驶员踩下制动踏板后，电泵使制动液增压产生所需的制动力，制动控制与电机控制协同工作，确定电动汽车上的再生制动力矩和前后轮上的液压制动力。再生制动时，再生制动控制回收再生制动能量，并且反充到动力电池中。与传统燃油汽车相同，电动汽车上的 ABS 及其控制阀的作用是产生最大的制动力。

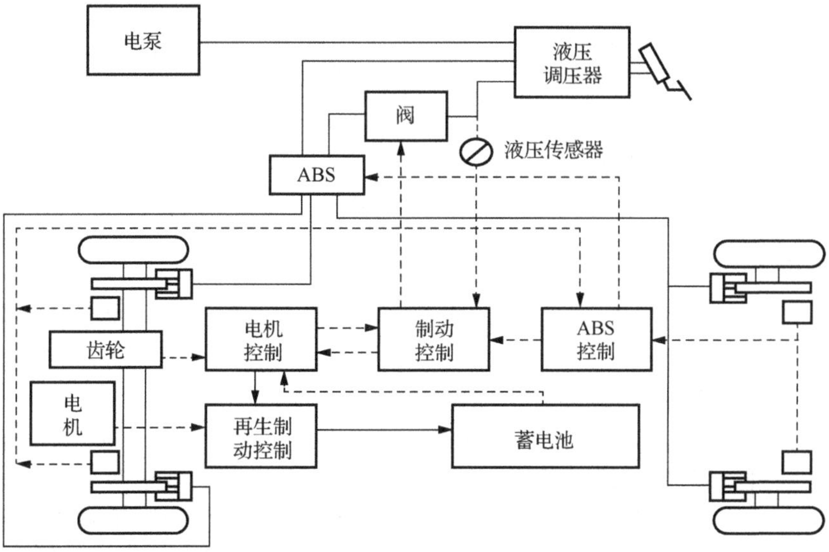

图 4-5　电动汽车的再生制动/液压制动系统的基本结构

4.2.1　制动能量回馈的基本原理

电动汽车的制动方式可分为机械制动(液压或气压)和电力制动两大类。其制动系统实质上是一种混合制动系统。有两种典型的混合制动系统：一种是并联式的混合制动系统，其结构和控制简单，且保留了所有常规制动系统的主要部件；另一种是全可控的混合制动系统，其特点是各个车轮制动力能独立控制，因此极大地增强了车辆在各种路面上的制动性能。电动汽车制动工况大致可分为三种，在不同工况下制动系统应采用不同的制动策略。

(1) 紧急制动：对应制动减速度绝对值大于 2m/s 的工况。出于安全性方面的考虑，在这种工况下应以机械制动为主，电力制动同时作用。

(2) 中轻度制动：汽车在正常行驶工况下的制动过程，可分为减速过程与停车过程，通常由电力制动完成减速过程，机械制动完成停车过程。两种制动的过渡点由电动机发电特性确定，应避免充电电流过大或充电时间过长。

(3) 下长坡时制动：对制动力的要求不大，可完全由电力制动提供，在制动过程中回馈电流小，充电时间长。

制动能量回馈的控制原理如图 4-6 所示。制动踏板提供制动信号，并将信号传递到整车控制器。整车控制器根据车辆运行状况及其他控制模块的状态，决定是否进行制动能量回馈，并分配能量回馈制动力矩的大小。在制动能量回馈过程中，电动机控制器在对电动机实施回馈制动控制的同时，需要与能量管理系统实时进行双向信息交流，在保证蓄电池安全充电的同时，实现最好的制动能量回馈效果。

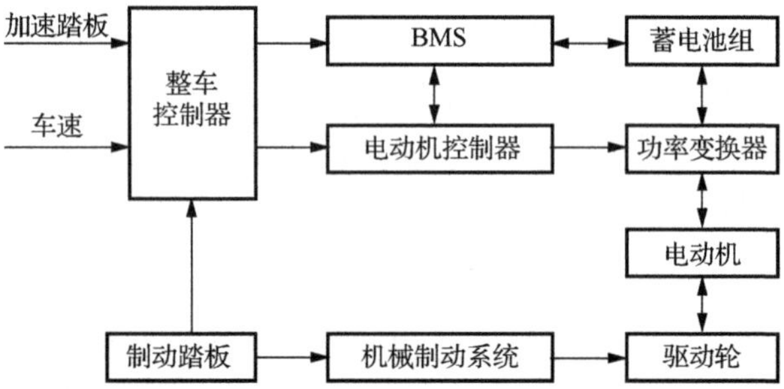

图 4-6　制动能量回馈的控制原理

电动汽车上的制动能量回馈给其制动系统的设计带来两个基本问题：一是如何在回馈制动和摩擦制动之间分配所需的制动力，以尽可能多地回收制动能量；二是如何在前后轴上分配总制动力，以实现稳定的制动性能。通常，回馈制动仅对驱动轴有效。为回收尽可能多的制动能量，必须控制电动机产生特定量的制动力。同时，为满足来自驾驶人的车辆减速指令，必须有足够的总制动力。

4.2.2　制动能量回馈的控制策略

电动汽车制动系统控制策略的基本原则是，在满足制动安全性的前提下，最大限度地吸收制动过程中的能量。目前主要有三种不同的制动控制策略：理想制动力分配控制策略、最佳制动能量回馈控制策略和前后制动力固定比值控制策略。

(1) 理想制动力分配控制策略是以车辆的制动距离最小化为控制目标，控制施加在前后轮上的制动力，同时给驾驶人最佳的汽车方向稳定性感觉。要想实现这两个目标，要求施加在前后轮上的制动力遵循理想的制动力分配曲线。理想制动力分配控制策略能充分利用地面附着条件，而且制动距离最短，制动时汽车方向稳定性也好，并且回收制动能量的效果相当好，但控制系统较复杂，适用于全可控的混合制动系统。

(2)最佳制动能量回馈控制策略在符合制动要求的条件下，向前轮分配更多的制动力。因此，对于制动能量回馈，将有更多的制动能量可得到回收。这种控制策略对并联式的混合制动系统与全可控的混合制动系统均适用。

(3)前后制动力固定比值控制策略对于常规机械制动系统，前后轮制动力的分配比例是固定的。对电动汽车的混合制动系统而言，前后制动力固定比值控制策略是指前轮(前轮驱动)的总制动力(摩擦制动力与电力制动力之和)与后轮摩擦制动力的比值在一定的制动减速度范围内是固定的。为了获得较大的制动能量回馈，这种控制策略主要用于前轮驱动汽车并联式的混合制动系统，即在制动主缸中安装检测主缸液压的压力传感器，使施加在驱动轮上的电动机制动力正比于制动主缸中的液压制动力。前后制动力固定比值控制策略使前后轮上的实际制动力接近于理想的制动力分配曲线，有较短的制动距离，并在危机情况下可更多地依靠强有力的机械制动。

4.2.3　再生制动能量回收的方法和类型

再生制动能量回收的基本原理是先将汽车制动或减速时的一部分机械能(动能)经再生系统转换(或转移)为其他形式的能量(旋转动能、液压能、化学能等)，并储存在储能器中，同时产生一定的负荷阻力使汽车减速制动；当汽车再次起动或加速时，再生系统又将储存在储能器中的能量转换为汽车行驶所需要的动能(驱动力)。

1. 再生制动能量回收的方法

根据储能机理不同，电动汽车再生制动能量回收的方法也不同，主要有 3 种，即飞轮储能、液压储能和电化学储能。

飞轮储能是利用高速旋转的飞轮来储存和释放能量，飞轮储能式再生制动能量回收的方法如图 4-7 所示。当汽车制动或减速时，先将汽车在制动或减速过程中的动能转换成飞轮高速旋转的动能；当汽车再次起动或加速时，高速旋转的飞轮又将存储的动能通过传动装置转化为汽车行驶的驱动力。

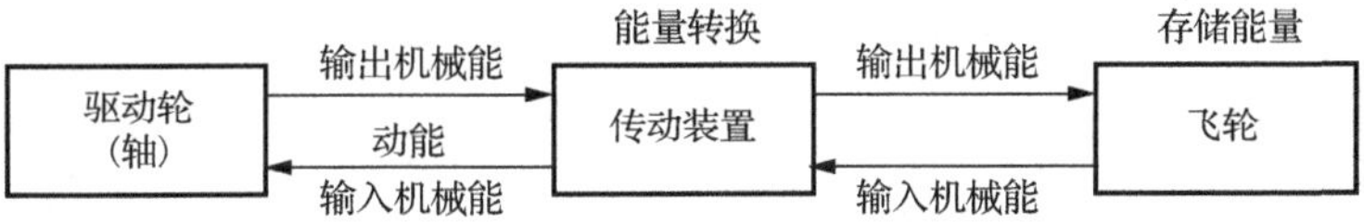

图 4-7　飞轮储能式再生制动能量回收的方法

图 4-8 是一种飞轮储能式再生制动能量回收系统示意图。系统主要由发动机、高速储能飞轮、增速齿轮、离合器和驱动桥组成。发动机用来提供驱动汽车的主要动力，高速储能飞轮用来回收再生制动能量及作为负荷平衡装置，为发动机提供辅助的功率以满足峰值功率的要求。

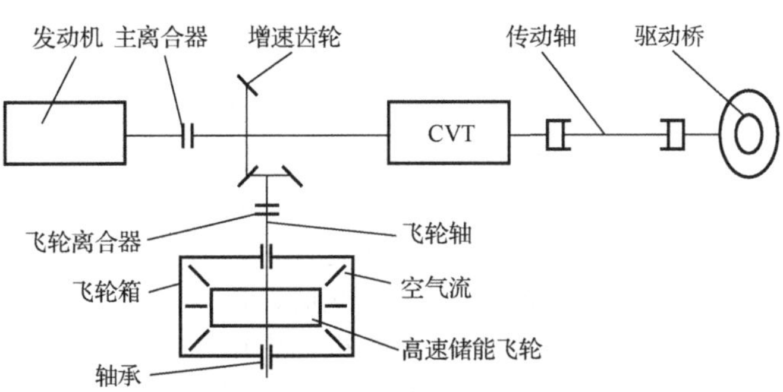

图 4-8　飞轮储能式再生制动能量回收系统示意图

液压储能式再生制动能量回收

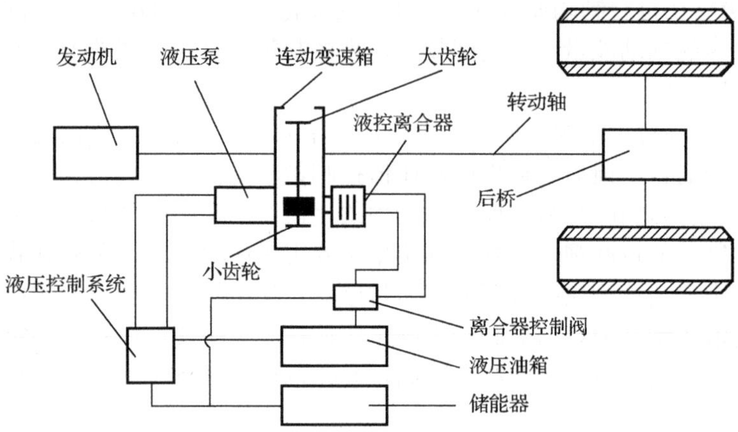

图 4-9　液压储能式再生制动能量回收系统示意图

系统示意图如图 4-9 所示。它是先将汽车在制动或减速过程中的动能转换成液压能，并将液压能储存在液压储能器中；当汽车再次起动或加速时，储能系统又将储能器中的液压能以机械能的形式反作用于汽车，以增加汽车的驱动力。

系统主要由发动机、液压泵、储能器、液控离合器和液压控制系统组成。汽车起动、加速或爬坡时，液控离合器接合，储能器与液压控制系统连接，液压储能器中的液压能通过液压泵(电动机)转化为驱动汽车的动能，用来辅助发动机满足驱动汽车所需要的峰值功率。减速时，电控元件发出信号，使系统处于储能状态，将动能转换为压力能储存在液压储能器内，这时汽车行驶阻力增大，车速降低直至停车。在紧急制动或初始车速较高时，能量再生系统不工作，不影响原车制动系统正常工作。

电化学储能式再生制动能量回收系统原理图如图 4-10 所示。它是先将汽车在制动或减速过程中的动能，通过发电机转化为电能并以化学能的形式储存在储能器中；当汽车再次起动或加速时，将储能器中的化学能通过电动机转化为汽车行驶的动能。储能器可采用蓄电池或超级电容，由发电机/电动机实现机械能和电能之间的转换。系统还包括一个控制单元，用来控制蓄电池或超级电容的充放电状态，并保证蓄电池的剩余电量在规定的范围内。

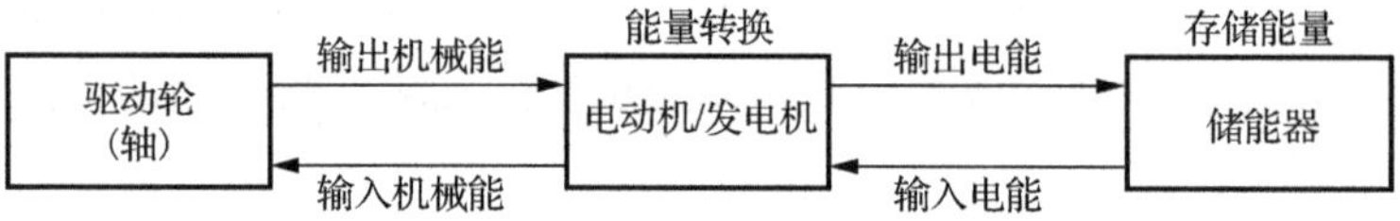

图 4-10　电化学储能式再生制动能量回收系统原理图

图 4-11 是一种用于前轮驱动汽车的电化学储能式再生制动能量回收系统示意图。当汽车以恒定速度或加速度行驶时，电磁离合器分离。当汽车制动时，行车制动系统开始工作，汽车减速制动，电磁离合器接合，从而接通变速器和驱动轴的输出轴。这样，汽车的动能由输出轴、电磁离合器、驱动轴、驱动轮和从动轮传到发动机和飞轮上。制动时的机械能由电动机转换为电能，存入蓄电池。当电磁离合器再分离时，传到飞轮上的制动能驱动发电机产生电能，存入蓄电池。在发电机和飞轮回收能量的同时，产生负载作用，作为前轮

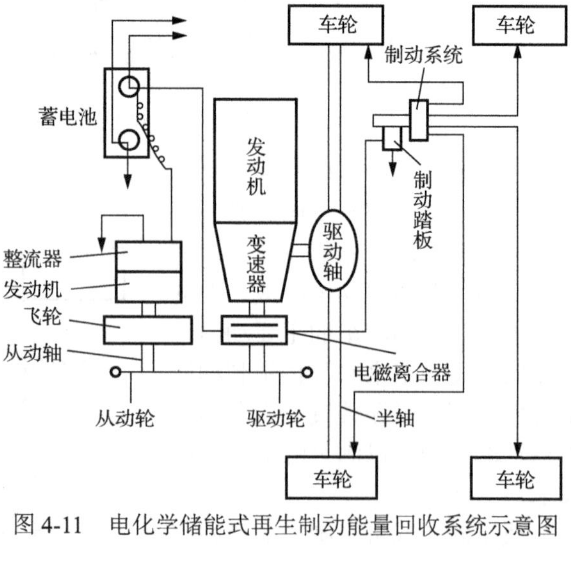

图 4-11　电化学储能式再生制动能量回收系统示意图

驱动的制动力。当汽车再次起动时，蓄电池的化学能转换成机械能用来加速汽车。

2. 再生制动能量回收的类型

电动车辆在实际行驶过程中，再生制动系统所产生的能量不可能全部回收，理论而言，能够回收的制动能量越多越好，但实际实验发现，电动汽车电机产生的再生制动力矩受到很多条件的约束，如车速、电机转速、电池 SOC 等。因此在进行制动时需要考虑液压摩擦制动，以此来保障制动的安全性。定义混合制动机构其实质是把电机再生制动系统与液压摩擦制动系统相结合。混合制动机构又可以根据其制动力矩作用方式分为串联制动模式和并联制动模式。

由图 4-12 可以看出，串联制动模式中，当电动汽车所需求的制动力较小时，仅由再生制动力就可以满足制动要求。当所需制动力较大时，需要传统机械摩擦制动力的参与，来满足总制动力需求。也可以看出，由于串联制动模式能够对再生制动力与机械摩擦制动力进行合理分配，所以串联制动模式对于能量回收也可以实现能量最大化回收。

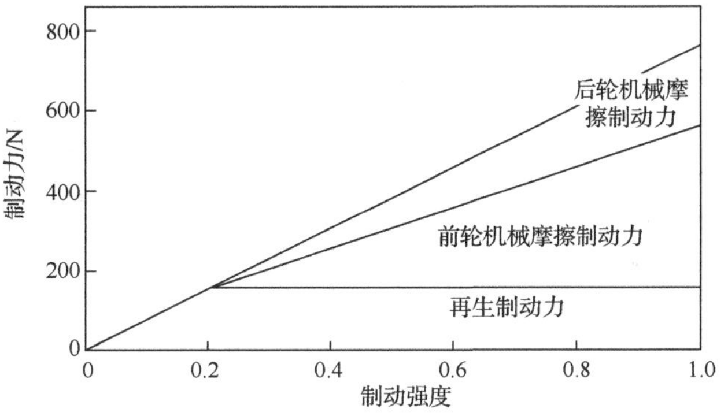

图 4-12　串联制动制动力分配图

串联制动不仅可以调整单个车轮的液压制动力，而且可以对再生制动力进行充分利用。当然，串联制动也会受到其他条件约束，例如，结构复杂，成本较高，并且需要集成控制系统等。但同时串联制动系统对再生制动效率的提高相较其他方式能更加彻底地回收能量，因此回收的能量相对较高。串联制动系统的控制原理如图 4-13 所示。

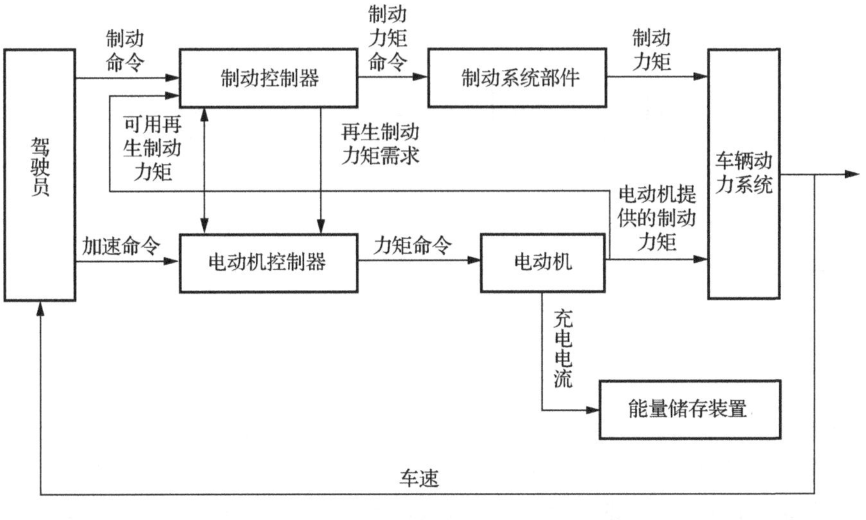

图 4-13　串联制动系统的控制原理

串联制动过程中，驾驶员可以根据车辆动力系统输出的车速与自己车辆行驶时所期望的车速做比较，来决定是否应该制动或者加速，执行制动命令时，制动控制器输出制动力矩命令经过制动系统部件到达车辆动力系统来降低车速以达到期望车速值。如果实际车速小于期望车速，那么就需要执行加速命令，通过电动机输出制动力矩到达车辆动力系统。同时，制动控制器与电动机控制器之间有再生制动力矩双向传递功能，电动机所提供的制动力矩也可以作用于制动控制器来进行制动。

并联制动模式是将再生制动力与机械摩擦制动力在再生制动系统中按照某一固定比例分配进行车辆制动的模式。并联制动制动力分配图如图 4-14 所示。

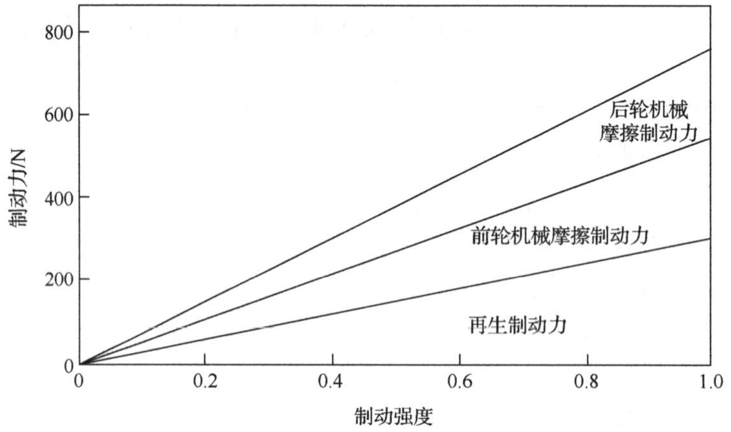

图 4-14　并联制动制动力分配图

并联制动模式中，电机再生制动力与传统机械摩擦制动力同时作用于车辆动力系统。并联制动系统的控制原理如图 4-15 所示。

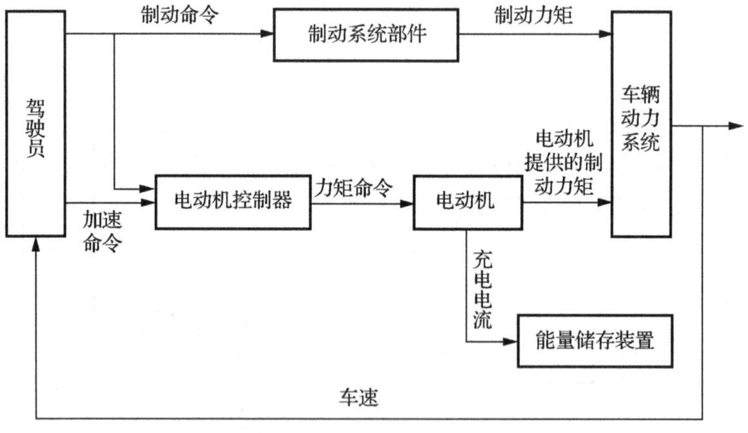

图 4-15　并联制动系统的控制原理

车辆的机械摩擦制动力矩取决于制动系统部件，而制动系统部件由驾驶员执行制动命令控制，这就使得传统机械摩擦制动力可能由于驾驶员的驾驶意愿参与比例较多，从而使得电机产生的再生制动力矩所占总的制动力矩份额较少，最终让并联制动模式的再生制动效率较低。制动过程环境相较恶劣，使得驾驶员和乘客无法获得更舒适的操作环境，并且能够回收的能量也相对较少；而串联式再生制动系统更有效，可以提供更舒适的制动感觉。

4.2.4　电动汽车再生制动能量回收系统

再生制动能量回收问题对于提高电动汽车的能量利用率具有重要意义。在汽车制动过程中，汽车的动能通过摩擦转化为热能耗散掉，浪费了大量的能量。有关研究数据表明，在几种常见的城市工况下，大量的驱动能量转化为制动能量而消散掉。从平均数值看，制动能量占总驱动能量的 50%左右。在电动汽车上采取再生制动能量回收方法，有如下作用。

(1) 在目前电动汽车的储能元件没有大的突破与发展的实际情况下，再生制动能量回收装置可以提高电动汽车的能量利用率，延长电动汽车的行驶里程。

(2) 电制动与传统制动相结合，可以减轻传统制动器的磨损，增长其使用周期，达到降低成本的目的。

(3) 可以减少汽车制动器再制动，尤其是缓速下长坡及滑行过程中产生的热量，降低汽车制动器的热衰退，提高汽车的安全性和可靠性。

再生制动系统的结构与原理如图 4-16 所示，再生制动系统由驱动轮、主减速器、变速器、电动机、AC/DC 转换器、DC/DC 转换器、传感器及再生制动控制器组成。汽车在制动或滑行过程中，根据驾驶员的制动意图，由制动控制器计算得到汽车需要的总制动力。

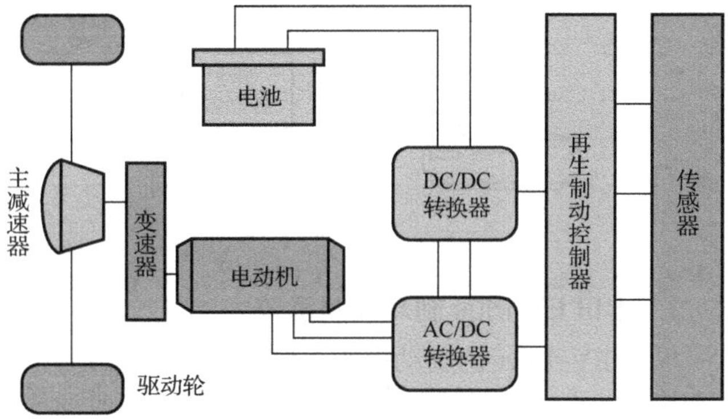

图 4-16　再生制动系统的结构与原理图

根据一定的制动力分配控制策略得到电动机应该提供的电动机再生制动力，电动机控制器计算需要的电动机电枢中的制动电流，通过一定的控制方法使电动机跟踪需要的制动电流，从而较准确地提供再生制动力矩，在电动机的电枢中产生的电流经 AC/DC 整流再经 DC/DC 控制器反充到储能装置中保存起来。在城市循环工况下，汽车的平均车速较低，负荷率起伏变化大，需要频繁地起动和制动，相关研究显示，汽车制动过程中以热能方式消耗到空气中的能量约占驱动总能量的 50%，如果可以将该部分损失的能量加以回收利用，汽车的续驶里程将会得到很大提高。有关资料显示，具有再生制动能量回收系统的电动汽车，一次充电续驶里程至少可以增加 10%～30%。

下面简单介绍几种电动汽车再生制动能量回收系统。

1. Eco—Vehicle 制动控制系统

Eco—Vehicle 是日本开发的一款电动汽车，该车制动系统使用了传统制动系统不具有的压力控制阀，控制阀安装在主缸和前后制动器之间的液压回路中，同时压力控制阀还包括制动主缸压力传感器和两个由制动控制器控制的电磁调节器，如图 4-17 所示。

压力控制阀包含 2 个阀体，且每个阀体能够独立地作用在前后轮制动器上，同时每个阀体都有一个电磁调节器。利用电磁调节器来控制输出的压力不会直接输送到制动轮缸，车上的制动控制器控制输出液压制动力。Eco—Vehicle 制动控制系统中，使用压力控制阀减小液压制动力所占比例。压力控制阀中还有一种补偿制动液损失的机械装置，它能够在压力出现起伏波动时减轻制动踏板的振动。制动控制器根据接收的制动主缸压力信号做出判断，计算出施加的再生制动力的大小，并将结果以电信号形式发送给汽车控制器，之后汽车控制器参与到再生制动过程中，同时将结果反馈给制动控制器。制动控制器根据反馈信号决定压力控制阀的调节器应处于什么位置，从而控制制动压力的大小。

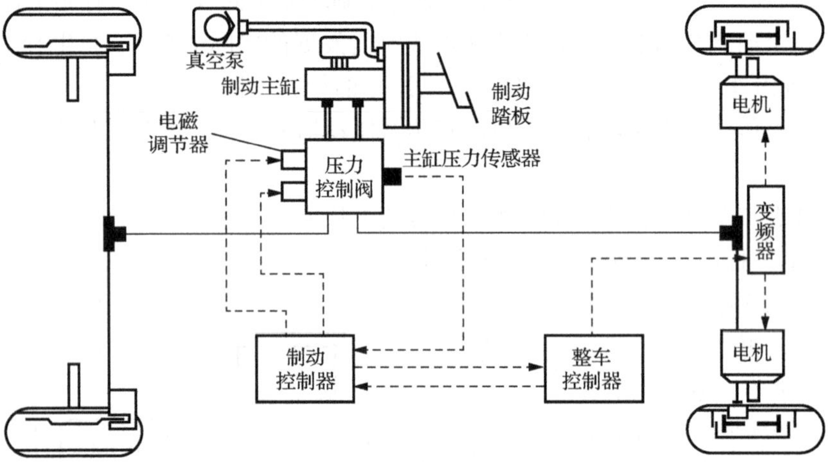

图 4-17　Eco—Vehicle 制动控制系统

2. 本田 EV Plus 制动控制系统

本田 EV Plus 的制动控制系统与传统的液压(气压)制动系统有所区别，它使用电动真空泵给制动助力器提供动力源；制动过程中将回收的能量传递到动力电池中。本田 EV Plus 的制动控制系统如图 4-18 所示。当驾驶员踩下制动踏板一定时间后，电机将以发电方式工作。制动回收的动能经过能量控制单元进入电池，转化为电能储存起来。在制动中，制动主缸产生的液压制动力矩经过补偿阀，补偿阀根据能量回收制动力矩的大小对液压制动力矩进行相应的调节控制。

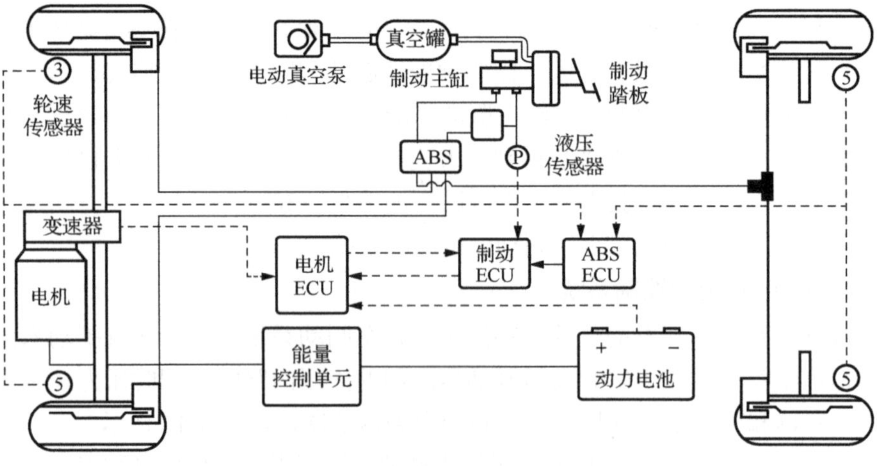

图 4-18　本田 EV Plus 的制动控制系统

3. 丰田普锐斯制动控制系统

丰田普锐斯是丰田汽车公司研制的一款混合动力轿车，它的制动系统包括能量回收制动和液压制动，能量回收制动由整车 ECU 控制，液压制动则由制动控制器控制，液压制动控制系统如图 4-19 所示。它包括常规制动系统，并且加装了踏板行程模拟装置、压力传感器、压力控制部分。该车具有 ABS 的压力调节功能，4 个压力传感器分别用于检测 2 个制动力矩及 2 个轮缸压力。制动过程如下。

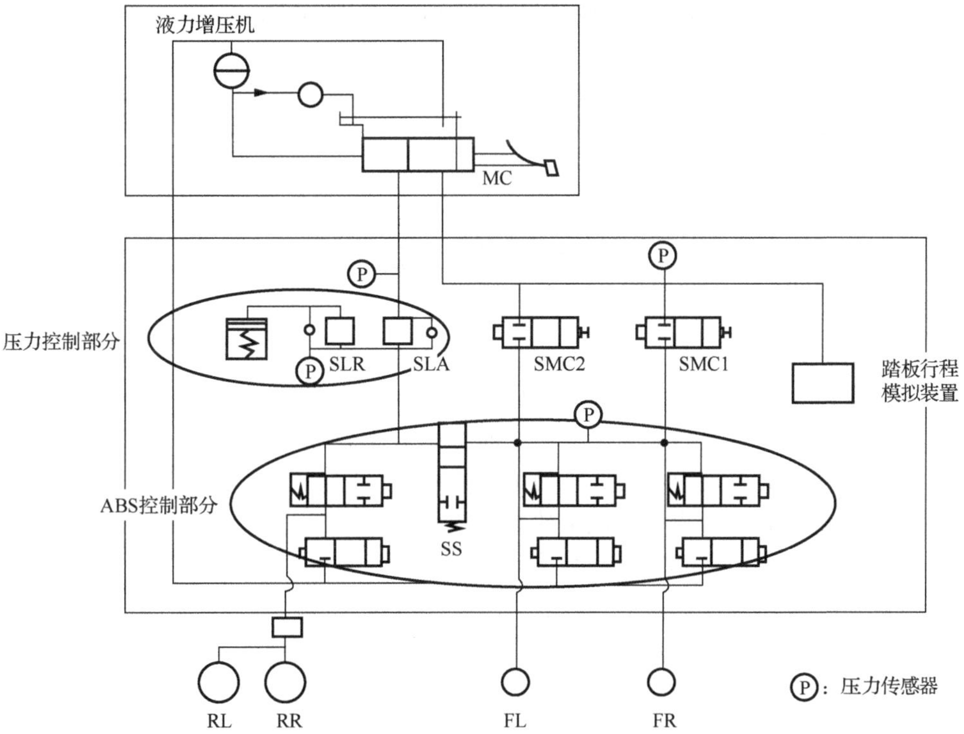

图 4-19　丰田普锐斯液压制动控制系统

(1) 在制动开始时，制动控制器根据制动主缸的压力计算出驾驶员所需的制动力矩，并将该制动力矩发送给整车 ECU，整车 ECU 通过计算得到当前所能够施加的能量回收制动力矩的大小，并将其发送给制动控制器。

(2) 制动控制器根据能量回收制动力矩的大小计算目标液压制动力矩的大小，并根据目标液压制动力矩的大小确定电磁阀 SLA 的通电电流的大小，通过 SLA 来控制液压制动力矩的大小。

(3) SLR 是减压电磁阀，在 ABS 不起作用的时候可以通过 SLR 和储液器的配合来起到减压的作用。

(4) SS 为沟通前后轮缸回路的电磁阀，当前轮的制动力完全可以由能量回收制动力矩提供时，SS 是关闭的；当能量回收制动力矩不能够满足前轮制动需要时，SS 打开，前轮也进行液压制动。

(5) 踏板行程模拟装置主要用来模拟踏板行程，吸收多余的制动液，使得在确保制动安全的前提下尽可能采用能量回馈制动，减少液压制动。

(6) SMC1 和 SMC2 为 2 个电磁阀，在正常情况下它们是关闭的，截断了两前轮的轮缸制动回路和制动主缸之间的连接；当制动回路出现异常情况，如 SS 阀失效，前轮无法获取液压制动力矩时，SMC1 和 SMC2 打开，连通前轮的制动轮缸和制动主缸，确保前轮制动。

(7) 电磁阀 SLA 和 SLR 都是相关的机械开启装置(在一定的开启压力下可以打开)，防止由电信号失效导致制动轮缸的压力增减失效。当 ABS 系统起作用时，SLA 全开，此后制动过程由 ABS 系统控制。

(8) 当 ABS 系统不再起作用时，则转换为 Pressure Control Part 工作，通过 SLA 来控制液压制动力矩。

(9) 压力控制阀主要用于控制液压制动力矩，它包括液压调节阀和制动主缸，同时实现 ABS 功能。当 ABS 系统起作用时，该车不进行能量回收制动，完全由液压制动系统来完成制动过程。

思 考 题

4-1 新能源汽车典型的电池管理系统应具备哪些功能？

4-2 电池管理系统中最基本和最首要的任务是什么？

4-3 混合动力电动汽车的能量管理系统的功能是什么？

4-4 简述串联式混合动力电动汽车的工作模式。

4-5 简述并联式混合动力电动汽车的工作模式。

4-6 电动汽车在不同工况下制动系统的制动策略有哪些？

4-7 电动汽车再生制动能量回收的方法有哪些？请分别简述。

4-8 电动汽车再生制动能量回收有什么作用？

4-9 简述丰田普锐斯制动控制系统的制动过程。

第 5 章　纯电动汽车

纯电动汽车是指以车载电源为动力，用电动机驱动车轮行驶，符合道路交通、安全法规各项要求的车辆。一般采用高效率充电蓄电池为动力源。纯电动汽车无须再用内燃机，因此，纯电动汽车的电动机相当于传统汽车的发动机，蓄电池相当于原来的油箱，电能是二次能源，可以来源于风能、水能、热能、太阳能等多种方式。

5.1　纯电动汽车概述

5.1.1　纯电动汽车的组成与原理

纯电动汽车主要由电驱动系统、电源系统、汽车底盘、车身以及辅助系统等组成。典型电动汽车组成框图如图 5-1 所示。

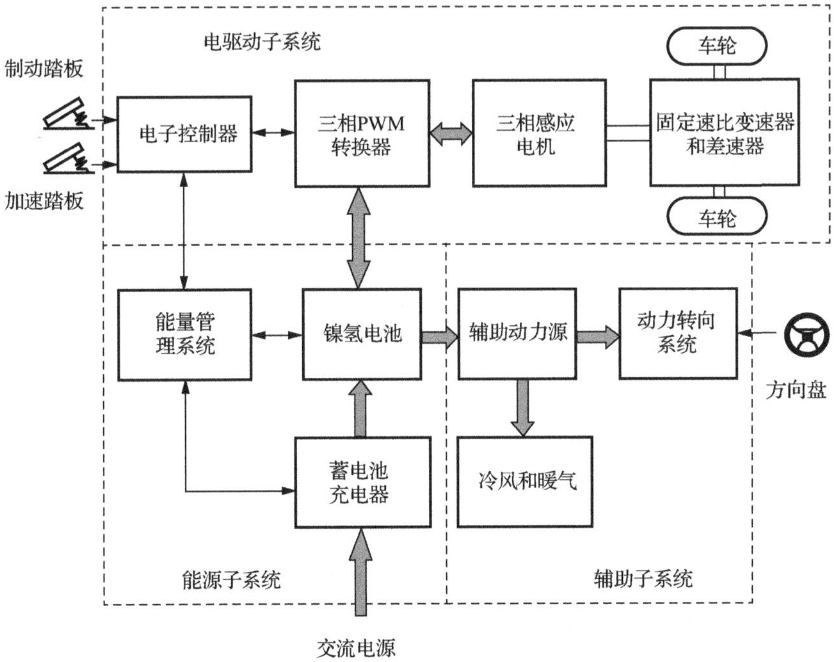

图 5-1　典型电动汽车组成框图

当汽车行驶时，由蓄电池输出电能(电流)通过控制器驱动电动机运转，电动机输出的转矩经传动系统带动车轮前进或后退。电动汽车续驶里程与蓄电池容量有关，蓄电池容量受诸多因素限制。要提高一次充电续驶里程，必须尽可能地节省蓄电池的能量。

1. 电驱动系统

电驱动系统主要包括电子控制器、功率转换器、电动机、机械传动装置和车轮等。它的功用是将存储在蓄电池中的电能高效地转化为车轮的动能，并能够在汽车减速制动时，将车轮的动能转化为电能充入蓄电池。

电动汽车应用较多的电动机有直流电动机和交流电动机两大类。电动汽车的驱动系统采用直流电动机时，虽然在结构上有许多独到之处，例如，不需要离合器、变速器，并具有起步加速牵引力大、控制系统较简单等优点，但它的整个传动系统效率低，所以逐渐被其他驱动类型的电动机替代。电动汽车使用的交流电动机驱动系统，突出的优点是体积小、质量轻、效率高、调速范围宽和基本免维护等，但其制造成本较高。随着电力电子技术的进一步发展，成本将降低，采用这类驱动系统的电动汽车将具有强大的生命力。

电动汽车的控制系统的性能直接影响着汽车的性能指标。该控制系统控制汽车在各类工况下的行驶速度、加速度和能源转换情况。它类似于燃油汽车的加速踏板和变速器，包括电动机驱动器、控制器及各种传感器。

电动机不同，控制器也有所不同。控制器将蓄电池直流电逆变成交流电后驱动交流电动机，电动机输出的转矩经传动系统驱动车轮，使电动汽车行驶。有关电动机的相关内容请参见第 2 章中的介绍。

2. 电源系统

电源系统主要包括电源、能量管理系统和充电器等。它的功用是向电动机提供驱动电能、监测电源使用情况以及控制充电器向蓄电池充电。

纯电动汽车的常用电源有铅酸电池、镍锡电池、镍氢电池、锂离子电池等。纯电动汽车和混合动力汽车的能量管理不同，纯电动汽车主要是指电池管理系统，它的主要功用是对电动汽车用单体电池及整组进行实时监控、充放电、巡检、温度监测等。有关电池的相关内容请参见第 3 章中的介绍。

3. 辅助系统

辅助系统主要包括辅助动力源、空调器、动力转向系统、导航系统、刮水器、收音机以及照明和除霜装置等。辅助系统除辅助动力源外，其余的依据车型不同而不同。

辅助动力源主要由辅助电源和 DC/DC 功率转换器组成。它的功用是向动力转向系统、空调器及其他辅助设备提供动力。

5.1.2　纯电动汽车驱动系统构型

电动汽车的驱动系统是电动汽车的核心部分，其性能决定着电动汽车运行性能的好坏。电动汽车的驱动系统布置取决于电动机驱动系统的方式，可以有多种多样。从整车的布置角度分析，乘用车及商用车的纯电动汽车驱动系统布置形式有所不同，故分别进行介绍。

1. 常见纯电动乘用车驱动系统构型

1) 单电机前置前驱

如图 5-2 所示，单电机前置前驱是最为常见的驱动系统构型。从性能方面讲，前置前驱可以增加前轴负荷，提升高速行驶时的操纵稳定性和制动时的方向稳定性；在低附着系数路面上行驶时，靠前轮牵引车身，有利于保证方向稳定性。另外，因为传统燃油汽车平台相对较为成熟，可以大大缩短开发周期及开发费用，产品可靠性高的原因，故很多电动汽车借用燃油汽车平台进行开发。

2) 单电机后置后驱

如图 5-3 所示，宝马 i3 及 A00 级别乘用车等均采用单电机后置后驱。此种构型，一般具备良好的起步性能和爬坡性能，且由于前轮负荷小，故转向相对较为轻便，但同时也不利于在低附着系数路面行驶。

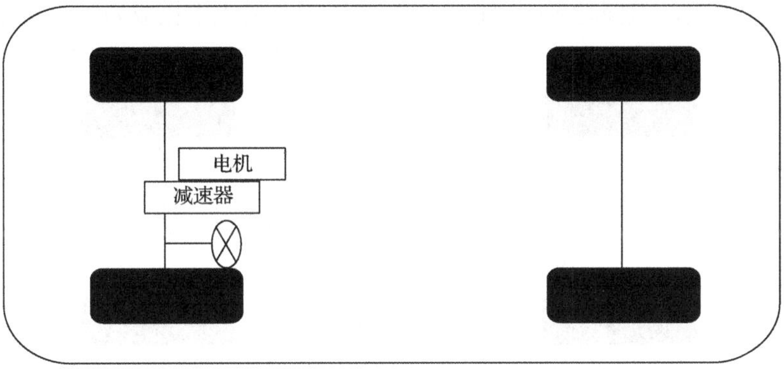

图 5-2　单电机前置前驱构型

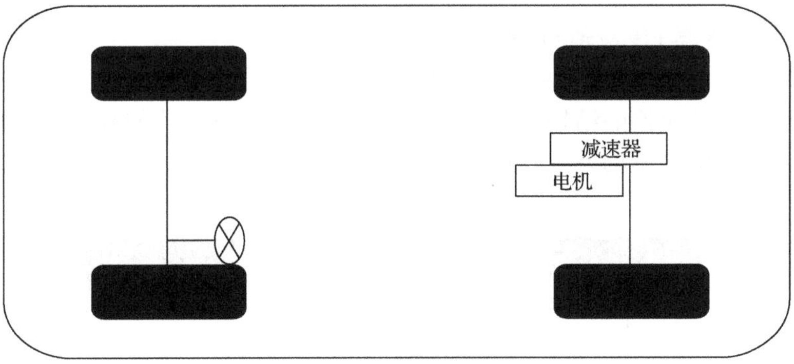

图 5-3　单电机后置后驱构型

3) 双电机四驱

如图 5-4 所示，双电机四驱常见于定位较为高端或追求强劲动力的纯电动汽车，如特斯拉 Model S/X/3、蔚来 ES8 等。此种驱动系统构型，操控性能好，动力强劲，但能耗较高。

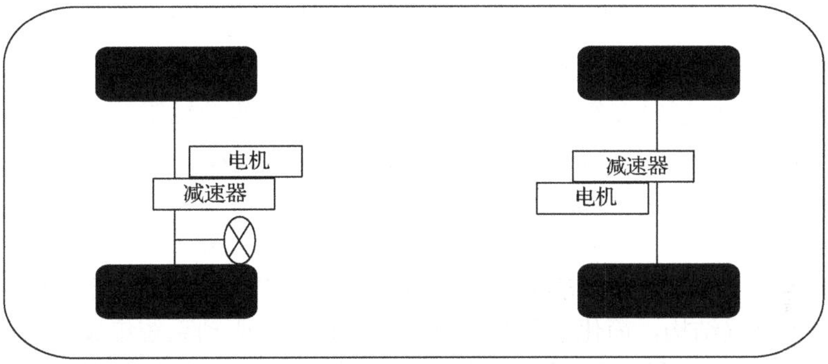

图 5-4　双电机四驱构型

2. 常见纯电动商用车驱动系统构型

1) 电机+传动轴+后桥

如图 5-5 所示，电机直接通过传动轴驱动车轮，属于出现较早且较为成熟的商用车驱动系统构型。因为电机转速相对较低，转矩较大，故无需减速器进行减速增扭，避免了动力传递过程中减速器的传递损失，但同时直驱电机本身的高质量及高成本也成为制约其发展的因素。

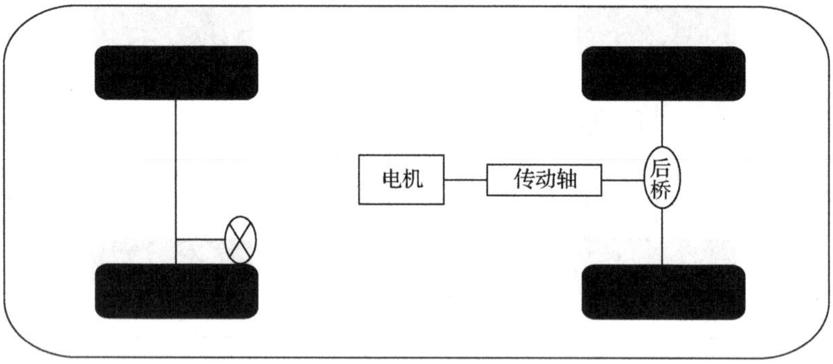

图 5-5　电机+传动轴+后桥构型

2) 电机+单级减速器+传动轴+后桥

如图 5-6 所示，电机通过单级减速器连接传动轴驱动车轮，此种构型借鉴了乘用车驱动系统的驱动电机集成减速器的结构形式，避免了电机+传动轴+后桥的高质量及高成本的缺点，是目前较为主流的商用车驱动方案发展方向之一。

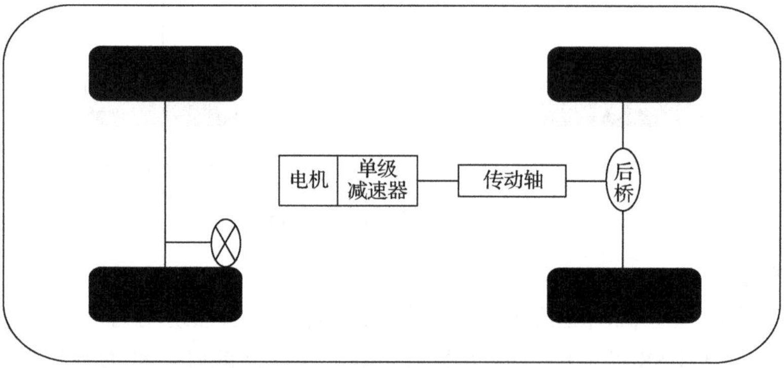

图 5-6　电机+单级减速器+传动轴+后桥构型

3) 电机+多级减速器+传动轴+后桥

如图 5-7 所示，电机通过多级减速器(2 级或 4 级)连接传动轴驱动车轮，此种构型属于早期驱动系统构型，主要应用于重载车型，但因为多挡传递的效率损失及舒适性、成本等方面的原因，此种驱动系统构型已经逐渐减少。

4) 电驱动桥

如图 5-8 所示，电机与传统的驱动后桥进行了物理集成，此种驱动系统构型因为取消了传动轴及传统的电机悬置结构，简化了整车布置工作，且具有驱动系统集成度高、效率较高等优点，故各后桥厂商均已经开始着手研发，但目前仍处于研发实验阶段，暂无成熟产品上市。

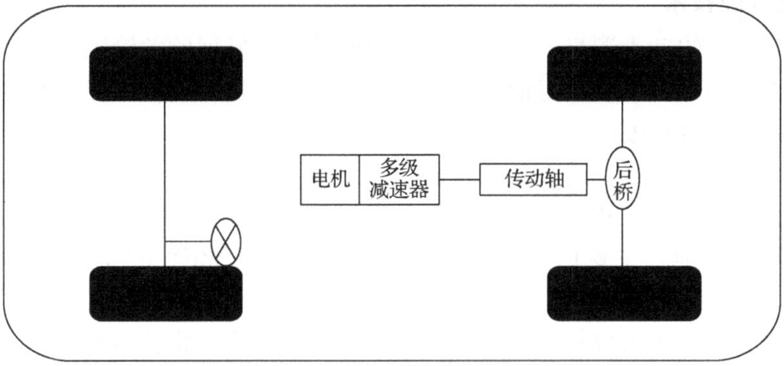

图 5-7　电机+多级减速器+传动轴+后桥构型

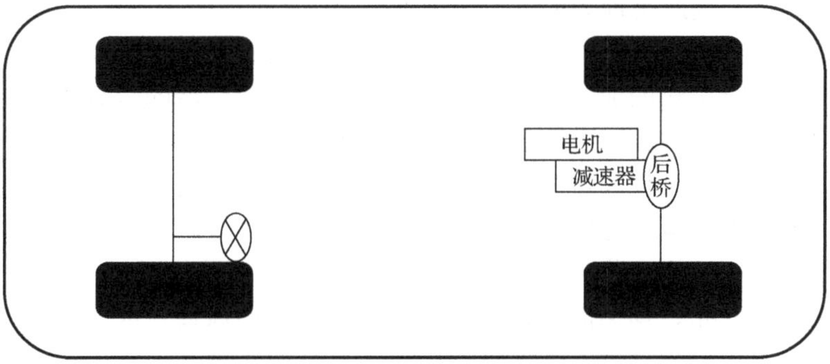

图 5-8　电驱动桥构型

目前，我国的电动汽车大多建立在改装车的基础上，其设计是一项机电一体化的综合工程。改装后高性能的获得并不是简单地将燃油汽车的发动机和油箱换成电动机与蓄电池便可以实现的，它必须对蓄电池、电动机、变速器、减速器和控制系统等参数进行合理的匹配，而且在进行总体方案布置时必须保证连接可靠、轴荷分配合理等。

5.1.3　纯电动汽车的关键技术

1. 电动机及控制技术

电动汽车的驱动电动机属于特种电动机，是电动汽车的关键部件。要使电动汽车有良好的使用性能，驱动电动机应具有较宽的调速范围及较高的转速、足够大的起动转矩，体积小、质量轻、效率高且有动态制动强和能量回馈的性能。电动汽车所用的电动机正在向大功率、高转速、高效率和小型化方向发展。

随着电动机及驱动系统技术的发展，控制系统趋于智能化和数字化。变结构控制、模糊控制、神经网络控制、自适应控制，以及专家系统、遗传算法等非线性智能控制技术，都将应用于电动汽车的电动机控制系统。它们的应用将使系统结构简单、响应迅速、抗干扰能力强、参数变化具有鲁棒性，可大大提高整个系统的综合性能。

电动汽车再生制动控制系统可以节约能源、提高续驶里程，具有显著的经济价值和社会效益。再生制动还可以减少汽车制动片的磨损，降低车辆故障率及使用成本。

2. 电池及管理技术

电池是电动汽车的动力源泉，也是一直制约电动汽车发展的关键因素。电动汽车用电池要求比能量高、比功率大、使用寿命长，但目前的电池能量密度低、电池组过重、续驶里程短、价格高、循环寿命有限。

电动汽车用动力蓄电池经过 3 代的发展，已取得了突破性的进展。第 1 代是铅酸电池，由于其比能量较高、价格低和能高倍率放电，所以是目前唯一能大批量生产的电动汽车用电池。第 2 代是碱性电池，主要有镍锡、镍氢、钠硫、锂离子和锌空气等多种电池，其比能量和比功率都比铅酸电池高，因此大大提高了电动汽车的动力性能和续驶里程，但其价格却比铅酸电池高。只要能采用廉价材料，电动汽车用锂离子电池就将获得长足的发展，目前的关键是要降低批量化生产的成本，提高电池的可靠性、一致性及寿命。第 3 代是以燃料电池为主的电池。燃料电池能量转化效率、比能量和比功率都高，并且可以控制反应过程，能量转化过程可以连续进行，因此是理想的汽车用电池。

电池组性能直接影响整车的加速性能、续驶里程以及制动能量回收的效率等。电池的成本和循环寿命直接影响车辆的成本和可靠性，所有影响电池性能的参数必须得到优化。电动车的电池在使用中发热量很大，电池温度影响电池的电化学系统的运行、循环寿命和充电可接受性、功率和能量、安全性和可靠性。所以，为了达到最佳的性能和寿命，需将电池包的温度控制在一定范围内。减小包内不均匀的温度分布以避免模块间的不平衡，以此避免电池性能下降，且可以消除相关的潜在危险。由于电池包的设计既要密封、防水、防尘、绝缘等，又要考虑空气流流场分布、均匀散热，所以电池包的散热通风设计成为电动车研究的一个重要领域。

3. 整车控制技术

新型纯电动汽车整车控制系统是两条总线的网络结构，即驱动系统的高速 CAN 总线和车身系统的低速总线。高速 CAN 总线的每个结点为各子系统的 ECU。低速总线按物理位置设置结点，基本原则是基于空间位置的区域自治。

实现整车网络化控制，其意义不只是解决汽车电子化中出现的线路复杂和线束增加问题，网络化实现的通信和资源共享能力成为新的电子与计算机技术在汽车上应用的一个基础，同时也为 X-by-Wire 技术提供了有力的支撑。

4. 整车轻量化技术

整车轻量化始终是汽车技术重要的研究内容。纯电动汽车由于布置了电池组，整车质量增加较多，轻量化问题更加突出，但可以采用以下措施减轻整车质量。

(1)通过对整车实际使用工况和使用要求的分析，以及对电池的电压、容量、驱动电动机功率、转速和转矩、整车性能等车辆参数的整体优化，合理选择电池和电动机参数。

(2)通过结构优化和集成化、模块化优化设计，减轻动力总成、车载能源系统的质量。这里包括对电动机及驱动器、传动系统、冷却系统、空调和制动真空系统的集成和模块化设计，使系统得到优化；对电池、电池箱、电池管理系统、车载充电器组成的车载能源系统的合理集成和分散，实现系统优化。

(3)积极采用轻质材料，如电池箱的结构框架、箱体封皮、轮毂等采用轻质合金材料。

(4)利用 CAD 技术对车身承载构件(如前后桥，新增的边梁、横梁)进行有限元分析研究，用计算和实验相结合的方式，实现结构最优化。

5.1.4　纯电动汽车主要技术指标

在“十二五”期间，我国要开展电动汽车大规模商业化示范运行，为实现电动汽车规模产业化，尤其是为实现纯电动汽车销量达到同类车型总销量 1%左右的目标提供科技支撑。我国大规模商业化示范的纯电动汽车主要技术指标见表 5-1。

表 5-1　大规模商业化示范的纯电动汽车主要技术指标

指标		小型纯电动汽车	纯电动商用汽车
动力电池	质量比能量 /(W·h/kg)	模块≥120	
	循环寿命/次	≥2000(100%DOD)	
	日历寿命/年	≥10	
	目标成本 /[元/(W·h)]	模块≤1.5	
车用电机	成本 /[元/(W·h)]	≤200	≤300
	功率密度 /(kW/kg)	≥2.7	≥1.8
	最高效率 /%	≥94	
电子控制		纯电动汽车电动化总成控制系统 先进的纯电动汽车分布式控制系统 纯电动汽车车载信息、智能充电和远程监控系统	
整车平台	最高车速/(km/h)	≥75(微型)	≥80～100
		≥100	
	续驶里程 /km	≥100	≥150(非快充类)
	附加成本	与同级别燃油车辆或基础车型相当(不包括储能系统)	
支撑平台	基础设施	交流充电桩 40 万个以上，集中充/换电站 2000 座	
	示范城市/个	≥25	

下一代纯电驱动技术突破的主要技术指标见表 5-2。

表 5-2　下一代纯电驱动技术突破的主要技术指标

指标			轿车	客车
动力电池	能量型 /(W·h/kg)	新型	≥250	
	单体电池质量比能量 /(W·h/kg)	新体系	≥400	
	功率型单体电池质量比能量 /(W/kg)		≥5000	
车用电机	功率密度 /(kW/kg)		3.0	
	最高效率 /%		94	
电子控制			新型电机集成驱动的底盘动力学控制技术 下一代纯电驱动整车控制系统关键技术 纯电动汽车 ITS 及车网融合(V2G、V2H)技术	

续表

指标		轿车	客车
整车平台	最高车速 /(km/h)	≥180	≥80
	纯电动汽车续驶里程 / km	≥250	≥200
	经济性	≤140W · h/km	≤140kW · h/(km · t)

5.2　纯电动汽车传动系统参数设计

纯电动汽车传动系统的设计应该满足车辆对动力性能和续驶里程的要求。车辆行驶的动力性能可以用以下 4 个指标来评价。

(1) 起步加速性能：电动汽车由静止起步并以最大的加速度加速到某一车速或在某一预定的距离加速行驶所需的最短时间。

(2) 最高车速稳定行驶的能力：在水平良好的路面上，电动机发出的功率应该能够维持电动汽车以最高车速行驶的能力。

(3) 额定车速稳定行驶的能力：对电动汽车来说，蓄电池和电动机提供的全部功率能满足电动汽车以额定车速稳定行驶的能力。

(4) 最大爬坡能力：电动汽车提供的功率能使其爬上最大坡度路面的能力。

除此之外，电动汽车上动力电池组的能量应该能够维持行驶一定的续驶里程。

5.2.1　电动机参数设计

电动机参数设计主要包括设计电动机的额定功率、峰值功率、最高转速、额定转速、最大转矩及额定电压等参数。

1. 电动机的额定功率和峰值功率

电动机是电动汽车行驶的动力源，对整车的动力性有直接影响。所选的电动机功率越大，整车的动力性也就越好，但是如果功率过大，电动机的质量和体积也会增大，且电动机的工作效率不高，这样就不能充分利用有限的车载能源，从而使续驶里程降低。因此，电动机功率参数设计时通常参考汽车的最高车速、最大爬坡度和加速性能。

1) 根据电动汽车最高车速确定电动机功率

设计中初步选择的电动机额定功率应不小于汽车以最高车速行驶时行驶阻力消耗的功率之和，电动汽车以最高车速行驶消耗的功率为

$$P_{m1} = \frac{v_{\max}}{3600\eta_t}\left(mgf + \frac{C_D A v_{\max}^2}{21.15}\right) \tag{5-1}$$

式中，m 为汽车质量(kg)；f 为滚动阻力系数；C_D 为迎风阻力系数；A 为迎风面积(m^2)；$v_{\max}$ 为最高行驶车速(km/h)；η_t 为机械传动系统效率；g 为重力加速度。

2)根据电动汽车最大爬坡度确定电动机功率

电动汽车以某一车速爬上最大坡度消耗的功率为

$$P_{m2}=\frac{v_p}{3600\eta_t}\left(mgf\cos\alpha_{\max}+mg\sin\alpha_{\max}+\frac{C_DAv_p^2}{21.15}\right) \tag{5-2}$$

式中，v_p 为电动汽车爬坡时的行驶速度(km/h)； $\alpha_{\max}$ 为最大坡度角。

3)根据电动汽车加速性能确定电动机功率

电动汽车在水平路面上加速行驶消耗的功率为

$$P_{m3}=\frac{v_f}{3600\eta_t}\left(mgf+\delta m\frac{\mathrm{d}v}{\mathrm{d}t}+\frac{C_DAv_f^2}{21.15}\right) \tag{5-3}$$

式中，δ 为汽车旋转质量换算系数；v_f 为电动汽车加速后达到的速度(km/h)；$\frac{\mathrm{d}v}{\mathrm{d}t}$ 为加速度。

电动机额定功率应满足电动汽车对最高车速的要求，峰值功率应能同时满足电动汽车对最高车速、最大爬坡度和加速度的要求。所以电动汽车电动机的额定功率和峰值功率分别为

$$P_{\mathrm{e}}\geqslant P_{m1} \tag{5-4}$$

$$P_{\mathrm{e}\max}\geqslant\max\{P_{m1},P_{m2},P_{m3}\} \tag{5-5}$$

电动汽车电动机的峰值功率与额定功率的关系为

$$P_{\mathrm{e}\max}=\lambda P_{\mathrm{e}} \tag{5-6}$$

式中，$P_{\mathrm{e}\max}$ 为电动机的峰值功率；P_{e} 为电动机的额定功率；λ 为电动机的过载系数。

2. 电动机的最高转速和额定转速

电动汽车最高行驶车速与电动机最高转速之间的关系为

$$n_{\max}=\frac{v_{\max}\sum i}{0.377r} \tag{5-7}$$

式中，$n_{\max}$ 为电动机的最高转速(r/min)；$v_{\max}$ 为电动汽车的最高行驶车速(km/h)；$\sum i$ 为传动系统传动比，一般包括变速器传动比和主减速器传动比；r 为车轮半径(m)。

电动机额定转速为

$$n_{\mathrm{e}}=\frac{n_{\max}}{\beta} \tag{5-8}$$

式中，β 为电动机扩大恒功率区系数。β 值越大，转速越低，转矩越高，有利于提高车辆的加速和爬坡性能，稳定运行性能越好，但同时功率变换器尺寸也会越大，因此 β 值不宜过大。β 通常取值为 2～4。

3. 电动机的最大转矩

电动机最大转矩的选择需要满足汽车起动转矩和最大爬坡度的要求，同时结合传动系统最大传动比来确定：

$$T_{\max}\geqslant\frac{mg(f\cos\alpha_{\max}+\sin\alpha_{\max})r}{\eta_t i_{\max}} \tag{5-9}$$

式中，$i_{\max}$ 为传动系统最大传动比；η_t 为机械传动系统效率。

4. **电动机的额定电压**

电动机的额定电压与电动机的额定功率成正比，额定功率越大，额定电压也就越大。电动机额定电压的选择与电动汽车电池组的电压有密切的关系。因此，要选择合适的电池组的电压和电流以满足整车能源的需要。不过最终都是由所选取的电动机的参数来决定额定电压。

5.2.2 传动系统传动比设计

在电动机输出特性一定时，传动系统的传动比如何选择，依赖于整车的动力性指标要求，即电动汽车传动比的选择应该满足汽车最高期望车速、最大爬坡度以及加速时间的要求。

1. **传动系统传动比的上限**

传动系统传动比的上限由电动机最高转速和最高行驶车速确定。

$$\sum_{\min} i \leqslant \frac{0.377 n_{\max} r}{v_{\max}} \tag{5-10}$$

2. **传动系统传动比的下限**

传动系统传动比的下限由下述两种方法算出的传动系统速比的最大值确定。

由电动机最高转速对应的输出转矩和最高行驶车速对应的行驶阻力确定的传动系统传动比下限为

$$\sum_{\max} i \geqslant \frac{r}{\eta_t T_{v\max}}\left(mgf + \frac{C_D A v_{\max}^2}{21.15}\right) \tag{5-11}$$

式中，$T_{v\max}$ 为电动机最高转速对应的输出转矩。

由电动机的最大输出转矩和最大爬坡度对应的行驶阻力确定的传动系统传动比下限为

$$\sum_{\max} i \geqslant \frac{r}{\eta_t T_{\max}}\left(mgf\cos\alpha_{\max} + mg\sin\alpha_{\max} + \frac{C_D A v_f^2}{21.15}\right) \tag{5-12}$$

式中，$T_{\max}$ 为电动机最大输出转矩。

5.2.3 电池组参数设计

动力电池是整车的能量来源，整车所有的能量消耗都来自电池组。因此所选择的电池组的类型、质量和各种技术参数都会影响电动汽车的整车性能，电池组是电动汽车的关键部件之一。电动汽车动力电池系统的参数匹配主要包括电池的类型、电池组的数目、电池组的容量等参数的选择。

1. **动力电池匹配原则**

动力电池类型的选择要符合电动汽车的运行要求。电动汽车要求动力电池具有较高的比能量和比功率，以满足汽车的续驶里程和动力性的要求，同时也希望动力电池具有与汽车使用寿命相当的充放电循环寿命，拥有高效率、良好的性价比以及免维护特性。

动力电池的电压等级要与电动机电压等级相一致且满足电动机电压变化的要求。同时，由于电动空调、电动真空泵和电动转向助力泵等附件也消耗一定的电能，所以电池组的总电压要大于电动机的额定电压。

动力电池一般有能量型与功率型两种，为满足电动汽车的行驶要求，采用能量型电池，匹配时主要考察电池的能量，即电池应具有较大的容量，以增加车辆的续驶里程。电池容量与其功率成正比，容量越大，其输出的功率越大，所以其输出功率均能满足整车电力系统的要求，因此主要是根据其续驶里程来确定电池容量，并且确定的电池容量还需符合市场现有产品的标准，通过对现有产品的反复验证进行设计。

2．动力电池组参数匹配

1）动力电池组类型的选择

目前可用于电动汽车的动力电池主要有铅酸电池、镍氢电池、锂离子电池和燃料电池。其中锂离子电池因高能量和充放电速度快等优越性能得到越来越多的关注，是目前市场前景最好的一种产品。

2）电池组数目的确定

电池组数目必须满足电动汽车行驶时所需的最大功率和续驶里程的要求。

满足电动汽车行驶时所需的最大功率要求的电池组数目为

$$n_p = \frac{P_{\mathrm{e\,max}}}{P_{\mathrm{b\,max}}\eta_{\mathrm{e}}\eta_{\mathrm{ec}}N} \tag{5-13}$$

式中，$P_{\mathrm{e\,max}}$ 为电动机的峰值功率(kW)；η_{e} 为电动机的工作效率；η_{ec} 为电动机控制器的工作效率；$P_{\mathrm{b\,max}}$ 为电池最大输出功率(kW)；N 为单电池组所包含的电池的数目。

满足电动汽车续驶里程要求的电池组数目为

$$n_x = \frac{1000SW}{C_s V_s N} \tag{5-14}$$

式中，S 为续驶里程(km)；W 为电动汽车行驶 1km 所消耗的能量(kW)；C_s 为单体电池的容量(A·h)；V_s 为单体电池的电压(V)。

电池组数目为

$$n = \max\left\{n_p, n_x\right\} \tag{5-15}$$

3）电池组容量

电池组能量为

$$E_B = \frac{U_m C_E}{1000} \tag{5-16}$$

式中，E_B 为电池组能量(kW·h)；U_m 为电池组电压(V)；C_E 为电池组容量(A·h)。

蓄电池能量应满足以下条件：

$$E_B \geqslant \frac{mgf + C_D A v_a^2/21.15}{3600 \times \mathrm{DOD}\,\eta_t \eta_{\mathrm{mc}} \eta_{\mathrm{dis}}(1-\eta_a)} \times S \tag{5-17}$$

式中，η_{mc} 为电动机效率；η_{dis} 为蓄电池放电效率；η_a 为汽车附件能量消耗比例系数；DOD 为蓄电池放电深度。

或者蓄电池容量满足以下条件：

$$C_E \geqslant \frac{mgf + C_D A v_a^2/21.15}{3.6 \times \mathrm{DOD}\,\eta_t \eta_{\mathrm{mc}} \eta_{\mathrm{dis}}(1-\eta_a)U_m} \times S \tag{5-18}$$

5.2.4　设计实例

综合参考目前市场主要纯电动车型动力性能以及相应的经济性能，并参考国家相关的性能标准要求，制定实例所用车辆的性能参数要求，见表 5-3。

表 5-3　实例整车基本参数及性能设计指标

参数名称	参数值
整车质量/kg	1180
传动系统效率	0.92
滚动车轮半径/mm	286
空气阻力系数	0.35
迎风面积/m^2	2.15
最高车速/(km/h)	130
最大爬坡度/%	20
0～50km/h 加速时间/s	≤9
最低爬坡车速/(km/h)	20
60km/h 匀速行驶续驶里程/km	120

根据式(5-1)～式(5-18)就可以对电动汽车传动系统参数进行匹配，计算结果如表 5-4～表 5-6 所示。

表 5-4　驱动电机参数

参数	数值
峰值功率/kW	35
额定功率/kW	20
峰值转速/(r/min)	7500
额定转速/(r/min)	2500
峰值转矩/(N·m)	134
额定电压/V	312

表 5-5　传动比参数

参数	数值
变速器 I 挡传动比	2.275
变速器 II 挡传动比	1.382
主减速器传动比	5.111

表 5-6　动力电池性能参数

参数	数值
额定电压/V	3.2
标称容量/(A·h)	45
放电截止电压/V	2.6

续表

参数	数值
SOV 允许范围	0.15～0.95
单体内阻/mΩ	2.3
电池组数/组	117

5.2.5　实例性能仿真

选择纯电动汽车动力传动默认模型 EV_defaults_in 为原型，其仿真模型顶层框图如图 5-9 所示。从图中可以看出仿真的过程包括前向仿真和后向仿真两个方向的仿真计算。

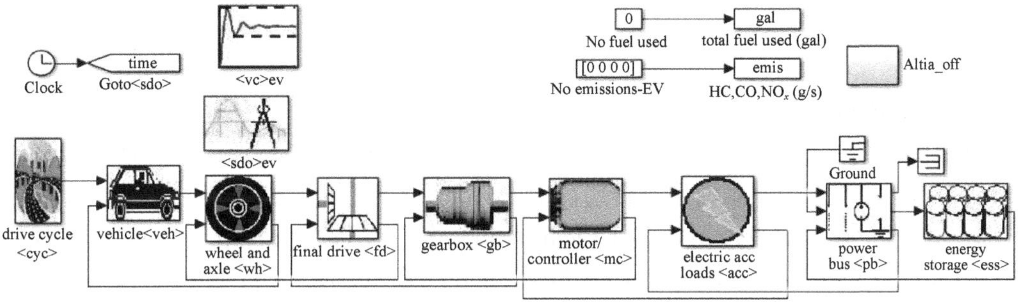

图 5-9　整车仿真模型顶层框图

1. 电动机模型

电动机模型后向仿真过程中，电动机模型通过接收变速器模型输出的转速以及相对应的转矩需求信号，按照外特性计算出的转矩以及相对应的转速，在一系列性能限制条件下，计算出该时刻的输入功率，并将需求输入功率信号传递给动力电池系统。

后向仿真部分包含了三种不同的性能限制。

(1) 需求转速受到电机最高转速的限制。因此建模时应先考虑电机最高转速的限制，再计算其实际车速，当其需求转速小于最高转速时，实际转速就是参考转速，否则实际转速即为其最高转速。

(2) 需求转矩受到电机峰值转矩与克服其转动惯量所需要转矩差的限制，建立电机转矩限制模型如图 5-10 所示。

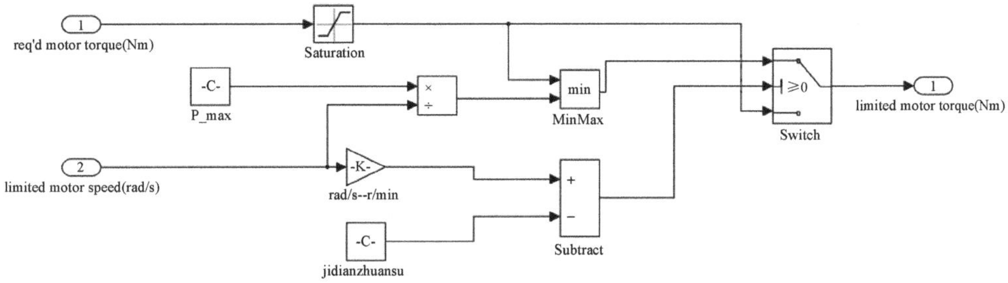

图 5-10　电机转矩限制模型

(3) 输入功率受到电机系统最大电流的限制。该功率是用受限的转矩与转速，在电机 Map 图中插值计算出的。

在前向仿真计算中，驱动电机模型接收动力电池组输出的有效功率作为其输入，在考虑电动机内部热交换影响因素后，需要用到驱动电机在后向仿真时的效率，将计算出的相应转矩和转速作为输出信号传递给变速器模型。电机系统模型如图 5-11 所示。

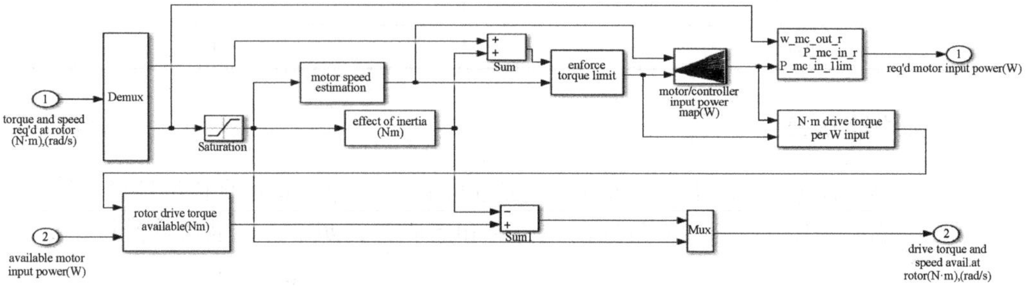

图 5-11　电机系统模型

2. 变速器模型

变速器的功能是根据不同的传动比，传递驱动电机的转矩和转速，以实现降速增矩。后向仿真计算路径中，主减速器模型将转速(gb_spd_out_r)及所对应的转矩(gb_trq_out_r)信号传输给变速器模型，在考虑变速器传动比(gear_ratio)、机械摩擦损失转矩(T_loss)和加速惯性转矩(T_inertia)及换挡信号的情况下，能够计算出其输入端需求转速(gb_spd_in_r)和转矩(gb_trq_in_r)。其计算公式如下：

$$\text{gb\_trq\_in\_r}=\text{gb\_trq\_out\_r}/\text{gear\_ratio}+\text{T\_inertia}+\text{T\_loss} \tag{5-19}$$

$$\text{gb\_spd\_in\_r}=\text{gb\_spd\_out\_r}\times\text{gear\_ratio} \tag{5-20}$$

前向仿真计算中，主要根据变速器输入端的实际转速(gb_spd_in_a)和转矩(gb_trq_in_a)，并考虑加速惯性转矩因素的影响，计算出其输出端实际转速(gb_spd_out_a)和转矩(gb_trq_out_a)。其计算公式如下：

$$\text{gb\_trq\_out\_a}=(\text{gb\_trq\_in\_a}\times\text{Pout\_Pin}-\text{T\_inertia})\times\text{gear\_ratio} \tag{5-21}$$

$$\text{gb\_spd\_out\_a}=\text{gb\_spd\_in\_a}/\text{gear\_ratio} \tag{5-22}$$

式中，Pout_Pin 为忽略转动惯量的情况下输出转矩与输入转矩之比，主要用于在给定输入转矩的情况下估算输出转矩的大小。其结构如图 5-12 所示。

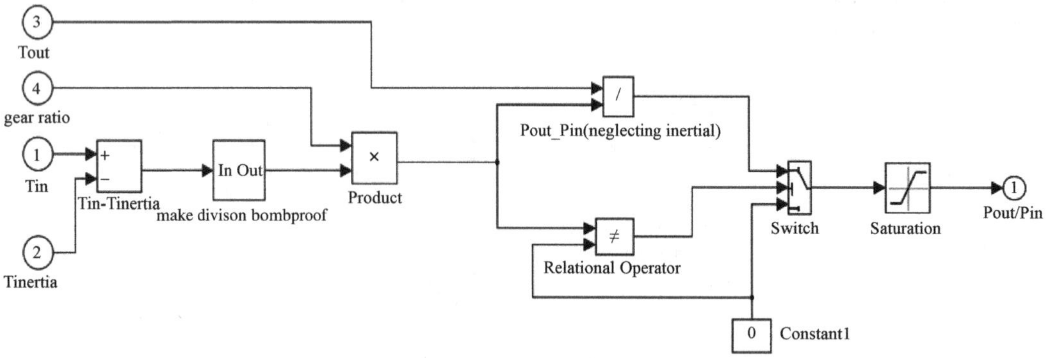

图 5-12　输出转矩计算模型

变速器仿真模型如图 5-13 所示。

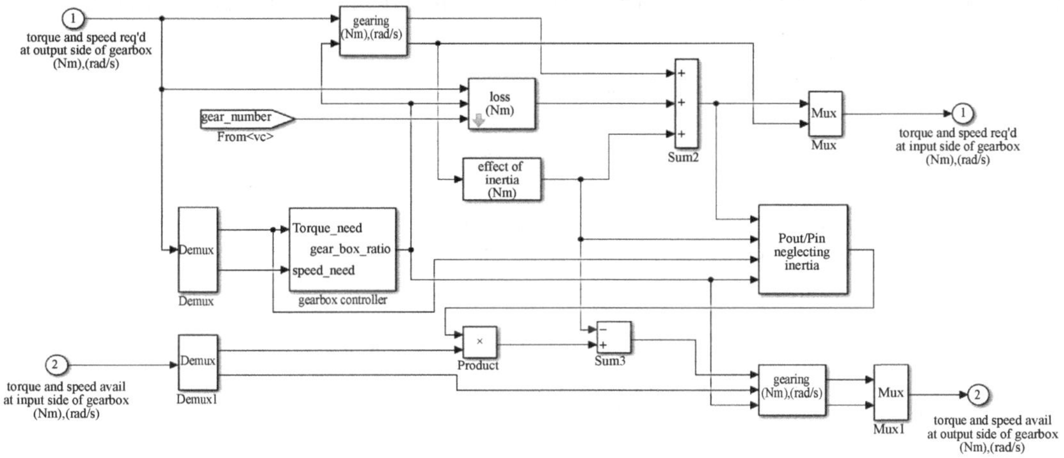

图 5-13 变速器仿真模型

3. 动力电池模型

目前，Advisor 中所使用的模型主要是 Rint 模型，动力电池模块实际上可以把它看作能够存储电荷量的“蓄水池”，以及各参数和其 SOC 有关的等效电路。通常可以将动力电池组看成理想的开路电压源，再给它串联上一个内阻就可以表示出来，与其相连的电动机组件可称得上整车的动力源。动力电池所能够输出的功率应该用峰值功率进行限制，更重要的是，内阻的计算方法在充放电时是不同的。根据某时刻 SOC 与相应的需求功率的大小来计算出开路电压和内阻值。

电池组模型接收功率总线模型输出的功率需求信号，结合当前电池组 SOC 和电池温度，开路电压以及内阻均是电池组 SOC 的分段线性函数，通过计算输出电池组实际输出功率、电压和电流。电池组在放电过程中需要考虑其最小电压的限制；充电过程中受其库仑效率的影响，且受到最大电压的限制。由于电池组能够存储的电荷量是固定的，即在整个循环工况内，需要保证电池组的 SOC 平衡。动力电池组模型如图 5-14 所示。

4. 仿真结果

常用的道路循环工况有美国的城市道路循环工况 CYC_UDDS、新欧洲行驶循环工况 CYC_NEDC、日本的 1015 驱动工况 CYC_1015 等。本节参考了国家标准《电动汽车 能量消耗率和续驶里程 试验方法》(GB/T18386—2017)，选择 CYC_NEDC 循环工况(图 5-15)和 60km/h 等速工况进行仿真研究。CYC_NEDC 整个循环理论实验距离为 11.022km，总时间为 1180s，仿真结果如图 5-16 所示。

仿真结果表明整车动力性能突出，最高车速达到 136.3km/h，满足指标设计要求的 130km/h，以 20km/h 匀速行驶时最大爬坡度仿真结果为 20.6%，能够满足最大爬坡度的设计要求，而加速性能方面表现更为突出，0～50km/h 和 50～80km/h 的加速时间，相对于性能指标设计要求，分别缩短了 0.7s 和 2.6s。而在续驶里程方面，刚好能够满足指标设计要求。之所以出现整车动力性比经济性表现更优异，是因为传动比主要是以满足最高车速和爬坡性能而初步匹配的，没有兼顾好整车经济性，因此将在后面的内容中对传动比进行优化。

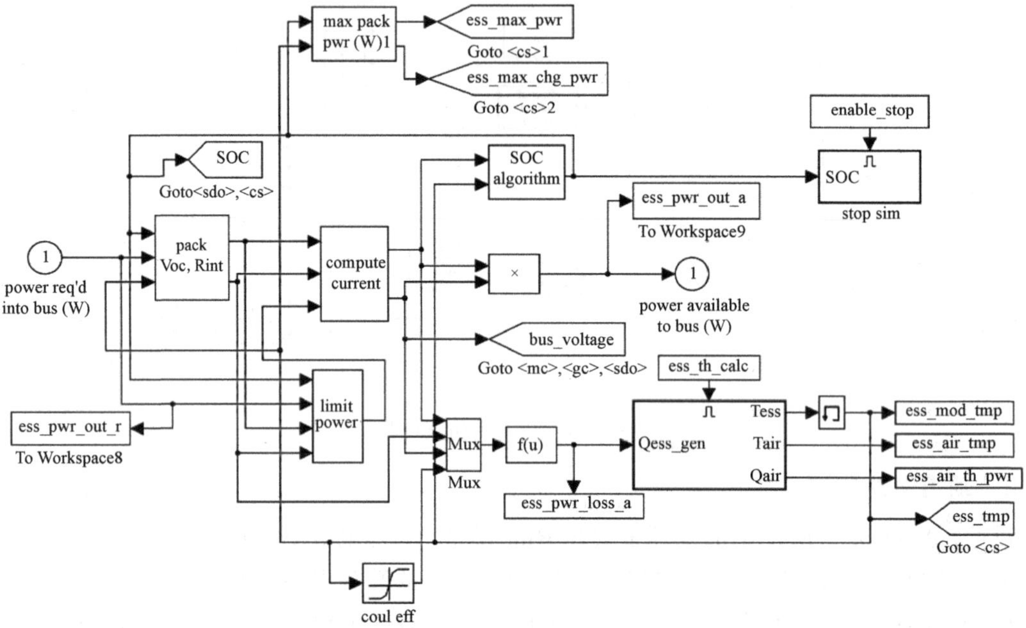

图 5-14　动力电池组模型

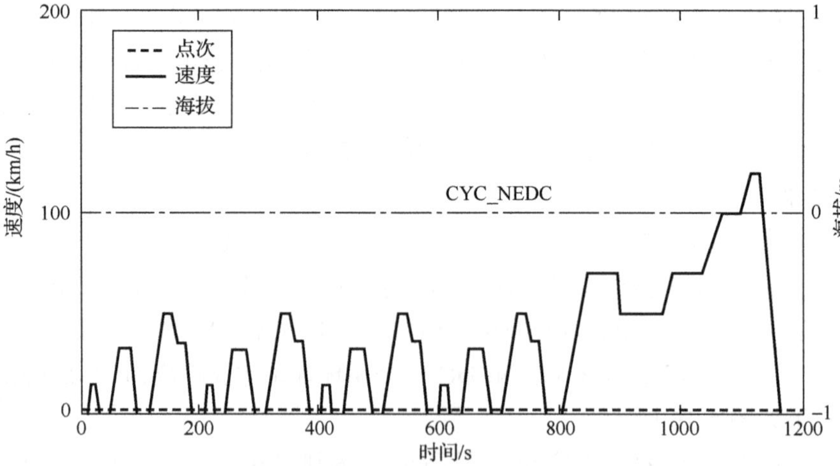

图 5-15　CYC_NEDC 循环工况

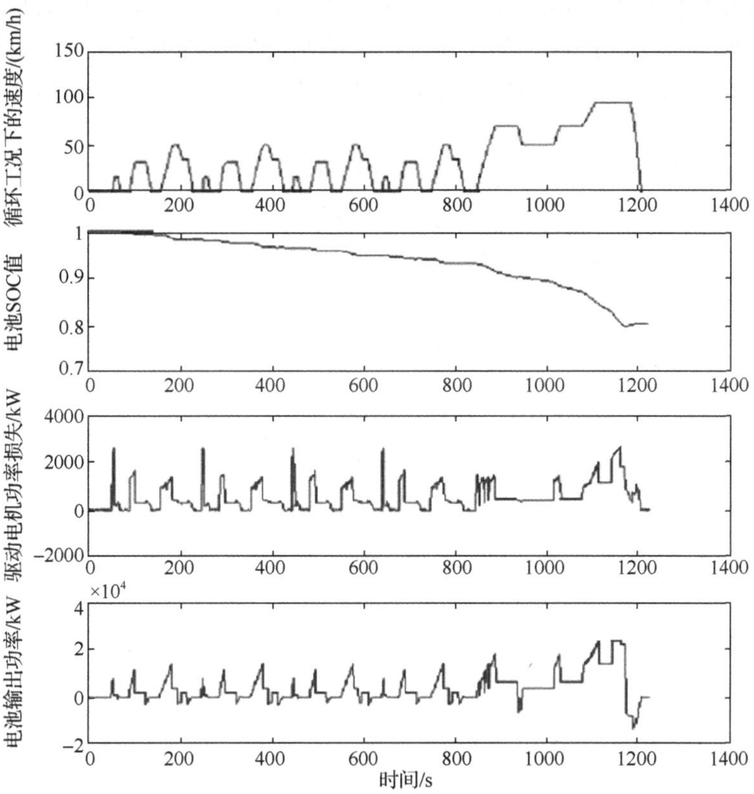

图 5-16　仿真结果图

仿真结果显示在整车动力性和经济性方面均达到了性能指标设计要求，从而验证了传动系统关键部件参数匹配的合理性和所建模型的准确性，从仿真角度验证了两挡传动系统开发方案的有效性。

5.3　纯电动汽车制动能量回收系统

制动能量回收是把汽车制动时的一部分动能转化为其他形式的能量储存起来，在减速或制动的同时达到回收制动能量的目的，然后在汽车起步或加速时又释放储存的能量。制动能量回收对于提高电动汽车的能量利用率具有重要意义。国外有关研究表明，在存在较频繁的制动与起动的城市工况运行条件下，有效地回收制动能量，电动汽车大约可降低 15%的能量消耗，可使电动汽车的行驶里程延长 10%～30%。

以四轮轮毂电机驱动的纯电动汽车为例，介绍纯电动汽车制动能量回收系统。

5.3.1　纯电动汽车制动能量回收系统的结构与原理

纯电动汽车制动能量回收系统主要由两部分组成：电机再生制动部分和传统液压摩擦制动部分。所以，该制动系统可以视为机电复合制动系统。

再生制动虽然可以回收制动能量并向车轮提供部分制动力，但是其无法使得车轮完全停止转动，制动效果受到电机、电池和车速等诸多条件的限制，在紧急制动和高强度制动条件下不能独立完成制动要求，因此，为了保证汽车的制动安全性能，在采用电机再生制动的同时，必须使用传统的液压摩擦制动作为辅助，从而达到既保证了汽车的制动安全性，又可回收可观能量的目的。

电动汽车再生制动是利用电动机的电动机/发电机可逆性原理来实现的。在电动汽车需要减速或者滑行时，可以利用驱动电动机的控制电路实现电动机的发电运行，使减速制动时的能量转换成对蓄电池充电的电流，从而得到再生利用。由于摩擦制动一般采用液压形式，所以所提到的机电复合制动系统也可以称为再生-液压混合制动系统。从保证制动安全和提高能量利用率的角度来考虑，再生-液压混合制动系统是最适合电动汽车的综合制动系统。

电动汽车的制动系统为双回路液压制动系统+电动真空助力+电机再生制动。

电动汽车的制动助力采用电动真空助力，保证踏板力符合习惯大小，同时具有一定的制动脚感。同时，由于前后轮均采用的是盘式制动器，所以需要加装驻车制动器部分。

制动过程中，制动控制器根据制动踏板的开度(实际为主缸压力)，判断整车的制动强度，确定相应的摩擦制动和再生制动的分配关系。前后轴的摩擦制动分配关系由液压系统对前后轮的分配关系实现；制动控制器根据制动强度和电池的 SOC 确定可以输出的制动力矩并对前后轴进行分配，然后通过电机控制器控制电动机进行再生制动。在整个制动的过程中，要保证电动汽车的制动稳定性、平稳性，并尽可能多地回收制动能量，延长汽车行驶里程。

5.3.2　纯电动汽车制动能量回收控制策略

纯电动汽车制动能量回收系统的结构原理图如图 5-17 所示。电动汽车的制动过程是由液压摩擦制动与电机再生制动协调作用完成的。再生制动系统主要由轮毂电机、电机控制器、逆变器、制动控制器和动力电池等主要部件组成。汽车进行制动时，制动控制器根据不同的制动工况发出不同的指令，通过电机控制器控制轮毂电机，进行再生制动。

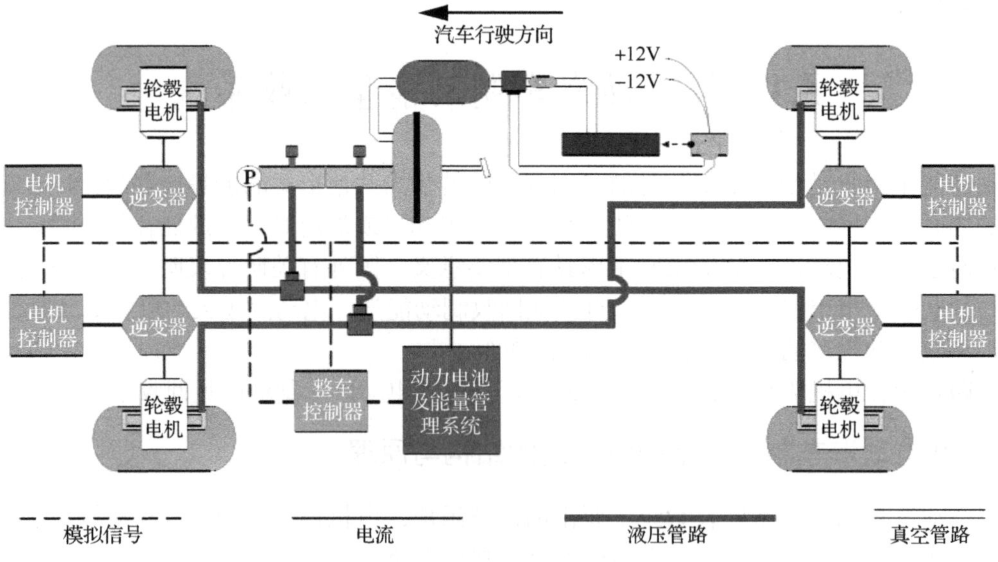

图 5-17　纯电动汽车制动能量回收系统结构原理图

制动能量回收的实现过程如下。

(1)在制动开始时，能量管理系统将动力电池 SOC 发送给制动控制器，当 SOC>0.8 时，取消能量回收；当 $0.7 \leqslant SOC \leqslant 0.8$ 时，制动能量回收受电池允许的最大充电电流制约；当 SOC<0.7 时，制动能量回收不受电池允许的最大充电电流制约。

(2)制动控制器接收由压力变送器传送的主缸压力信号，并计算出需求的电机再生制动强度上限。

(3)制动控制器根据电动机转速，计算电机实际能够提供的制动强度。

(4)比较需求的电机再生制动强度上限和电机实际能够提供的制动强度，并将结果作为电信号发送给电机控制器。

(5)此时的电动机工作在发电机状态下，可以提供电压恒定流向的电流，再通过逆变器限制电机产生的最高电压和对电压进行升压，以便满足电流输出要求，将电流充到动力电池组中。

(6)为了保护电池，能量管理系统需要时刻监测电池温度，温度过高，则停止制动能量回收。

5.3.3　纯电动汽车制动能量回收系统的实例仿真

1. 常见的制动能量回收控制策略

常见的电动汽车主要是采取前轮驱动的形式，因此相应的制动能量回收的控制策略主要关注前、后轮制动器提供的制动力和前轮电机提供的再生制动力三部分之间的关系。由此得到的基于电机再生制动的能量回收控制策略主要有以下三种：前后轴制动力理想分配时的控制策略、前后轴制动力比例分配时的控制策略和最优能量回收控制策略。

(1)前后轴制动力理想分配时的控制策略。当减速度要求较小时，仅电机再生制动系统工作。随着制动减速度逐渐增大，前后轴制动力将控制在理想制动力分配曲线上。其中前轴制动力等于再生制动力和机械制动力的总和。当控制系统得到驾驶员的减速度要求时，将根据制动电机的特性和车载能量存储系统的 SOC 来决定驱动轴制动力由再生制动系统单独提供，还是由机械制动系统和再生制动系统共同提供。

(2)前后轴制动力比例分配时的控制策略。需要的总制动力较小时，全部由再生制动力提供；当需要的减速度增大时，电机再生制动力所占的比例逐渐减小，机械制动力开始起作用；当总制动力大于一定值时，意味着这是一个紧急制动，再生制动力减小到零，机械制动力提供所有的制动力；当所需的制动减速度在两者之间时，再生制动力与机械制动力共同作用。

(3)最优能量回收控制策略。当总制动力需求小于此时能提供的最大再生制动力时，仅再生制动力起作用；当总制动力大于此时能提供的最大再生制动力时，总制动力减去最大再生制动力是应该提供的机械制动力，剩余的需提供的机械制动力将分配为前轮机械制动力和后轮机械制动力。前、后轮机械制动力的分配按照尽量使总的前、后轮制动力分配接近理想制动力曲线。

三种制动控制策略进行比较的结果见表 5-7。

表 5-7　三种常见制动控制策略的比较

控制策略	硬件组成的复杂程度	制动稳定性	制动能量回收效率
前后轴制动力理想分配时的控制策略	较复杂，需专门的制动力控制系统	较高	较高
前后轴制动力比例分配时的控制策略	一般，改动较小	中等	中等
最优能量回收控制策略	较复杂，需专门的制动力控制系统	较低	最高

可以看出，三种回收策略各有优缺点，其中，前后轴制动力比例分配时的控制策略既能保证一定的能量回收效率，制动稳定性较理想，而且结构较简单，是目前技术条件下的一种比较好的选择。

2. 四轮轮毂电机驱动下的制动能量回收控制策略

在已经进行的能量回收研究中，电动汽车大多是采用单电机前轮驱动的，能量回收只集中在电动机所驱动的前轮上。汽车采用四轮驱动的形式，前后车轮都是由轮毂电机直接驱动的，所以制动能量回收在前轮和后轮同时存在。

基于上述分析，四轮驱动下的制动能量回收控制策略主要考虑三部分的内容：一是摩擦制动力与电机再生制动力的分配关系；二是前后轴摩擦制动力的分配关系；三是前后轴电机再生制动力的分配关系。

结合对已存在的制动能量回收控制策略的分析，提出一种对前后轴制动力比例分配时的控制策略进行修改后的控制策略，这种策略同时包含前后车轮的再生制动。所建立的四轮驱动下的制动能量回收控制策略的逻辑如图 5-18 所示。

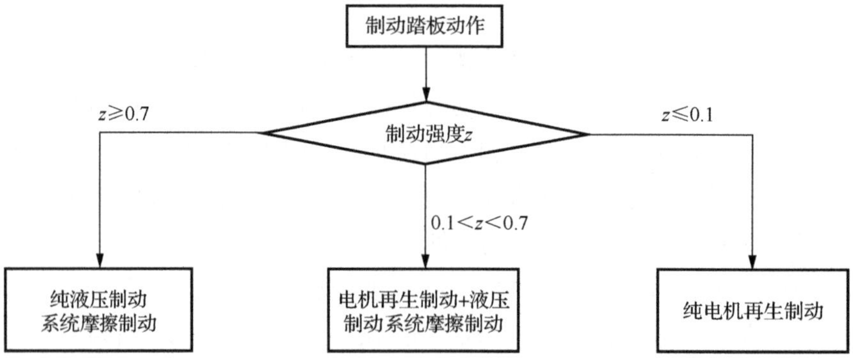

图 5-18　四轮驱动下制动能量回收控制策略逻辑图

控制逻辑中主要根据由液压制动压力所反映出的制动强度进行逻辑控制。当需求的制动强度 $z \leqslant 0.1$ 时，仅由电机的再生制动力提供整车制动所需的力；随着需求制动力的增加，摩擦制动力逐渐开始起作用，电机再生制动力所占比例逐渐减小；当需求的制动强度 $z \geqslant 0.7$ 时，认为车辆进行紧急制动，为了保证制动安全性，制动力完全由摩擦制动力来提供；当需求的制动强度介于二者之间，即 $0.1 < z < 0.7$ 时，整车的制动力由液压摩擦制动力与电机再生制动力共同提供。

基于上面的控制逻辑所建立的整车制动能量回收控制策略如图 5-19 所示。

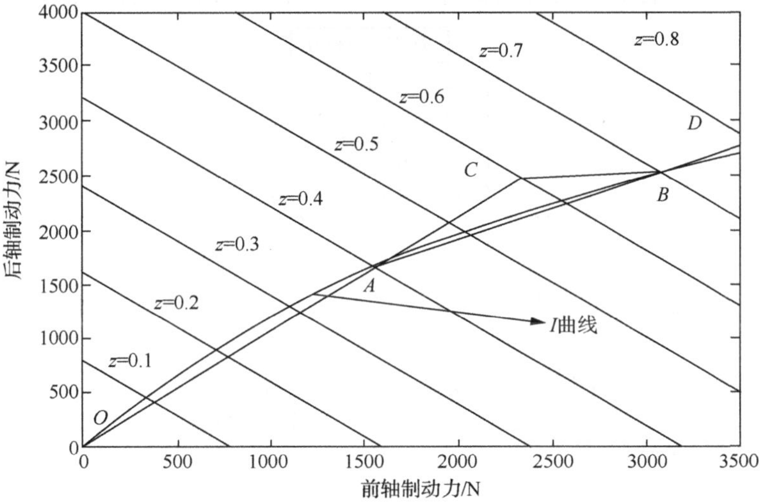

图 5-19　四轮驱动下的制动能量回收控制策略

图 5-19 中，*OAB* 曲线所示为纯液压系统摩擦制动时前后轴制动力的分配曲线；*OACBD* 为再生-液压混合制动系统的前后轴制动力的分配曲线，前后轴的摩擦制动力分配是按照一定的比例进行的。

再生-液压混合制动系统中，总再生制动强度与整车制动强度的关系如图 5-20 所示。总再生制动强度是指总的电机再生制动力与整车重量的比值。由于四个轮毂电机是完全相同的，可以认为它们的再生制动工况是相同的，即四个轮毂电机平均分配整车的再生制动力。

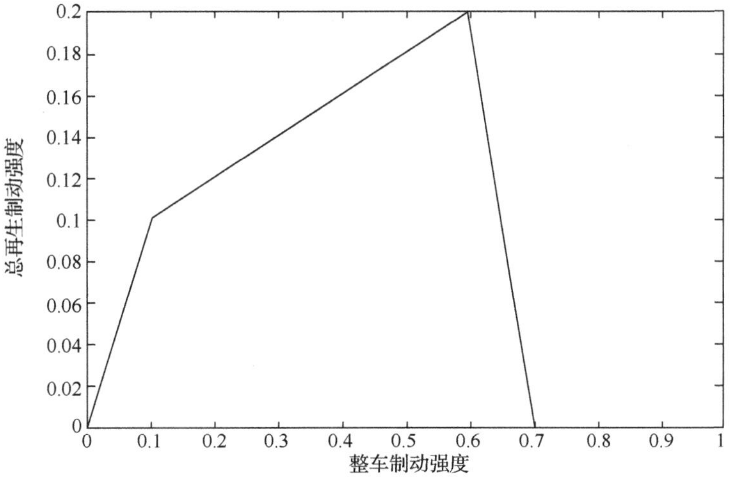

图 5-20　总再生制动强度与整车制动强度的关系

结合前面对所研究制动控制策略三个方面的讨论，建立相应的控制算法，如图 5-21 所示。控制算法的总输入量为总制动力，由制动踏板力传感器得到。总再生制动力以及前后车轴的再生制动力由制动控制器中的再生制动力曲线得到，前后轮摩擦制动力分配由制动回路中的高速开关阀实现。控制算法的输出量为前轮再生制动力、后轮再生制动力、前轮摩擦制动力和后轮摩擦制动力。所有的电机再生制动力由电机控制单元来实现控制。

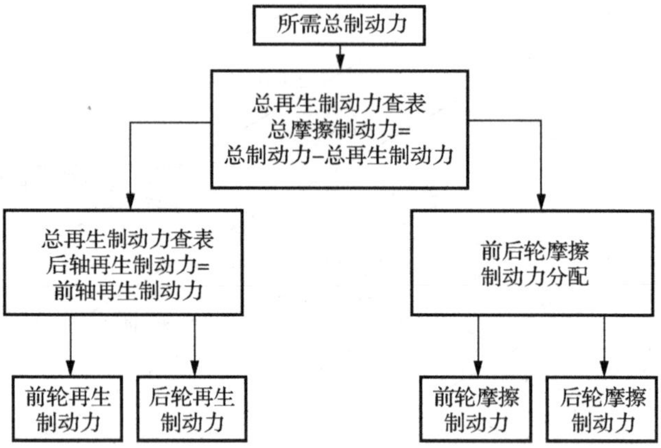

图 5-21　四轮驱动汽车再生制动能量回收控制算法

5.3.4　纯电动汽车制动能量回收系统的仿真

在 Advisor 中建立某四轮驱动电动汽车的制动能量回收仿真模型，选择比较符合中国公路行驶工况的 1015 工况和典型的停车制动工况进行仿真，通过仿真结果考察制动过程中制动力的分配、能量回收效率和电池的充电电流等，对所建立的四轮轮毂电机驱动下的制动控制策略进行评价。

电动汽车的仿真参数如表 5-8 所示。

表 5-8　仿真参数

参数	变量	变量值
车身参数	质量/kg	800
	轴距/m	1.87
	质心至前轴距离/m	1.12
	质心至后轴距离/m	0.75
	质心高/m	0.5
	空气阻力系数	0.312
	迎风面积/m^2	2
电机参数	额定电压/V	72
	最大功率/kW	10
	最大电流/A	61.6
能量存储设备	蓄电池数目/个	6
	额定容量/(A·h)	100
	额定电压/V	12

1. 1015 循环工况仿真分析

电动汽车设计为行驶在市区内的代步电动车。行驶时，车速较低，起步/停车频繁。为考察在市区行驶时电动汽车的制动能量回收系统的效果，选择比较符合我国汽车行驶的 1015 循环工况进行仿真实验。1015 循环工况中，行驶车速如图 5-22 所示。1015 循环工况总运行时间为 660s，平均车速为 22.68km/h，最高行驶车速为 70km/h，行驶过程中共停车 7 次。1015 循环工况下，汽车行驶速度变化较小，平均速度较低，制动平缓，符合城市循环过程仿真。

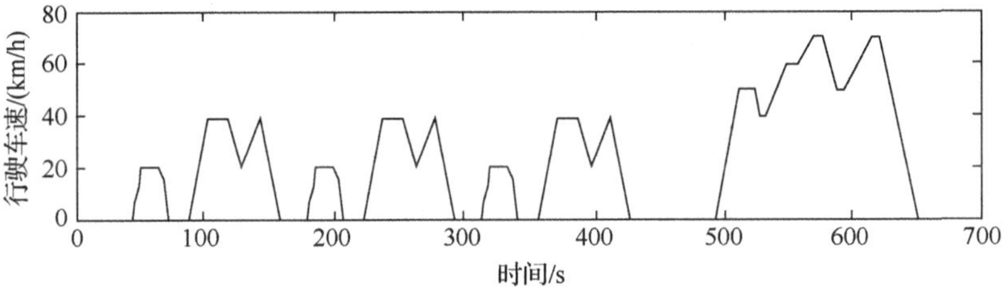

图 5-22　1015 循环工况行驶车速

前后车轮再生制动力分别如图 5-23、图 5-24 所示。制动时，前后车轮获得的再生制动力是相等的。这与所制定的制动能量回收策略有关。车轮上再生制动力的大小还与循环中汽车速度变化的快慢有关。当车速变化较大时，整车的制动强度增大，从而轮毂电机的再生制动强度也增大，再生制动力相应增大。

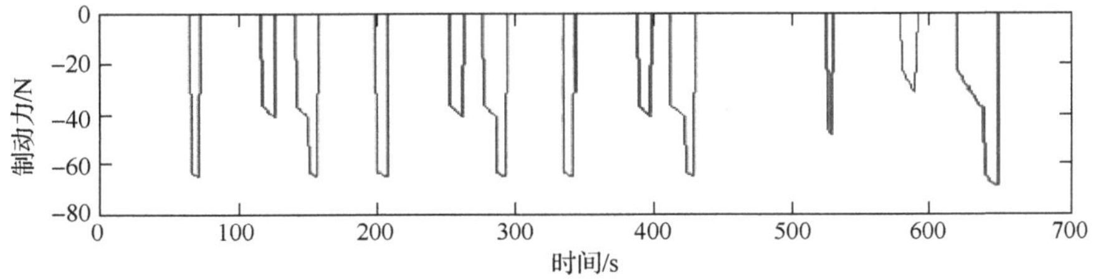

图 5-23　1015 循环工况前轮再生制动力

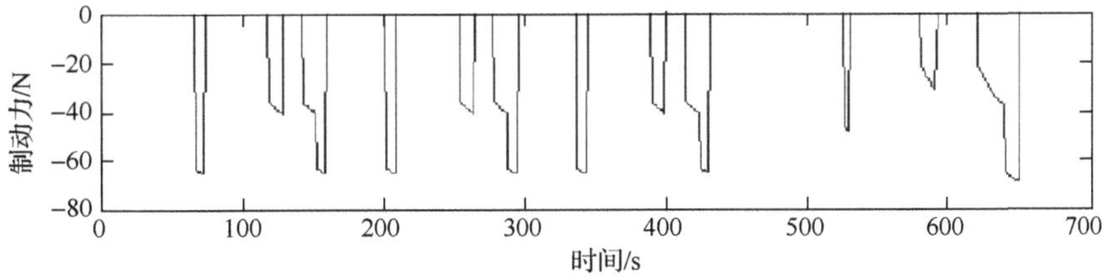

图 5-24　1015 循环工况后轮再生制动力

前后车轮制动器制动力分别如图 5-25、图 5-26 所示。前轮制动器制动力与后轮制动器制动力相等。在整车制动强度较小的时候，前后车轮液压制动回路中的液压制动力相等，前后车轮所承担的摩擦制动力相等。在 1015 循环工况下，前轮摩擦制动力、后轮摩擦制动力、前轮再生制动力和后轮再生制动力都不为零。所采用的能量回收策略可以使得再生制动和摩擦制动发挥作用。采用四轮驱动形式，制动力的分配可以尽量靠近理想制动曲线，汽车的制动安全性较高。

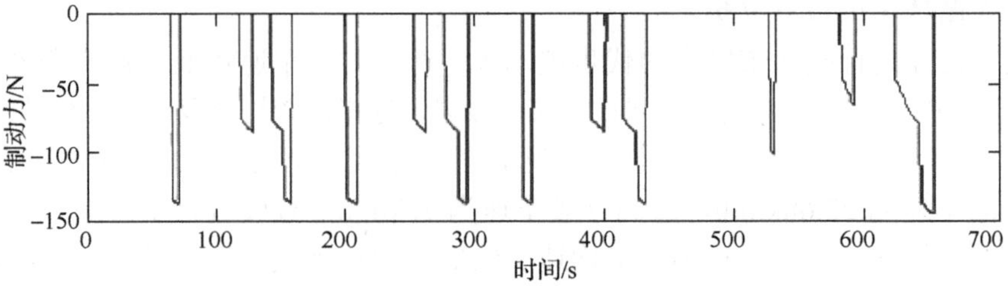

图 5-25　1015 循环工况前轮制动器制动力

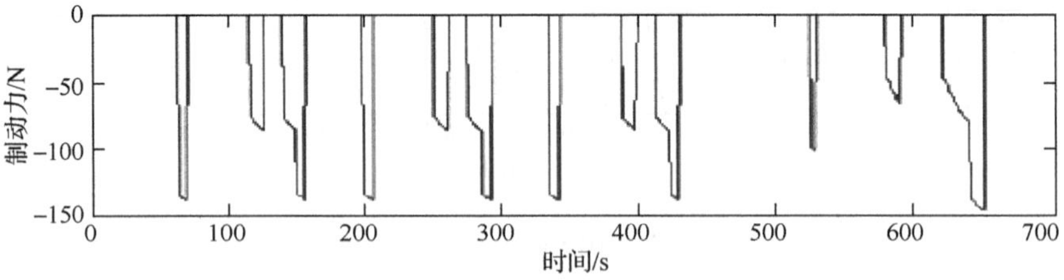

图 5-26　1015 循环工况后轮制动器制动力

前后车轮电机再生制动力矩如图 5-27、图 5-28 所示。前后车轮电机的再生制动力矩是相同的。1015 循环工况下，整车的制动强度较小，前后车轮所负责的再生制动力相等，电机的再生制动力矩也是相等的。

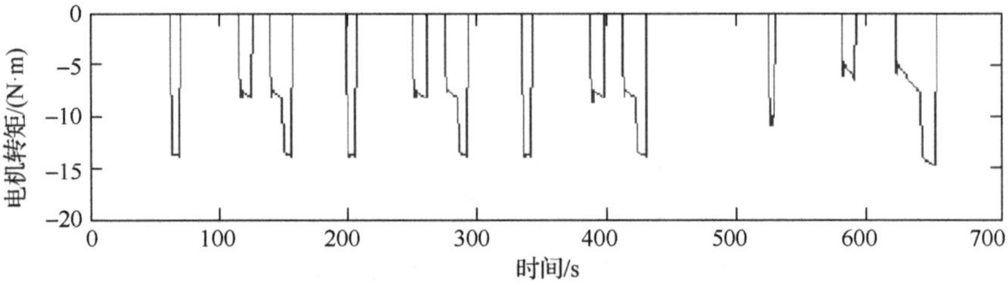

图 5-27　1015 循环工况前轮电机再生制动力矩

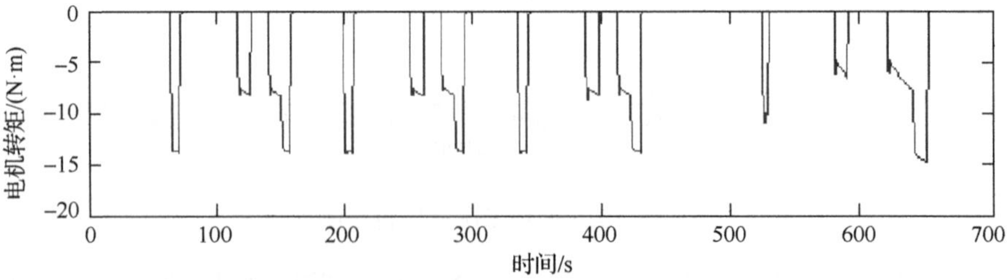

图 5-28　1015 循环工况后轮电机再生制动力矩

电池的 SOC 的变化曲线如图 5-29 所示。电动汽车采用全电驱动，在行驶过程中，电池向电动机提供能量，SOC 逐渐减小。在再生制动作用下，电动机向电池充电，电池的 SOC 会有一定程度的升高，电机的再生制动力矩越大，再生制动持续的时间越长，SOC 升高得越多。

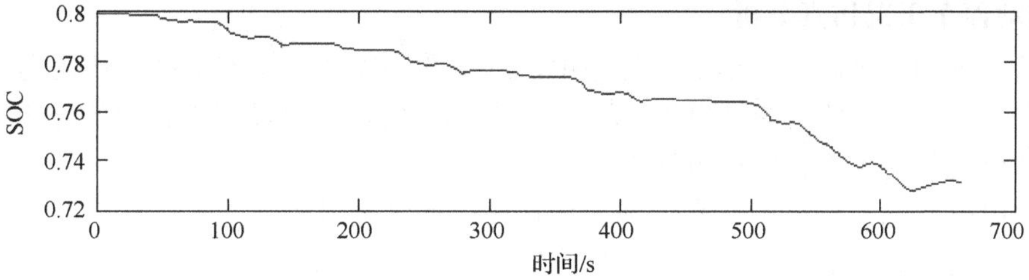

图 5-29 电池的 SOC

在再生制动的过程中，电动机因其电动机/发电机的可逆性，可以作为发电机将汽车的动能转化为电能，并将其存储在电池中，此时电池显示负电流，表示向电池充电，如图 5-30 所示，充电电流是四个电动机所产生的电流的总和。充电电流的大小与电机的再生制动力矩和再生制动时间有关。

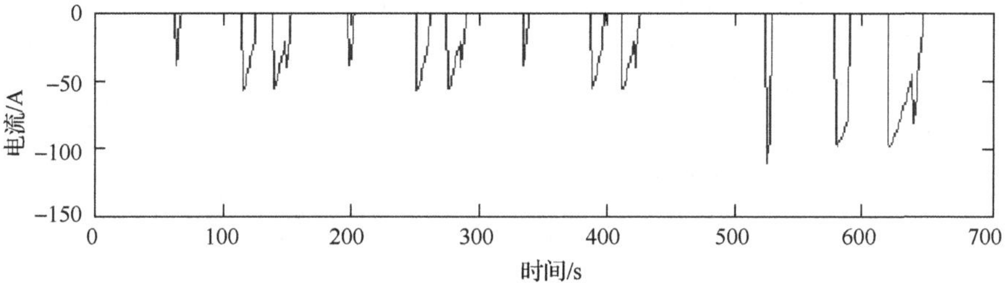

图 5-30 电池的充电电流

循环过程中制动能量的回收曲线如图 5-31 所示。当电机进行再生制动时，电机向动力电池充电，电池默认为负能量。电机回收制动能量的数量与电机再生制动的强度以及再生制动持续的时间有关，强度越大，时间越长，所回收的能量也越多。除此之外，汽车的行驶车速以及电池的 SOC 也都是影响能量回收的因素。

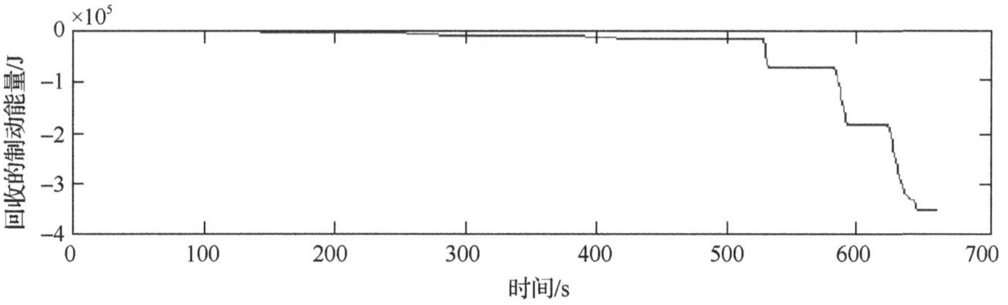

图 5-31 制动能量回收曲线

仿真结果表明：在一个 1015 循环工况中，回收的制动能量为 3.56×10^5J，总的制动能量为 7.28×10^5J，整车消耗的总能量为 1.58×10^6J，制动能量的回收效率为 48.91%，总能量回收效率为 22.5%。采用四轮轮毂电机驱动时，总能量的回收效率高于 20%，比前轮驱动下的总能量回收效率高。

2. 制动停车工况仿真分析

汽车从行驶到完全制动停车的过程当中，汽车的动能通过摩擦制动而转化为热能逐步耗散在空气中。电动汽车使用的是再生-液压混合制动系统，制动过程中有一部分的制动动能可以通过电动机转化为电能存储在电池中。

动能向电机传输的过程中，有一部分消耗在机械摩擦过程中；电机向电池反充电的过程中，还要受到电池的充电电流、充电功率以及电池的 SOC 等的限制。所以，只是一部分制动动能可以传递到电池中。

常见的制动停车可以分为紧急制动停车和缓速制动停车两种。紧急制动停车是在紧急状况下，为了使汽车在较短的时间内停止而采取的制动方式，需求的制动力大，制动时间短，制动强度较大。缓速制动停车是指汽车逐步减慢车速，必要时通过制动使汽车速度逐步减小直至车辆完全停止的过程，这一过程一般时间较长，制动平缓，制动强度小，是常见的停车方式。

设置制动停车的初始速度为 48km/h，完全制动停车的时间分别为 2s 和 10s。通过仿真分析可以得到，2s 制动停车的能量回收效率为 6.2%，10s 制动停车的能量回收效率为 25.1%。10s 制动停车工况下汽车回收制动能量的能力远远高于 2s 制动停车工况，这与再生制动强度、再生制动持续的时间有关。对比两种制动停车工况，10s 制动停车工况下，整车制动以再生制动为主，摩擦制动为辅，电机再生制动持续时间较长，能量回收效果较好；2s 制动停车工况下，整车的制动以摩擦制动为主，电机再生制动为辅，电机再生制动持续时间较短，能量回收效果一般。

思 考 题

5-1 纯电动汽车由哪几部分组成？

5-2 纯电动汽车有哪些构型？其特点是什么？

5-3 在纯电动汽车设计中，如何确定电机参数、传动比和电池组容量？

5-4 影响纯电动汽车续驶里程的主要因素有哪些？

5-5 纯电动汽车中的电池管理系统有哪些功能？

5-6 纯电动汽车能耗经济性评价指标有哪些？

5-7 纯电动汽车的故障诊断方法有哪些？

5-8 目前，纯电动汽车均采用电机匹配单级减速器的架构，试从结构上说明有哪些好处？

5-9 转子发动机应用于纯电动汽车的优势有哪些？

5-10 纯电动汽车为电动机散热有哪两种形式？

第 6 章　增程式电动汽车

增程式电动汽车(Extended Range Electric Vehicle，EREV)是一种纯电驱动行驶的混合动力汽车，以蓄电池为主要动力，小排量发动机为辅助动力，其发动机不直接驱动汽车，而仅用于带动发电机发电，因此，结构和动力性能都接近于纯电动汽车，起动后的发动机可在最佳燃油经济区输出功率和转矩，提高了整车燃油经济性。增程式电动汽车首先依靠自身的动力电池行驶，此时发动机不起动，当电池电量下降到一定程度时，起动发动机以驱动发电机发电，所产电能直接参与车辆的驱动，若产生的电量有富余，可以存储到动力电池中。

6.1　增程式电动汽车概述

6.1.1　增程式电动汽车结构与原理

1. 增程式电动汽车结构

增程式电动汽车是一种将发电与充电两种过程结合在一起的新型电动汽车，其基本结构如图 6-1 所示，汽车内部配有小功率发动机，并且与发电机串联集成在一起共同组成增程器，起到发电并向动力电池充电的作用。

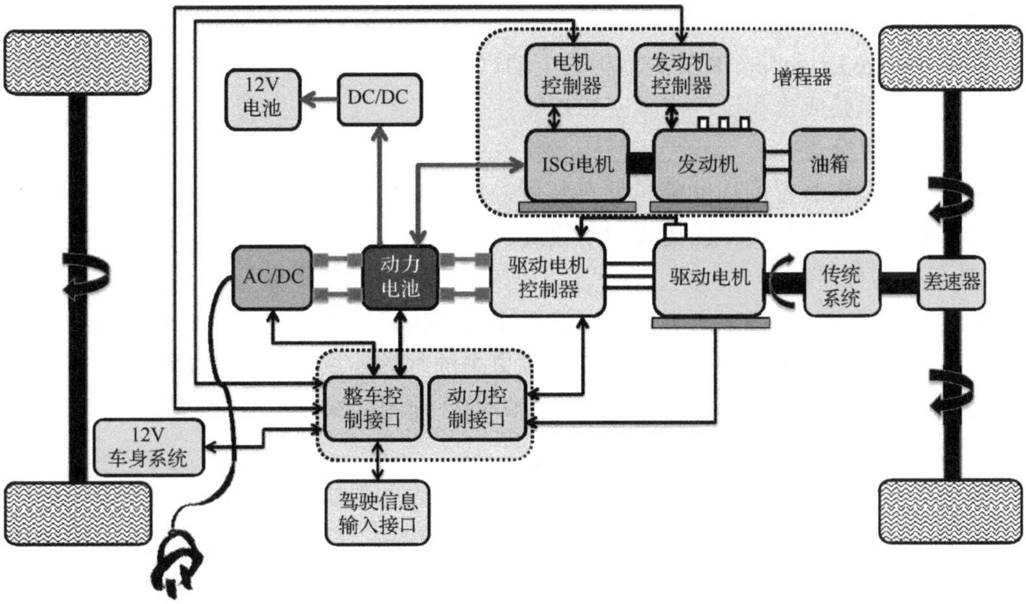

图 6-1　增程式电动汽车基本结构

增程式电动汽车动力系统的四大重要组成部分分别是动力电池系统、动力驱动系统、增程器和整车控制系统。

动力电池系统为电机驱动系统提供动力的同时，也为增程器发动机的起动提供反拖电流；动力驱动系统为车辆提供动力输出，动力驱动系统是由驱动电机及驱动电机控制器组成的，发动机到驱动电机之间没有机械连接，由驱动电机控制器接收整车控制系统命令以控制车辆行驶；小排量的发动机和与之直接相连的发电机组成增程器，通过将发电机的交流电整流成与动力电池电压相匹配的直流电给动力电池充电；整车控制系统提供包括增程器的控制、驾驶员输入信息处理、各动力部件的协调控制等整车控制功能。发动机作为主要动力源时的动力传输如下。

(1) 在需求功率比较大的时候，功率分配装置会直接将电能传递给驱动控制装置，驱动车辆行驶，不经过电池管理系统。根据车辆功率需求，驱动控制系统中的逆变器将直流电转化成三相交流电，驱动电动机运转。

(2) 在增程运动模式下，如果增程模块提供的电能有剩余，则剩余的电能将为蓄电池充电，蓄电池在增程运动模式下起到平衡系统充电和放电的作用，稳定系统电压。

(3) 停车时，可以通过外接充电装置为蓄电池充电。此外，动力系统提供的电能要满足附件功率的要求，如散热器、风扇空调压缩机等。

各系统之间的数据传输可由 CAN 总线完成，实现控制单元之间的信息传递和命令执行，根据驾驶员施加给加速踏板或者制动踏板的位置指令，获取需求功率信息，并传递给主控制器，主控制器根据目前行驶状况和车辆状态进行判断，确定当前 E-REV 的运行模式，将控制指令传递给部件控制器，如牵引力驱动控制器、电池管理系统、发动机驱动控制器、附件功率控制等。

2. 增程器

增程器(Range Extender，RE)是增程式电动汽车最重要的组件之一，它与车辆的性能、油耗、燃油替代、原始成本和运行成本密切相关。

1) 按布置位置分类

增程器包括发电装置和辅助能量储存装置，根据增程器与汽车的安装关系，即增程器的安装位置，可以分为挂车式、插拔式和车载式。

(1) 挂车式增程器。

挂车式增程器安装在拖车上，短途行驶时不需要携带拖车，车辆当作纯电动汽车使用；长途行驶时则需要携带拖车，使用增程器提供更多的行驶能量。挂车式增程器因其结构的特殊，实用性不高，每次出行前都需要对出行距离进行预测，缺乏灵活性。

(2) 插拔式增程器。

插拔式增程器将增程器设置为可插拔的模块，考虑到短途行驶时，不需要携带增程器行驶，提出了这种形式。该种形式的增程器对设计要求较高，并需要与动力部件及传动系统进行合理的匹配。

(3) 车载式增程器。

车载式增程器结构形式简单，动力系统可以方便地实现结构布置，提高了整车的空间利用率，不需要在出行前对出行距离进行预测，也不需要频繁地对增程器进行拆卸和安装，是目前应用最多的增程器系统。

2) 按结构组成分类

按照增程器的结构组成将目前已有的增程器分为大容量蓄电池增程器、燃料电池增程器以及发动机-发电机组增程器。

(1) 大容量蓄电池增程器。

大容量蓄电池增程器的优点是便于统一标准和规格，研发周期短，成本低，容易实现量产；缺点是能量密度较低，体积偏大，成本高，短距离行驶时的优势明显不足。

(2) 燃料电池增程器。

燃料电池增程器能够达到尽量避免使用燃油，实现零排放的目标。目前燃料电池增程器处于开发阶段，需克服一些技术上的难题，例如，要求空压机体积小、重量轻，有良好的散热装置；要求较大的压缩机空气压缩比。

(3) 发动机-发电机组增程器。

发动机-发电机组增程器可以采用多种发动机与发电机进行组合成为增程式系统，可供选择的发动机有传统的火花点火式发动机、转子发动机、小型燃气轮机等。发动机-发电机组的增程器系统是目前应用最多和技术最成熟的增程器系统。

3) 增程器的组成部分

发动机-发电机组增程器作为新能源汽车重要的动力组成部分，主要由增程器控制器(RECU)、发动机、发动机控制系统(EMS)、电机(ISG)、发电机控制器(GCU)五部分组成，如图 6-2 所示。

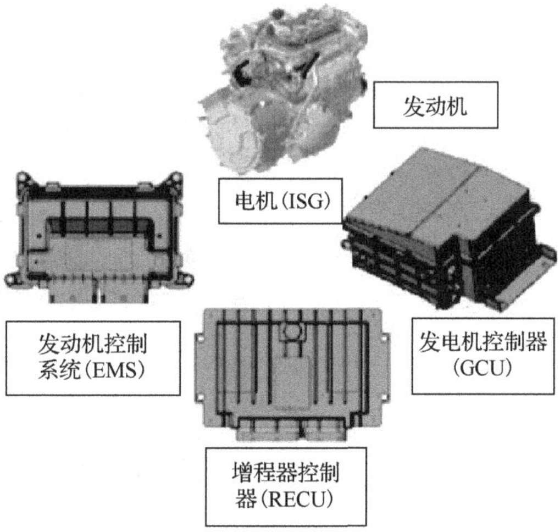

图 6-2　增程器的组成

增程器控制器是控制整套增程器系统的大脑，它接收整车控制器(VCU)的指令，根据 VCU 的发电功率请求，增程器控制器给发动机控制系统及发电机控制器发送转速和转矩需求，发动机与发电机根据各自的控制器的指令进行工作，增程器控制器对发动机控制系统、发动机、电机控制器和电机(ISG)的运行状况进行实时监控，并发送实时的调整指令，通过执行器实现工况的运行，保证系统的安全可靠。

发动机与驱动电机之间没有直接的机械连接，而是先通过发电机，将燃油的化学能转化为三相交流电，为驱动电机提供动力源。

发动机控制系统是发动机运行控制的大脑，它运行时接收发动机上所有传感器所发送的信息，还接收增程器控制器的指令，将这些信息分析处理后，通过控制相应的执行器来调整发动机的运行状态，确保发动机的稳定运行；同时满足排放、经济性和动力性要求。发动机控制系统运算速度快，可以瞬间测定发动机运行工况，并根据发动机运行工况和控制 MAP 图迅速做出响应，控制各执行器正常运行。

电机(ISG)采用永磁同步电机，基于深度拟合的发动机高效 MAP 区间进行电机设计，使电机的运行处在高效区。电机控制器根据增程器控制器的 CAN 指令，可以对电机实现恒转速或者恒转矩控制，通过增程器系统优化匹配，调整各功率点的转速、转矩 MAP，使电机(ISG)和 GCU 在指定工况下高效率运行。

发电机控制器将发电机产生的三相交流电转化为直流电，并通过发电机驱动控制装置到达功率分配装置，最后根据车辆行驶工况做出牵引力驱动控制的功率分配。

3. 增程式电动汽车原理

增程式电动汽车是在纯电动汽车的基础上开发的电动汽车，在纯电动汽车上追加了增程器，增程器的目的是进一步提升纯电动汽车的续驶里程，使其能够尽量避免频繁地停车充电。增程式电动汽车具有增程器和动力电池两个能量源，根据不同的需求功率和动力电池电能水平，可以具有多种不同的工作模式。增程式电动汽车动力系统工作模式可以分为纯电动、增程器驱动、混合驱动、制动回馈和驻车充电等模式。

1)纯电动模式

在车辆电池电能充足时，整车工作在纯电动模式下，电池为唯一的动力源，车辆相当于纯电动汽车。纯电动模式下，整车行驶所需要的功率完全由动力电池提供，并且增程器处于关闭状态，能量传递路线如图 6-3 所示。

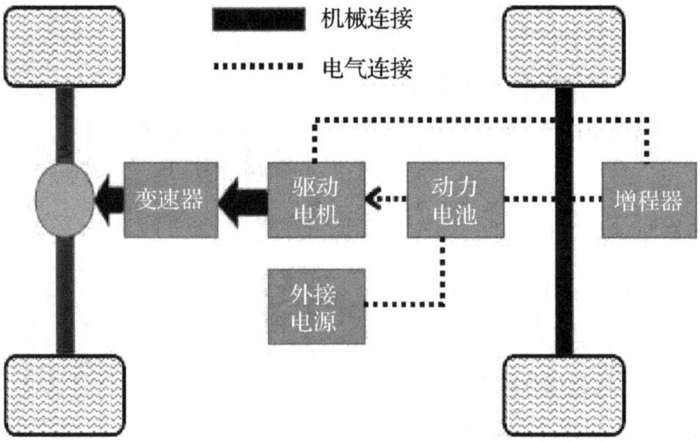

图 6-3　纯电动模式

2)增程器驱动模式

动力电池电能消耗至最低值，增程器系统起动，进入增程器驱动模式。驱动电机所需能量主要来源于发动机所存留的燃料，并通过发电机转化为电能提供给驱动电机，该模式下动力电池一般不向外输出电能。由于增程器发动机工作范围的限制，会限制增程器的最低发电功率，在动力电池 SOC 降到最低限值以下时，需要增程器在满足整车需求功率的同时，为动力电池充电，能量传递路线如图 6-4 所示。

3)混合驱动模式

当整车需求功率较大，动力电池电能水平较高时，驱动电机需求功率由动力电池及增程器同时提供，此时可以实现整车最大加速性能。在该种模式下，应尽量使增程器发动机工作在最佳效率点，能量传递路线如图 6-5 所示。

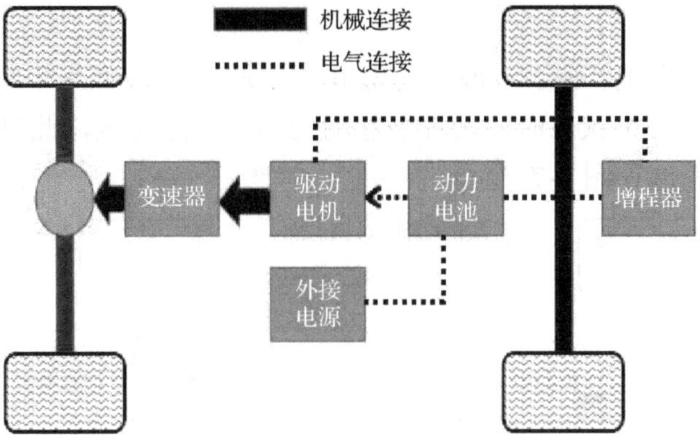

图 6-4　增程器驱动模式

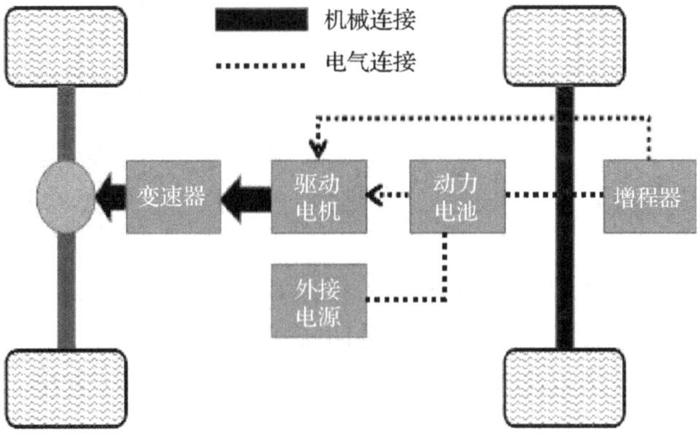

图 6-5　混合驱动模式

4) 制动回馈模式

当驾驶员踩下制动踏板时，车辆进入制动回馈模式，在保证安全的情况下，驱动电机工作在发电模式，将所产生的电能存储在动力电池内部。由于动力电池在充电状态时的充电倍率较小，为了最大限度回收制动能，增程器一般处于怠速或停机等限制功率输出的状态，该种模式下的能量传递路线如图 6-6 所示。

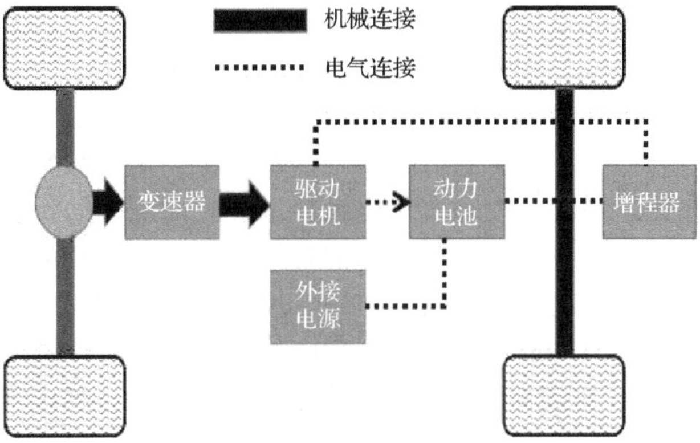

图 6-6　制动回馈模式

5) 驻车充电模式

驻车充电属于紧急发电状态，一般在动力电池 SOC 处于较低水平时，为了保证动力电池不受损害，在车辆处于驻车状态时，增程器起动为动力电池充电，此时增程器通常工作在最佳工况点，能量传递路线如图 6-7 所示。

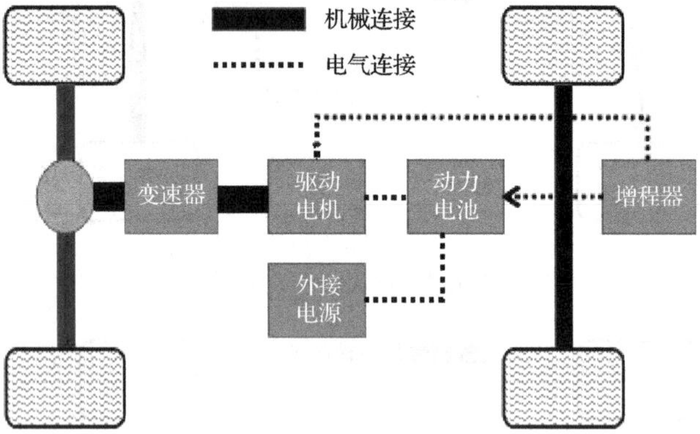

图 6-7　驻车充电模式

6.1.2　增程式电动汽车特点

增程式电动汽车是一种可增加续驶里程的纯电动汽车，兼有混合动力汽车和纯电动汽车的特征，是现阶段解决新能源汽车技术问题最切实可行的方案之一。

与传统汽车相比，增程式电动汽车的排放性能与经济性相当突出，每个功率点都处在最优工况，污染少，热效率高，都处在低油耗区。增程式电动汽车的增程器发电可自动控制到最佳工况，有效降低了发动机的燃油消耗，使得发动机的性能更加稳定可靠。

与纯电动汽车相比，增程式电动汽车的行驶里程大大增加，不需要长时间的充电等待，只要加上油就可以继续运行，具有很大优势。纯电动汽车的能量全部来源于电池，附加成本高，行驶里程有限，一旦电池能量消耗完毕，汽车就无法再行驶，只能停车等待充电。为了满足整车性能和使用需求，所需电池技术已经超出目前电池发展的技术水平。为了保证续驶能力，纯电动汽车对电池将采用 80%深度放电，大大地缩短了电池使用寿命。增程式电动汽车通过车载发电单元的工作，只需要在加油站加油即可，弥补由电池能量密度较低导致续驶里程不足的缺陷；同时在电池电量较低时保证车辆行驶的动力性，大大降低电池容量，电池容量只需要纯电动汽车的 30%～40%，有利于降低电动车的成本。当电池组 SOC 降低到一定警戒值时，增程式电动汽车转换为增程器驱动模式，可避免电池组的过度放电，有利于延长电池寿命。

与混合动力汽车相比，增程式电动汽车电池容量更大，纯电动状态下可以行驶更长的距离。混合动力电动汽车采用了复杂的机械动力混合结构，发动机和电动机复合驱动，电池能量很小，只起到辅助驱动和制动能量回收的作用。增程式电动汽车采取电池扩容的方式解决了电池驱动的续驶能力问题。一般而言，增程式电动汽车的电池容量为 30～40A·h，纯电动续驶里程为 150～200 公里。也就是说，在充满电的状态下出行，纯电模式完全可以满足日常所需，基本都不用起动增程器。如果纯粹是日常代步，基本上充电就可以满足日常出行的需求。虽然增程式电动汽车较混合动力汽车相比车辆成本有所提高，但是在正常的运行工况下，有了电能补充装置的作用，电池处于良性平台充放，保证了电池的使用寿命，减少了维护成本。同时，增程式电动汽车在晚间低峰时充电，提高了能源的利用率。

与插电式混合动力汽车相比，增程式电动汽车与插电式混合动力汽车都属于可充电混合动力汽车。插电式混合动力汽车继承了混合动力汽车的大部分特点，将混合动力汽车的功率型电池替换为比容量更大的能量型电池，从而保证车辆在零排放、无油耗的纯电动模式下行驶一定距离。从驱动的角度分析，增程式电动汽车在任何模式下，车轮始终仅由电机独立驱动，而插电式混合动力汽车在混合动力模式下，发动机会与电机一起(经动力耦合)驱动车轮。从系统选型角度分析，增程式电动汽车必须是串联式混合动力形式，而插电式混合动力汽车可以是并联式或者混联式混合动力形式。从性能角度分析，增程式电动汽车可以发挥纯电动汽车的最大潜力。增程式电动汽车的动力电池以及驱动系统的选型必须匹配设计性能，增程器的存在与否不影响整车设计性能，而插电式混合动力汽车因为发动机也参与驱动的缘故，对电池与驱动系统的要求不会很高。

与燃料电池电动汽车相比，增程式电动汽车的电池成本更低，技术也更加成熟，而燃料电池转换效率高，对环境无污染。随着燃料电池技术的进步和配套设施的成熟，开发和使用成本也会相应降低。

综上所述，增程式电动汽车特点如下：

(1) 在电量消耗模式下，发动机不起动，由动力电池驱动整车行驶，这样可减少整车对石油的依赖，缓解石油危机；

(2) 在电池电量不足时，为了保证车辆性能和电池组的安全性，进入电量保持模式，由动力电池和发动机联合驱动整车行驶；

(3) 整车纯电动续驶里程满足大部分人员每天的行驶里程要求，动力电池可利用晚间低峰时电力充电，缓解供电压力；

(4) 整车大部分情况下在电量消耗模式下行驶，能达到零排放和低噪声的效果；

(5) 发动机与机械系统不直接相连，发动机可工作于最佳效率点，大大提高整车燃油效率。

6.1.3　增程式电动汽车主要技术指标

我国大规模商业化示范的增程式电动汽车的主要技术指标见表 6-1。

表 6-1　大规模商业化示范的增程式电动汽车的主要技术指标

指标		增程式电动汽车
动力电池	质量比能量/(W·h/kg)	模块≥120
	循环寿命/次	≥2000(100%DOD)
	日历寿命/年	≥10
	目标成本/[元/(W·h)]	模块≤1.5
车用电机	成本/[元/(W·h)]	≤200
	功率密度/(kW/kg)	≥2.7
	最高效率/%	≥94

续表

指标		增程式电动汽车	
电子控制		纯电动汽车电动化总成控制系统	
		先进的纯电动汽车分布式控制系统	
		纯电动汽车车载信息、智能充电和远程监控系统	
整车平台	最高车速/(km/h)	≥75(≤1100kg)	≥80～110
		≥100(≤1300kg)	
	纯电动续驶里程/km	≥100	≥150(非快充)
	附加成本	与同级别燃油车辆或基础车型相当(不包括储能系统)	

6.2 增程式电动汽车传动系统

增程式电动汽车传动系统参数匹配是在整车的车型确定了的基础上，根据设计初期对整车动力性和经济性的要求，选择合适的部件种类和部件的参数，然后制定该车型的控制策略，并结合控制策略进行分析，所以传动系统的参数匹配是一个多目标、多变量的复杂因素课题，动力系统的匹配直接关系到整车的动力性、经济性以及排放性能。这里主要对驱动电动机的参数、蓄电池的参数和增程器的参数进行匹配。

6.2.1 驱动电机参数匹配

电动汽车用驱动电机需要频繁起动和停车，并承受较大的加速度或减速度，而且要求低速大转矩爬坡、高速小转矩运行和运行速度范围宽，受车辆空间的限制，为减小车辆自重，提高车辆有效载荷，驱动电机应该具有功率密度较大、效率较高的特点。其特性主要体现在：

(1) 电动汽车在加速或爬坡时，需要驱动电机提供 4～5 倍的额定转矩；

(2) 在电动汽车高速行驶时，驱动电机应以额定转速的 2～3 倍转速运行；

(3) 电动汽车用驱动电机应根据车辆的驱动特点和驾驶人的操纵习惯设计；

(4) 电动汽车用驱动电机应可控性好、稳态精度高；

(5) 电动汽车用驱动电机应该能够承受高温、多变的气候条件和频繁的振动，在恶劣的环境下能够正常工作。

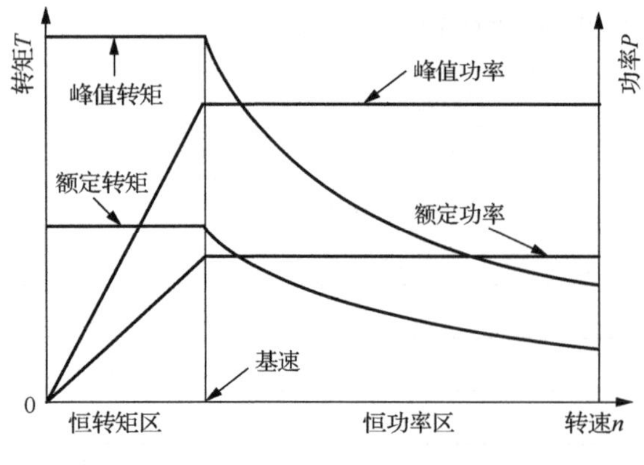

图 6-8　驱动电动机的转矩(功率)-转速特性

目前，直流电机(DC Motor)、感应电机(IM)、直流无刷(BLDC)电机、永磁同步电机(PMSM)以及开关磁阻电机(SRM)等在电动汽车上均有不同程度的应用。

驱动电动机的转矩(功率)-转速特性如图 6-8 所示。

需要匹配的驱动电机特性参数主要包括驱动电机的最高转速和额定转速、峰值功率和额定功率(即功率匹配等)。

1. 最高转速和额定转速

由于无变速器，所以主减速比及车速决定着电机转速的选取，最高车速下对应的电机转速即为电机最高转速。由相关公式推导得

$$n_{\max} = \frac{v_{\max}}{0.377r} i_0 \tag{6-1}$$

式中，$n_{\max}$ 为电动机的最高转速(r/min)；$v_{\max}$ 为整车最高行驶车速(km/h)；i_0 为主减速比；r 为车轮半径(m)。

电动机的最高转速与额定转速之比称为扩大恒功率区系数。其值越大，转速越低，转矩越高，有利于提高车辆的加速和爬坡性能，稳定运行性能越好，但同时功率变换器尺寸也会增大，因此其值不宜过大，通常取值为 2～4。

2. 功率匹配

驱动电动机作为增程式电动汽车唯一的动力部件，其主要参数的确定将直接影响整车性能。驱动电动机的功率越大，意味着整车的后备功率越大，其加速性能和爬坡能力就越强，与此同时这也会造成驱动电动机的质量重、体积大、成本高等问题，导致整车在正常行驶时，电动机工作在高效区的概率降低，从而影响了整车的经济性。驱动电动机的额定功率一般由最高车速确定，峰值功率由整车的设计目标来确定，峰值功率应该达到最高车速、加速时间以及爬坡性能分别对应的最大功率需求。

(1) 最高车速对应的电动机功率需求为平坦路面满载运行时所需的电动机功率：

$$P_{m1} = \frac{mgv_{\max}}{3600\eta_t}\left(f + \frac{C_D A v_{\max}^2}{21.15mg}\right) \tag{6-2}$$

式中，P_{m1} 为最高车速的驱动电动机峰值功率(kW)；$v_{\max}$ 为最高行驶车速(km/h)；m 为汽车质量；η_t 为机械传动系统效率；f 为滚动阻力系数；C_D 为迎风阻力系数；A 为迎风面积；g 为重力加速度。

(2) 最大爬坡度要求所对应的功率需求 P_{m2} 为

$$P_{m2} = \frac{mgv_p}{3600\eta_t}\left(f\cos\alpha_{\max} + \sin\alpha_{\max} + \frac{C_D A v_p^2}{21.15mg}\right) \tag{6-3}$$

式中，$\alpha_{\max}$ 为最大坡度角(°)；v_p 为爬坡时的车速，v_p 可取 30km/h。

(3) 加速时间对应的功率需求 P_{m3} 类似于纯电动汽车，电动机驱动额定功率完全由车辆加速性能要求、电动机特性和传输特性来决定：

$$P_{m3} = \frac{1}{1000}\left[\frac{2}{3}mgfv_f + \frac{1}{5}\rho_\alpha C_D A v_f^3 + \frac{\sigma m}{2t_\alpha}\left(v_f^2 + v_b^2\right)\right] \tag{6-4}$$

式中，P_{m3} 为加速时间所需的电动机峰值功率；ρ_α 为空气密度；v_f 为加速结束后的最终车速(m/s)；v_b 为驱动电动机额定转速对应的车速(m/s)；t_α 为预期的加速时间(s)；σ 为旋转质量转换系数。

式(6-4)的第一二项分别代表克服轮胎的滚动阻力和空气阻力的平均功率，第三项功率代表用来加速车辆质量的能力。

电动机峰值功率取最高车速功率、最大爬坡度功率和加速时间功率三者的最大值，可以满足最高车速和最大爬坡度的功率，即

$$P_{\text{emax}} \geqslant \max\{P_{m1}, P_{m2}, P_{m3}\} \tag{6-5}$$

电动机的峰值功率与额定功率的关系为

$$P_{\text{emax}} = \lambda P_{\text{e}}$$

式中，P_{emax} 为电动机的峰值功率；P_{e} 为电动机的额定功率；λ 为电动机的过载系数。

电动机的额定转矩和峰值转矩为

$$T_{\text{e}} = \frac{P_{\text{e}} \times 9550}{n_{\text{e}}} \tag{6-6}$$

$$T_{\text{emax}} = \frac{P_{\text{emax}} \times 9550}{n_{\text{e}}} \tag{6-7}$$

式中，T_{emax} 为电动机的峰值转矩；T_{e} 为电动机的额定转矩；n_{e} 为电动机的额定转速。

驱动电动机参数初步确定之后，还需验证是否满足一定车速下的最大爬坡度和汽车行驶最高车速的要求，即

$$\frac{mg}{T_{\text{e max}}\eta_t}\left(f\cos\alpha_{\max} + \sin\alpha_{\max} + \frac{C_D A v_p^2}{21.15mg}\right) \leqslant \frac{i_0}{r} \leqslant \frac{0.377 n_{\max}}{v_{\max}} \tag{6-8}$$

6.2.2 蓄电池参数匹配

动力电池组作为增程式电动汽车纯电动行驶的主要能源，在增程式电动汽车上发挥着无可替代的作用。在选择电池时，除去要考虑的电池安全性、环境适应性和友好性、维护要求、效率等因素外，还要着重考虑电池的比能量和比功率两个方面。在电池重量一定的条件下，比能量与续驶里程成正比关系，比能量越高，其续驶里程越长。对于混合动力汽车而言，由于所有的能量来自发动机或者电池等能源转换装置，为保证车辆的性能，电池必须有足够的功率。

1. 动力电池的能量需求

动力电池的充放电特性对于整车的动力性和制动能量回收能力都起着决定性作用，蓄电池能量为

$$E_B = \frac{U_m C_E}{1000} \tag{6-9}$$

式中，E_B 为电池组能量(kW·h)；U_m 为电池组电压(V)；C_E 为电池组容量(A·h)。

蓄电池能量应满足以下条件：

$$E_B \geqslant \frac{mgf + C_D A v_\alpha^2 / 21.15}{3.6 \times \text{DOD}\,\eta_t \eta_{\text{mc}} \eta_{\text{dis}} (1-\eta_a)} \times S_1 \tag{6-10}$$

式中，η_{mc} 为电动机效率；η_{dis} 为蓄电池放电效率；η_a 为汽车附件能量消耗比例系数；S_1 为纯电动行驶里程(km)；DOD 为蓄电池放电深度。

或者电池组容量满足条件：

$$C_E \geqslant \frac{mgf + C_D A v_a^2 / 21.15}{3.6 \times \text{DOD}\,\eta_t \eta_{\text{mc}} \eta_{\text{dis}} (1-\eta_a) U_m} \times S_1 \tag{6-11}$$

2. 功率要求

蓄电池最大放电功率需满足：

$$P_{\text{bat\_max}} \geqslant \frac{P_{\max}}{\eta_{\text{mc}}} + P_A \tag{6-12}$$

式中，$P_{\text{bat\_max}}$ 为蓄电池最大刚点功率(kW)；P_A 为车辆附件功率。

或者蓄电池满足容量要求：

$$C_p \geqslant \frac{1000}{kU_m}\left(\frac{P_{\text{bat\_max}}}{\eta_{\text{mc}}} + P_A\right) \tag{6-13}$$

式中，k 为电池最大放电率。

蓄电池容量取值规则为

$$C = \min_{k^*=\min(k)} \left\{\max\left[C_p(k), C_E(k)\right]\right\} \tag{6-14}$$

6.2.3 增程器参数匹配

本书设计的增程器采用车载式，与纯电动汽车的动力系统固定在一起，这样的系统结构形式简单，系统作用是为驱动电机提供冗余功率，在蓄电池 SOC 低于设定值的时候或者蓄电池出故障时应能保证车辆以平均行驶车速 v_a 匀速行驶，在增程运动模式下，发动机提供源动力，要求具有相当的动力性，故需要匹配发动机、发电机的参数。

发动机用来为发电机提供能量，不直接驱动车轮，在增程运动模式下，蓄电池的 SOC 达到下限时，要求发动机仍然可以和普通串联式混合动力汽车一样正常工作。所以要求增程运动模式下的行驶里程不受纯电动行驶里程的影响。

RE 标定输出功率(冗余功率)可表示为

$$P_{\text{RE}} = \frac{1}{3600\eta_t}\left(mgv_a f + \frac{C_D A v_a^3}{21.15} + mgv_a i_0\right) \tag{6-15}$$

满足 E-REV 增程续驶里程所需的油箱容积：

$$V = \frac{S_2 f_c}{v_a} \tag{6-16}$$

式中，S_2 为增程续驶里程(km)；f_c 为发动机高效工作点处油耗(L/h)。

永磁同步电动机的转子为永磁体，效率高，功率密度大，一般发电机选择永磁同步电动机。

发电机的工作电压应与电池组相匹配，发电机的功率应与发动机功率的选择相协调匹配，要求所选的发动机在发电机工作转速区间内具有较低的燃油消耗率和较好的排放性能。

6.2.4 设计实例

增程式电动汽车总体设计基于其整车结构特点和工作模式要求，某增程式电动汽车整车基本参数及主要性能指标分别如表 6-2、表 6-3 所示。

表 6-2 整车基本参数

参数	数值
整车整备质量/kg	1350
满载质量/kg	1650
迎风面积/m^2	2.00
风阻系数	0.29
滚动阻力系数	0.014
轮胎半径/m	0.29
主减速比	6.26
传动效率	0.95

表 6-3 整车主要性能指标

性能指标	指标项目	指标数值
动力值	最高车速/(km/h)	≥120
	0～100km/h 加速时间/s	≤15
	20km/h 最大爬坡度/%	≥30
	90km/h 续驶里程/km	≥90
	纯电动续驶里程/km	≥70
	总续驶里程/km	≥400
经济性	百公里纯电动续驶里程消耗/(kW·h/100km)	≤16
	百公里综合油耗/L	≤1.5

1. 驱动电机选型与参数设计

1)驱动电机选型

增程式电动汽车驱动电机选型原则有电压高、起动转矩和调速范围大、具有良好的起动和加速性能、效率高、损耗低、可靠性高等。同时还要考虑到电机重量和尺寸、维护、振动与噪声、成本等问题。

目前电动汽车应用的电机主要有直流电机、交流感应电机、永磁同步电机等。表 6-4 列出几种常见驱动电机性能比较。

表 6-4 常见驱动电机性能比较

性能指标	直流电机	交流感应电机	永磁同步电机
转速范围/(r/min)	4000～6000	9000～15000	4000～10000
功率密度	低	中	高
力矩转速特性	一般	好	好

续表

性能指标	直流电机	交流感应电机	永磁同步电机
峰值效率/%	85～88	94～95	95～97
负荷效率/%	88～91	79～85	90～92
过载能力/%	200	300～500	300
可靠性	一般	好	较好
电机外形尺寸	大	中	小
电机质量	重	中	轻
控制器操作性能	最好	好	好
控制成本	低	高	高
电机成本	高	低	高

直流电机的优点是起动加速转矩大、结构简单、控制成本低；缺点是机械换向器在电机高速大负荷运转时会产生电火花，影响汽车正常行驶，直流电机驱动系统相对落后，现较少采用并已逐步被淘汰。

交流感应电机的优点是具有良好的转矩控制能力，调速范围大，便于维护；缺点是控制比较复杂，目前实际应用不多。

永磁同步电机在功率密度、力矩转速特性、峰值效率、负荷效率及过载能力等方面具有一定优势，该电机成为电动汽车首选。

当电动汽车需求功率一定时，车辆的续驶里程很大程度上由整车整备质量决定，因此选择尺寸小、质量轻的驱动电机能够在一定程度上提升续驶里程。综上分析，选择永磁同步电机作为增程式电动汽车的驱动电机。

2) 驱动电机参数设计

增程式电动汽车驱动电机的工作特点为在低速区域具有输出转矩恒定的特性，在高速区域具有输出功率恒定的特性。驱动电机需要确定的主要参数包括电机额定转速 n_e、电机峰值转速 $n_{e\max}$、电机额定功率 P_e、电机峰值功率 $P_{e\max}$、电机额定转矩 T_e 及电机峰值转矩 $T_{e\max}$。

根据整车基本参数与性能指标中的数据计算可得，最高转速为 6900r/min，额定转速为 2500r/min，峰值功率为 68kW，额定功率为 34kW，峰值转矩为 260N·m，额定转矩为 130 N·m。

驱动电机的电压等级需与动力电池组电压等级保持一致。当输出功率一定时，电机电流与电压成反比，电压增大的同时电流减小，这样可减少对电路系统中开关和导线等部件的要求，但是若电压过大，又会造成动力电池串联个数增多，增加整车整备质量和制造成本，影响汽车使用性能。表 6-5 中列出几种常见车型配备的蓄电池的电压等级，经过综合分析，将驱动电机电压等级确定为 U_m=288V。

表 6-5　常见车型配备的蓄电池的电压等级

车型	电压等级/V
内燃机乘用车电力起动系统	12
内燃机乘用车 ISG 系统	36

续表

车型	电压等级/V
ISG结构混合动力乘用车	144
纯电动乘用车或串并联式混合动力乘用车	288～250
纯电动乘用车或串并联式混合动力商用车	250～650

2. 动力电池选型与参数设计

动力电池作为增程式电动汽车唯一的能量源，直接影响到整车的最高车速和纯电动续驶里程，因此对动力电池进行合理的选型及参数设计尤为关键。

1) 动力电池选型

增程式电动汽车动力电池选型主要考虑以下几方面技术评价指标。

(1) 动力电池具有较高的比能量和比功率，从而可以降低整备质量，能够满足纯电动续驶里程的需求。

(2) 能量转换效率高，可以实现快速充电。自放电低，即使车辆长时间停放也不会导致无法起动。

(3) 动力电池使用寿命长，具有较高的循环充放电次数，安全可靠，材料环保。

动力电池按照工作原理大致可分为化学电池、物理电池和生物电池三大类。其中化学电池根据电池成分又可以分为铅酸电池、镍铬电池、镍氢电池、锂离子电池、燃料电池等；物理电池根据物理原理分为超级电容电池、高速飞轮电池等；酶电池、微生物电池、生物太阳能电池则属于典型的生物电池。目前，电动汽车主要采用化学电池，几种常见化学电池比较见表 6-6。

表 6-6　常见化学电池比较

性能指标	铅酸电池	镍氢电池	镍铬电池	锂离子电池			
				钴酸锂	锰酸锂	磷酸铁锂	三元复合材料
比能量/(W·h/kg)	30～50	60～80	50～70	170	100	100～110	200
单体电压/V	2	1.2	1.2	3.6	3.7	3.2	3.8
循环寿命/次	500～800	1000	1500～2000	300	600～1000	1500～2000	2000
安全性	好	好	较好	差	较好	好	一般
成本	低	较高	较高	高	高	高	高
应用情况	已淘汰	现使用	已淘汰	已淘汰	已淘汰	现使用	现使用

铅酸电池价格低廉、容量大、技术成熟，但是能量密度低、质量比较大，很难满足电动汽车轻量化的设计理念，续驶里程不足，现已基本淘汰。

镍铬电池特点是质量轻、循环寿命高，但是电池容量不高，并且具有记忆效应，必须每次将电放尽才能进行充电控作，这样不符合电动汽车快充快放的要求。

镍氢电池相对于镍铬电池而言容量高一些，没有记忆效应，但是温度特性差、成本高，现款丰田普锐斯使用镍氢电池作为动力电池。

锂离子电池根据正极材料不同可分为钴酸锂锂离子电池、锰酸锂锂离子电池、磷酸铁锂锂离子电池和三元复合材料锂离子电池等，锂离子电池具有高电压、高能量密度、低放电率、循环寿命长、工作温度范围广等优点，是电动汽车动力电池的最佳选择。

目前市面上销售的电动汽车中，主要应用磷酸铁锂锂离子电池和三元复合材料锂离子电池作为动力电池，其中三元复合材料锂离子电池比能量最大，相同重量的情况下续驶里程更长，但是对电池管理系统的要求很高，并且由于单体电池体积小，需要串联的单体数目非常多，特斯拉 MODEL S 采用三元复合材料锂离子电池。磷酸铁锂锂离子电池除了具有锂离子电池共同优点外，热稳定性最好，也是安全性最高的。因此选择磷酸铁锂锂离子电池作为增程式电动汽车的动力电池。

2) 动力电池参数设计

增程式电动汽车动力电池设计参数包括电池容量 C、额定电压 U_b、单体电池个数 N、单体电压 U_{b0} 等参数。

根据整车基本参数与性能指标中的数据计算可得，动力电池容量为 65A·h。为保证电动汽车电力系统电压匹配，动力电池额定电压应与驱动电机额定电压一致，即 288V。根据国家标准《电动汽车用动力蓄电池产品规格尺寸》(GB/T 34013—2017)，得到单体电池个数 N=90，单体电压 U_{b0}=3.2V。

3. 增程器选型与参数设计

前面提及增程器由发动机和发电机组成，作用是在动力电池 SOC 低于限定值或整车功率需求增大的情况下开启，为增程式电动汽车提供辅助动力，确保车辆能够继续稳定行驶，从而提升续驶里程。

1) 增程器选型

增程器在整车动力系统中作为辅助动力源装置，和传统汽车相比，发动机功率要小很多。增程器的选型主要就是对发动机做选型。发动机选型要兼顾效率高、污染物排放少、技术成熟、稳定性好、成本低等因素。表 6-7 对几种发动机特点进行了比较。

表 6-7　常见发动机特点比较

发动机类型	优点	缺点
二冲程汽油发动机	结构紧凑	排气中有害成分多，排放控制成本高
四冲程汽油发动机	技术成熟，应用广泛	部分负载有节流损失
柴油机	能量效率高，经济性好	尾气中 PM 控制难，尺寸大
转子发动机	尺寸小，换气性能好	少数厂家生产，经济性差
燃气轮机	结构紧凑，振动小，热效率高	经济性差，响应慢
斯特林发动机	经济性好，排放污染少，振动小	成本高，体积大，起动时间长

综合分析后，选择目前市面上广泛应用的四冲程发动机作为增程式电动汽车的发动机。

发电机选型参照驱动电机的选型原则，选择永磁同步电机作为增程式电动汽车的发电机。

2）增程器参数设计

根据整车基本参数与性能指标中的数据计算可得，发动机输出功率为 40kW，油箱容积为 20L，取发电机输出功率为 45kW，发电机额定电压为 288V。

6.3　增程式电动汽车仿真分析

6.3.1　整车模型搭建

1. 整车动力学模型

整车动力学模型主要通过分析轮胎与地面接触点的受力平衡来计算车辆牵引力。原理主要依据汽车行驶动力学方程，通过迭代方法计算加速度，再逐步积分得到车辆速度。在计算路径时，需求车速是当前步长内的初速与终速之和的平均值，见式(6-18)。而需求牵引力表达式为

$$\text{veh\_force\_r} = F_r + F_w + F_i + F_j \tag{6-17}$$

$$\text{veh\_spd\_r} = (\text{v\_prev} + \text{cyc\_spd\_r})/2 \tag{6-18}$$

式中，veh_force_r 是需求牵引力(N)；F_r 是车辆滚动阻力(N)；F_w 是车辆空气阻力(N)；F_i 是车辆坡道阻力(N)；F_j 是车辆加速阻力(N)；veh_spd_r 是整车需求车速（km/h）；v_prev 是当前步长内的初速（km/h）；cyc_spd_r 是当前步长内的终速（km/h）。

$$\begin{aligned} F_r = {} & (\text{veh\_mass} + \text{veh\_cargo\_mass}) \times \text{veh\_gravity} \times \cos[\text{atan}(\text{grade})] \\ & \times \text{veh\_spd\_r} \times \text{wh\_2nd\_rrc} + \text{wh\_1st\_rrc} \end{aligned} \tag{6-19}$$

$$F_i = (\text{veh\_mass} + \text{veh\_cargo\_mass}) \times \text{veh\_gravity} \times \sin[\text{atan}(\text{grade})] \tag{6-20}$$

$$F_w = \text{veh\_spd\_r}\,\hat{}\,2 \times \text{veh\_air\_density} \times \text{veh\_CD} \times \text{veh\_FA} \times 0.5 \tag{6-21}$$

$$F_j = (\text{veh\_mass} + \text{veh\_cargo\_mass}) \times (\text{cyc\_spd\_}r - v\text{\_prev})/\text{d}t \tag{6-22}$$

式中，veh_mass 是汽车的质量(kg)；veh_cargo_mass 是货物质量(kg)；veh_gravity 是汽车重力加速度（m/s^2）；grade 是道路坡度（decimal）；wh_2nd_rrc 是车轮滚动阻力第二系数；wh_1st_rrc 是车轮滚动阻力第一系数；veh_air_density 是空气密度（kg/m^3）；veh_CD 是整车空气阻力系数；veh_FA 是整车迎风面积（m^2）。

2. 整车模型

在 MATLAB Simulink 软件环境下，利用 Advisor 2002 软件，以 HEV 模型为基础，建立 E-REV 仿真模型，如图 6-9 所示。其中包括循环工况模型、整车模型、车轮模型、传动系统模型、电机模型、发动机模型、发电机模型、电池组模型等。

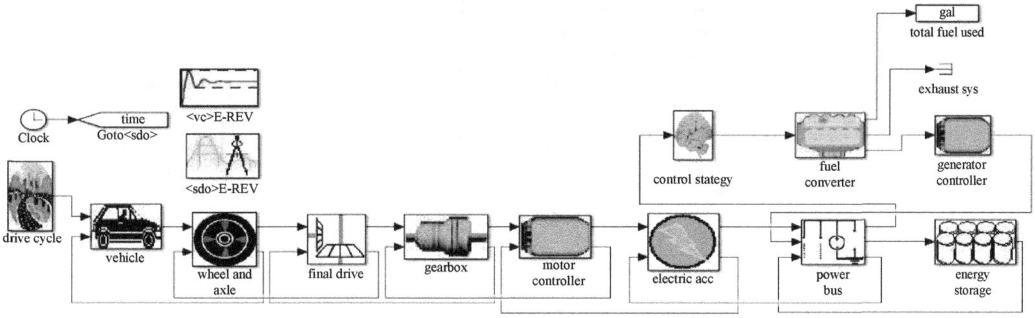

图 6-9　E-REV 整车模型图

3. 驱动电机模型

驱动电机模型主要由三部分组成：电机需求功率计算、电机实际输出转矩和转速计算、电机温度影响计算，如图 6-10 所示。上半部分是后向仿真部分，下半部分是前向仿真部分。在后向仿真中，左上部分输入为需求转矩和转速，右上部分是需求功率。电机在功率总线处的需求功率由蓄电池或发电机提供。在前向仿真中，它接收有效的输入功率作为其输入，然后计算出可实现的电机转矩和转速作为输出。在给定可用输入功率的情况下，需要用到电机在后向仿真时的功率。通过电机的需求加速度计算转子加速度需要的转矩。电机模型输出的电机转速经过主减速器传递到驱动轴与车轮。

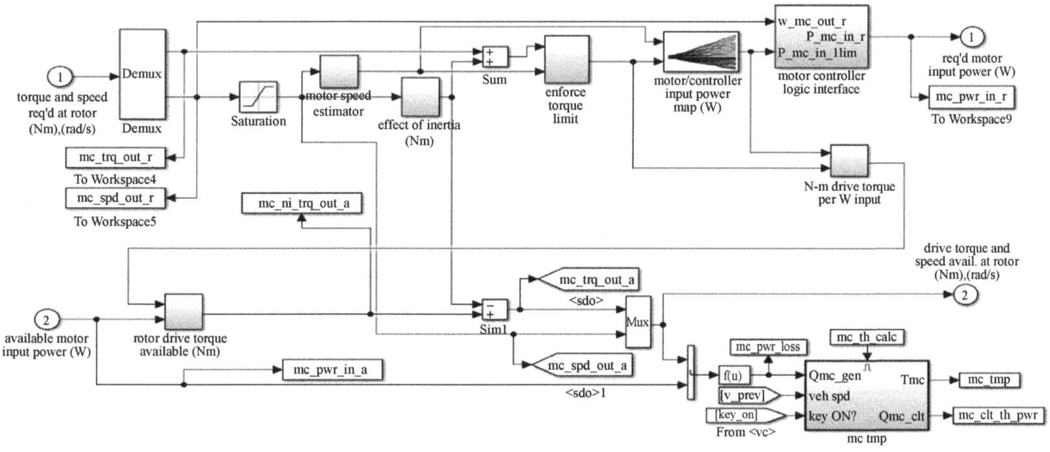

图 6-10　驱动电机模型图

4. 蓄电池模型

蓄电池模型的输入一般是功率总线模型输出的功率需求，计算输出蓄电池实际的输出功率、电压、电流以及蓄电池 SOC。该模型主要包括蓄电池开路电压和内阻计算模型、功率限制模型、电流计算模型、SOC 估算模型和蓄电池热模型，如图 6-11 所示。在这 5 个部分中，蓄电池看作理想的开路电压和内阻串联的等效电路，并通过当前 SOC 和需求功率计算相应的值，如图 6-12 所示。该模型需要控制蓄电池的输出功率在可传递的范围之内。等效电路的电流参数根据与开路电压、内阻和实际功率相关的二次方程计算得到。根据蓄电池电流计算其实际 SOC。

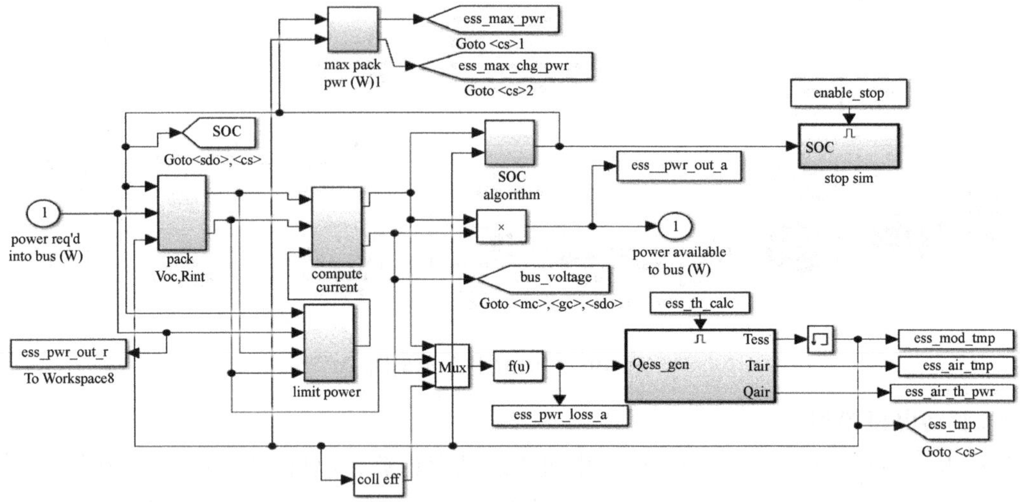

图 6-11　蓄电池模型图

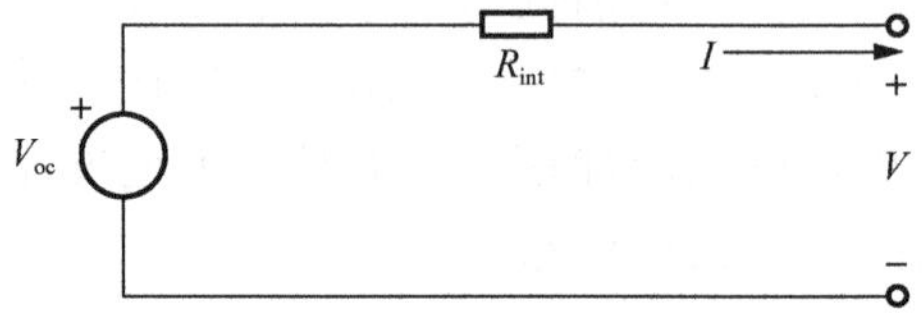

图 6-12　等效电路结构图

5. 增程器模型

由前面的内容已知，增程器由发动机和发电机组成。

发动机模型根据其他模型计算得出的需求转速和转矩，在考虑加速惯性转矩和附件消耗的情况下，确定发动机工作点输出的实际转矩和转速。它主要包括输入输出接口、发动机控制模型、发动机转速估计模型、发动机转矩计算模型和燃油消耗与排放计算模型，如图 6-13 所示。

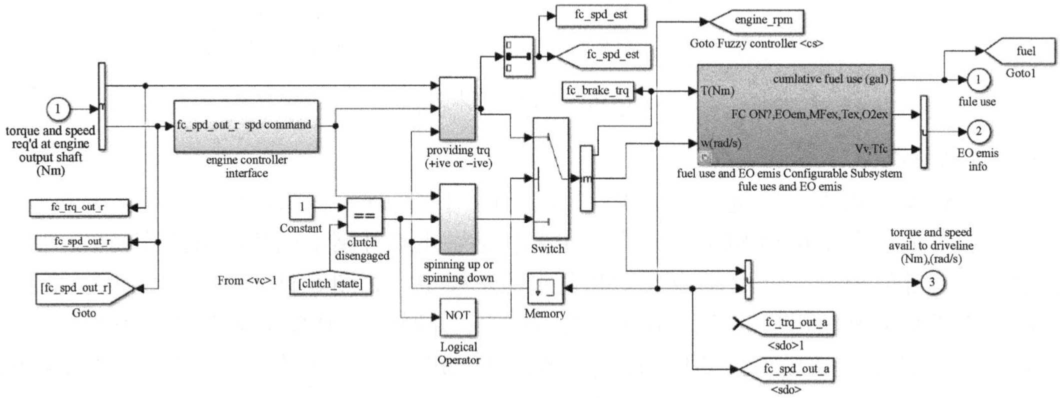

图 6-13　发动机模型图

发电机模型接收需求转矩和转速信号，通过计算输出电功率给功率总线驱动汽车，如图 6-14 所示。该模型只有一个输入输出信号，根据输入发电机转速信号计算其惯性转矩，从而计算输入转矩。在计算功率时，考虑了自身功率损失、转子轴加速惯性转矩、发电机转速-转矩特性和控制器电流的限制。根据发电机转子转速与转矩的大小计算输出功率。

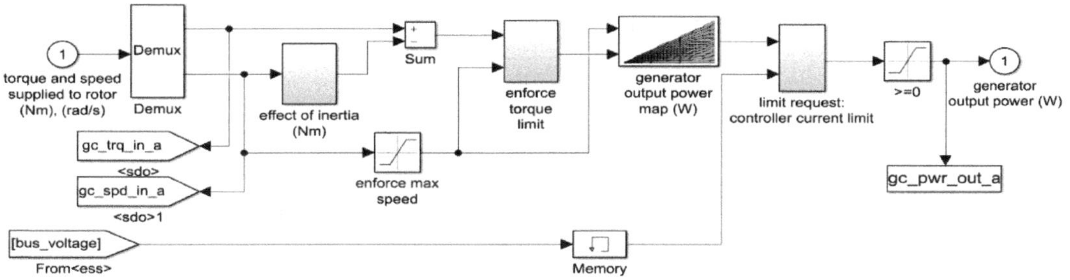

图 6-14　发电机模型图

6.3.2　动力系统参数匹配仿真分析

建立 E-REV 整车模型之后，通过第 2 章中对动力系统的关键部件参数的匹配结果，以新欧洲行驶循环工况 CYC_NEDC 为例对 E-REV 进行动力性能与经济性能仿真。通过仿真得到的车辆性能结果，对所匹配的动力系统参数的合理性和有效性进行验证与分析。

1. 循环工况

仿真经常用到的循环工况一般为欧洲工况和美国工况，如 CYC_UDDS、CYC_ECE-EUDC、CYC_HWFET 等。而在 Advisor 中没有有关中国的循环工况，因此在设置上述计算的驱动电机、蓄电池、增程器的相关参数后，选用接近中国道路的 CYC_NEDC 新欧洲行驶循环工况，如图 6-15 所示。该工况循环一次时间为 1184s，行驶距离为 10.93km，最高车速是 120km/h，平均车速是 33.21km/h，最大加速度为 1.06m/s^2，最大减速度为−1.39m/s^2。

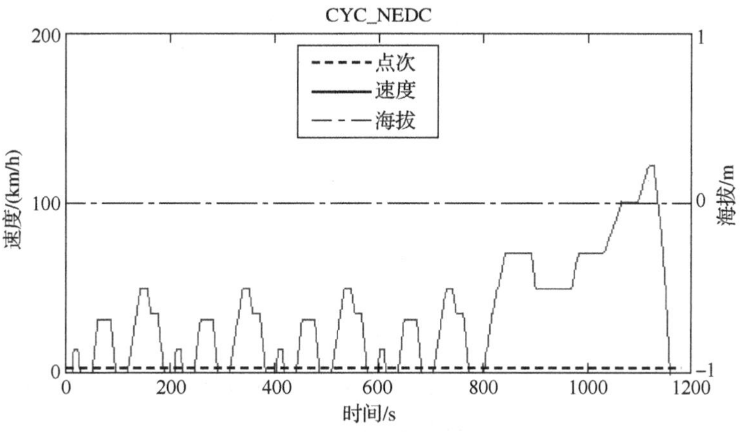

图 6-15　CYC_NEDC 循环工况图

2. 整车性能仿真分析

在这里首先选择功率跟随型控制策略，对整车进行仿真。仿真内容主要是加速性能测试和爬坡性能测试，并且设置以 30km/h 的速度进行爬坡，SOC 初始值设为 100%。由于 CYC_NEDC 工况循环一次是 10.93km，而设计目标中的纯电动行驶里程是 60km，所以循环次数应该大于 6 次。本节选择 9 次，仿真结果如图 6-16～图 6-19 所示。

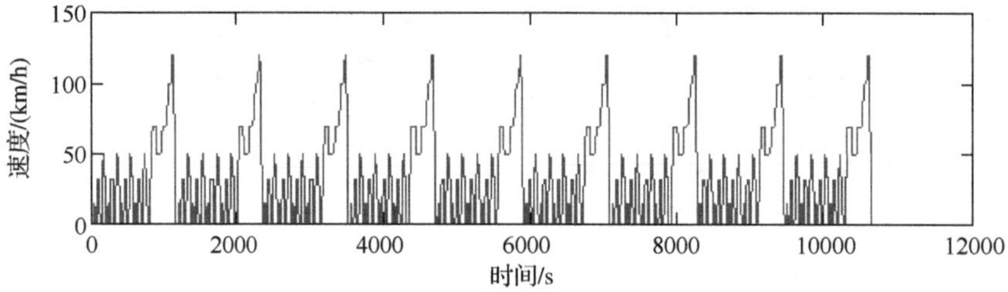

图 6-16　汽车行驶速度变化图

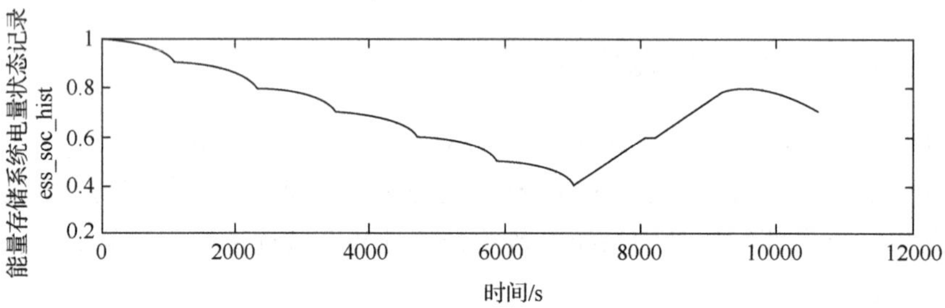

图 6-17　蓄电池 SOC 变化图

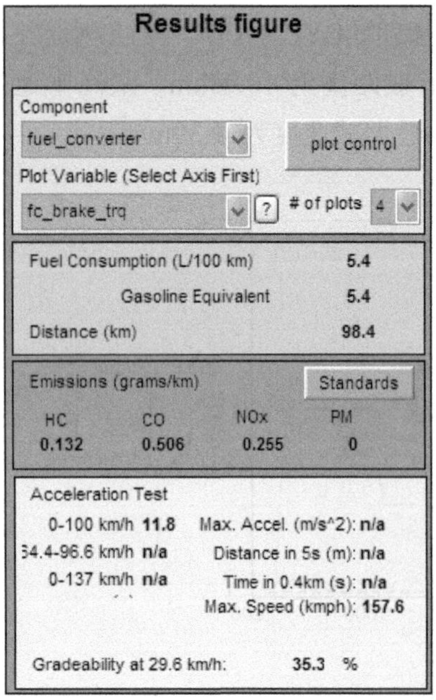

图 6-18　整车性能结果图

图 6-16 是汽车行驶速度变化图，图 6-17 是蓄电池 SOC 变化图，图 6-18 是整车性能结果图。由图 6-16 和图 6-17 可以看出车辆在第 7 次循环工况下开启增程器，由此得出纯电动行驶里程是 65km，达到设计目标要求。本节的蓄电池 SOC 上下限分别设置为 80%和 40%。车辆刚开始行驶时，蓄电池 SOC 较大，没有达到下限值，因此增程器不开启，车辆以纯电动模式行驶。当蓄电池 SOC 逐渐下降，达到 SOC 下限值 40%时，增程器开启并给蓄电池充电，SOC 曲线又开始上升，车辆为增程器驱动模式。蓄电池 SOC 一般趋于平缓变化，但在车辆速度变化较快时出现波动较大。而在充电时，发动机已经工作在最佳工况区，它的油耗和排放都降到最低程度。从图 6-18 中可以看出该车在 CYC_NEDC 工况下的最高车速是 157.6km/h，0～100km/h 的加速时间为 11.8s，速度约为 30km/h 的最大爬坡度为 35.3%，以上性能数据均满足设计目标。此外，它的百公里耗油为 5.4L，共行驶 98.4km。

思　考　题

6-1　增程式电动汽车由哪几部分组成？

6-2　增程器的分类有哪些？

6-3　简述增程式电动汽车动力系统的原理以及工作模式。

6-4　与传统油电混合汽车相比，增程式电动汽车有什么优势？

6-5　简述增程式电动汽车的特点。

6-6　电动汽车用驱动电机特性主要体现在哪些方面？

6-7　增程式电动汽车动力电池选型主要考虑哪些方面的技术评价指标？

6-8　在增程式电动汽车设计中，如何匹配电动机、蓄电池和增程器的参数？

6-9　简述常见发动机的优缺点。

第 7 章　混合动力汽车

7.1　混合动力汽车介绍

7.1.1　混合动力汽车的分类

1. 按连接方式分类

(1) 串联式混合动力汽车(SHEV)。

(2) 并联式混合动力汽车(PHEV)。

(3) 混联式混合动力汽车(PSHEV)。

2. 按混合程度分类

(1) 微混混合动力汽车。

(2) 轻混混合动力汽车。

(3) 强混混合动力汽车。

(4) 全混混合动力汽车。

3. 按能否充电分类

(1) 插电式混合动力汽车(PHEV)。

(2) 常规混合动力汽车(HEV)。

7.1.2　混合动力汽车的组成与原理

1. 串联式混合动力汽车

串联式混合动力汽车系统结构如图 7-1 所示。串联式结构由发动机、发电机和电动机三大主要部件总成组成。

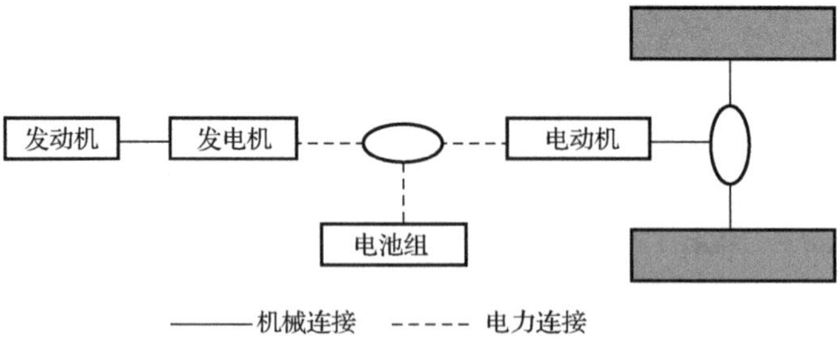

图 7-1　串联式混合动力汽车系统结构示意图

在串联式混合动力汽车上，由发动机带动发电机所产生的电能和蓄电池输出的电能，共同输出到电动机来驱动汽车行驶，电力驱动是唯一的驱动模式。动力流程图如图 7-2 所示。

串联式混合动力汽车的发动机能够经常保持在稳定、高效、低污染的运转状态，使有害排放气体控制在最低范围。从总体结构上看，比较简单，易于控制，只有电动机的电力驱动系统，其特点更加趋近于纯电动汽车。三大部件总成在电动汽车上布置起来，有较大的自由度，但各自的功率较大，外形较大，质量也较大，在中小型电动汽车上布置有一定的困难。另外在能量转换过程中，能量损失较大。串联式混合驱动系统较适合在大型客车上使用。

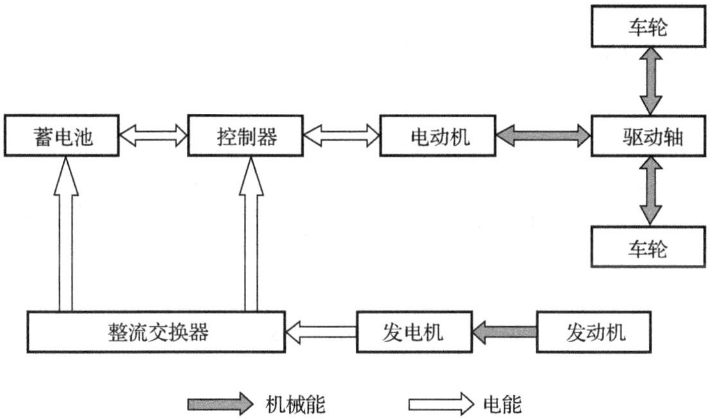

图 7-2　串联式混合动力汽车动力流程图

2. 并联式混合动力汽车

并联式混合动力汽车系统结构如图 7-3 所示，该结构主要是由发动机、电动机/发电机两大部件总成组成，有多种组合形式，可以根据使用要求选用。

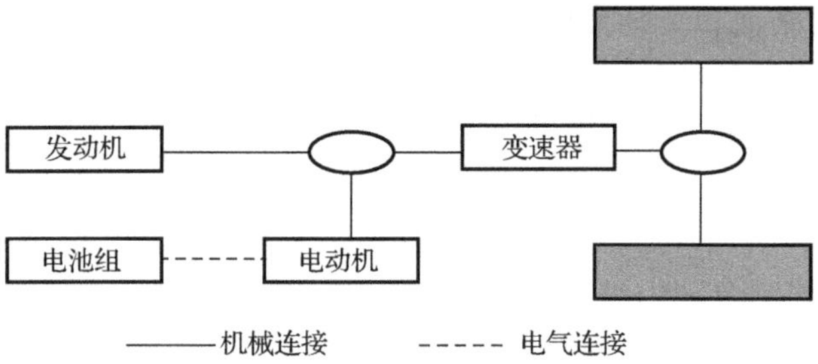

图 7-3　并联式混合动力汽车系统结构示意图

并联式混合动力汽车的典型动力流程图如图 7-4 所示。发动机和电动机通过某种变速装置同时与驱动桥直接相连接。

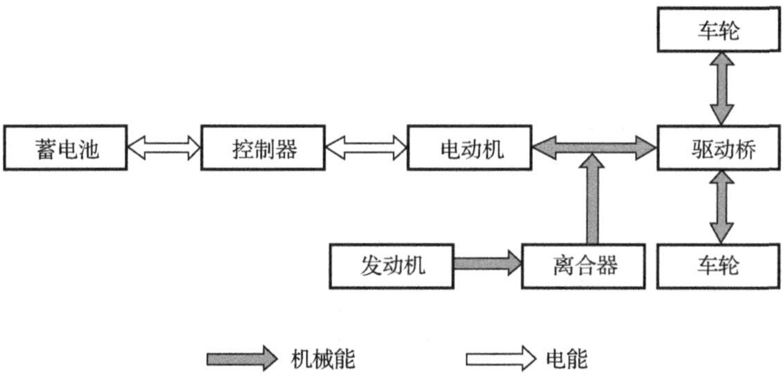

图 7-4　并联式混合动力汽车动力流程图

并联式混合驱动系统的主要元件为动力组合器，由于动力合成的实现方法具有多样性，相应的传动系统结构也多种多样，通常可归类为驱动力合成式、转矩合成式和转速合成式，如图 7-5 所示。

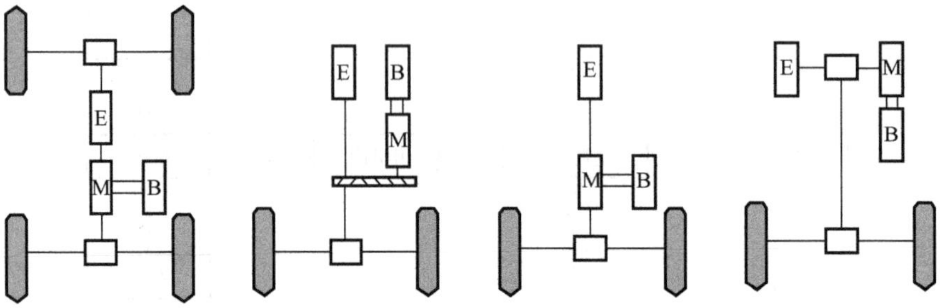

(a)驱动力合成式　(b)双轴转矩合成式　(c)单轴转矩合成式　(d)转速合成式

E—发动机；M—电动机；B—蓄电池

图 7-5　并联式混合动力汽车的驱动方式

1)驱动力合成式

驱动力合成式并联式混合动力汽车采用一个小功率的发动机，单独地驱动汽车的前轮。另一套电动机驱动系统单独地驱动汽车的后轮，可以在汽车起动、爬坡或加速时增加混合动力汽车的驱动力。两套驱动系统可以独立驱动汽车，也可以联合驱动汽车，使汽车变成四轮驱动的电动汽车。此种混合动力汽车具有四轮驱动汽车的特性。

2)转矩合成式(双轴式和单轴式)

转矩合成式并联式混合动力汽车的发动机通过传动系统直接驱动混合动力汽车，并直接(单轴式)或间接(双轴式)带动电动机/发电机转动向蓄电池充电。蓄电池也可以向电动机/发电动机提供电能，此时电动机/发电动机转换成电动机，可以用来起动发动机或驱动汽车。

3)转速合成式

转速合成式并联式混合动力汽车的发动机和电动机通过离合器与一个动力组合器来驱动汽车。可以利用普通燃油汽车的大部分传动系统的总成，电动机只需通过动力组合器与传动系统连接，结构简单，改制容易，维修方便。为获得最佳传动效果，控制装备往往十分复杂。

3. 混联式混合动力汽车

混联式混合动力汽车系统是串联式与并联式的综合，其结构示意图如图 7-6 所示。

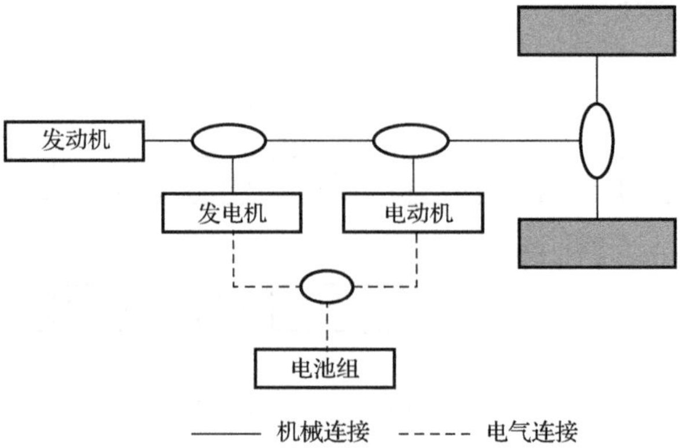

图 7-6　混联式混合动力汽车系统结构示意图

混联式混合动力汽车动力流程图如图 7-7 所示。

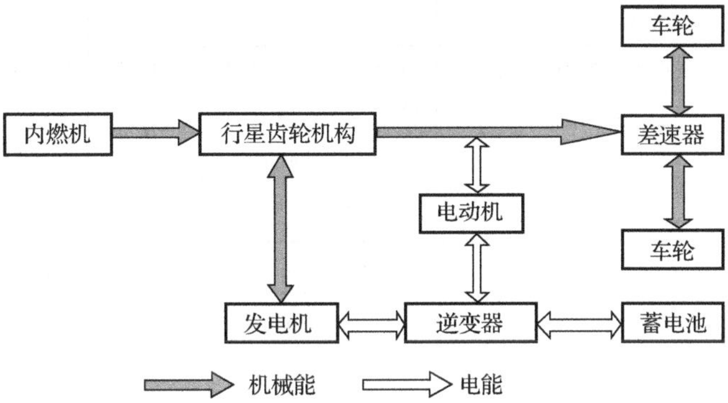

图 7-7　混联式混合动力汽车动力流程图

7.1.3　混合动力汽车的特点

1. 混合动力汽车与纯电动汽车比较

(1) 由于有发动机作为辅助动力，蓄电池的数量和质量可减少，因此汽车自身重量可以减小；

(2) 汽车的续驶里程和动力性可达到内燃机的水平；

(3) 借助发动机的动力，可带动空调、真空助力、转向助力及其他辅助电器，无须消耗蓄电池组有限的电能，从而保证了驾车和乘坐的舒适性。

2. 混合动力汽车与燃油汽车比较

(1) 可使发动机在最佳的工况区域稳定运行，避免或减少了发动机变工况下的不良运行，使得发动机的排污和油耗大为降低；

(2) 在人口密集的商业区、居民区等地可用纯电动方式驱动车辆，实现零排放；

(3) 可通过电动机提供动力，因此可配备功率较小的发动机，并可通过电动机回收汽车减速和制动时的能量，进一步降低了汽车的能量消耗和排污。

不同类型混合动力汽车的性能比较及各自特点分别如表 7-1 和表 7-2 所示。

表 7-1　混合动力汽车类型的性能比较

项目	串联式	并联式	混联式
公路行驶燃油经济性	较优	优	优
城市行驶燃油经济性	优	较优	优
无路行驶燃油经济性	较优	优	优
低排放性能	优	较优	较优
成本	低	较优	较低
复杂程度	简单	较复杂	复杂
控制难易程度	容易	较难	难

表 7-2　不同类型的混合动力汽车的特点

结构模型	串联式	并联式	混联式
动力总成	发动机、发电机、电动机三大动力总成	发动机、电动机/发电机或电动机两大动力总成	发动机、电动机/发电机、电动机三大动力总成
驱动模式	电动机是唯一的驱动模式	发动机驱动模式、电动机驱动模式、发动机/电动机混合驱动模式	发动机驱动模式、电动机驱动模式、发动机/电动机混合驱动模式、电动机/发电机混合驱动模式
传动效率	能量转换效率较低	传动效率较高	传动效率较高
制动能量回收	能够回收制动能量	能够回收制动能量	能够回收制动能量
整车总布置	三大动力总成之间没有机械式连接装置，结构布置的自由度较大，但三大动力总成的质量、尺寸都较大，一般在大型车辆上采用	发动机驱动系统保持机械式传动系统，发动机与电动机两大动力总成之间被不同的机械装置连接起来，结构复杂，使布置受到一定的限制	三大动力总成之间采用机械装置连接，三大动力总成的质量、尺寸都较小，能够在小型车辆上布置，但结构更加紧凑
适用条件	适用于大型客车或货车，适应在路况较复杂的城市道路和普通公路上行驶，更加接近电动汽车性能	适用于中小型汽车，适应在城市道路和高速路上行驶，接近普通的燃油汽车性能	适用于各种类型的汽车，适应在各种道路上行驶，更加接近普通的燃油汽车性能

7.1.4　混合动力汽车的关键技术

1. 驱动电动机及其控制技术

电动机是电动汽车的心脏，对于混合动力汽车来说，电动机的重要性与发动机是等同的。混合动力汽车对驱动电动机的要求是能量密度高、体积小、重量轻、效率高。从发展趋势来看，电驱动系统的研发主要集中在交流感应电动机和永磁同步电动机上，对于高速、匀速行驶工况，采用交流感应电动机驱动较为合适；而对于经常起动停止、低速运行的城市工况，永磁同步电动机驱动效率较高。

2. 动力电池及其管理系统

动力电池是混合动力汽车的基本组成单元，其性能直接影响到驱动电动机的性能，从而影响整车的燃油经济性和排放。混合动力汽车用的电池工作负荷大，对功率密度要求较高。但体积和容量小，而且电池的 SOC 工作区间较窄，对循环寿命要求高。开发适合混合动力汽车的专用动力电池是确定混合动力汽车能否大量推广使用的重要因素之一。如何全面、准确地对动力电池进行管理，是决定动力电池能否发挥最佳效能的重要因素。

3. 整车能量管理控制系统

混合动力汽车的整车能量管理控制系统的主要功能是进行整车功率控制和工作模式切换的控制。整车能量控制系统如同混合动力汽车的大脑，指挥各个子系统的协调工作，以达到效率、排放性和动力性的最佳，同时兼顾行驶车辆的平顺性。

4. 传动系统匹配

混合动力汽车传动系统的参数匹配是混合动力汽车设计的一个重要内容，直接影响混合动力汽车将来的排放性和燃油经济性，它包括合理地选择和匹配发动机功率、动力电池容量与电动机的功率等，以确定车辆的混合度，组成性能最优的混合驱动系统。

5. 能量再生制动回收系统

能量再生制动回收是混合动力汽车提高燃油经济性的又一重要途径，由于制动关系到行车安全性，如何在最大限度回收制动时的车辆动能与保证安全的制动距离和车辆行驶稳定性之间取得平衡，是能量再生制动回收系统需要解决的难题之一，再生制动系统与车辆防抱死制动系统的结合可以完美地解决这一难题。

6. 先进车辆控制技术在混合动力汽车上的应用

传统汽车的车辆动力学控制系统、混合动力系统控制和制动能量回收控制的结合，将是混合动力汽车控制技术的下一个研究热点。另外，随着混合动力汽车研究的深入，传统汽车的驱动控制系统、车辆稳定性控制系统等如何与混合动力汽车的能量管理及动力系统控制相结合，将越来越显示其重要性与必要性。

7.1.5 混合动力汽车的主要技术指标

大规模商业化示范的插电式混合动力汽车主要技术指标和混合动力汽车产业化研发主要技术指标分别如表 7-3 和表 7-4 所示。

表 7-3　大规模商业化示范的插电式混合动力汽车主要技术指标

指标		插电式混合动力轿车	插电式混合动力城市客车
动力电池	质量比能量/(W·h/kg)	系统≥100	
	循环寿命/次	≥3000	
	日历寿命/年	≥10	
	目标成本/[元/(W·h)]	模块≤1.5	
车用电机	成本/[元/(W·h)]	≤200	≤300
	功率密度/(kW/kg)	≥1.8	
	最高效率/%	≥94	
电子控制		纯电动汽车电动化总成控制系统 先进的纯电动汽车分布式控制系统 纯电动汽车车载信息、智能充电和远程监控系统	
整车平台	最高车速	与传统汽车相当	
	纯电动续驶里程/km	≥30	≥50
	附加成本/万元	≤5	≤20

表 7-4　混合动力汽车产业化研发主要技术指标

指标			轿车	城市客车
动力电池	镍氢电池	质量比能量/(W·h/kg)	系统≥30	系统≥40
		功率密度/(W/kg)	系统≥900	系统≥700
		使用寿命	25 万公里或 10 年	
		系统目标成本/[元/(W·h)]	<3	

续表

指标			轿车	城市客车
动力电池	功率型锂离子电池	质量比能量/(W·h/kg)	≥50(系统)	
		功率密度/(W/kg)	≥1800(系统)	
		使用寿命	20 万公里或 10 年	
		系统目标成本/[元/(W·h)]	<3	
	超级电容	质量比能量/(W·h/kg)	≥5	
		功率密度/(W/kg)	≥4000	
		使用寿命	≥40 万次或 10 年	
		系统目标成本/[元/(W·h)]	<60	

7.2 混合动力汽车动力系统设计

在混合动力汽车中，动力源部件的协调工作对整车的性能影响很大，尤其对于混联式混合动力汽车，由于动力分配装置的存在，对动力源部件的匹配及合理控制要求更高。

混合动力汽车获得高的燃油经济性主要通过以下原则来实现：

(1)将较小型发动机安装在汽车上并使发动机在较高负荷下工作(获取较高的效率)；

(2)将制动时产生的能量转化为电能用于汽车加速或为其提供动力；

(3)采用高效率的电动机将汽车从静止状态起动等。

下面以某汽车为例，保持原车的外形参数不变，只对其动力系统进行重新设计，动力系统采用混联式结构。

7.2.1 发动机

发动机功率的选择对于混联式混合动力传动系统的设计至关重要。发动机功率偏大，车辆燃油经济性和排放性能就差；发动机功率偏小，后备功率就小，电动机只有提供更多的驱动功率，才能满足一定的车辆行驶性能要求，这势必引起电动机与电池组容量取值的增大和车辆成本的增加。另外，电池组数目增多，在车辆上布置困难，车重增加，仅依靠发动机的富裕功率难以维持电池组的额定电量，限制了车辆的续驶里程。

汽车行驶时，功率平衡方程为

$$P_e = \frac{1}{\eta_t}\left(\frac{Gfu_a}{3600} + \frac{Giu_a}{3600} + \frac{C_D A u_a^3}{76140} + \frac{\delta m u_a}{3600}\frac{\mathrm{d}u}{\mathrm{d}t}\right) \tag{7-1}$$

汽车在匀速行驶时各种坡度下的行驶车速与所需功率的关系曲线如图 7-8 所示。设计发动机的最大功率为 55kW，最高转速为 6000r/min。

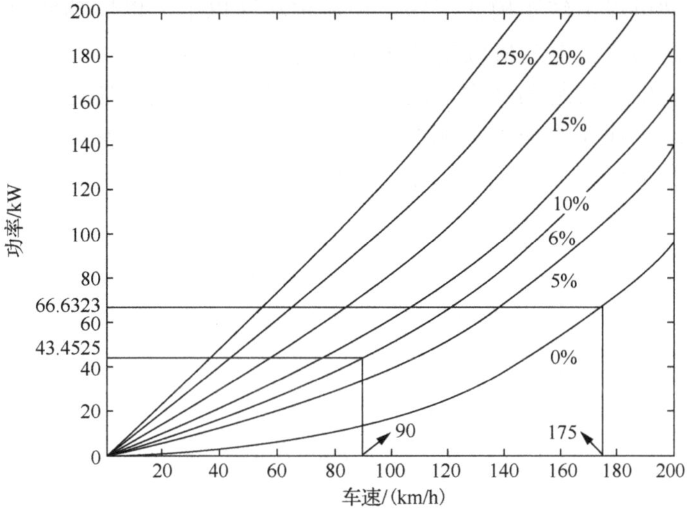

图 7-8　各种坡度下的行驶车速与所需功率的关系曲线

7.2.2　电动机

电动机在混联式混合动力汽车上起着很重要的作用，它既可以作起动电动机使用，又可以起到串联式和并联式结构中电动机的作用，还可以在制动时作为发电动机回收制动能量。因此，在混联式混合动力汽车上对以电动和发电模式工作的电动机有更高的要求：恒转矩、恒功率(弱磁控制)工作，高效率的大功率输出，接近双倍功率的过载量。混合动力汽车上使用的电动机有直流电动机、永磁无刷电动机、感应电动机和开关磁阻电动机等。研究开发体积小、重量轻、工作可靠以及动态响应好的电动机，对于混合动力汽车进一步提高动力性和经济性极为重要。

1. 逆变器/电动机控制策略

逆变器/电动机控制策略如图 7-9 所示。图中电动机的转矩-速度曲线给出了牵引驱动期望的宽调速范围轮廓，它具有三个特征工作区：恒转矩区、恒功率区和有限转差区。

恒转矩区是从零转速到基速。在这个区域里，逆变器在脉宽调制模式下工作，为电动机提供变化的频率和变化的电压。恒功率区的范围从基速到最大速度。在这个区域里，逆变器给电动机提供可变频率，而交流电压保持不变。

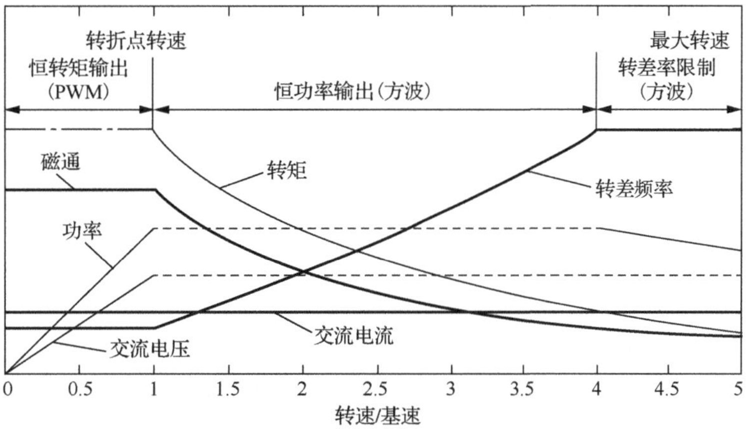

图 7-9　逆变器/电动机控制策略

2. 电动机功率设计

通常，适用于电动车辆使用的电动机外特性为：在额定转速以下，电动机以恒转矩模式工作；在额定转速以上，以恒功率模式工作。相应参数选取包括电动机额定功率、电动机额定转速与电动机最高转速。

依据控制策略，电动机起动功率应满足汽车的最大爬坡度和加速时间要求。可设汽车在混合驱动工况时以最大速比原地起步加速或爬坡，油门全开，当发动机转速达到最高功率对应的转速时，控制发动机保持在该点工作，并控制电动机保持在该转速下工作，调整发电动机转速及速比来增大车速。

由最大爬坡度要求得

$$F_{t\max} - mgf\cos\alpha_{\max} - mg\sin\alpha_{\max} - \frac{C_d A u_F^{\ 2}}{21.15} = 0 \tag{7-2}$$

由原地起步加速时间要求得

$$t - \frac{1}{3.6}\int_0^u \frac{\delta m}{(F_t - F_f - F_w)}\mathrm{d}u = 0 \tag{7-3}$$

使用 MATLAB 中的函数 fzero 求解，得到满足加速时间或最大爬坡度要求的最小电动机起动功率，取两者之中的较大值作为电动机起动功率。数值整数化后为 40kW。

电动机的最高转速对传动系统的尺寸、电动机的额定转矩都有影响。考虑到上面因素的影响，选取电动机最高转速为 9000r/min，扩大恒功率区系数 4.5。

对仿真结果分析可知当发动机、电动机与蓄电池功率不变，并且整车总质量不变时，改变发电动机的功率对整车的动力性与经济性影响非常微小，因此本车采用小型轻量高效的交流永磁同步电动机，功率为 15kW，质量为 33kg。

7.2.3　储能装置

目前，电化学蓄电池仍是多源混合驱动的一个基本组成元素，无论在串联、并联，还是在混联的混合传动结构中，电化学蓄电池都用作辅助能源。大多数混合动力电动车辆在再生制动时就像通常的电动汽车一样：牵引电动机工作于发电模式，汽车的动能通过牵引电动机传递给电池。

混合动力汽车用电池不仅需要高能量密度，而且还需要高功率密度。研究与开发高性能、低成本、寿命长的电池，仍然是发展混合动力汽车的关键问题之一。

1. 蓄电池通用模型

蓄电池的等效电路图如图 7-10 所示。

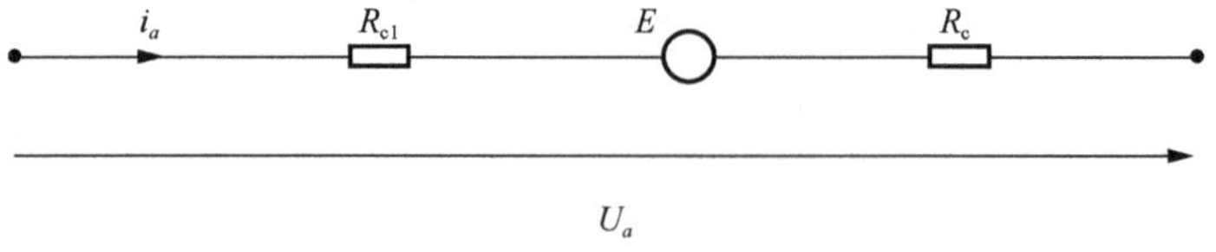

图 7-10　蓄电池的等效电路图

放电时，有

$$U_a = E - i_a R'_w$$

充电时，有

$$U_a = E - i_a R''_w$$

蓄电池放电：

$$Q_u(i_a,t,\tau)=c_\tau(\tau)\eta_A(i_a,t)Q_{\tau n}-\int_0^{t_i}i_a(t)\mathrm{d}t \tag{7-4}$$

$$Q_u'(i_a,t,\tau)=Q_u(i_a,t,\tau)-\int_{t_i}^{t_{i+m}}\eta_A(i_a,\tau)^{-1}i_a(t)\mathrm{d}t \tag{7-5}$$

$$k=c_\tau(\tau)\eta_A(i_a,\tau)-Q_{\tau n}^{-1}\int_0^{t_i}i_a(t)\mathrm{d}t \tag{7-6}$$

$$k'=k-Q_{\tau n}^{-1}\int_{t_i}^{t_{i+m}}\eta_A(i_a,\tau)^{-1}i_a(t)\mathrm{d}t \tag{7-7}$$

$$\eta_A(i_a,\tau)=\left[\frac{i_a(t)}{I_n}\right]^{-\beta(\tau)} \tag{7-8}$$

$$R_w'(i_a,t,\tau,k')=b\frac{E(k')}{i_a(t)}+l\left[k-Q_{\tau m}^{-1}\int_{t_i}^{t_{i+m}}\eta_A\left(i_a,\tau\right)^{-1}i_a\left(t\right)\mathrm{d}t\right]^{-1} \tag{7-9}$$

$$u(t,k')=E(k')-i_a(t)R_w'(i_a,t,\tau,k') \tag{7-10}$$

$$\eta_{Ad}(t)=\left[\sum_{i=1}^{m}\frac{E(k')_i}{u(t,k')_i}\right]^{-1} \tag{7-11}$$

蓄电池充电：

$$k^*=k'+Q_m^{-1}\int_{t_i}^{t_{i+m}}t_a(t)\mathrm{d}t \tag{7-12}$$

$$\eta_A(t_a,\tau)=0 \tag{7-13}$$

$$R_m''(i_a,t,\tau,k^*)=b\frac{E(k^*)}{i_a(t)}+l\left[k^*+Q_m^{-1}\int_{t_j}^{t_{j+m}}i_a(t)\mathrm{d}t\right]^{-1} \tag{7-14}$$

$$u(t,k^*)=E(k'')-i_a(t)R_w^n(i_a,t,\tau,k^*) \tag{7-15}$$

$$\eta_{AC}(t)=\left[\sum_{i=1}^{m}\frac{E(k^*)_i}{u(t,k^*)_i}\right]^{-1} \tag{7-16}$$

蓄电池不工作时，有

$$\begin{gathered}i_a=0\\ \eta_A(i_a,\tau)=0\\ \eta_{Aw}(t)=0\\ \eta_{Al}(t)=0\\ u(t,k)=E_{\min}+\Delta U_k\end{gathered} \tag{7-17}$$

2. 蓄电池功率设计

具体的汽车行驶功率的变化与蓄电池的瞬时负载电流、电压和内阻的变化，特别是与蓄电池中的能量变化密切相关。

内阻为

$$R_w(t,k)=b(k)\frac{E(k)}{i_a(t)}+\frac{l(k)}{k(t)},\quad k(t)\in[0,1] \tag{7-18}$$

电动势为

$$E(t)=E(k) \tag{7-19}$$

3. 蓄电池仿真模型

(1) 开路电压和内阻计算模块；

(2) 功率限制模块；

(3) 负荷电流计算模块；

(4) SOC 计算模块；

(5) 电池散热模块；

(6) 蓄电池总成模型。

在 MATLAB 软件中搭建的蓄电池总成模型如图 7-11 所示。

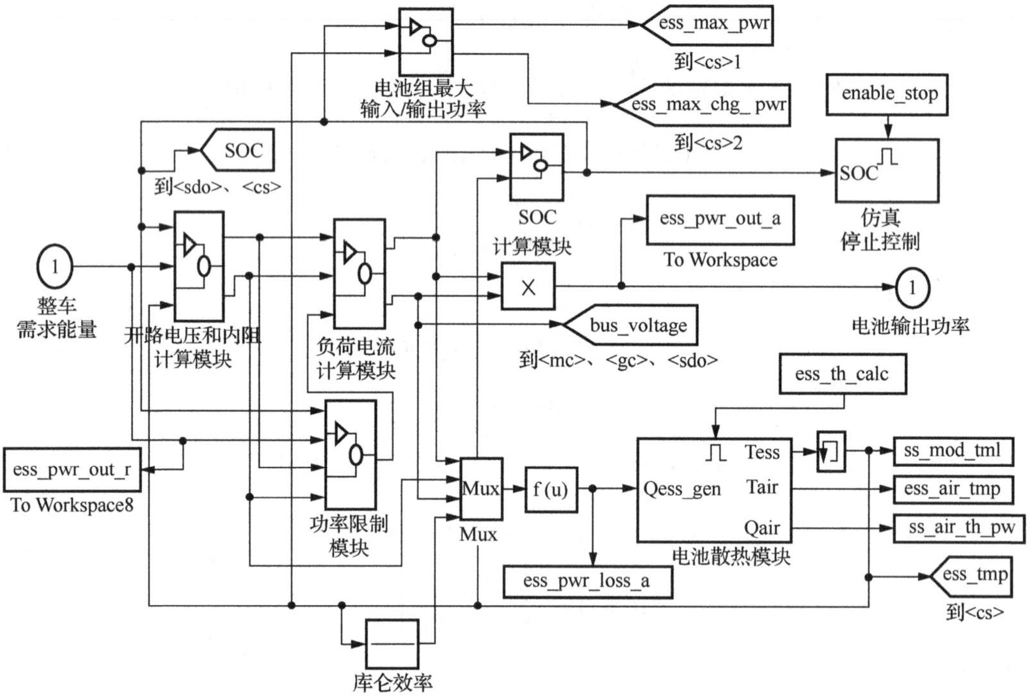

图 7-11　蓄电池总成模型

7.2.4 动力分配装置

混合动力汽车动力分配装置如图 7-12 所示。

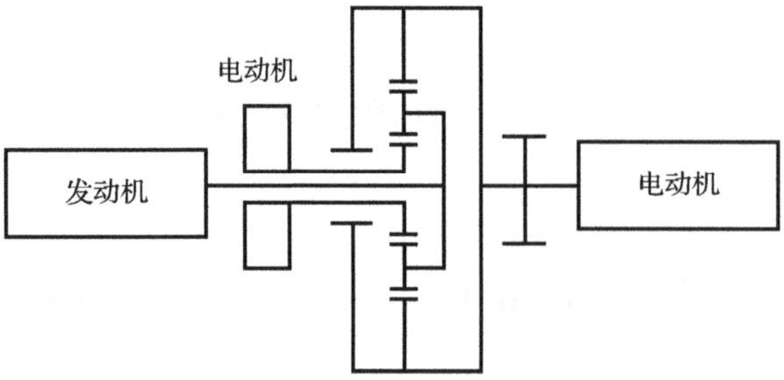

图 7-12　动力分配装置图

通过对行星齿轮机构的变速比和受力分析可以得到如下方程：

$$\omega_1 + k_P\omega_2 - (1+k_P)\omega_3 = 0$$

$$T_3 = \frac{(1+k_P)}{\eta_S}T_1 = \frac{(1+k_P)}{\eta_R k_P}T_2 \qquad (7\text{-}20)$$

驱动力：

$$F_t = \frac{T_{tq} i_0 \eta_t}{r} \qquad (7\text{-}21)$$

混联式混合动力系统的行星齿轮机构可以充分满足车辆用任何一种独立驱动模式或任何一种混合驱动模式，平稳有序地运转来带动车辆行驶，不会发生任何的运动干扰。用多能源动力总成控制模块，随机转换车辆的驱动模式，使发动机和驱动电动机始终保持最佳效率状态。

7.2.5　整车仿真模型

利用基于 MATLAB 的 Advisor 软件搭建混合动力汽车的整车仿真模型如图 7-13 所示，该模型除包含了发动机、电动机、发电机、蓄电池等动力传动部件外，还包含针对整车进行性能仿真的行驶循环工况等。

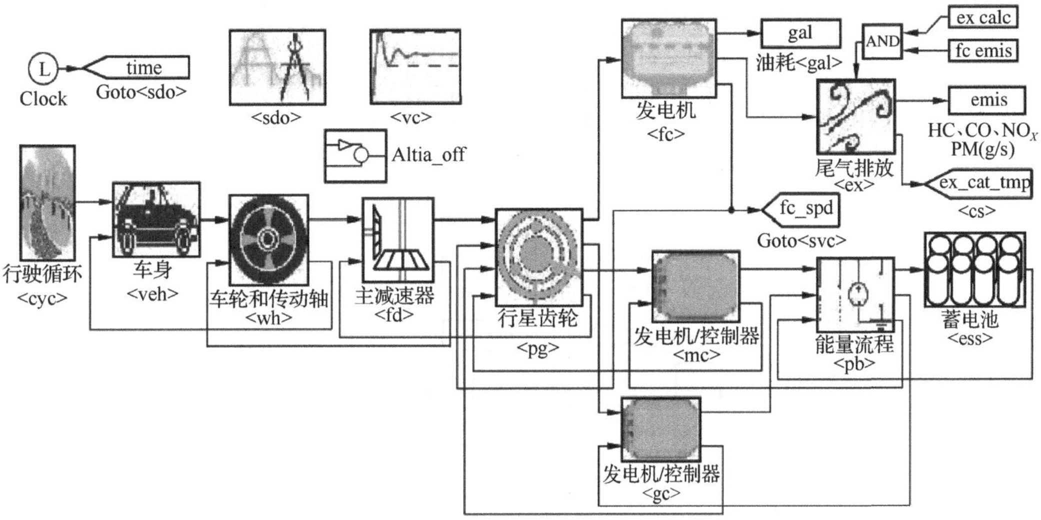

图 7-13　整车仿真模型图

7.2.6　控制策略

混联式混合动力汽车有以下几种控制方法：恒工作点控制方法，由于发动机的转速可以通过调节发电动机的转速来调整，发动机的转矩和转速都可以不受制于汽车复杂的工况，驱动系统的控制策略与串联式 HEV 相似；总功率损失最小化原则，功率的分配可以根据总功率损失最小来定义，包括所有零部件的总效率损失；维持电池的 SOC，在这种方法中，当车辆需要较大的加速度时，发动机和电动机同时驱动车轮。

混联式混合动力系统通过行星齿轮装置结构实现了控制方法的可操作性。此处采用了以设定车速和电池荷电状态(SOC)为控制信号的控制方法。通过动力分配装置的执行，灵活地选用最优的能量流动途径，其工作模式及能量流动如图 7-14 所示。

图中字母所代表的能量流动方向如下。

A：电池组—电动机—车轮。

B：发动机—车轮。

C：发动机—发电动机—电动机—车轮。

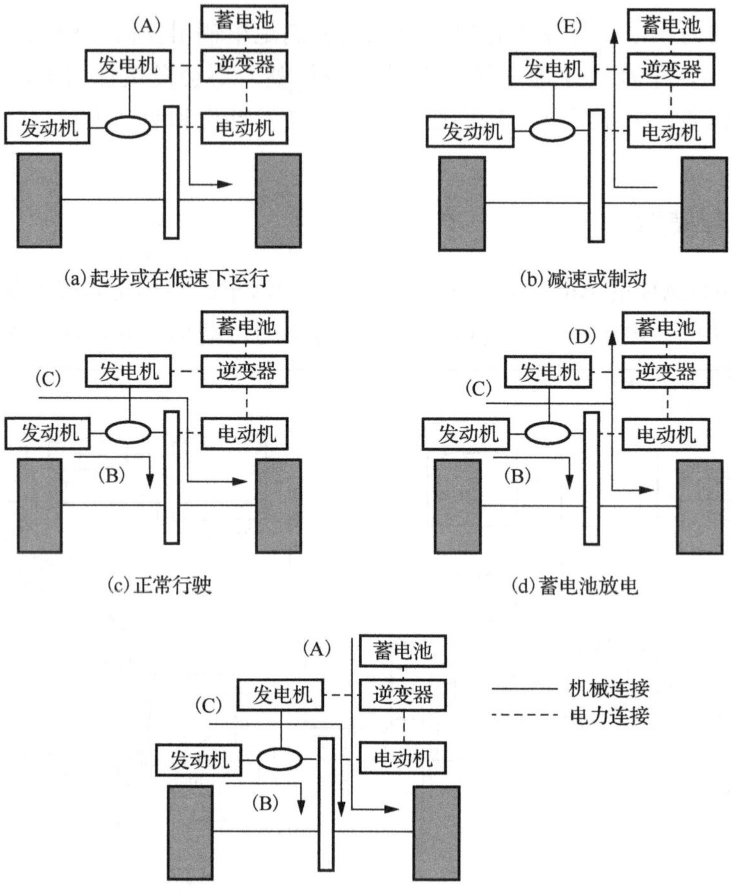

(a)起步或在低速下运行　(b)减速或制动　(c)正常行驶　(d)蓄电池放电　(e)全油门加速

图 7-14　混联式混合动力汽车控制策略

D：发动机—发电动机—电池组。

E：车轮—电动机—电池组。

车辆起动或轻载工况：此时，由于发动机不能有效地工作，所以关闭发动机，而由电动机单独驱动车辆。

车辆正常行驶工况：此时，发动机输出功率的一部分用于直接驱动车辆，另一部分经发电动机转化为电能后向电动机供电，能量流动方向为(B)、(C)。

全节气门开度加速工况：此时，由电动机和发电动机共同驱动功率，能量流动方向为(A)、(B)、(C)。

减速/制动工况：此时，电动机以发电模式工作，实现再生制动，能量流动方向为(D)。

电池组充电工况：当车载电池组电量偏低时，即使已经停车，发动机也应继续工作并对电池组进行补充充电，能量流动方向为(E)。

7.2.7　仿真实例

在汽车这样一个非常复杂的非线性动态系统中，单纯地建立数学模型来对设计变量进行优化是很不现实的，很多优化匹配都是使用动力性指标作为约束简单计算得来的，得到的数据只是建立在理论分析基础上的，并没有达到真正意义上的优化。可以使用仿真软件 Advisor 与数值计算的结合进行优化，效果显然高于简单的计算选取。在前面合理设计的数据基础上，这样结合会使所需测试的数据大大减小，加快优化速度。

只有三大动力元件功率变化的情况下，对于整车的动力性和燃油经济性有如下的函数关系。

0～100km 加速时间：

$$t_{100} = F_1(P_e, P_m, P_b) \tag{7-22}$$

最大爬坡度：

$$i_{\max} = F_2(P_e, P_m, P_b) \tag{7-23}$$

燃油消耗量：

$$g = G(P_e, P_m, P_b) \tag{7-24}$$

HC 排放量：

$$g_H = G_H(P_e, P_m, P_b) \tag{7-25}$$

CO 排放量：

$$g_C = G_C(P_e, P_m, P_b) \tag{7-26}$$

NO_x 排放量：

$$g_N = G_N(P_e, P_m, P_b) \tag{7-27}$$

式中，P_e 为发动机功率；P_m 为电动机功率；P_b 为电池组功率。

通过以上函数，对各种性能的重要性进行加权值分析，使用 MATLAB 中的 MIN 函数容易得到插值数据中的最小值，同时找出对应于最小值的设计变量值作为最终的设计结果。

得到动力源优化分配的结果之后，再次使用仿真软件对整车的性能进行仿真分析，在 CYC_UDDS 循环工况下分别对使用传统设计方法和优化设计方法得到的整车性能进行仿真分析，得到的性能数据如表 7-5 所示。

表 7-5　混合动力汽车性能数据

性能		原车性能	传统设计车性能	优化设计车性能
动力性	最高车速/(km/h)	>170	>170	>170
	0～100km/h 加速时间/s	13.5	12.4	13
	60～120km/h 加速时间/s	<12	10.6	11.4
	最大爬坡能力/%	25	>25	>25
经济性	多工况油耗/(L/100km)	7.5	5.1	4.4
排放性	NO_x/(g/km)	0.53	0.138	0.124
	CO/(g/km)	3.16	1.069	0.825
	HC/(g/km)	0.6	0.236	0.18

(1) 在没有降低原车动力性的条件下，经改装的混联式混合动力汽车燃油经济性与排放性都有明显的改善，达到节能和环保的目的。

(2) 采用传统设计方法改装的车在动力性上稍好于采用优化方法改装的车，但在经济性上后者要远远好于前者，在车的动力性没有降低的情况下，盲目提高动力性是没有必要的，这就说明了传统的设计方法得到的结果并不是最优解，优化出来的设计值才能使整车的综合性能达到最佳。

7.3　混合动力汽车制动能量回收系统

制动能量回收系统又叫再生制动系统，是指汽车在制动或下坡时将储存于车身上的势能和动能，通过电动机转化为电能，并储存于储能装置中的过程。

再生制动系统的结构与原理如图 7-15 所示，该系统由驱动轮、主减速器、变速器、电动机电池、AC/DC 转换器、DC/DC 转换器、再生制动控制器以及传感器组成。

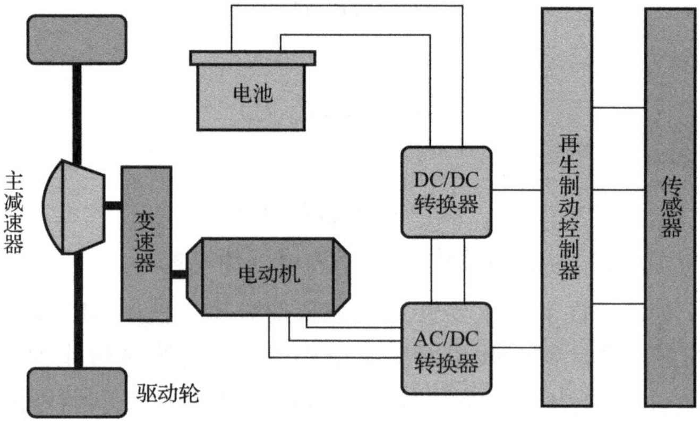

图 7-15　再生制动系统结构与原理图

7.3.1　混合动力汽车制动力分配控制策略

混合动力汽车制动力由前、后轮制动器提供的制动力和电动机提供的再生制动力三部分组成，其中再生制动力只作用在驱动轮上。

三种控制策略：

(1) 前、后轮制动力理想分配时的控制策略；

(2) 前、后轮制动力比例分配时的控制策略；

(3) 最优能量回收控制策略。

1. 前、后轮制动力理想分配时的控制策略

汽车制动时，如果前、后轮制动力理想分配，则前、后轮同时抱死，对附着条件的利用、制动时汽车的方向稳定性均有利。

电液制动系统原理图见图 7-16。

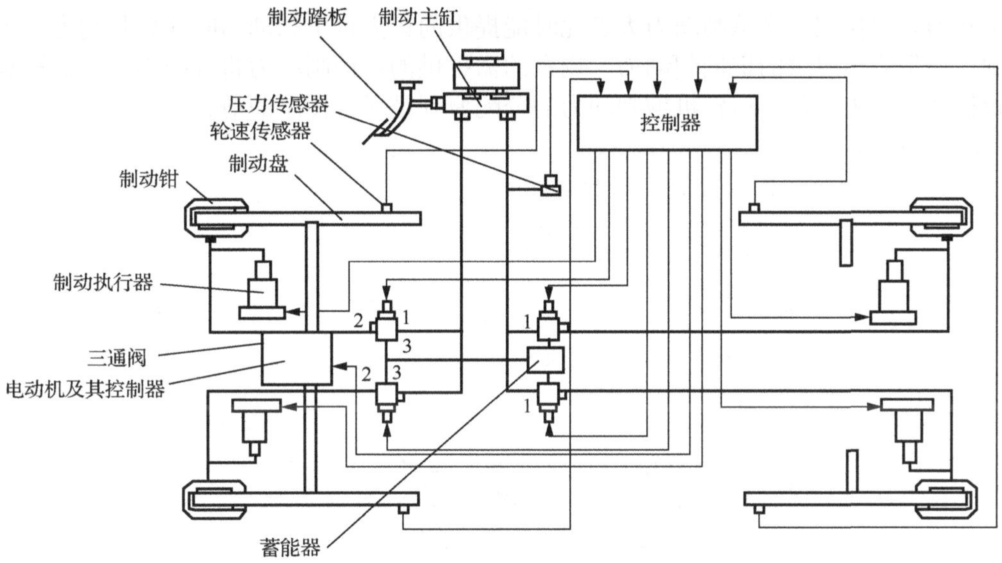

图 7-16　电液制动系统原理图

前、后轮制动力理想分配时的控制策略如图 7-17 所示。图中横轴为前轮上的总制动力，纵轴为后轮上的总制动力。当制动减速度要求较小时，仅再生制动系统工作。当制动减速度增大时，前、后轮制动力将控制在理想制动力分配曲线上。其中前轮制动力等于再生制动力和机械制动力总和。当控制系统得到驾驶员的减速度要求时，将根据制动电动机的特性和车载能量存储系统的 SOC 来决定驱动轴制动力由再生制动系统单独提供，还是由机械制动系统和再生制动系统共同提供。

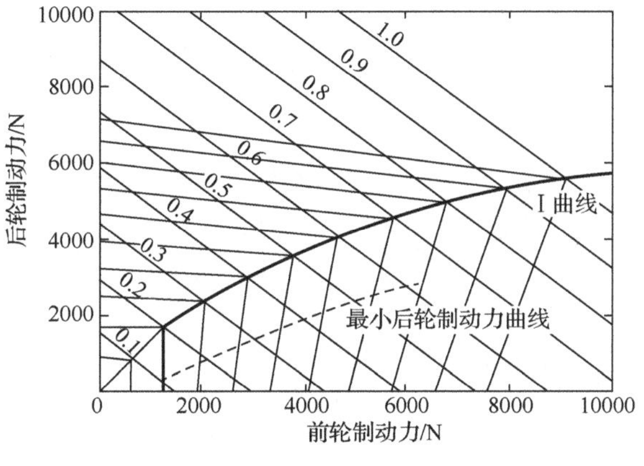

图 7-17　前、后轮制动力理想分配时的控制策略

2. 前、后轮制动力比例分配时的控制策略

并行制动是指再生制动与机械制动以固定的关系分享驱动轮制动力。也就是说，驱动轮制动力等于再生制动力与机械制动力的总和。前、后轮制动力并行制动的控制策略如图 7-18 所示。

3. 最优能量回收控制策略

最优能量回收控制策略是指，当总制动力需求小于此时能提供的最大再生制动力时，仅由再生制动力起作用；当总制动力大于此时能提供的最大再生制动力时，总制动力减去最大再生制动力是应该提供的机械制动力，剩余的需提供的机械制动力将分配为前轮机械制动力和后轮机械制动力。前、后轮机械制动力的分配原则是尽量使总的前、后轮制动力分配接近理想制动力曲线。

图 7-19 是最优能量回收控制策略的原理图。

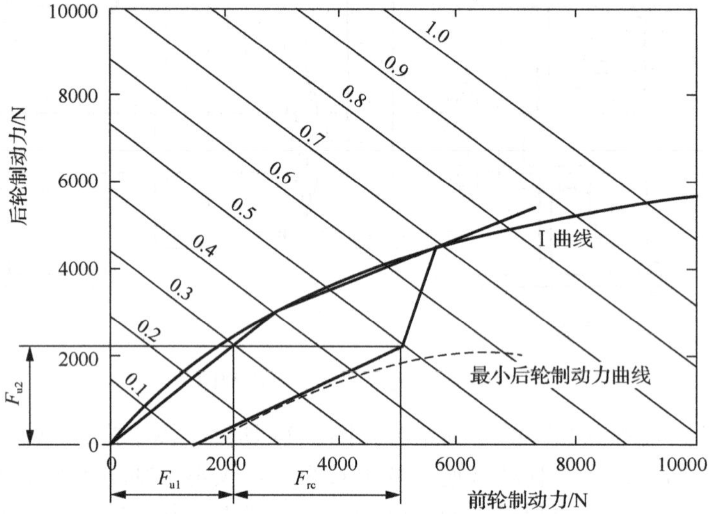

图 7-18　前、后轮制动力并行制动控制策略

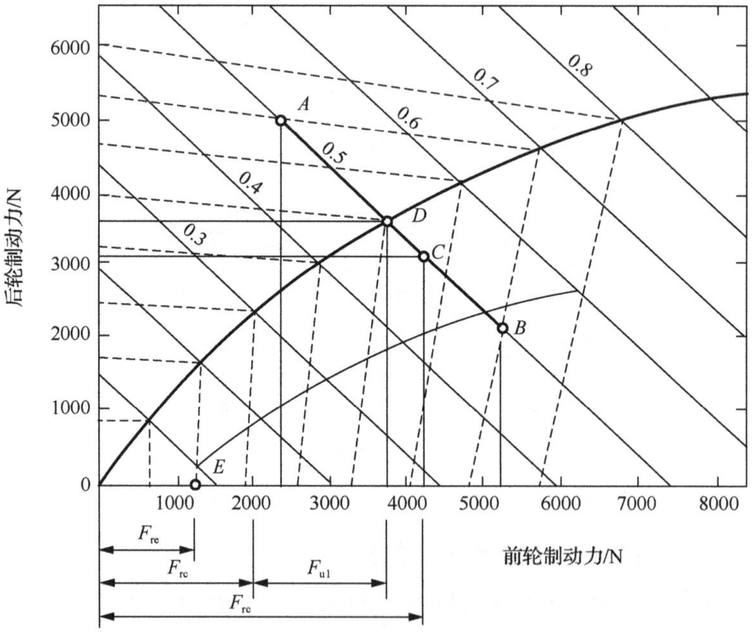

图 7-19　最优能量回收控制策略

最优能量回收控制策略存在以下几种情况。

(1) 如果现有的最大再生制动力在 *AB* 线段所在横坐标的投影范围内，例如，图 7-19 中点

C 在横坐标的投影，那么作用在前轮上的制动力应该由电动机单独提供，制动力控制器应该将后轮制动力控制在点 C 所对应的点上。

(2) 如果现有的再生制动力在 A 点横坐标左边，再生制动力应该控制在电动机的最大制动力处，并且制动力控制器应该控制前、后轮摩擦制动力达到 D 点。

(3) 在需要的制动力很小的情况下，再生制动力自己可以满足要求，则只用再生制动力。

7.3.2　混合动力汽车制动力分配控制策略的实现

下面以并联式混合动力汽车为例，介绍如何实现制动力分配控制策略。

Advisor 软件设计了车辆(Vehicle)、发动机(Fuel Converter，燃料转换器)、蓄电池系统(Energy Storage System，能源储存系统)和电动机系统等多个部件的仿真模型，如图 7-20 所示的并联式混合动力汽车的仿真模型，每个仿真模型都有各自的部件数据文件，它们位于\Advisor 2002\data 目录下的各自的子目录中。

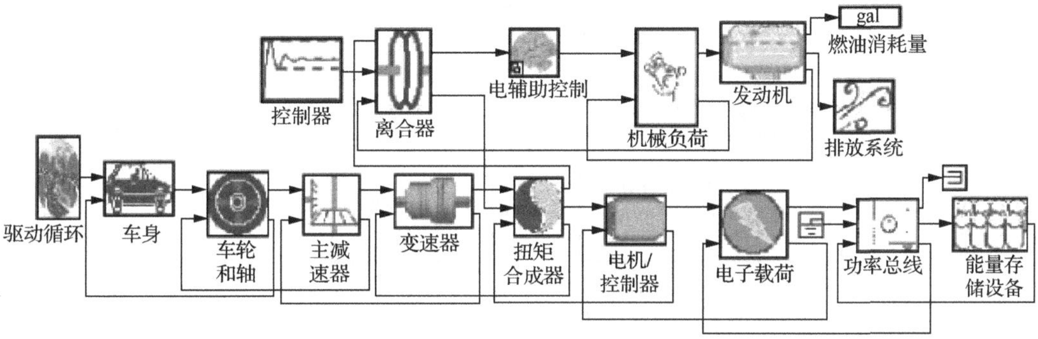

图 7-20　并联式混合动力汽车仿真模型

1. Advisor 中的制动力分配模型

Advisor 是集后向仿真与前向仿真于一体的软件。后向仿真程序通常不能包括驾驶员行为模型，并且只能通过迭代预测最大极限性能。前向仿真包括了驾驶员模型，可以试图调整喉管和制动命令来跟踪预定的行驶工况。前向仿真程序擅长最大极限性能的计算，但是计算速度通常较慢。

2. 理想制动力分配策略实现

理想制动力分配时前轮和后轮的总制动力按照图 7-17 中的 I 曲线分配，而驱动轮上的摩擦制动力和再生制动力分配按照这样一个原则：当驱动轮上总的制动力小于等于此时能够提供的再生制动力时，只有再生制动力起作用；当驱动轮上总的制动力大于此时能够提供的再生制动力时，再生制动力工作在最大值，其他制动力由摩擦制动力补充。理想制动力分配时的再生制动控制算法框图如图 7-21 所示。

3. 并行制动力分配策略实现

并行制动力分配策略实现的再生制动控制算法如图 7-22 所示。

4. 最优制动力分配策略实现

最优制动力分配时的再生制动控制算法如图 7-23 所示。

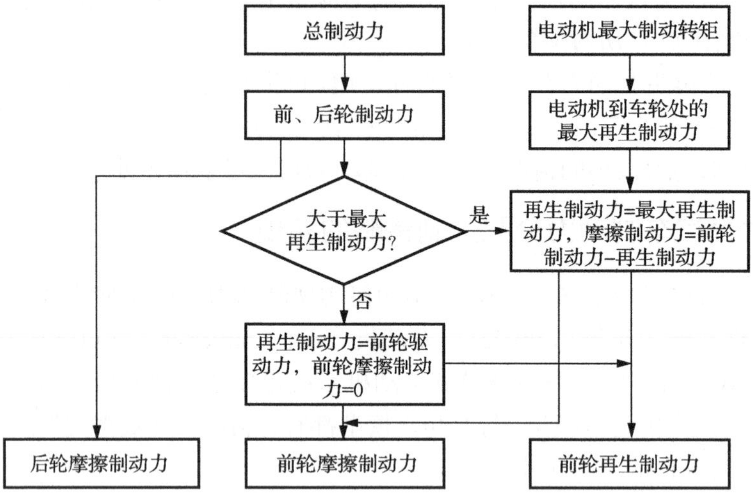

图 7-21　理想制动力分配时的再生制动控制算法框图

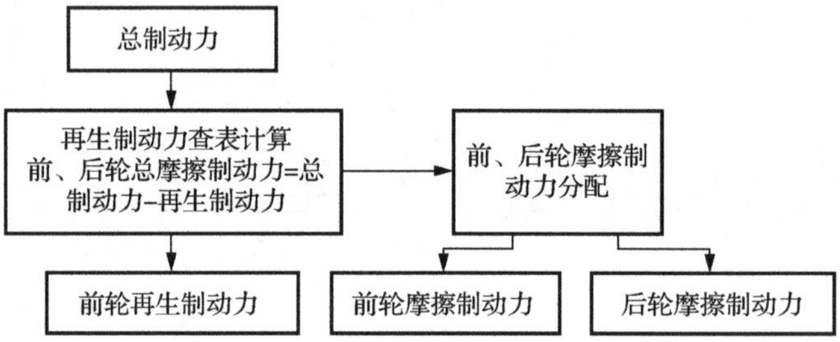

图 7-22　并行制动力分配时的再生制动控制算法框图

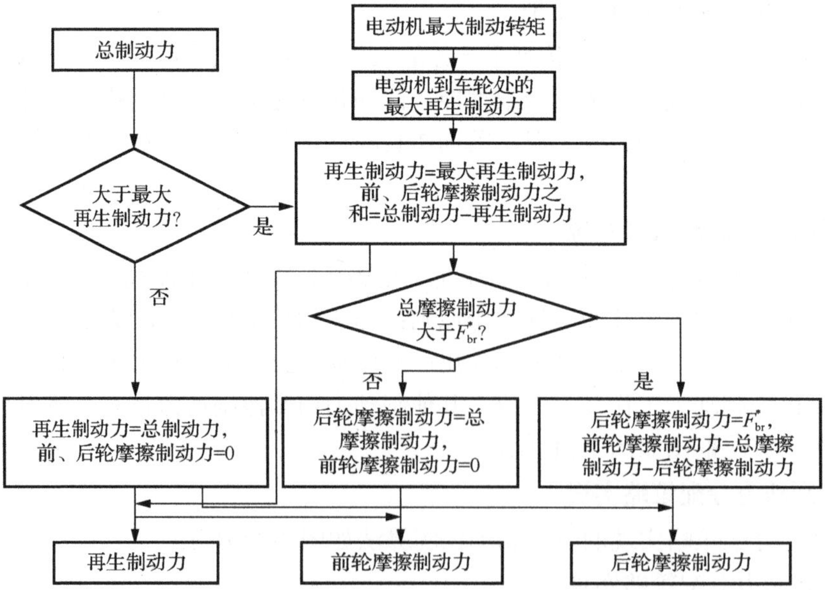

图 7-23　最优制动力分配时的再生制动控制算法框图

7.4　混合动力汽车模糊逻辑能量管理策略

以并联式混合动力汽车为例对混合动力汽车能量管理策略进行详细讲解。并联式混合动力汽车的能量管理系统普遍采用分级分布式结构。最上层为能量管理系统的决策单元，统一协调和控制各个低端控制器；中间一层包括多个低端控制器；最下层为各个执行器。能量管理系统的决策单元接收驾驶员输入的指令、各个执行器的信息和环境信息，协调各子系统的工作。

1. 并联式混合动力汽车的能量管理策略

对于同一种并联形式的混合动力汽车来说，采用不同的管理策略可以得到不同的燃油消耗、排放量和电池的 SOC。在设计混合动力汽车的时候，主要目的是在保证汽车性能的条件下降低汽车的燃油消耗和排放量，同时，还要兼顾电池的寿命问题，基于这些目标，根据不同的侧重点，可以制定不同的能量管理策略。

并联式混合动力系统的整车能量管理主要解决系统运行模式的切换和混合驱动模式下功率的分配。

并联式混合动力系统有多种运行(能量流动)模式。根据不同的工况要求，以优化各部件工作点为目的，可以在这些运行模式中进行切换，主要有巡航模式、加速模式、减速模式、起步模式和驻车模式等，以适应不同的工况。

功率分配是系统能量管理策略研究的关键。通常都将功率分配看作一个以减小油耗和改善排放性为目标的优化问题。功率分配决定了混合动力系统中发动机的工作区域。根据优化程度(或者说发动机工作点选择方式)的不同，采用的功率分配策略也不同，大体上可以分为恒定工作点策略、优化工作区策略、ICE 优化曲线策略、瞬时优化策略和全局优化策略、智能优化策略等。

结合模式切换和功率分配，并联式混合动力汽车各运行模式下的能量管理策略如下。

(1)起步 ——由于电动机具有低速大转矩的特性，所以混合动力汽车的起步由电动机单独来完成。

(2)低速或城市工况——SOC 较高或为中时动力由电动机单独提供，SOC 较低时汽车所需动力由发动机来提供。

(3)加速——主要考虑以下三种方式。

① 当 SOC 比较高时，若汽车是弱加速，电动机只提供部分功率来辅助发动机驱动汽车；若汽车是急加速，电动机则提供最大功率来辅助发动机。

② 当 SOC 为中的时候，无论汽车弱加速还是急加速，发动机工作，而电动机驱动，提供部分功率辅助汽车的加速。

③ 当 SOC 比较低的时候，电动机空转，发动机的节气门全开。

(4)巡航——发动机以恒定的速度行驶时，由于汽车克服路面阻力保持恒定速度行驶时的转矩是很小的，所以，发动机主要提供平均功率而不是峰值功率。

(5)减速——在这种模式下，会有部分制动能量回收，通常有松开加速踏板和踩下制动踏板两种模式。在第一种模式下，发动机关闭，电动机提供部分负转矩来给蓄电池充电；在第二种模式下，若 SOC 为小或为中，电动机提供最大的负转矩来给蓄电池充电，发动机关闭，如果蓄电池的剩余电量多，则电动机空转，发动机关闭。

(6) 驻车——当系统处于驻车模式时，汽车是不需要能量的，因此电动机空转，发动机关闭。若此时电池 SOC 比较低，发动机开机驱动电动机给蓄电池充电。

2. 并联式混合动力汽车模糊逻辑能量管理策略

由于汽车的各种不同工况下的能量需求，以及电池的不同 SOC，很难精确地论定混合动力电动汽车能量管理系统是个复杂的非线性的系统，而模糊控制是基于模糊推理，模仿人的思维方式，对难以建立精确数学模型的对象实施的一种控制。它是模糊数学同控制理论相结合的产物。为了改善控制的性能，提高 PHEV 对各种工况的适应能力，通过对混合动力系统能量管理策略的研究，将模糊控制这种智能控制技术引入整车能量管理控制系统中。

模糊逻辑能量管理策略的实现基于这样一个事实：蓄电池与电动机工作所需的电能源于发动机的热能，在利用电驱动时，由于经过能量转换，能量损失一般大于发动机直接驱动的损失。但是，在某些工况，电驱动的能量损失也可能小于发动机直接驱动的损失。例如，当汽车在低负荷行驶时，若由发动机直接驱动，其运行效率较低，总的能量利用效率即为运行效率；若由电驱动，总的能量利用效率要考虑电动机的机械效率、蓄电池的库仑效率以及蓄电池充电时发动机的运行效率。显然，若把蓄电池充电控制在发动机运行效率较高时进行，则蓄电池充电时发动机的运行效率大于发动机直接驱动时的运行效率，从而使由电驱动时总的能量利用效率大于发动机直接驱动时总的能量利用效率，即在某些工况，利用电驱动是有利的。模糊逻辑能量管理策略通过综合考虑发动机、蓄电池和电动机的工作效率，可以实现混合驱动系统的整体效率最高。

3. 并联式混合动力汽车模糊逻辑能量管理控制目标及原则

(1) 控制目标——实现最佳燃油效率并兼顾排放量和电池 SOC。

最佳燃油效率控制的依据是发动机的万有特性图，如图 7-24 所示。

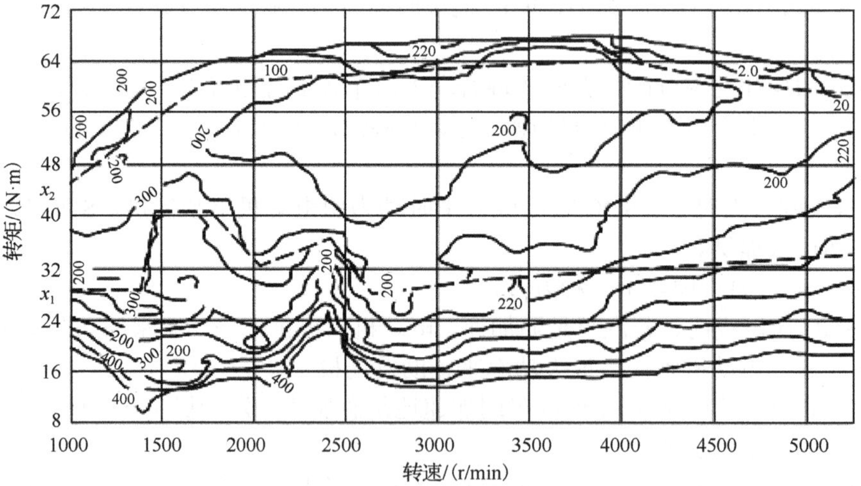

图 7-24　发动机工作区间定义

(2) 控制的主要原则。

① 为延长电池的使用寿命和提高电池的充放电效率，电池的 SOC 在循环工况起始和结束时，应基本保持不变。

② 为提高整车系统效率，发动机应尽可能在高效率区工作，因此，在电池 SOC 允许的情况下，对于起步或城市道路低、中速运行模式，尽可能用电动机起步或驱动。

③ 在混合驱动系统中，控制系统将以发动机为主能源，电动机为辅助能源。

④ 在保证制动安全的前提下，回收制动能量。

4. 并联式混合动力汽车模糊推理系统结构

MATLAB 模糊逻辑工具箱提供了模糊逻辑控制器和系统设计的全部环节，并提供了 GUI(图形用户界面)的形式，极大地方便了用户，不用在烦琐的计算中花费过多的时间，所有规则的模糊运算、模糊蕴涵、模糊合成和反模糊化都由计算机来完成。运用 FIS 建立模糊控制规则，如图 7-25 所示。

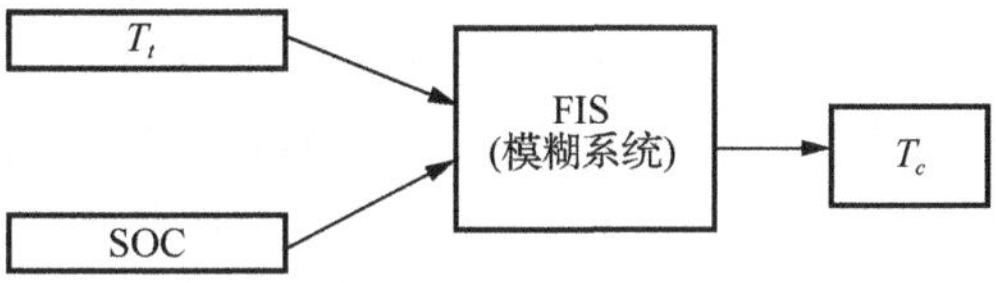

图 7-25　FIS 模糊控制规则

5. 并联式混合动力汽车模糊控制变量

1) 输入变量论域

输入变量的论域为$[0, T_{max}]$，当驾驶员请求转矩高于 T_{max} 时，采用发动机工作于最大转矩线上的控制方法，其优化转矩曲线如图 7-26 所示；当请求转矩小于零时，采用制动控制策略，即请求转矩全部由电动机提供，作为发电动机为电池充电。

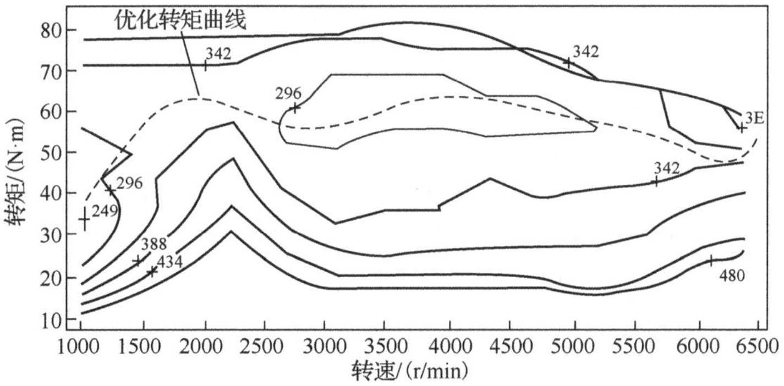

图 7-26　发动机优化转矩曲线控制策略

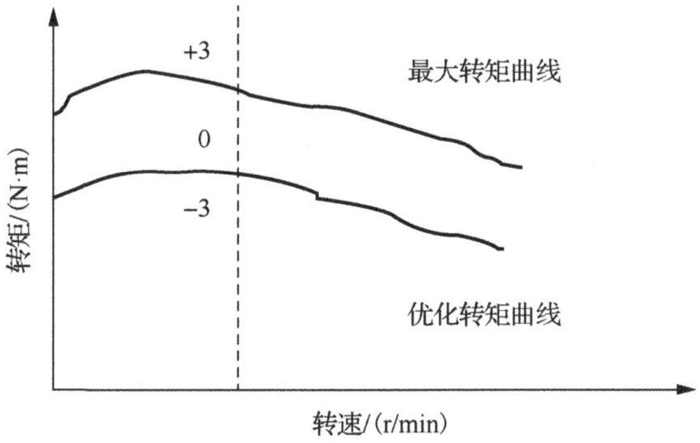

图 7-27　论域制定规则

输入转矩 T_t 论域制定规则如图 7-27 所示，当输入变量 $T_t \leqslant T_{opt}$ 时，T_t 论域为[−3,0]；当输入变量 $T_t > T_{opt}$ 时，T_t 的论域为[0,+3]。

将精确量 $[0, T_{opt}]$ 转化到区间[−3,0]的公式为

$$\overline{T_t} = \frac{3(T_t - T_{opt})}{T_{opt}} \tag{7-28}$$

将精确量 $\left[T_{opt}, T_{max}\right]$ 转化到[0，+3]上的公式为

$$\overline{T_t} = \frac{3(T_t - T_{opt})}{T_{max} - T_{opt}} \tag{7-29}$$

输入变量 SOC 的论域为[0,1]。0 表示 SOC 的最小值，1 表示 SOC 的最大值。

2) 输出变量论域

模糊逻辑控制器的输出变量的论域在[−3,+3]区间，将其转化为实际输出转矩为$[x_1, x_2]$。

3) 控制变量模糊子集

通常情况下，像误差和误差变化等语言变量的模糊语言子集一般取为{负大,负中,负小,零,正小,正中,正大}或{NB，NM，NS，ZE，PS，PM，PB}等。因此，输入变量和输出变量模糊子集取为{负大,负中,负小,零,正小,正中,正大}或{NB,NM,NS,ZE,PS,PM,PB}。电池 SOC 的模糊子集取为{太低,较低,低,适中,高,较高,太高}或{very low,lower,low,normal,high,higher,very high}。

其中输入变量的模糊语言表述是通过比较请求转矩和优化转矩而得到的，例如，为负大时，表示请求转矩比优化转矩小很多；为零时，表示请求转矩与优化转矩相等。

6. 控制变量的隶属函数

输入变量的隶属函数的设计主要是根据发动机、蓄电池和电动机的效率 MAP 确定各自高效运行的模糊集。输入变量隶属函数的确定方法主要有模糊统计法、二元对比排序法、专家经验法和借助常见模糊分布等方法。输入变量和输出变量均选用钟形隶属函数，如图 7-28 和图 7-29 所示。

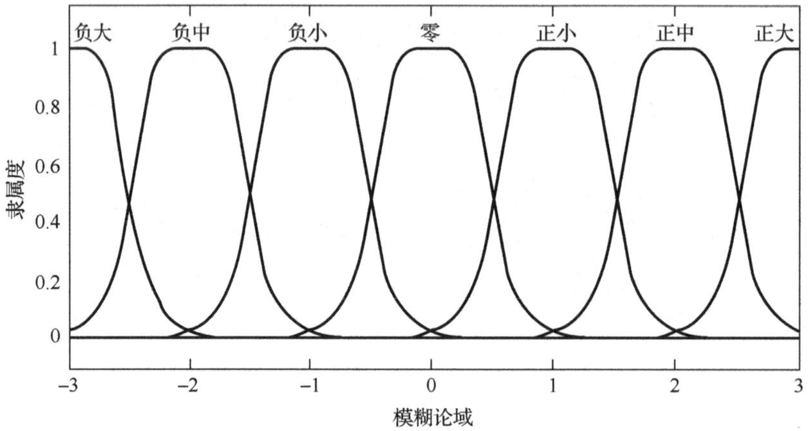

图 7-28　输入变量 T_t 和输出变量 T_e 的隶属函数曲线

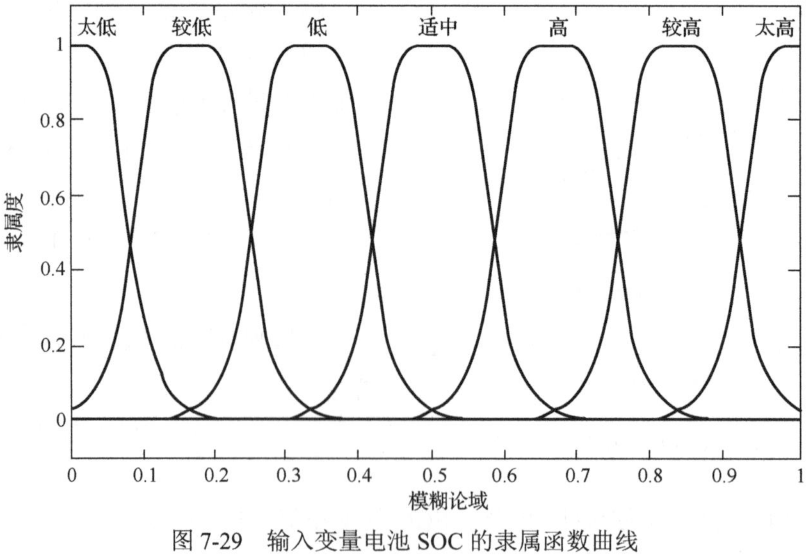

图 7-29　输入变量电池 SOC 的隶属函数曲线

7. 模糊逻辑控制规则

控制规则是整个模糊逻辑控制环节的核心，每一条规则必须是准确的，而且能够反映设计者的控制意图。通过对初步建立的模糊规则进行多次修正和试凑，根据发动机工作模式和电池 SOC 的不同，按照在某一特定道路循环下电池充放电平衡的原则，建立转矩分配的控制规则，如表 7-6 所示。

表 7-6　模糊逻辑控制规则

SOC T_e T_t	NB	NM	NS	ZE	PS	PM	PB
very low	ZE	PS	PS	PM	PM	PB	PB
lower	NS	ZE	PS	PS	PM	PM	PB
low	NS	ZE	ZE	PS	PS	PM	PB
normal	NM	NS	ZE	ZE	ZE	PS	PM
high	NM	NS	NS	ZE	ZE	ZE	PS
higher	NB	NM	NS	NS	ZE	ZE	ZE
very high	NB	NB	NM	NS	NS	ZE	ZE

也可以用 IF…and…THEN 模糊语言来描述控制规则。

8. 仿真结果

在并联式混合动力整车仿真模型结构中，各动力总成采用 Advisor 原有模型并分别应用模糊逻辑能量管理策略和并联电辅助式管理策略进行仿真，各种性能的仿真结果(采用 1 个循环)比较如表 7-7 所示。

表 7-7　性能仿真结果

管理	排放量/(g/km)			油耗	动力性能		传动系统
策略类型	HC	CO	NO_x	耗油量/ (L/100km)	加速时间/s (0～97.6km/h)	最高车速/ (km/h)	总效率/%
模糊逻辑	0.337	1.387	0.15	5.1	12.6	154	93.26
电辅助式	0.334	1.61	0.183	5.4	10.1	183.8	93.05

思　考　题

7-1　混合动力汽车有哪些类型？

7-2　简述混合动力汽车的特点。

7-3　混合动力汽车获得高的燃油经济性主要通过哪些原则来实现？

7-4　在混合动力汽车设计中，如何确定发动机、电动机和蓄电池参数？

7-5　简述并联式混合动力汽车的工作模式。

7-6　混联式混合动力汽车的控制策略是什么？

7-7　混合动力汽车制动能量回收系统的功能是什么？

7-8　混合动力汽车能量管理系统的功能是什么？

第 8 章　智能网联汽车技术

8.1　智能网联汽车的发展趋势

智能网联汽车（Intelligent Connected Vehicle，ICV）是一种跨技术、跨产业领域的新型汽车体系，是搭载先进的车载传感器、控制器、执行器等装置，并融合现代通信与网络技术，实现汽车 Vehicle 与（人 Passenger、车 Vehicle、路 Road、云端 Internet 等，即 V2P、V2V、V2R、V2I，统称 V2X）智能信息交互共享，具备复杂的环境感知、智能决策、协同控制和执行等功能，可实现安全、舒适、节能、高效行驶，并最终可替代人来操作的新一代汽车。

当前，全球汽车产业正处于深度变革时期，作为汽车与信息技术两大产业创新融合的代表，智能网联汽车是新一轮科技革命和产业变革背景下的新生事物。智能网联汽车的发展不仅在经济层面带动汽车、电子、通信、互联网等领域的技术创新和产业升级，孕育经济增长新动力，还能通过与智能交通系统的结合，在社会层面上带来一系列深远的影响，必将成为新一轮科技革命以及中国制造业转型升级的重要支柱。智能网联汽车作为汽车及相关产业的未来发展方向，已引起世界各国政府、企业、科研院所的极大关注。

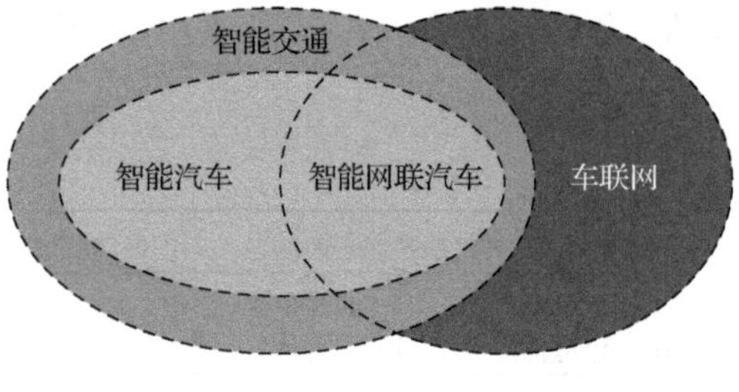

图 8-1　智能汽车、智能网联汽车与车联网、智能交通等的相互关系

智能网联汽车可以提供更安全、更节能、更环保、更便捷的出行方式和综合解决方案，是国际公认的未来发展方向和关注焦点。智能汽车、智能网联汽车与车联网、智能交通等概念间的相互关系如图 8-1 所示。智能汽车隶属于智能交通大系统，智能网联汽车属于智能汽车与车联网的交集，自动驾驶则是智能汽车在行驶功能智能化方面的核心体现。

2018 年 1 月 5 日，我国成立了由国务院领导的智能汽车创新发展小组。在国家的政策推动下，相关产业都开始了对智能网联汽车的研发。国家确立了智能网联汽车产业 2020—2025 年发展战略目标。未来智能网联汽车产业将促进智能网联与交通运输行业相结合，构建一个安全、现代、高效的交通运输体系的发展战略，深入推进交通强国战略。同时中国汽车工程学会等还成立了智能网联汽车产业技术创新联盟，该联盟包括企业、院所、高校等机构，为智能网联汽车的发展提供了良好的条件。依据国内主要整车企业的智能网联汽车发展布局，中国第一汽车集团有限公司（简称一汽）、北京汽车股份有限公司（简称北汽）、上海汽车集团股份有限公司（简称上汽）等企业计划在 2025 年以后实现高度/完全自动驾驶。目前国内已建成包括国家智能汽车与智慧交通（京冀）示范区在内的八个智能网联汽车测试区。截止到 2020 年，我国各大车企及互联网领军企业都开始了自动驾驶的研发，致力于增强无人驾驶能力、竞相推出无人驾驶产品已经成为行业常态，见图 8-2。在纷纷拿到各级城市的路测牌照后，进行各种天气环境下的道路测试。有的已经投入小批量试运营，车型有乘用车、公交车、卡车、物流车等。

图 8-2　我国企业推出的自动驾驶车辆

早在 2018 年 2 月 2 日，广州南沙市民就已经开始体验无人驾驶服务。小马智行(Pony.ai)在广州南沙的核心区域推出了 Robotaxi 常态化服务，车队由 4 辆林肯高端轿车和 2 辆国产高端品牌广汽传祺组成，迄今为止已有超过 7 万多次的打车订单。2019 年 11 月 28 日，自动驾驶出行公司文远知行 WeRide.ai 推出 L4 级旗下的 RoboTaxi 车队，在广州黄埔区、广州开发区也正式开启 L4 级运营服务对公众开放。市民只需要下载叫车应用 WeRideGo，即可呼叫使用。使用的车型为广汽新能源 GE3 纯电智联 SUV。2020 年 4 月，车队车辆达到 40 多辆。

2019 年 7 月，首次在河南郑州智慧岛试运行本土宇通公司的小型 5G 无人驾驶公交车。2020 年 1 月 19 日，河南郑州新添的第一批 15 辆宇通无人驾驶公交车，开始运营，靠语音控制。2019 年 12 月 2 日，搭载阿尔法巴(Alphaba)智能驾驶公交系统的巴士，在深圳福田保税区首发试运行，车型为长安睿骋(RAETON)。熊猫智能公交车，由深兰科技(上海)有限公司与上海申龙客车有限公司联合打造，由新能源驱动，介于 L3～L4 之间。2019 年 5 月 6 日，其首次亮相福建；2019 年 6 月，在天津上路运行；2019 年 6 月，在广州生物岛投入运营。2020 年 1 月 22 日，山东首辆无人驾驶公交车在山东济南高新区首次公开运营，是中国重汽集团的技术。

2020 年 4 月 20 日，百度与一汽红旗合作的“红旗 EV”Robotaxi 车队，首批 45 辆在长沙梅溪湖片区和洋湖片区 135 公里的开放路段全面开放无人驾驶试乘，可通过百度地图和百度 APP 内的小程序 Dutaxi 一键约车。2020 年 4 月 27 日，自动驾驶公司(AUTOX)与阿里巴巴旗下的高德地图在上海嘉定区正式起动无人驾驶网约车 Robotaxi 项目。上海市民只要在高德地图上搜索无人车报名，即可免费体验。一个月的体验期过后，将正式对公众开放，首期投放 100 辆。吉利汽车旗下的曹操出行正在推行对吉利“几何 A”自动驾驶车辆(L2 级)的改装，将在 2022 年上半年测试无人驾驶网约车服务，同时接入曹操出行 APP，并将于 2022 在杭州举行的亚运会期间推出“几何 C”提供覆盖主要区域的无人驾驶服务。智加科技(Plus.ai)是专注于研发 L4 级无人重卡在高速公路运输的研发应用，先后拿到美国加利福尼亚州 DMV 测试牌照、中国营运货车无人驾驶路测牌照；2019 年 11 月 2 日，再获长三角商用车开放道路测试牌照。2020 年 4 月 27 日，在福建漳州开发区四区码头，无人驾驶牵引车“云杉”(红色“小金刚”)展开行驶测试。除了港口，无人驾驶牵引车还可以应用于矿山、大型企业场内等多种固定生产生活场景。

智能网联汽车在国际范围内已经进入了快速发展阶段，智能化与网联化功能正在加速融合。美国 Waymo 已经开始为几百名用户提供自动驾驶出租车服务。2020 年 4 月，马斯克在一场网络直播发布会上声称 2020 年推出 100 万辆无人驾驶出租车。从政策层面看，美国政府在支持智能网联汽车发展的政策开放性方面一直走在世界前列。2018 年 10 月，美国交通部发布了《准备迎接未来交通：自动驾驶汽车 3.0》，继续保持了美国政府全力支持自动驾驶技术创新的一贯立场。政策明确了对驾驶员的界定不仅限于人类，也包括自动驾驶系统，鼓励各种联盟、协会自行组织制定自动驾驶标准，允许企业开发没有方向盘、踏板、后视镜等传统装备的自动驾驶车型。相比早前的版本，新版本政策着眼于考虑自动驾驶条件下的个人运输、公共交通、卡车、铁路的商业货运以及国家基础设施之间如何能够共同成长，这意味着从美国政府政策制定者的角度来看，其推动自动驾驶商业化落地的意图越发明显。此外，加利福尼亚州、亚利桑那州、密歇根州等多地均出台了政策，允许自动驾驶汽车在开放道路上开展测试。2018 年 4 月起，加利福尼亚州开始允许自动驾驶测试车辆不搭乘驾驶员，而由后台进行远程监控。日本政府在国家层面推出了系统化的智能网联汽车发展战略。2014 年推出的国家自动驾驶战略创新推进计划(SIP-adus)，通过产学研合作研发自动驾驶共性基础技术，目前在该领域已取得很多领先成果。欧洲国家众多，欧洲联盟(简称欧盟)发挥顶层协调作用，各国也纷纷推出了自身的智能网联汽车发展支持政策。欧盟公布的自动驾驶时间进度表提出力争在 2030 年进入完全自动驾驶社会，并呼吁成员国和车企制定安全与事故责任的通用规则，加快在欧洲普及自动驾驶汽车。2018 年 5 月，欧盟推出了新数据隐私保护条例(GDPR)，对汽车数据的收集和使用提出了更为严格的规定。2017 年 2 月，英国《汽车技术和航空法案》明确自动驾驶汽车事故受害者可从保险公司处获赔。2017 年 6 月，德国交通部发布《自动和联网驾驶》报告，提出了自动驾驶汽车需要遵守的 20 条伦理规则，包括生命至上、制造商也需要承担责任等原则。美、欧、日、韩等国家和地区的整车企业、零部件企业、信息通信企业等均投入了大量资源开展智能网联汽车产品研发，并涌现出了大量新型的业态和商业模式，展现出了制造业向出行服务业转型、信息通信技术与车辆加速融合等一些明显的发展趋势。

1. 基于智能汽车的出行服务市场成为竞争焦点

考虑到自动驾驶汽车在未来出行服务市场上的巨大应用空间，以谷歌、优步为代表的互联网企业以及以通用、丰田、宝马等为代表的整车企业纷纷开始布局抢占出行服务市场。谷歌子公司 Waymo 已经完成了超过 400 万英里①的自动驾驶道路测试，模拟测试超过 50 亿英里，并且已经开始在美国凤凰城等地推出了自动驾驶出行服务。通用汽车公司通过其所投资的 Cruise 公司，在旧金山推出自动驾驶出租车服务，计划全面转型为出行服务企业；本田汽车公司也于 2018 年 10 月投资 Cruise 公司，与通用汽车公司形成了自动驾驶战略同盟。丰田汽车公司在 2018 年 CES 展上发布了面向多样化自动驾驶需求的 e-Palette 平台，并与软银集团合资成立出行服务公司 Monet，力争未来出行服务市场。

2. 代客泊车等特定场景下的自动驾驶将成为量产切入点

全工况条件下的自动驾驶，在短期内尚难以实现商业化应用，而低速环境下的代客泊车

① 1 英里=1.609344 千米。

等特定场景已成为企业关注的量产切入点。博世、法雷奥等企业均发布了自动代客泊车解决方案，车主只需将车停于停车场入口处，通过智能手机程序发出相应的指令，汽车便会自动寻找空位停车。

3. 功能安全与信息安全成为企业关注重点

自动驾驶系统的发展，对车辆功能安全提出了更高的要求。需要从汽车的概念设计、系统设计、软件开发、硬件开发、生产管理等各个阶段落实功能安全设计原则。此外，信息安全问题也随着车联网的深入而越显重要，整车厂、零部件企业、互联网企业均在合作开展信息安全管理机制、信息安全芯片、信息安全测评等方面的研究。

4. 5G/C-V2X 应用时代即将到来

随着 5G 与 C-V2X 技术的快速发展，智能化与网联化技术正在日益紧密地深度融合。高通公司推出了 9150 C-V2X 芯片，兼容 LTE-V 和 5G 通信。起亚汽车集团在 2018 年 CES 上展出了全新概念电动汽车 Niro EV，搭载全球首款 5G 网络打造的车载无线传输系统，基于该网络，驾驶者可通过脸部和声音识别“登录”车辆，并可进行预先个性化设置。

5. L3 级自动驾驶汽车开始量产，全工况 L4/L5 级任重道远

2018 年，奥迪公司正式推出全球首款量产的 L3 级自动驾驶车型奥迪 A8，可以实现 60km/h 以内、无交叉路口单向道路条件下的自动驾驶。全球众多汽车企业与零部件企业也提出在 2022 年要实现 L3 级自动驾驶汽车的量产。沃尔沃明确提出将会跨过 L3 级阶段，将在 2022 年直接推出 L4 级自动驾驶汽车。然而近期发生的特斯拉、优步等自动驾驶车辆的严重交通事故给出提醒，自动驾驶技术的成熟度远未达到人们的预期，全工况下的 L4/L5 级自动驾驶依然任重道远。

然而，中国具有较为复杂的交通环境以及与西方国家不同的驾驶行为特点，国外标准下的智能网联系统经常会出现不适应中国交通环境和驾驶行为特点的情况。中国具有强大的 ICT、互联网产业基础和创新能力，汽车产业与具有优势的 ICT、互联网产业深度融合，是中国智能网联汽车产业发展的必然趋势。中国具有不同于西方国家的政府治理机制，必须要有适合中国治理机制的智能网联汽车产业发展标准。同时，智能网联汽车更关乎国家信息安全、产业安全等战略安全层面，更需要发展中国标准下的智能网联汽车。2018 年 1 月，国家发展改革委发布了《智能汽车创新发展战略(征求意见稿)》，提出了建设适合我国国情的安全可控的智能汽车技术创新体系、跨界融合的智能汽车产业生态体系、先进完备的智能汽车路网设施体系、系统完善的智能汽车法规标准体系、科学规范的智能汽车产品监管体系和全面高效的智能汽车信息安全体系。具体来说，中国标准智能网联汽车应符合中国智能基础设施标准，包括道路基础设施标准、地图数据标准、V2X 通信标准以及中国交通法规等；要符合中国联网运营标准，包括智能网联汽车准入机制、网联运营监管等相关标准；要符合中国汽车新型架构条件下的产品标准，包括中国标准的智能终端、通信系统、云平台、网关、驾驶辅助系统以及自动驾驶系统等；要符合中国信息安全管理标准，遵循我国信息安全监管、数据隐私保护等规范。其体系架构如图 8-3 所示。

通过该体系架构的持续构建与完善，全面支撑中国智能网联汽车的发展战略和发展目标，实现技术创新、产业生态、路网设施、法规标准、产品监管和信息安全体系的全面融合，支持“人·车·路·云”的高度协同，构筑“安全、高效、绿色、文明”的智能网联汽车社会。

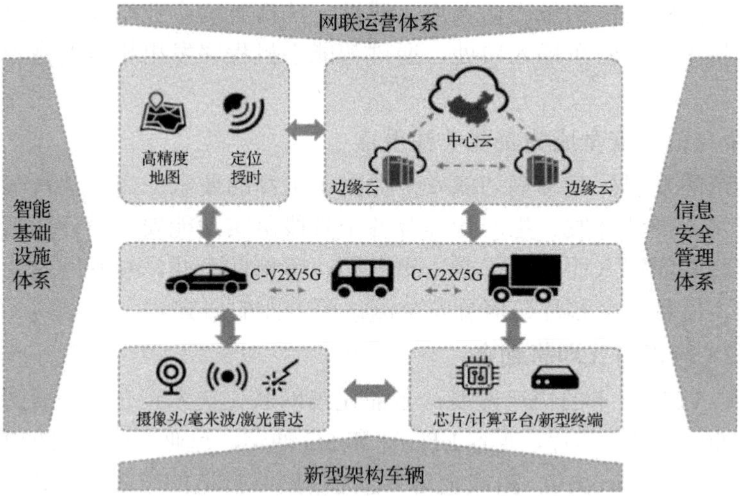

图 8-3　中国标准智能网联汽车体系架构

8.2　智能网联汽车的关键技术

智能网联汽车具有多领域深度交叉融合的特点，相关技术涉及汽车、信息通信、交通等诸多领域，技术架构复杂。根据技术特点可划分为“三横两纵”的技术架构：“三横”是指智能网联汽车主要涉及的车辆/设施、信息交互与基础支撑 3 个领域的技术，“两纵”是指支撑智能网联汽车发展的车载平台以及基础设施条件。具体架构图如图 8-4 所示。

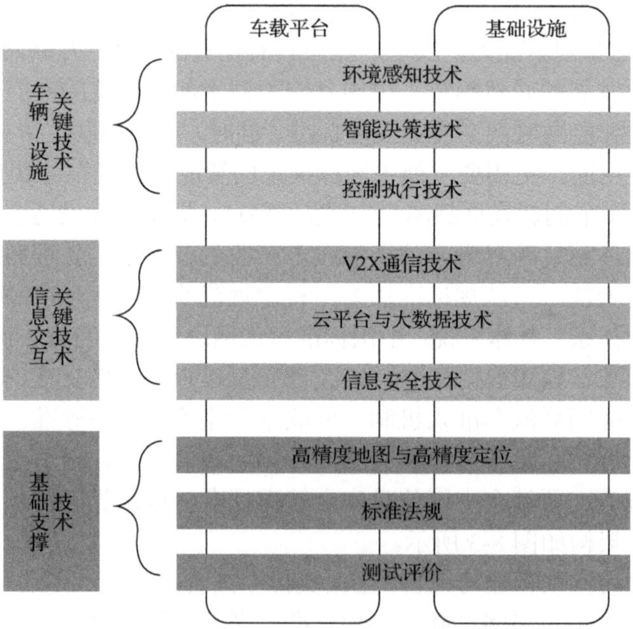

图 8-4　智能网联汽车“三横两纵”技术架构

智能网联汽车的多项技术涉及国家信息战略安全，决定了我国必须发展具备中国标准的智能网联汽车，而我国在信息通信、北斗导航、5G 等领域的技术优势也为智能网联汽车技术的跨越式发展提供重要支持。智能网联汽车“三横两纵”的技术架构涉及的部分关键技术进展如下。

1．环境感知技术

环境感知技术利用激光雷达、毫米波雷达、超声波雷达、摄像头等车载传感器及 V2X 通信技术感知车辆周围环境。虽然传感器的性能和稳定性不断提高，但单一传感器仍难以满足全天候、高精度、高可靠性的环境感知，需要运用多传感器融合技术提高感知能力。在复杂环境识别领域，深度学习认为是更具性能优势的技术方法，但如何更好地理解其“黑箱”式的决策机制，是深度学习技术在智能网联汽车取得应用的前提。

雷达感知是指先通过激光、微波或声波获取车辆周边环境的二维或三维距离信息，再通过距离或速度分析对行驶环境进行感知。它能以较高精度直接获取物体的二维或三维距离信息，对光照环境变化不敏感。常用的传感器有毫米波雷达、激光雷达等。毫米波雷达可以精确地测量目标的径向距离和速度，可使用多个接收/发送通道获取额外的角度信息。它对环境的影响(如极端温度、不良光照或天气条件等)具有鲁棒性。激光雷达是以发射激光束探测目标的位置、速度等特征量的雷达系统。其工作原理是向目标发射探测信号(激光束)，然后将接收到的从目标反射回来的信号(目标回波)与发射信号进行比较，做适当处理后，就可获得目标的有关信息，如目标距离、方位、高度、速度、姿态、形状等参数，从而对目标进行探测、跟踪和识别。对于许多驾驶辅助应用而言，雷达视为最有前景的技术。近几十年来，汽车雷达已成为主动安全和先进驾驶辅助系统(ADAS)的核心设备。毫米波雷达的应用范围涵盖了自适应巡航控制(ACC)系统、倒车车侧警示(CTA)系统和车道变换辅助(LCA)系统等。常用的车载毫米波雷达有短程、中程和远程雷达，分别面向不同的应用。短程雷达(SRR)用于邻近车辆感知、障碍物检测、停车辅助等场景，主要安装于车辆侧方区域，常用于监视车辆后方区域，有时也作为前方远程雷(LRR)达传感器的补充。中程雷达(MRR)用于中等距离和速度的感知，主要用在 CTA 系统中，协助司机离开停车位。远程雷达用于需要窄波束前向视野的场景，主要用在自适应巡航系统和其他安全领域，如防撞等应用场景。短程、中程和远程毫米波雷达的通用技术规格如表 8-1 所示(不同的供应商可能有不同的技术规格)。

表 8-1　短程、中程和远程毫米波雷达的通用技术规格

参数	类型		
	短程	中程	远程
频带/GHz	77～81	77～81	76～77
带宽/GHz	4	0.6	0.6
测距范围/m	0.15～30	1～100	10～250
最大视角/(°)	±80	±40	±15
测距精度/m	±0.02	±0.1	±0.1
方位精度/(°)	±1	±0.5	±0.1
测速精度/(m/s)	0.1	0.1	0.1

2. 智能决策技术

智能决策能力是自动驾驶汽车智能性的核心体现。常用的智能网联汽车决策方法包括状态机、决策树、深度学习等。传统的状态机和决策树方法具备高效、可读性强等特点，但其对于特殊、复杂工况的应对能力不足；深度学习具备一定的应对未知工况的能力，但对计算能力要求更高，目前车规级芯片难以满足需求。未来，三种决策方法的协同运作是更具性价比的方案。

智能决策的难点在于道路场景的复杂性、交通流的动态性、驾驶行为的随机性以及交通参与者之间的博弈性。自动驾驶汽车面临的交通情况瞬息万变，加上交通参与者的意图和行为难以预测，寻找各式道路结构、交通规则、红绿灯约束下的智能决策规则是十分困难的。目前，典型的智能决策设计方案分为两类：分层式和端到端式。

分层式方案将决策过程分解为一系列独立的子问题，如驾驶情景认知、周车行为识别及运动轨迹预测、驾驶行为决策等，每一个问题独立解决，如图 8-5 所示。驾驶情景认知输出对自车所处驾驶环境的认识与理解，包括交通流状态划分(如稀疏、稠密等)、交通参与者的博弈状态(如抢出匝道等)等。周车行为识别及运动轨迹预测输出对周围车辆(含自行车、行人等)未来一段时间的状态与轨迹的预测。驾驶行为决策则输出某一类型的驾驶行为(如超车、换道、迫近、跟车、自由直行、掉头等)。分层式方案的优势在于复杂问题可分解、任务可分工、易于模块化，因此决策算法可控性高，可解释性强，方便工程实现；缺点在于语义化后感知信息存在损失，而且人工定义难以涵盖所有的场景和行为。与分层式方案不同，端到端式方案将决策过程视作一个不可分解的整体模块，主要包括监督学习型和强化学习型两个子类别。监督学习型决策是利用深度神经网络模仿优秀驾驶员的驾驶行为。它的输入是三个前向摄像头的信息，利用深度神经网络，输出学习到的方向盘转角等。监督学习型对驾驶员数据的需求量十分大，需要涵盖所有的驾驶场景，而且训练深度神经网络的难度也比较大。强化学习型是另一类端到端式的决策方案。它是以“试错”的方式进行学习，通过与环境进行交互获得的奖赏(如高安全性、高舒适性、高节油性等)指导驾驶行为，目标是使决策系统完成某一决策任务，获得最大的累计奖赏，使智能汽车不断提高驾驶技能，输出最优的驾驶决

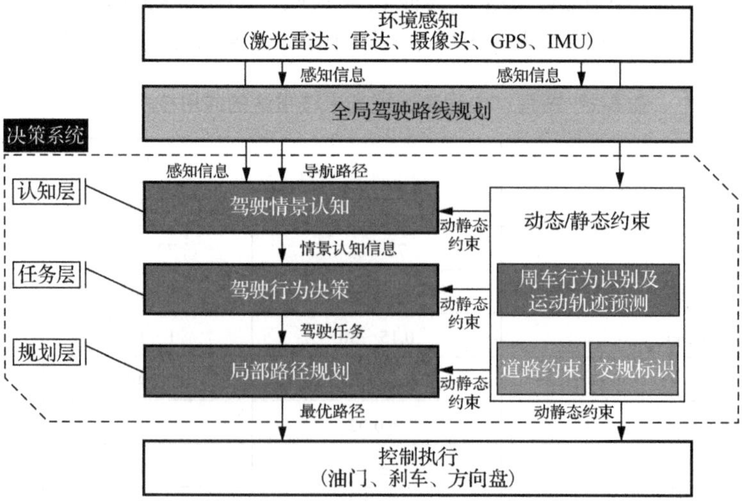

图 8-5　分层式方案示意图

策。强化学习型具有无师自通的潜在能力，不依赖标签数据，对数据的利用率也更高，因而成为自动驾驶决策方法的研究热点。简要来说，端到端式方案感知信息无损，体系框架简洁，具备提升决策系统智能性的潜在能力，但是难以嵌入已知驾驶经验，算法难以理解与手动改进。现阶段分层式框架中基于规则的行为决策简单，但灵活性不足；端到端式中的深度神经网络能够很好地处理场景特征难以显性表达的难题，但其很难在参数调整之上的逻辑层面改善系统性能。将分层式框架和端到端式深度神经网络融合，将自主学习与先验知识(道路结构、车辆动力学模型、驾驶经验、规则等)进行融合是未来的发展趋势。此外，由于车载计算资源有限，利用云等资源获取更多信息并分担计算载荷，也是下一步的发展方向。

3. 控制执行技术

车辆系统的路径规划和控制执行负责计算自动驾驶车辆安全、舒适、动态可行的轨迹。路径规划组件接收车辆周围静态和动态障碍物的信息，生成满足车辆动态和运动学约束的无碰撞轨迹。通常基于采样的路径规划方法不需要对道路几何结构建模，而是利用碰撞检测来探索自由空间和终点的可达性。常用的算法包括随机转向及启发式转向。目前，应用最广泛的启发式搜索算法是 A *算法，同时还有在 D*算法基础上扩展的 Focused D*以及 D* Lite。如果实例简单，利用增量搜索技术可以快速提供路径规划的解决方案，但通常计算时间非常长，甚至在有限时间内无解。基于增量搜索技术的最优路径规划方法在找到可行路径的同时，还尝试提供最优路径解决方案。自动驾驶车辆的控制方法主要是运动模型的路径稳定性控制，目前在单车控制方面，多采用 PID 控制、模糊控制、自适应控制等传统控制方法，这些控制方法可靠性高，但是需要车辆制动、转向、油门、悬架的线控技术支持。输出反馈线性化控制可以采用基于后轮位置的反馈方法和基于前轮位置的反馈方法。而基于质量的线性动态模型(假设速度恒定)适合进行路径跟踪和近似转向模型的预测控制。线性参数变化控制通常用于横向控制的参数线性变化控制与路径轨迹的稳定性预测控制。在这些系统中，通常利用多个子系统组合来改进处理性能。我国在汽车线控领域虽然取得一定成果，但与国际巨头相比仍有较大差距。随着网联化技术的发展，未来智能网联汽车将作为信息结点，构建智能交通和智慧城市系统，但目前在多车协同控制方面，仍然处于实验室研究阶段。

4. V2X 通信技术

在众多的网联化技术中，车联网 V2X 是以汽车为载体搭建多种互联的一种模式，源于 V2E(Vehicle to Everything)，是 V(车)与各种 X(万物)之间智能信息的交换共享，包括 V2V(Vehicle to Vehicle)、V2I(Vehicle to Infrastructure)、V2P(Vehicle to Pedestrian)等。在从感知到联通、控制、协同的全过程中，车联网融合了车云网、车际网和车内网等不同形式，涵盖了对道路交通的感知，车、路、地之间的互联互通，对交通的全时空控制，并可通过协同提升通行能力，减少堵塞与伤亡的发生。按照中国汽车工业协会在 2015 年 10 月举行的第十三届中国汽车产业高峰论坛上给出的定义，搭载 V2X 功能汽车是指搭载先进的车载传感器、控制器、执行器等装置，并融合现代通信与网络技术，实现车与 X(人、车、路、后台等)智能信息的交换共享，具备复杂的环境感知、智能决策、协同控制和执行等功能，可实现安全、舒适、节能、高效行驶，并最终可替代人来操作的新一代汽车。

V2X 通信技术主要分为以 IEEE 802.11p 为代表的 DSRC 通信技术和以蜂窝为基础的 LTE-V 通信技术两大类。作为最新的 LTE-V 技术，5G 技术具备高速、高带宽、高容量、低延时等特点，满足未来智能网联汽车的通信需求，是未来 V2X 通信的重要实现手段，我国在 5G 领域的技术优势也决定了 LTE 技术方案更加符合中国发展需要。

5. 云平台与大数据技术

智能网联汽车云平台通过信息交互极大地扩展了车辆的感知能力，通过云平台可实现城市级别的车辆优化控制，云计算中心和边缘云的配合可进一步提升云控平台效率与对车辆的控制能力，对提高出行安全和效率有重要意义。一方面，由于新能源汽车的智能化程度较高，搭载数量诸多的传感器，新能源汽车在行驶过程中，其自身车载终端会收集各个传感器以及电池管理系统产生的数据，并依照我国相关法律法规对数据进行加密和标准化处理，随后，标准化和加密的数据通过无线网传输到企业监测平台，由企业对车辆安全实施安全监管，同时将新能源汽车行驶数据、信息统计、处理故障信息实时传输至地方平台与国家云平台当中。另一方面，随着汽车由传统交通工具变为“行驶的数据中心”，汽车相比于手机、计算机有更大的空间，可配备强大的计算能力、各类传感器和网络基础设施，而新能源汽车相比于传统汽车，电动化、智能化、网联化程度更高，未来，大数据技术在新能源汽车整个产业链中将有广阔的应用前景。

6. 高精度地图与高精度定位技术

高精度地图和高精度定位是智能网联汽车必需的基础技术，可大幅降低车辆信息处理压力。高精度地图的采集涉及重要的地理信息、安全信息的采集，存储和处理过程必须保证安全可控。目前相对最成熟且应用最广泛的定位技术是美国的全球导航卫星系统(Global Navigation Satellite System，GNSS)室外定位系统。卫星定位的基本原理是利用卫星和用户接收机天线之间的距离(或距离差)的观测值为基础，根据已知的卫星瞬时坐标来确定用户接收机所对应的坐标点位。定位的关键是测定用户接收机天线至卫星之间的距离。但受大气层、卫星星历误差以及卫星时钟误差的影响，卫星定位无法支持高精度定位。为了消除卫星定位的误差，实时动态测量(RTK)定位技术应运而生。RTK 技术是在 GNSS 基础上产生的新兴测量技术。RTK 的工作原理是将一台接收机置于基准站上，另一台或多台接收机置于流动站上，基准站和流动站同时接收同一时间、同一 GNSS 卫星发射的信号。基准站所获得的观测值与已知位置信息比较，得到 GNSS 差分改正值，然后将改正值通过数据链路及时传递给流动站以精化其 GNSS 观测值，从而得到经差分改正后流动站较准确的实时位置。通过 RTK 的协助，GNSS 定位的精度可达厘米级，满足车联网的定位需求。我国的北斗导航系统也为智能网联汽车的定位提供安全保障，摆脱对 GPS 等国外导航系统的依赖。

另外，蜂窝网定位也是目前比较热门的高精度定位技术之一，尤其是 5G 的到来，使得蜂窝网厘米级定位成为可能。目前常用的蜂窝网定位方法是小区 ID 的方法，但定位精度比较低，无法满足车联网需求。蜂窝网也可采用圆周定位法(TOA)和双曲线定位法(TDOA)两种定位方法。两者的工作原理很类似，需要至少三个固定位置的基准站，用以收集携带特征值的无线信号，然后计算出 TOA 值或 TDOA 值，最后得到目标的位置。不同的是前者需要严格的时间同步，用来采集特征值，后者对时间同步的要求不高。除上述的定位方法，蜂窝网定位还有波达角定位法(AOA)、混合定位方法。除上述方法外，惯性导航(惯导)和 SLAM 定位方法则是对卫星导航和蜂窝网定位技术的重要补充，有助于进一步提升定位精度和稳定性。

8.3 车联网技术

8.3.1 车联网的基本概念

汽车给人类带来便利的同时，也引入了如安全、环境污染、高额费用的问题。如何解决这些问题，合理分配资源？车联网则在这个问题背景下应运而生。2010 年上海世博会园区的通用汽车馆放映的科幻大片《2030》中，2030 年的上海拥有 5 层立体交通网络。任何人都可以开车，车速飞快，而且在车联网的保护下实现了零交通事故率，堪称绝对安全。通过车联网，汽车具备了高度智能的车载信息系统，并且可以与城市交通信息网络、智能电网以及社区信息网络全部连接，从而可以随时随地获得即时资讯，并且做出与交通出行有关的明智决定。外形小巧时尚的汽车将可以实现智能停泊，通过建筑外墙的轨道直接停在自家阳台上，或者进入高速火车的车厢中。由于每辆车都采用了自动驾驶技术，盲人也可以开车穿行于城市中。智能的车联网，甚至可以以“一键通”的形式接通呼叫中心来帮助司机获取周边信息、配货信息、停车场信息，以及自己找到充电站完成充电。

车联网可以看作物联网的一部分。当物联网中互联的对象都是车辆以及一些道路基础设施的时候，物联网就成为车联网。物联网的范畴要比车联网大得多，车联网只是物联网的一种特定应用。然而，要真正全面实现物联网，尚存在一些问题，如全球标准不统一、部署成本过高、技术尚不够完善、安全性等问题。相比之下，车联网的实现就具有更高的可行性。车联网的研究过程中需要借鉴物联网的研究成果和研究思路，同时，车联网的研究成果也将丰富发展物联网的研究工作。

与物联网相比，车联网有一些自己的特点。

(1) 车联网当中的网络结点以车辆为主，这就决定了车联网的高动态性。与一般的物联网相比，车联网当中的汽车结点移动速度更快、拓扑变化更频繁、路径的寿命更短。

(2) 与一般的物联网相比，车联网当中的车辆结点间的通信的干扰因素更多，包括路边的建筑物、天气状况、道路交通状况、车辆的相对行驶速度等。

(3) 车联网当中受到车辆运动情况、道路分布状况等因素的影响，网络的连通性不稳定，这在一定程度上限制了车联网的推广使用。

(4) 车辆当中有稳定的电源供电，网络工作时一般没有能量方面的限制；车辆当中有较大的承载空间，可以装备较高性能的车载计算机以及一些必要的外部辅助设备，如 GPS、GIS 等。

(5) 车联网对网络的安全性、可靠性以及稳定性要求更高。车联网的应用过程中，不能够像互联网一样出现一些不安全、不可靠的事件，否则可能会造成巨大的生命财产损失，引起车辆行驶的混乱。

车联网技术将重新定义汽车的 NDA，借助感知技术、无线通信技术实现城市内车与车之间、车与物之间，以及车与城市基础设施之间互联互通。车联网可以看作物联网在智能交通领域的应用，借助无线通信和 GPS 卫星导航技术，通过车载设备、呼叫中心、手机客户端、PC 客户端等多种服务界面给车辆驾乘人员、车辆运营企业、政府监管部门提供导航、安全、信息、娱乐、监控等多种服务，从而实现更智能、安全的驾驶。基于车联网理念设计的汽车，整合了车对车交流技术、无线通信及远程感应技术，支持自动驾驶。在自动驾驶模式下，它能获得实时交通信息，具备行人探测功能，自动选择路况最佳的行驶路线，大大缓解交通堵塞。除此之外，它还可以感知周围环境，在很大程度上减少交通事故的发生。

综合上述分析，给出如下车联网定义：车联网就是汽车移动物联网，它是指利用车载电子传感装置，通过移动通信技术、汽车导航系统、智能终端设备与信息网络平台，使车与路、车与车、车与人、车与城市之间实时联网，实现信息互联互通，从而对车、人、物、路、位置等进行有效的智能监控、调度、管理的网络系统。

8.3.2　车联网的体系结构

车联网当前处于飞速发展时期，但对应的许多系统都缺乏一个稳定的、标准的和可扩展的体系结构，特别是基于 V2X 的车联网系统，涉及多个行业、多个部门和多种技术，没有一个标准体系，基本上都是相关部门各自为政，各管一摊，导致各自系统自成体系，缺乏信息互通共享，难以相互协调，交通监管水平和效率低下。随着车联网的快速发展，必然要求车联网向着系统化、一体化方向发展，防止出现行业和地区之间的差异。因此，对基于 V2X 的车联网选择稳定的体系结构和可扩展的平台显得非常必要。将车联网中各类孤立的、单一的系统整合成一个统一的综合交通系统，实现信息共享机制。车联网是一个非常庞大且复杂的系统，因此采用比较成熟的车联网分层体系结构，有利于车联网系统的开放性、可用性和伸缩性。根据物联网的网络体系结构和车联网自身的特点，一般车联网体系结构分为感知层、网络层和应用层，如图 8-6 所示。

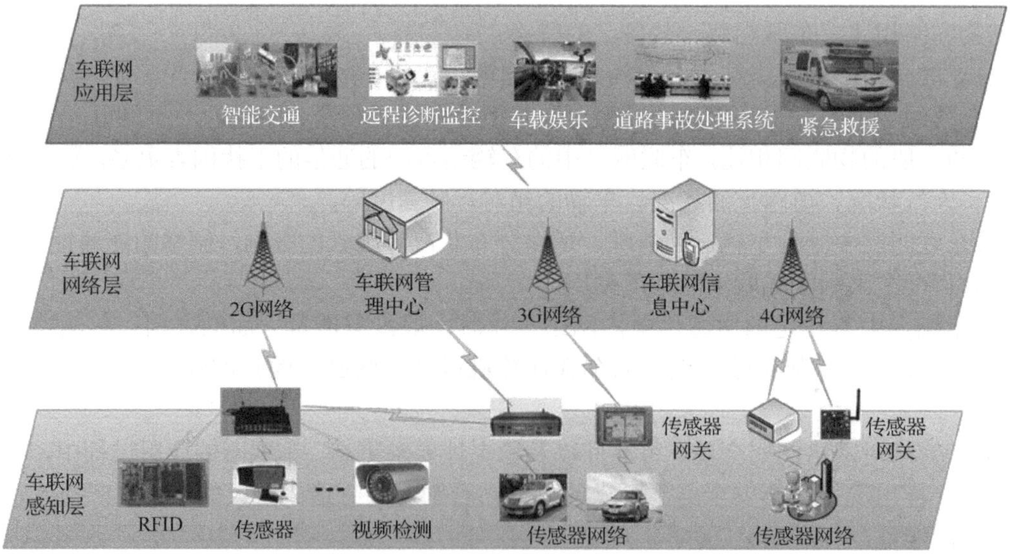

图 8-6　车联网体系结构

1. 感知层

车联网感知层可以分为两个子层，下子层的主要功能是对网络当中的结点进行识别，感知并采集车辆位置、行驶速度、道路交通状况、天气情况等相关数据；上子层的主要功能是在自组织网络范围内(有源 CPS 结点之间)传输数据。感知层需要的物理设备主要有 RFID 标签和读写器、各种传感器(感知温度、速度、车辆状况等信息)等。感知层传输数据时可以采用 RFID 技术实现。感知层承担车辆自身与道路交通信息的全面感知和采集，是车联网的神经末梢，也是车联网“一枝独秀”于物联网的最显著部分。通过传感器、RFID、车辆定位等技术，实时感知车况及控制系统、道路环境、车辆与车辆、车辆与人、车辆与道路基础设施、车辆当前位置等信息，为车联网应用提供全面、原始的终端信息服务。

2. 网络层

网络层是车联网系统内部的数据联系纽带，主要是将感知层所采集的数据接入车联网中，进行远距离、大范围的传输采集数据。网络层是实现车联网网络互联的重要基础设施，如同人体的经络和血管，实现了各种数据的交互传递、信息的交换与共享。

车联网网络层的主要功能是实现 Internet 接入，完成数据的分析处理和远距离大范围传输；同时，网络层也可以实现对车联网内结点的远程监控和管理功能。网络层主要使用的设备是互联网 CPS 结点，其功能相当于传统网络当中的路由器；当然，互联网 CPS 结点所具备的控制功能是传统路由器不具备的。将车联网接入 Internet 当中，需要进行协议转换，因为在车联网的底层所使用的网络协议是与 TCP/IP 协议不同的。通过制定专用的能够协同异构网络通信需要的网络架构和协议模型，整合感知层的数据；通过向应用层屏蔽通信网络的类型，为应用程序提供透明的信息传输服务；通过对云计算、虚拟化等技术的综合应用，充分利用现有网络资源，为各种类型的车辆提供实时的、立体的、无缝的网络接入，由于底层设备接入车联网中涉及无线局域网络(蓝牙技术、Zigbee 技术、Wi-Fi 技术、WiMax 技术等)、移动互联网(GPRS、3G、4G、5G 等)和有线互联网光纤网、以太网等多种异构网络，在接入过程中需要进行协议转换，实现方便快捷地接入各种不同类型的网络，使得数据能够互通。这种网络架构要求一种专有的协同通信架构和协议栈，可将不同底层数据整合，并对应用层隐藏不同接入方式间的差别，实现信息交互，为上层应用提供强大的应用支撑。

3. 应用层

车联网应用层可以进一步划分为两个子层：下子层是应用程序层，主要功能是进行数据处理，车联网的各种具体的服务也在这一子层进行定义与实现，现在一般认为采用中间件技术实现车联网的各种服务是较好的选择；上子层是人机交互界面，定义与用户交互的方式和内容。应用层使用的设备主要是一些提供网络服务的服务器和用户使用的车载计算机等。车联网的各项应用必须在现有网络体系和协议的基础上，兼容未来可能的网络拓展功能。应用需求是推动车联网技术发展的源动力，车联网在实现智能交通管理、车辆安全控制、交通事件预警等高端功能的同时，还应为车联网用户提供车辆信息查询、信息订阅、事件告知等各类服务功能。应用层还可以向公安、交通、保险等部门提供各种业务服务，专注于业务逻辑和界面呈现，是车辆、交通等有关的信息表现层。公安部门、交通部门、保险公司、专营公司、银行等通过集成层获取可靠、准确的信息，都可以在应用层上建立各种不同的具体应用系统，如交通综合管理系统、交通信息发布系统和交通行业应用系统等。

8.4　自动驾驶技术

典型的无人驾驶车辆系统架构如图 8-7 所示，总体分为感知、决策和控制三大部分。

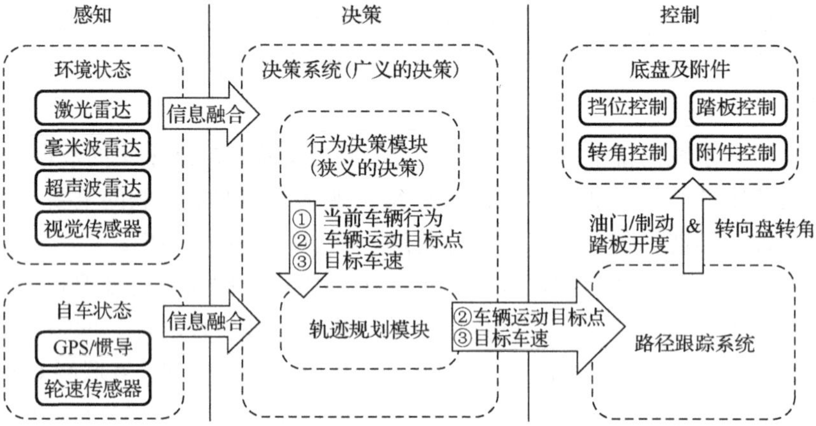

图 8-7　典型无人驾驶车辆系统架构

8.4.1　智能感知与决策技术

1. 智能感知

环境智能感知技术作为无人驾驶汽车的关键技术之一，成为该领域的一个研究热点。环境智能感知技术主要是通过摄像头、雷达、超声波等传感技术对汽车自身状态，以及车辆周边的道路、交通标志、信号灯、车辆、行人、障碍物等环境信息进行检测。全面、准确的环境感知信息能够为无人驾驶决策提供充足的数据保障，从而保证无人驾驶的安全性和稳定性。

1)激光雷达的感知检测

激光雷达一般由激光发射器、激光接收机、信息处理系统、控制系统和显示终端组成。一个基本的激光雷达系统包括一个由旋转镜(顶部)反射的激光测距器。激光雷达具有良好的方向性，测量精度高，不受路面杂波影响。激光雷达根据结构和类型可分为单线(二维)和多线(三维)两种，其中，单线激光雷达适用范围较小，多用于线扫描；多线激光雷达具有一定的俯仰角度，可实现面扫描，但其价格相对较为昂贵。激光雷达通过多普勒原理来判断目标的距离，公式如下：

$$S=\frac{t\times c}{2} \tag{8-1}$$

式中，S 是传感器与目标物之间的距离；t 是传感器发射的脉冲到目标物之间的往返时间；c 是光速。

目前，激光雷达的种类很多，但是按照现代的激光雷达的概念，常分为以下几种。

按激光波段分：有紫外激光雷达、可见激光雷达和红外激光雷达。

按激光介质分：有气体激光雷达、固体激光雷达、半导体激光雷达和二极管激光泵浦固体激光雷达等。

按激光发射波形分：有脉冲激光雷达、连续波激光雷达和混合型激光雷达等。

按显示方式分：有模拟或数字显示激光雷达和成像激光雷达。

按运载平台分：有地基固定式激光雷达、车载激光雷达、机载激光雷达、船载激光雷达、星载激光雷达、弹载激光雷达和手持式激光雷达等。

按功能分：有激光测距雷达、激光测速雷达、激光测角雷达和跟踪雷达、激光成像雷达，激光目标指示器和生物激光雷达等。

按用途分：有激光测距仪、靶场激光雷达、火控激光雷达、跟踪识别激光雷达、多功能战术激光雷达、侦测激光雷达、导航激光雷达、气象激光雷达、侦测和大气监测激光雷达等。

2) 毫米波雷达的感知检测

毫米波是指波长为 1～10mm 的波，毫米波雷达按频率范围可分为 24GHz、60GHz、77GHz 和 79GHz 4 种，其中 77GHz 和 79GHz 有可能是未来的发展趋势。这种波形的波长介于光波和厘米波之间，具有较强的恶劣天气穿透能力和较好的温度稳定性等优点。毫米波雷达按工作原理可以分为脉冲式和调频式两类，目前大多数车载毫米波雷达都为调频式。毫米波雷达的工作原理也是通过多普勒原理准确地获取汽车与其他物体之间的相对距离、相对速度、角度、行驶方向等。其工作过程如图 8-8 所示。

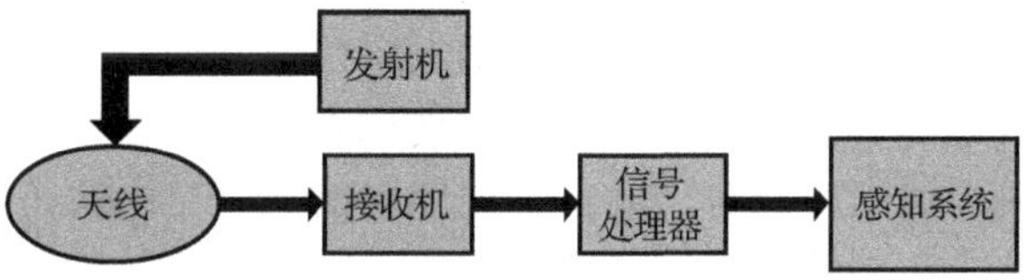

图 8-8　毫米波雷达工作过程

由于光波在大气中传播衰减严重，器件加工精度要求高。毫米波与光波相比，它们利用大气窗口(毫米波与亚毫米波在大气中传播时，由气体分子谐振吸收所致的某些衰减为极小值的频率)传播时的衰减小，受自然光和热辐射源影响小。为此，它们在通信、雷达、制导、遥感技术、射电天文学和波谱学方面都有重大的意义。利用大气窗口的毫米波频率可实现大容量的卫星-地面通信或地面中继通信。利用毫米波天线的窄波束和低旁瓣性能可实现低仰角精密跟踪雷达和成像雷达。在远程导弹或航天器重返大气层时，需采用能顺利穿透等离子体的毫米波实现通信和制导。高分辨率的毫米波辐射计适用于气象参数的遥感。用毫米波和亚毫米波的射电天文望远镜探测宇宙空间的辐射波谱可以推断星际物质的成分。优势主要有以下几点。

(1) 小天线口径、窄波束：具有高跟踪和引导精度；易于进行低仰角跟踪，抗地面多径和杂波干扰；对近空目标具有高横向分辨力；对区域成像和目标监视具备高角分辨力；具有窄波束的高抗干扰性能；具有高天线增益；容易检测小目标，包括电力线、电杆和弹丸等。

(2) 大带宽：具有高信息速率，容易采用窄脉冲或宽带调频信号获得目标的细节结构特征；具有宽的扩谱能力，减少多径、杂波并增强抗干扰能力；相邻频率的雷达或毫米波识别器工作，易克服相互干扰；具有高距离分辨力，易得到精确的目标跟踪和识别能力。

(3) 高多普勒频率：具有慢目标和振动目标的良好检测与识别能力；易于利用目标多普勒频率特性进行目标特征识别；具有对干性大气污染的穿透特性，提供在尘埃、烟尘和干雪条件下的良好检测能力。

(4) 良好的抗隐身性能：当前隐身飞行器上所涂覆的吸波材料都是针对厘米波的。根据国外的研究，毫米波雷达照射的隐身目标，能形成多部位较强的电磁散射，使其隐身性能大大降低，所以，毫米波雷达还具有反隐身的潜力。

毫米波在雷达中应用的主要限制有：雨、雾和湿雪等高潮湿环境的衰减，以及大功率器件和插损的影响降低了毫米波雷达的探测距离；树丛稀密有影响，相比微波，对密树丛穿透力低；元器件成本高，加工精度的要求相对高，单片收发集成电路的开发相对迟缓。

2. 决策技术

决策系统综合环境及自车信息，使无人车产生安全、合理的驾驶行为，指导运动控制系统对车辆进行控制。行为决策系统是狭义的决策系统，其根据感知层输出的信息合理决策出当前车辆的行为，并根据不同的行为确定轨迹规划的约束条件，指导轨迹规划模块规划出合适的路径、车速等信息，发送给控制层。

无人车行为决策系统的目标是使无人车像熟练的驾驶员一样产生安全、合理的驾驶行为。其设计准则可总结为：良好的系统实时性；安全性最高优先级(车辆具备防碰撞、紧急避障、故障检测等功能)、合理的行车效率优先级；结合用户需求的决策能力(用户对全局路径变更、安全和效率优先级变更等)；乘员舒适性(车辆转向稳定性、平顺性等)。对于适用于城市道路和高速公路工况的行为决策系统，设计准则还包括：右侧车道通行优先；保持车道优先；速度限制；交通标志及交通信号灯限制等。

无人车行为决策系统的上层是感知层，其上层输入包括：①局部环境信息，其基于相机、雷达等车载传感器，通过多传感器目标检测与融合等技术，融合处理各传感器数据，获取车辆周边环境态势，输出关键环境信息，交由决策系统处理；②自车定位信息，其基于GPS/惯性导航系统、高精度地图定位、同步定位与地图构建(Simultaneous Localization and Mapping，SLAM)等方法，主要功能是对车辆进行高精度定位；③地理地图信息和任务信息，包括先验全局路径、道路高精地图、交通标志信息等。

基于规则的行为决策方法中最具代表性的是有限状态机法，其因逻辑清晰、实用性强等特点得到广泛应用。有限状态机是一种离散输入、输出系统的数学模型。它由有限个状态组成，当前状态接收事件，并产生相应的动作，引起状态的转移。状态、事件、转移、动作是有限状态机的四大要素。有限状态机的核心在于状态分解。根据状态分解的连接逻辑，将其分为串联式、并联式、混联式 3 种体系结构。串联式结构的有限状态机系统，其子状态按照串联结构连接，状态转移大多为单向，不构成环路。并联式结构中各子状态输入、输出呈现多结点连接结构，根据不同的输入信息，可直接进入不同的子状态进行处理并提供输出。如果一个有限状态机系统下的子状态中既存在串联连接，又存在并联连接，则称这个系统具有混联式结构。

有限状态机法是经典的决策方法，因其实用性与稳定性在无人车决策系统中广泛应用，目前已比较成熟，美国国防部高级研究计划局(Defense Advanced Research Projects Agency，DARPA)城市挑战赛中各队使用的决策系统为其典型代表。

1) 串联式结构

麻省理工学院的 Talos 无人车如图 8-9 所示，其行为决策系统总体采用串联式结构，如图 8-10 所示。该无人车以越野工况挑战赛为任务目标，根据逻辑层级构建决策系统。其系统分为定位与导航、障碍物检测、车道线检测、路标识别、可行驶区域地图构建、路径规划、运动控制等模块，其中导航模块负责制定决策任务。串联式结构的优点是逻辑明确、规划推理能力强、问题求解精度高。其缺点在于对复杂问题的适应性差，某子状态故障时，会导致整个决策链的瘫痪。串联式结构适用于某一工况的具体处理，擅长任务的层级推理与细分解决。

图 8-9　Talos 无人车

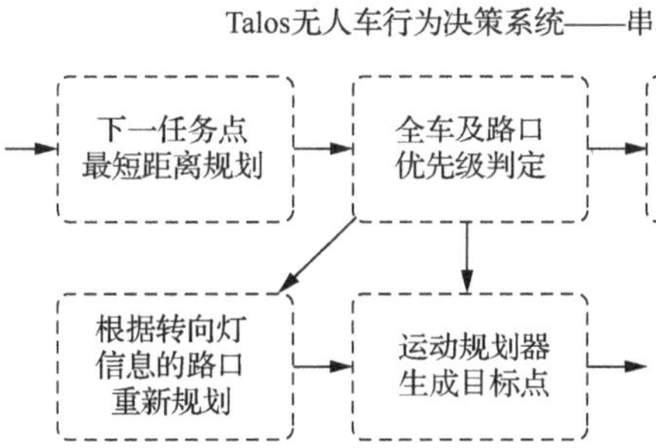

图 8-10　无人车行为串联式决策系统

2) 并联式结构

斯坦福大学与一汽公司研发的 Junior 无人车行为决策系统结构如图 8-11 所示，其具备典型的并联式结构。该系统分为初始化、前向行驶、停止标志前等待、路口通过、U 形弯通过、U 形弯前停止、越过实线行驶、自主泊车、结束 9 个子状态，各个子状态相互独立。Junior 行为决策系统是并联划分子系统最多的系统之一，但在实际场景测试中，依然存在其有限状态机没有覆盖的工况，且对真实场景的辨识准确率较差。这说明单纯地应用并联式场景行为细分并不能提高场景遍历的深度，相反容易降低场景辨识准确率。

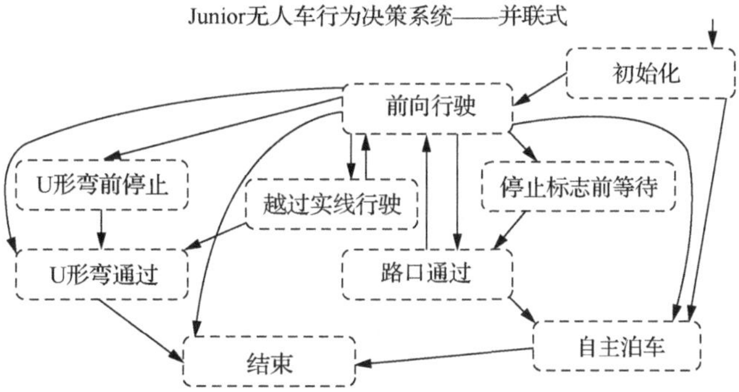

图 8-11　无人车行为并联式决策系统

3) 混联式结构

串、并联式结构具备各自的局限性，混联式结构可较好地结合两者的优点，层级式混联式结构是比较典型的方法。卡内基梅隆大学与福特公司研发的Boss无人车行为决策系统如图8-12所示，其具备典型的层级式混联式结构。系统顶层基于场景行为划分，底层基于自车行为划分。3个顶层行为及其底层行为分别为车道保持(车道选择、场景实时报告、距离保持、驾驶行为等)、路口处理(优先级估计、转移管理等)和指定位姿。

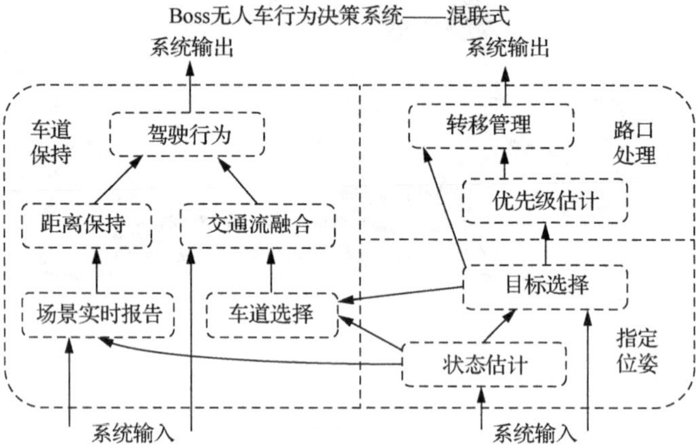

图 8-12　无人车行为混联式决策系统

8.4.2　自动驾驶控制技术

自动驾驶车辆在复杂路面(弯道、坡道、非匀质路面等)行驶时相对于匀质水平直线路面行驶更具有挑战性。甚至在匀质水平路面行驶时，如果遇到有侧风或路面侧倾等情形，也会影响汽车行驶的稳定性，车速太快则会造成翻车事故。自动驾驶汽车路径规划与跟踪能力的具体体现，是自动驾驶汽车得以平稳且安全行驶的保证。其主要控制任务是克服控制系统的非线性、不确定性并保证数据准确性。

1. 自动驾驶汽车模型

自动驾驶汽车的运动控制问题可以分为纵向控制和横向控制问题，其主要控制任务是根据路径规划与汽车位置等因素做出行驶决策，向汽车各部件发出指令。其中的横向控制体现了汽车的路径跟踪能力，保证自动驾驶汽车可以根据当前车辆行驶因素计算出横摆角；纵向控制则主要研究汽车的速度问题。自动驾驶汽车的横向控制是自动驾驶汽车控制的核心技术，关乎汽车行驶中的安全性、舒适性以及经济性。行驶的车辆是一个非常复杂的系统，其纵向控制和横向控制相互耦合、相互影响，是变参数的非线性系统。先通过方向传感器、摄像头或GPS等传感器采集汽车行驶因素，然后通过某种控制方式使得自动驾驶汽车可以沿着已经规划好的轨迹行驶就是横向控制。横向控制的目的是在保证车辆安全平稳行驶的前提下，保障汽车精准跟踪规划路径，同时保障车辆良好的动力性并提高乘坐舒适性。针对横向控制的特性，其中最重要的就是系统的高度非线性、系统中参数的不确定性，系统控制可以准确无误运行的关键就是测量数据的准确性，横向控制问题简单来说就是依据现有的行驶因素，得出一个舒适的转向角和转向角速度，是非常复杂的。自动驾驶汽车系统庞大复杂，受制于设备限制，要想实现完全的系统仿真并不轻松，运动学模型结构简单，容易实现，且能代表自动驾驶汽车系统的特性，因此，本节采用自动驾驶汽车运动学模型仿真。自动驾驶汽车的运动学模型如下。

假设一种由刚性体和非变形车轮组成的物体(图 8-13)，车辆与地面只发生滚动接触而没有相对滑动。非完全约束方程为

$$\begin{cases} \dot{x}\sin\theta + \dot{y}\cos\theta = 0 \\ \dot{x}_f\sin(\theta+\delta) - \dot{y}_f\cos(\theta+\delta) = 0 \end{cases} \tag{8-2}$$

式中，x 表示后轮中心横坐标；y 表示后轮中心纵坐标；x_f 表示前轮中心横坐标；y_f 表示前轮中心纵坐标；θ 表示横摆角；δ 表示前轮转向角。

将后轮中心作为参考点，则运动学模型可写为

$$\begin{cases} \dot{x} = v\cos\theta \\ \dot{y} = v\sin\theta \\ \dot{\theta} = w \end{cases} \tag{8-3}$$

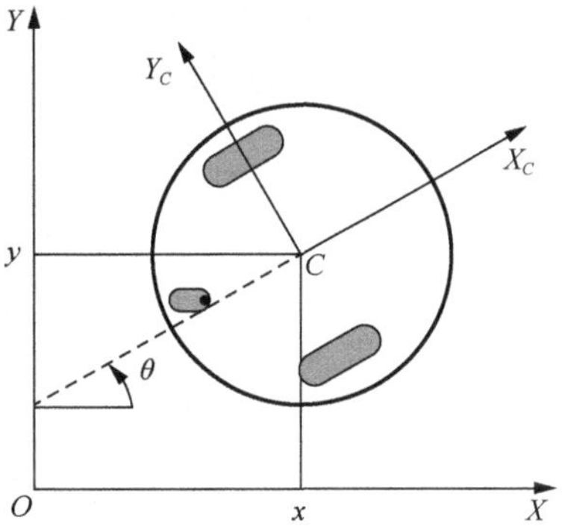

图 8-13　车辆的坐标系

式中，v 为后轮中心速度；w 为角速度。

2. 启停控制

通过自动驾驶车辆的环境感知设备检测目标区域内是否有交通信号灯和目标车辆，目标区域为在自动驾驶车辆的行驶方向上且与自动驾驶车辆之间的距离在第一预设距离的区域。当环境感知设备检测到目标区域内有交通信号灯时，确定自动驾驶车辆与交通信号灯之间的第一距离，以及交通信号灯的当前类型和剩余时间；如果第一距离在预设距离范围内，交通信号灯的当前类型为绿灯且绿灯的剩余时间大于第一预设时间，控制自动驾驶车辆为行驶状态；如果第一距离在预设距离范围内，交通信号灯的当前类型为红灯且红灯的剩余时间大于第二预设时间，控制自动驾驶车辆为制动状态。

在自动驾驶车辆中的环境感知设备检测目标区域内是否有交通信号灯和目标车辆之前，当检测到自动驾驶车辆的车载终端处于信息配置状态时，接收用户输入的配置信息，配置信息包括第一预设距离、第二预设距离、第一预设时间、第二预设时间以及预设距离范围。在确定自动驾驶车辆与交通信号灯之间的第一距离之后，若第一距离在预设距离范围内，检测到自动驾驶车辆即将右转时，确定交通信号灯的形状，如果交通信号灯的形状为第一预设形状，控制自动驾驶车辆右转，如果交通信号灯的形状为第二预设形状，执行确定交通信号灯当前类型和剩余时间的步骤；检测到自动驾驶车辆即将直行或左转时，执行用于确定交通信号灯当前类型和剩余时间的步骤。

3. 定速控制

定速控制系统框图如图 8-14 所示。

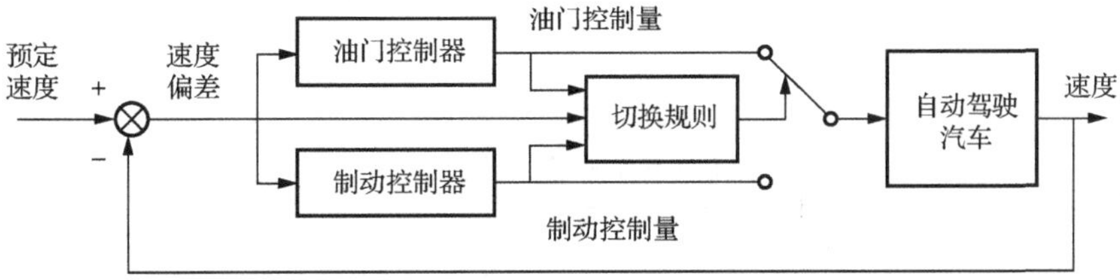

图 8-14　定速控制系统框图

采用增量 PID 控制算法。在节气门控制中，采用增量 PID 控制算法。增量 PID 算法为

$$\begin{aligned}\Delta u &= u_t(k)-u_t(k-1)\\ &= k_p\left[e(k)-e(k-1)\right]+k_i e(k)+k_d\left[e(k)-2e(k-1)+e(k-2)\right]\end{aligned} \tag{8-4}$$

对于平坦路面，节气门控制的纯延迟较小，在算法中可以不考虑。利用这种固定系数的 PID 控制算法，对于平坦路面的速度跟踪性能是可以达到要求的。但当道路情况变化时，跟踪效果误差较大。以斜坡路面为例，如图 8-15 所示。其定速控制系统框图如图 8-16 所示。

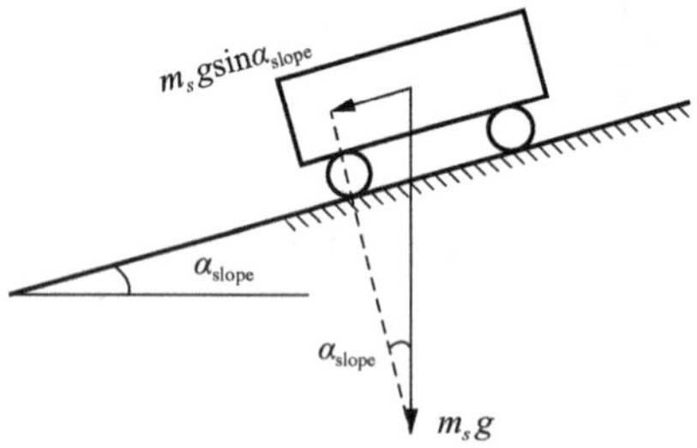

图 8-15　斜坡路面示意图

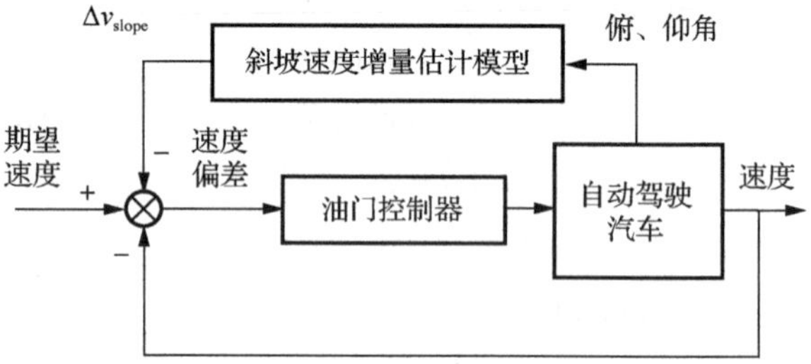

图 8-16　斜坡定速控制系统框图

可得计算式为

$$\begin{cases}\Delta v_{slope}=T\alpha_{slope}\\ e=v_d-\Delta v_{slope}-v_1\end{cases} \tag{8-5}$$

4. 自动转向控制

自动转向控制系统作为自动驾驶车辆车体控制系统中的重要组成部分，主要通过控制车辆的横向运动，使车辆精确跟踪期望道路，因此其控制性能和品质直接影响自动驾驶车辆的智能行为表现。自动转向控制系统的输入为期望前轮偏角，而输出则为车辆与道路之间的偏差信号或车辆行驶状态，车辆与道路之间的偏差信号包括横向位置偏差、方向偏差以及它们的变化率等，而车辆行驶状态是指横摆角速度、质心侧偏角(或横向速度)等。具体以哪些物理量作为输出，取决于自动转向反馈控制系统结构。其控制系统框图如图 8-17 所示。

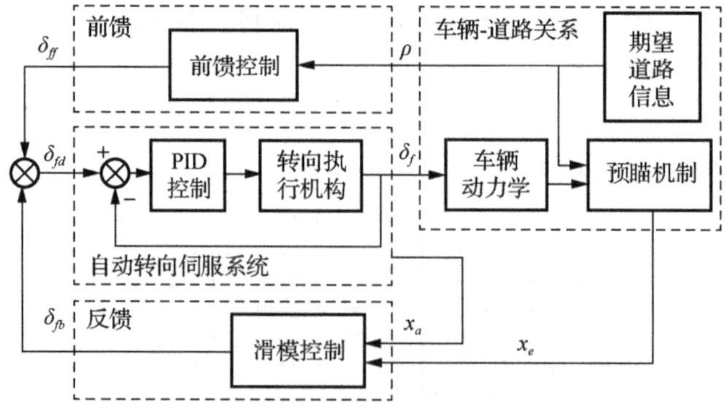

图 8-17　自动转向控制系统框图

5. 自动驾驶评价模型

自动驾驶车辆的行为不能孤立地讨论，它是自动驾驶车辆自身、所处环境和自动驾驶车辆所执行的任务三者特性的综合结果。

第一种评价模型是通过三个主要方向进行评价：环境复杂度、任务复杂度和人工干预程度，如图 8-18 所示。

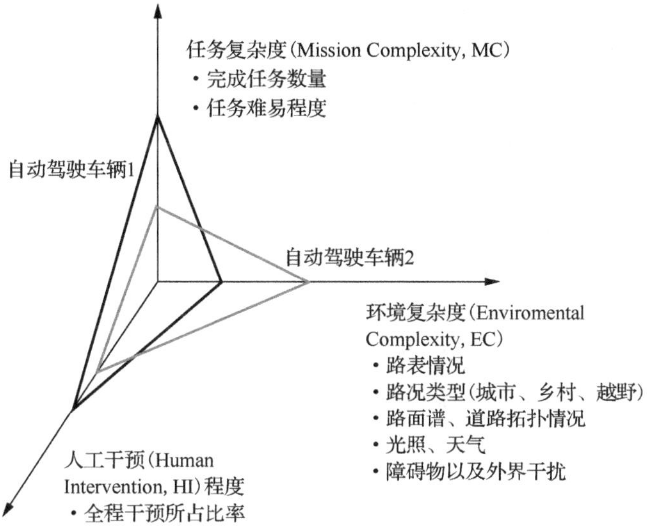

图 8-18　自动驾驶评价模型图

第二种评价模型是根据驾控主体、环境感知、决策主体以及应对工况对自动驾驶车辆进行评价。驾控主体表示控制加速、制动及方向盘的控制机构的类型以及性能。环境感知指接收外界信息的手段和能力。决策主体是自动驾驶车辆的大脑，根据感知信息，决定加减速、转向等操作。

思　考　题

8-1　智能网联汽车的定义是什么？

8-2　智能网联汽车所涉及的关键技术都哪些？

8-3　汽车网联化方面可划分为哪几个层面？

8-4　卫星定位导航系统种类有哪些？

8-5　汽车智能驾驶路径规划有哪些特点？

参考文献

陈福平，曾乐才，2021．钠硫电池安全性影响因素分析[J]．上海电气技术，14（1）：58-62．

陈慕欣，柳佳欣，衣秀羽，2020．质子交换膜燃料电池的研究开发与应用[J]．山东化工，49（16）：95-96．

陈友鹏，徐春，2018．纯电动汽车应用现状及发展前景分析[J]．南方农机，49（9）：9-11．

程仕峰，2017．纯电动汽车动力传动系统参数设计及仿真优化[D]．武汉：华中科技大学．

崔胜民，2014．新能源汽车技术[M]．2 版．北京：北京大学出版社．

崔胜民，2019．智能网联汽车概论[M]．北京：人民邮电出版社．

崔胜民，2020．新能源汽车技术[M]．3 版．北京：北京大学出版社．

范高林，2019．试析中国新能源汽车发展的现状、问题与对策[J]．时代汽车，（3）：82-83．

范志丹，2018．国内外电动汽车发展现状综述[J]．汽车维修，（6）：2-3．

冯旭宁，2016．车用锂离子动力电池热失控诱发与扩展机理建模与防控[D]．北京：清华大学．

关云霞，梁晨，2018．新能源汽车技术[M]．北京：机械工业出版社．

黑川陽弘，井本伸，矢野勝，等，2020．新能源汽车市场动态与技术发展趋势[J]．汽车与新动力，3（3）：21-27．

孔岩，2019．新能源汽车能量管理方法的研究[J]．汽车文摘，516（1）：57-58．

雷洪钧，2020．中国新能源汽车现状、特点及发展趋势再分析[J]．电动自行车，（1）：23-27．

李俄收，王远，吴文民，2010．超高速飞轮储能技术及应用研究[J]．微特电机，38（6）：65-68．

李江，2017．纯电动汽车动力传动系统参数设计及优化[D]．西安：长安大学．

李敬福，王洪佩，2017．新能源汽车关键技术研究[M]．北京：北京理工大学出版社．

李瑞，2021．基于 TiO_2 纳米棒阵列结构钙钛矿太阳能电池材料的制备与性能优化[D]．北京：北京科技大学．

李晓丹，2009．新能源汽车发展现状及应用前景[J]．中国能源，31（8）：43-45．

李哲，2011．纯电动汽车磷酸铁锂电池性能研究[D]．北京：清华大学．

林洛，2019．国外新能源汽车发展现状[J]．商业观察，（5）：35-36．

马文胜，贾丽娜，郝金魁，2018．新能源汽车技术[M]．北京：北京理工大学出版社．

倪红军，吕帅帅，裴一，等，2014．新能源汽车能量管理系统的研究进展[J]．化工新型材料，42（5）：30-34．

聂文琪，2019．基于编制的高性能绳状超级电容器的制备和性能研究[D]．上海：东华大学．

宁胜花，陈长健，莫红明，等，2016．基于新能源汽车整车控制系统的功能测试管理[J]．企业科技与发展，412（2）：97-99．

欧阳波仪，旷庆祥，2019．新能源汽车概述[M]．北京：北京理工大学出版社．

彭强，2012．电动汽车用锂离子动力电池热效应研究[D]．长春：吉林大学．

瑞佩尔，2019．新能源汽车结构与原理[M]．北京：化学工业出版社．

单桂峰，李购，2017．新能源汽车运用技术[M]．天津：天津科学技术出版社．

宋建桐，么居标，2018．新能源汽车技术[M]．北京：机械工业出版社．

孙剑鑫，2018．新能源汽车[J]．环境经济，（21）：12-13．

孙腾，冯丹，胡利明，2018．国外新能源汽车发展现状及对我国发展的启示[J]．化工时刊，32（9）：30-35．

唐葆君，刘江鹏，2015．中国新能源汽车产业发展展望[J]．北京理工大学学报（社会科学版），17（2）：1-6．
田厚杰，2015．镍氢动力电容电池能量管理技术研究与系统开发[D]．淄博：山东理工大学．
王大为，罗悦齐，2019．纯电动汽车发展面临的问题[J]．汽车文摘，（8）：22-31．
王海峰，2020．浅谈未来新能源汽车的技术发展趋势[J]．科学技术创新，（13）：158-159．
王吉猛，2019．纯电动汽车驱动系统参数设计及优化[D]．长春：吉林大学．
王丽平，陈光伟，焦山川，2018．电动汽车用铅酸电池的SOH预测研究[J]．电源技术，42（7）：1032-1035．
王萌，2019．质子交换膜燃料电池设计与综合优化研究[D]．北京：北京科技大学．
王青，2012．从技术跟随到战略布局 新能源汽车技术革命与中国应对战略[M]．上海：上海远东出版社．
王庆年，曾小华，等，2017．新能源汽车关键技术[M]．北京：化学工业出版社．
王震坡，黎小慧，孙逢春，2020．产业融合背景下的新能源汽车技术发展趋势[J]．北京理工大学学报，40（1）：1-10．
王子缘，2015．基于高导热课题的动力电池热管理系统设计与研究[D]．广州：广东工业大学．
文少波，赵振东，2017．新能源汽车及其智能化技术[M]．南京：东南大学出版社．
吴成哲，周立，2020．新能源汽车开发过程的质量管理研究[J]．内燃机与配件（4）：173-174．
吴伟雄，2019．基于相变材料的电池热管理性能研究[D]．广州：华南理工大学．
吴兴敏，于运涛，2015．新能源汽车[M]．北京：北京理工大学出版社．
吴兴敏，张忠哲，陈兆俊，2019．新能源汽车概论[M]．北京：北京理工大学出版社．
夏兴隆，2019．纯电动汽车变速器内部流场分析及其润滑优化[D]．长春：吉林大学．
谢金红，2018．电动汽车锂离子电池组散热结构优化研究[D]．广州：华南理工大学．
许晓秦，任朝阳，2020．新能源汽车发展现状和趋势分析[J]．湖北农机化，（2）：31．
颜嘉男，2010．伺服电机应用技术[M]．北京：科学出版社．
叶建红，陈小鸿，2017．新能源汽车推广策略与应用[M]．上海：同济大学出版社．
于保军，于文函，孙伦杰，等，2018．“十三五”我国纯电动汽车战略规划分析[J]．汽车工业研究，（2）：40-48．
袁博，2018．新能源汽车技术发展与趋势综述[J]．现代商贸工业，39（35）：12-16．
袁博，2019．电动汽车换电模式的发展现状及趋势综述[J]．汽车文摘，（5）：23-27．
张红妮，张雅丽，王虹霞，2019．电动汽车动力电池现状与发展[J]．新能源汽车，（6）：16-17．
张继红，2011．纯电动汽车电液制动系统再生制动控制策略研究[D]．长春：吉林大学．
张琦，朱恒伟，2019．纯电动汽车的关键技术发展综述[J]．汽车实用技术，302（23）：23-24．
张书桥，2020．新能源电动汽车发展历程、现状以及制造技术[J]．金属加工（冷加工），（4）：8-13．
张思雨，周俊波，陈良超，等，2021．铝空气电池研究和应用趋势综述[J]．电池，51（5）：526-529．
张微，2021．新能源汽车燃料电池技术产业发展现状分析[J]．金属功能材料，28（3）：23-28．
张之超，邹德伟，2016．新能源汽车驱动电机与控制技术[M]．北京：北京理工大学出版社．
赵航，史广奎，2012．混合动力电动汽车技术[M]．北京：机械工业出版社．
赵世玺，郭双桃，赵建伟，等，2016．锂离子电池低温特性研究进展[J]．硅酸盐学报，44（1）：19-28．
赵振宁，2016．新能源汽车技术概述[M]．北京：北京理工大学出版社．
赵振宁，赵宏涛，2016．新能源汽车技术概述实务[M]．北京：北京理工大学出版社．
《中国公路学报》编辑部，2017．中国汽车工程学术研究综述·2017[J]．中国公路学报，30（6）：1-197．
《中国能源》编辑部，2019．《中国移动源环境管理年报（2019）》发布[J]．中国能源，41（10）：1．

中国汽车工程学会，2019．世界氢能与燃料电池汽车产业发展报告[M]．北京：机械工业出版社．
朱聪，李兴虎，宋凌珺，2014．电动汽车用锂离子电池生热速率模型[J]．汽车工程，36（2）：174-180．
朱志祥，2020．浅析新能源汽车热管理远程控制[J]．汽车电器，（1）：25-26．
KRISHNAN R，2012．永磁无刷电机及其驱动技术[M]．柴凤，等译．北京：机械工业出版社．
LIU W，2014．混合动力汽车系统建模与控制[M]．殷国栋，等译．北京：机械工业出版社．
ZHANG X，MI C，等，2013．车辆能量管理：建模、控制与优化[M]．张希，米春亭，译．北京：机械工业出版社．